Der Informationsfluss vom beherrschten zum herrschenden Unternehmen
im Gesellschafts- und Kapitalmarktrecht

Frankfurter wirtschaftsrechtliche Studien

Herausgegeben von
Theodor Baums, Andreas Cahn, Friedrich Kübler,
Hans-Joachim Mertens, Eckard Rehbinder
und Gunther Teubner

Band 88

PETER LANG

Frankfurt am Main · Berlin · Bern · Bruxelles · New York · Oxford · Wien

Stefan Rothweiler

Der Informationsfluss vom beherrschten zum herrschenden Unternehmen im Gesellschafts- und Kapitalmarktrecht

PETER LANG
Internationaler Verlag der Wissenschaften

Bibliografische Information der Deutschen Nationalbibliothek
Die Deutsche Nationalbibliothek verzeichnet diese Publikation in
der Deutschen Nationalbibliografie; detaillierte bibliografische
Daten sind im Internet über <http://www.d-nb.de> abrufbar.

Zugl.: Frankfurt (Main), Univ., Diss., 2007

Gedruckt auf alterungsbeständigem,
säurefreiem Papier.

D 30
ISSN 0723-0427
ISBN 978-3-631-57735-6

© Peter Lang GmbH
Internationaler Verlag der Wissenschaften
Frankfurt am Main 2008
Alle Rechte vorbehalten.

Printed in Germany 1 2 3 4 5   7

www.peterlang.de

V

VORWORT

Die vorliegende Arbeit wurde im Sommersemester 2007 von der Johann Wolfgang Goethe-Universität Frankfurt am Main als Dissertation angenommen. Rechtsprechung und Literatur wurde bis April 2007 berücksichtigt.

Danken möchte ich meinem Doktorvater, *Herrn Professor Dr. Theodor Baums*, auf dessen Anregung das Thema zurückgeht und der die Fertigstellung der Arbeit durch wertvolle Hinweise gefördert hat. *Frau Professor Dr. Katja Langenbucher* danke ich für die Übernahme und zügige Erstellung des Zweigutachtens.

Mein persönlicher Dank gilt meiner Familie. Auf herzlichste möchte ich mich bei den Korrekturlesern - meiner Mutter, *Frau Margot Rothweiler*, und meinem Bruder *Sebastian* - bedanken. Besonderen Dank schulde ich meinem Vater, *Herrn Dr. Winfried Rothweiler*, für seine stete Gesprächsbereitschaft und für vielfältigen Rat bei der Erstellung der Arbeit. Sie haben sich alle trotz ihrer zahlreichen anderen Aufgaben die Zeit genommen, wertvolle Verbesserungsvorschläge zu unterbreiten.

Schließlich gehört meiner Ehefrau, *Frau Dr. Estelle Rothweiler*, unendlicher Dank für die enorme Unterstützung in allen Lebenslagen und auch gerade während der Anfertigung meiner Dissertation. Ohne Euch wäre diese Arbeit niemals entstanden.

Heidelberg, im März 2008   *Stefan Rothweiler*

Inhaltsverzeichnis

EINLEITUNG

I. Ausgangspunkt der Untersuchung

Informationen sind begehrte Güter[1]. Im Wirtschaftsleben bestimmen sie maßgeblich die Wettbewerbsfähigkeit und Strategie eines Unternehmens. Wer über bessere Informationen verfügt, hat eine größere Chance, richtige Entscheidungen zu treffen. Oft wird diese Argumentation auf die kurze Formel gebracht: *„Wissen ist Macht"*[2].

In der Konzernbeziehung muss der Vorstand des herrschenden Unternehmens ausreichend über die Geschehnisse in den Tochtergesellschaften informiert sein. Denn sein Geschäftsführungsauftrag umfasst über die Leitung des unternehmenseigenen Geschäfts hinaus auch die Leitung des Konzerns insgesamt. Zur Erfüllung dieser Pflichten benötigt der Vorstand der Obergesellschaft Informationen über die Vorgänge in den Tochtergesellschaften; Informationen, die er in seiner Funktion als Konzernspitze für die Planung, Koordinierung und Kontrolle der abhängigen Gesellschaften benötigt[3]. Dazu zählen sämtliche Informationen über die Produktions-, Absatz-, Beschaffungs-, Personal-, Finanz- und Investitionslage der Tochtergesellschaft. Außerdem braucht der Vorstand der herrschenden Gesellschaft die betriebswirtschaftlichen Kennzahlen der Tochtergesellschaft, wie beispielsweise die Rentabilität des Eigenkapitals und die Umsatzrentabilität. Schließlich will die herrschende Gesellschaft wie jedes andere Unternehmen, das ein Kapitalrisiko eingeht und auf Gewinnerzielung ausgerichtet ist, wissen, ob das Tochterunternehmen rentabel wirtschaftete. Genauso wichtig ist es für den Vorstand des herrschenden Unternehmens schließlich, über den Gang der Geschäfte der Tochtergesellschaft, vor allem die Umsatzentwicklung und die Auftragslage, informiert zu sein. Diese Informationen müssen dem Vorstand des herrschenden Unternehmens eine selbständige Urteilsbildung erlauben, ihre Vollständigkeit und Richtigkeit muss gewährleistet sein. Denn halbe Informationen besitzen nicht wenigstens den halben Wert, sondern gar keinen oder einen negativen Wert, weil die andere Hälfte die erste relativiert oder ihr widerspricht[4].

Nichts anderes gilt für veraltete Informationen: Der Vorstand der Muttergesellschaft muss zwingend mit aktuellen Informationen aus und über die Tochtergesellschaft versorgt sein. Andernfalls stützt er seine Entscheidungen auf Daten

---

[1]   Nach Zöllner, Informationsordnung und Recht, Seite 18 sind Informationen *„zur Über-mittlung geeignete Zeichen mit Bedeutungsinhalt"*.

[2]   Ein Francis Bacon (1561-1626) zugeschriebener Satz (*„For knowledge itself is power"*).

[3]   Fleischer, in: Hdb. des Vorstandrechts, § 18 Rn 32. Nach Schneider/Schneider, AG 2005, 57, 58 gehört ein konzernweites Informationssystem *„zu den Mindestaufgaben der Konzernleitung"*.

[4]   Druey, FS Wiedemann, 809, 811.

und Angaben, die zwischenzeitlich längst überholt und damit wertlos sind. Entscheidend ist unter dem Blickwinkel der einheitlichen Konzernleitung ein kontinuierlicher und umfassender Transfer aktueller Informationen von *unten* nach *oben*.

Das Informationsbedürfnis des herrschenden Unternehmens steht in einem natürlichen Spannungsverhältnis zu dem Wunsch des Tochterunternehmens, vertrauliche Informationen sowie das erarbeitete Know-how nicht zu offenbaren, sondern geheim zu halten. Die aktienrechtliche Verschwiegenheitspflicht (§ 93 Abs. 1 Satz 3 AktG) beschränkt grundsätzlich den Informationsfluss von *unten* nach *oben*. Zudem wird Macht auch und gerade durch die Vorenthaltung von Informationen ausgeübt. Auf diese Macht will der Vorstand der Tochtergesellschaft aber nicht ohne weiteres verzichten, sondern lediglich dann, wenn er zur Offenbarung seiner Unternehmensinterna verpflichtet ist oder sich deren Mitteilung für ihn lohnt, ihm zumindest nicht schadet.

Das rechtswissenschaftliche Schrifttum[5] und die betriebswirtschaftliche[6] Lehre verlangen von der Obergesellschaft den Aufbau eines Beteiligungscontrollings. Zur Planung, Koordinierung und Kontrolle ist ein Informationssystem erforderlich, welches die Beschaffung aller überwachungsrelevanten Daten der abhängigen Gesellschaften sicherstellt. Denn es gehört zu den Aufgaben des Vorstands der Obergesellschaft, den Verbund so zu organisieren, dass er die für die Leitung und Überwachung erforderlichen Informationen erhält[7]. Damit die Information, die irgendwo in den Tochtergesellschaften vorhanden ist, aber auch zur Information des herrschenden Unternehmens wird, bedarf es entsprechender Transfervorgänge.

Innerhalb des eigenen Unternehmens stellt die Informationsbeschaffung den Vorstand vor keine Probleme. Nach § 76 AktG hat er die Gesellschaft in eigener Verantwortung zu leiten. Als Leitungsorgan der Gesellschaft kann er sich die erforderlichen Informationen aus den jeweiligen Abteilungen beschaffen. Die Verfügbarkeit von Informationen ist selbstverständlich.

Im Verhältnis zur Tochtergesellschaft allerdings ist weder der Vorstand noch der Aufsichtsrat des herrschenden Unternehmens Organ. Die von *Wiedemann* formulierte Feststellung „*Im Konzern ist alles anders*"[8] gilt auch und gerade für die Informationsmöglichkeiten des Vorstands des herrschenden Unternehmens. Denn es gibt kein gesetzlich normiertes Informationssystem im Konzern. Es ist im Gegenteil völlig offen, wie sich das herrschende Unternehmen Informationen aus und über die Tochtergesellschaften verschafft. *Windbichler*[9] stellt treffend

---

[5] Decher, ZHR 1994, 473, 478; Götz, ZGR 1998, 524, 537.
[6] Scheffler, AG 1991, 256, 260.
[7] Krieger, in: Lutter, Holding-Handbuch, § 6 Rn 24.
[8] Wiedemann, Die Unternehmensgruppe im Privatrecht, Seite 9.
[9] Windbichler, in: Hdb. Corporate Governance, 605, 607. Theisen, Das Aufsichtsratsmitglied, Rn 764 bezeichnet die gesetzlichen Regelungen als „*lückenhaft*".

fest, dass der Informationsfluss zwischen den einzelnen Konzernunternehmen rechtlich kaum geregelt ist.

Grob gesprochen gibt es vier Informationskanäle zwischen dem abhängigen Tochterunternehmen und dem herrschenden Unternehmen: Den handelsrechtlichen Informationsanspruch (§ 294 Abs. 3 HGB), das Auskunftsrecht als (herrschende) Aktionärin der abhängigen Gesellschaft (§ 131 Abs. 1 AktG), konzernrechtlich geprägte Informationsrechte und schließlich den Informationskanal der personellen Verflechtung zwischen den Vorständen und Aufsichtsräten der Konzerngesellschaften.

Ziel der Arbeit ist es, diesen konzerninternen Informationsfluss zu untersuchen und die Folgen des Informationstransfers von *unten* nach *oben* für die außenstehenden Aktionäre der abhängigen Tochtergesellschaft zu beleuchten. Auch muss die sowohl im Gesetz[10] als auch im Deutschen Corporate Governance Kodex[11] besonders betonte Verschwiegenheitspflicht auf ihre Bedeutung für das Verhältnis zwischen herrschendem und abhängigem Unternehmen sowie für ihre Organmitglieder untersucht werden. Bei börsennotierten Gesellschaften wirft der Informationsfluss von *unten* nach *oben* zudem kapitalmarktrechtliche Fragen auf.

II. Begrenzung des Untersuchungsgegenstandes

Der Untersuchungsgegenstand ist in dreifacher Hinsicht begrenzt: Die nachfolgende Untersuchung befasst sich mit dem Informationsfluss zwischen herrschender und Tochtergesellschaft im Vertragskonzern (§ 291 Abs. 1 Satz 1 (Alt. 1) AktG) und im faktischen Konzern (§§ 18 Abs. 1 Satz 3 AktG). Der Informationsfluss in einfachen Abhängigkeitsverhältnissen, in denen die Unternehmen (noch) nicht unter einheitlicher Leitung zusammengefasst sind (§ 17 AktG), ist nicht Gegenstand der Untersuchung. Herrschende Unternehmen gibt es zwar auch im Falle einfacher Abhängigkeit. Von einem im Mehrheitsbesitz stehenden Unternehmen wird vermutet, dass es von dem an ihm mit Mehrheit beteiligten Unternehmen abhängig ist (§ 17 Abs. 2 AktG). Ferner wird vermutet, dass diese Unternehmen einen faktischen Konzern bilden (§ 18 Abs. 1 Satz 3 AktG). Die Abhängigkeit führt lediglich dann nicht zur Konzernbildung, wenn diese Vermutungskette widerlegt wird. Dazu muss der Nachweis erbracht werden, dass das herrschende Unternehmen bewusst keine einheitliche Leitung ausübt und keine Zusammenfassung unter der einheitlichen Leitung des herrschenden Unternehmens besteht[12]. In dieser Konstellation gibt es keinen sachlichen Grund

---

[10] §§ 93 Abs. 1 Satz 3, 116 AktG.

[11] Ziffer 3.5 Satz 2 und 3 des Deutschen Corporate Governance Kodex.

[12] Die Anforderungen an diesen Nachweis hängen davon ab, wie man den Begriff der einheitlichen Leitung definiert. Beim engen Konzernbegriff lässt sich die Konzernvermutung durch den Nachweis widerlegen, dass das abhängige Unternehmen in seiner Fi-

für einen Informationsfluss von *unten* nach *oben*, verzichtet das herrschende Unternehmen doch gerade bewusst auf die Ausübung einheitlicher Leitung. Auch Fragen zum konzerninternen Informationsfluss im Eingliederungskonzern werden im Rahmen dieser Untersuchung nicht weiter verfolgt. Im Eingliederungskonzern wird die abhängige Gesellschaft organisatorisch in die Muttergesellschaft eingeordnet (§§ 319 ff. AktG). Außenstehende Aktionäre gibt es sowohl bei der Eingliederung einer 100%igen Tochtergesellschaft (§ 319 AktG) als auch bei der Eingliederung durch Mehrheitsbeschluss (§§ 320-320b AktG) nicht (mehr). Das eingegliederte Unternehmen verliert zwar nicht seine rechtliche Selbständigkeit, es erhält aber - wirtschaftlich betrachtet - den Status einer reinen Betriebsabteilung[13]. Der konzerninterne Informationsfluss wirft aus diesem Grund keine besonderen rechtlichen Probleme auf: Fragen nach dem Schutz der außenstehenden Aktionäre stellen sich nicht, da deren von Gesetz und Recht akzeptierte und geschützte Interessen von vornherein außerhalb der herrschenden Gesellschaft bleiben[14].

Der Untersuchungsgegenstand wird im Übrigen dadurch begrenzt, dass sich die Arbeit auf den *Informationsfluss* beschränkt. Die Möglichkeiten der Organe des herrschenden Unternehmens, selbst Einsicht in die Unterlagen der Tochtergesellschaft zu nehmen (§ 111 Abs. 2 AktG) und damit Informationen aus der unternehmerischen Sphäre der Tochtergesellschaft zu erhalten, stellen keinen eigenen Untersuchungsgegenstand dar[15]. Außer Betracht bleibt aus diesem Grund auch die Informationsbeschaffung des herrschenden Unternehmens mittels verbundweiter Zustimmungsvorbehalte nach § 111 Abs. 4 Satz 2 AktG zugunsten des Aufsichtsrats des herrschenden Unternehmens[16].

---

nanzpolitik frei ist (vgl. Krieger, in: Münchener Hdb. GesR IV, § 68 Rn 72). Folgt man hingegen dem weiten Konzernbegriff, nach dem es ausreicht, wenn das herrschende Unternehmen die Leitungsaufgaben in mindestens einem Sektor unternehmerischen Handelns (Produktion, Einkauf, Verkauf, Finanzen, Personalwesen, Organisation) koordiniert, wird die Widerlegung der Vermutung nur in Ausnahmefällen gelingen. Siehe zu beiden Konzernbegriffen Bayer, in: Münch. Komm. AktG, § 18 Rn 33; Hüffer, § 18 Rn 9 f.; Krieger, in: Münchener Hdb. GesR IV, § 68 Rn 72.

[13] Grunewald, in: Münch. Komm. AktG, vor § 319 Rn 3; Hüffer, § 319 Rn 2.

[14] Aus diesem Grund äußert Lutter, AG 1991, 249, 255 Verständnis für die Philosophie der Amerikaner, bei unternehmerischen Beteiligungen, wenn möglich, die 100%ige Inhaberschaft anzustreben, weil sie nicht nur faktisch eine Reihe von Rechtsproblemen löse, sondern auch eine Durchbrechung der Informationswege verhindere.

[15] Ausführlich zu den Befugnissen des Aufsichtsrats der herrschenden Gesellschaft, Einsicht in die Unterlagen der abhängigen Tochtergesellschaft zu nehmen, Löbbe, Unternehmenskontrolle im Konzern, Seite 296 ff.; Kohlenbach, Das Verhältnis der Aufsichtsräte im Aktiengesellschaftskonzern, Seite 115 ff.

[16] Umfassend zu diesem Problemkreis Schönberger, Der Zustimmungsvorbehalt des Aufsichtsrates bei Geschäftsführungsmaßnahmen des Vorstandes (§ 111 Abs. 4 Satz 2-4 AktG), Seite 288 ff. Siehe hierzu auch Götz, ZGR 1998, 542, 542; Hoffmann-Becking, ZHR 159 (1995), 325, 340; grundlegend Lutter, FS Fischer, 419 ff.

Und schließlich konzentriert sich die Arbeit auf den *Informationsfluss* im Aktienkonzern. Die Besonderheiten des Informationsflusses im GmbH-Konzern berücksichtigt die Arbeit genauso wenig wie spezifische Probleme des Personengesellschaftskonzerns.

III. Gang der Untersuchung

Im ersten Teil der Arbeit wird die Information des herrschenden Unternehmens im Handels- und Gesellschaftsrecht untersucht. Dabei beschäftigt sich die Untersuchung eingangs mit dem handelsrechtlichen (§ 1) und sodann mit dem aktienrechtlichen Informationsanspruch des herrschenden Unternehmens (§ 2). Daran schließt sich die Untersuchung der konzernrechtlichen Informationsmöglichkeiten an. Die Arbeit beschäftigt sich zunächst mit dem Vertragskonzern (§ 3), bevor sie die Frage nach dem Bestehen eines Informationsanspruchs im faktischen Konzern erörtert (§ 4). Im Mittelpunkt der Ausführungen steht dann die Frage, ob durch den Abschluss eines Nachteilsausgleichsvertrags ein ungehinderter Informationsfluss von *unten* nach *oben* erzielt werden kann (§ 5). Die Untersuchung des *Informationsflusses* mittels personeller Verflechtungen zwischen Vorstands- und Aufsichtsratsmitgliedern der Konzerngesellschaften schließt sich an (§ 6). Sodann folgt eine Darstellung der Folgen des Informationstransfers von *unten* nach *oben* für die außenstehenden Aktionäre. Im Zentrum der Überlegungen steht dabei zum einen die Frage, ob den außenstehenden Aktionären der Tochtergesellschaft ein Nachauskunftsrecht in deren Hauptversammlung zusteht und zum anderen, ob ihnen in der faktischen Konzernbeziehung der Abhängigkeitsbericht Aufschluss über die konzernintern transferierten Informationen vermittelt (§ 7). Der erste Teil der Arbeit schließt mit der Erörterung der Frage, ob der konzerninterne Informationsfluss bei börsennotierten Aktiengesellschaften mit den Empfehlungen des Deutschen Corporate Governance Kodex in Einklang steht (§ 8).

Der zweite Teil der Untersuchung beschäftigt sich eingangs (§ 9) mit den kapitalmarktrechtlichen Folgen des konzerninternen Informationstransfers von *unten* nach *oben* bei börsennotierten Konzerngesellschaften (§ 3 Abs. 2 AktG); insbesondere mit der Bedeutung des § 14 Abs. 1 Nr. 2 WpHG. Im Anschluss behandelt die Untersuchung den konzerninternen Informationsfluss zur Erfüllung der kapitalmarktrechtlichen Ad-hoc-Publizität. Hier gilt es, sich mit dem Begriff der Insiderinformation im Konzern und der konzernrechtlichen Reichweite der Ad-hoc-Publizitätspflicht sowie mit der Frage eines speziellen kapitalmarktrechtlichen Informationsanspruchs des herrschenden Unternehmens auseinanderzusetzen (§ 10).

Der dritte Teil der Arbeit beginnt mit der Untersuchung des konzerninternen Informationsflusses bei Veräußerung der Aktienbeteiligung der Tochtergesellschaft durch das herrschende Unternehmen. Auf der Basis der im ersten und zweiten Teil der Untersuchung gefundenen Ergebnisse wird die Frage behandelt, ob dem herrschenden Unternehmen ein Anspruch gegen das Tochterunternehmen auf Offenlegung von Informationen zusteht, die zur Durchführung einer Due Diligence durch einen potentiellen Erwerber erforderlich sind (§ 11). Daran schließt sich die Analyse an, wer und nach welchen Kriterien innerhalb der Tochtergesellschaft entscheidet, ob veräußerungsrelevante Informationen offen gelegt werden (§ 12). Zum Schluss behandelt die Arbeit die Nachauskunftsrechte der außenstehenden Aktionäre im Falle der Veräußerung der Beteilung durch das herrschende Unternehmen sowie etwaige Auskunftsverweigerungsrechte des Vorstands der beherrschten Gesellschaft in der Hauptversammlung (§ 13). Die entwickelten Ergebnisse werden in Thesen zusammengefasst (§ 14).

1. TEIL: DIE INFORMATION DES HERRSCHENDEN UNTERNEHMENS IM HANDELS- UND GESELLSCHAFTSRECHT

§ 1 Der handelsrechtliche Informationsanspruch des herrschenden Unternehmens

Ein ausdrücklicher gesetzlicher Anspruch des herrschenden Unternehmens gegen die beherrschte Gesellschaft auf Information und Auskunftserteilung besteht im Zusammenhang mit der konzernrechtlichen Rechnungslegung nach §§ 290 ff. HGB. Das Mutterunternehmen ist zur Aufstellung eines vollständigen und aussagekräftigen Konzernabschlusses lediglich dann in der Lage, wenn ihm alle erforderlichen Angaben seitens der Tochtergesellschaften zur Verfügung stehen. Deshalb räumt das Gesetz in § 294 Abs. 3 Satz 1 HGB dem herrschenden Mutterunternehmen einen Anspruch gegen die Tochtergesellschaften auf alle für die Erstellung des Konzernabschlusses bedeutsamen Unterlagen ein. Flankiert wird dieser Anspruch durch ein Auskunftsrecht des herrschenden Mutterunternehmens, das sich auf sämtliche für die Aufstellung des Konzernabschlusses erforderlichen ergänzenden Aufklärungen und Nachweise erstreckt (§ 294 Abs. 3 Satz 2 HGB). Das herrschende Unternehmen ist gegenüber den anderen Aktionären des Tochterunternehmens gesetzlich privilegiert. Der Umfang dieser Privilegierung soll nachfolgend beleuchtet werden.

I. Anwendungsbereich des § 294 Abs. 3 HGB

1. Bilanzierung nach HGB

Kapitalgesellschaften[17] haben nach § 290 Abs. 1 HGB in den ersten fünf Monaten des Konzerngeschäftsjahres einen Konzernabschluss sowie einen Konzernlagebericht (§ 315 HGB) aufzustellen, sofern keine größenabhängige Befreiung nach § 293 HGB eingreift[18]. Die Pflicht zur Aufstellung des Konzernabschlusses knüpft an das Bestehen eines Mutter-Tochterverhältnisses zwischen zwei Unternehmen an. Als Verbundtatbestände normiert § 290 Abs. 1 HGB das an den Konzernbegriff des § 18 Abs. 1 AktG und damit an die einheitliche Leitung angelehnte Konzern-Konzept und alternativ dazu in Absatz 2 das europarechtlich vorgegebene Control-Konzept. Nach § 290 Abs. 1 HGB sind Voraussetzungen für die Verpflichtung zur Konzernrechnungslegung erstens die einheitliche Leitung eines anderen Unternehmens (Tochterunternehmen) durch eine Kapitalge-

---

[17] Für Kreditinstitute besteht die Pflicht zur Aufstellung eines Konzernabschlusses auch dann, wenn diese nicht als Kapitalgesellschaften betrieben werden (§ 340i Abs. 1 Satz 1 HGB).

[18] Zur Aufstellung eines Konzernabschlusses ist jedes Mutterunternehmen verpflichtet, dessen Konzern zwei der drei in § 293 HGB genannten Schwellenwerte überschreitet-

sellschaft (Mutterunternehmen) und zweitens die Beteiligung des Mutterunternehmens nach § 271 Abs. 1 HGB an der oder den Tochtergesellschaften. Das entscheidende Tatbestandsmerkmal des Konzerns ist die einheitliche Leitung. Dieser Begriff ist in § 18 Abs. 1 AktG und in § 290 Abs. 1 HGB enthalten. Ein vom Aktienrecht abweichendes Verständnis des Begriffs ist im Handelsrecht nicht ersichtlich. Der Begriff der einheitlichen Leitung ist daher unter Einschluss der Vermutungskette der §§ 17 Abs. 2, 18 Abs. 1 Satz 3 AktG zu bestimmen[19]. Eine Beteiligung im Sinne von § 271 Abs. 1 HGB liegt vor, wenn das Mutterunternehmen verbriefte oder unverbriefte Anteile an einem Tochterunternehmen hält und diese dazu bestimmt sind, dem eigenen Geschäftsbetrieb durch Herstellung einer dauernden Verbindung zu jenem Unternehmen zu dienen[20]. Der Nachweis dieser Zweckbestimmung wird durch die in § 271 Abs. 1 Satz 3 i.V.m. Satz 4 HGB enthaltene widerlegliche Beteiligungsvermutung erleichtert[21].

Demgegenüber verzichtet § 290 Abs. 2 HGB auf das Merkmal einheitlicher Leitung und knüpft stattdessen an bestimmte Kontrollelemente an. Eine Kapitalgesellschaft ist zur Aufstellung eines Konzernabschlusses verpflichtet, wenn sie eine der drei alternativen Voraussetzungen erfüllt: Das Mutterunternehmen verfügt über eine Stimmenmehrheit in der Tochtergesellschaft oder ihr steht das Recht zu, die Mehrheit der Mitglieder des Verwaltungs-, Leitungs- und Aufsichtsorgans zu bestellen oder abzuberufen und sie gleichzeitig Gesellschafterin ist oder ihr steht aufgrund eines Beherrschungsvertrages oder einer Satzungsbestimmung das Recht zu, einen beherrschenden Einfluss auszuüben (§ 290 Abs. 2 Nr. 1-3 HGB).

Für den Vertragskonzern ergeben sich aus den beiden unterschiedlichen Konzepten des § 290 HGB keine praktischen Konsequenzen: Wenn ein Beherrschungsvertrag (§ 291 Abs. 1 Satz 1 (Alt. 1.) AktG) abgeschlossen wird, liegt einheitliche Leitung nach Abs. 1 vor und zugleich greift Abs. 2 Nr. 3 ein.

Im Gegensatz dazu können die unterschiedlichen Konzepte für den faktischen Konzern Bedeutung erlangen, wenn die Vermutungsregelung der §§ 17 Abs. 2, 18 Abs. 1 Satz 3 AktG nicht greift, obwohl das herrschende Unternehmen über die Mehrheit der Stimmrechte in der Tochtergesellschaft verfügt (§ 16 Abs. 1 AktG). Nach § 290 Abs. 2 Nr. 1 HGB besteht nämlich dann trotz fehlender einheitlicher Leitung infolge der Stimmrechtsmehrheit eine Konzernrechnungslegungspflicht[22].

---

[19] Adler/Düring/Schmaltz, § 290 HGB Rn 15; Baumbach/Hopt, § 290 HGB Rn 6; Wiedmann, in: Wiedmann Bilanzrechtskommentar, § 290 HGB Rn 11.
[20] Adler/Düring/Schmaltz, § 290 HGB Rn 15.
[21] Baumbach/Hopt, § 290 HGB Rn 5.
[22] Adler/Düring/Schmaltz, § 290 HGB Rn 80.

2. Bilanzierung nach IAS

Unternehmen, die als Wertpapieremittenten an einem geregelten[23] Kapitalmarkt auftreten, sind nach der sog. IAS Verordnung[24] verpflichtet, ab 2005 in ihren Konzernabschlüssen zwingend die International Accounting Standards (IAS - künftig IFRS = International Financial Reporting Standards) anzuwenden (§ 315a Abs. 1 HGB). Ob überhaupt ein Konzernabschluss aufzustellen ist, bestimmt sich trotz der IAS Verordnung unverändert nach den jeweiligen nationalen Bestimmungen, also nach den §§ 290-293 HGB[25]. Die Verpflichtung zur Aufstellung eines Konzernabschlusses nach § 290 HGB trifft die kapitalmarktorientierten Mutterunternehmen unabhängig von ihrer Konzerngröße (§ 293 Abs. 5 HGB). Ist demnach eine Mutter-Tochterbeziehung nach § 290 HGB festzustellen und ist das Mutterunternehmen kapitalmarktorientiert[26] im Sinne von Art. 4 des IAS Verordnung, hat es die internationalen Rechnungslegungsstandards auf den Konzernabschluss anzuwenden[27]. Es stellt sich dementsprechend die Frage, ob herrschenden Unternehmen, die den Bestimmungen des IAS unterworfen sind, gegen ihre Tochtergesellschaften noch der Anspruch auf Mitwirkung an der Aufstellung des Konzernabschlusses nach § 294 Abs. 3 HGB zusteht.

Nach § 315a Abs. 1 HGB bleiben bestimmte Vorschriften aus dem Zweiten bis Achten Teil des Zweiten Unterabschnitts des Zweiten Abschnitts des Dritten Buchs des HGB nach wie vor anwendbar. Hierzu zählt unter anderem auch § 294 Abs. 3 HGB. Dies bedeutet: Auch kapitalmarktorientierten herrschenden Unternehmen steht bei der Aufstellung ihres Konzernabschlusses nach IFRS der Anspruch aus § 294 Abs. 3 HGB zu.

---

23 Geregelter Markt entspricht für Deutschland dem organisierten Markt gem. § 2 Abs. 5 WpHG (vgl. Assmann, in: Assmann/Schneider, § 2 WpHG Rn 95).

24 Verordnung (EG) Nr. 1606/2002 des Europäischen Parlaments und des Rates vom 19. Juli 2002 betreffend internationale Rechnungslegungsstandards, ABL. EG Nr. L 243, Seite 1.

25 Heuser/Theile, IAS/IFRS-Handbuch, Rn 62.

26 Im Unterschied zur früheren Regelung des § 292a HGB, der es Mutterunternehmen erlaubte, statt eines HGB-Abschlusses einen (befreienden) Konzernabschluss nach IAS/IFRS aufzustellen, kommt es auf die Emittentenstellung einer Konzerntochter nicht mehr an. Die IAS Verordnung beschränkt die Anwendung auf die Fälle, in denen die Konzernmutter als Wertpapieremittentin auftritt.

27 Aus deutscher Sicht sind jene Wertpapieremittenten betroffen, deren Wertpapiere mindestens an einem amtlichen Handel/geregelten Markt der Börsenplätze Berlin, Bremen, Düsseldorf, Frankfurt, Hamburg, Hannover, München oder Stuttgart zugelassen sind; hinzu kommt der Startup Market der Hanseatischen Wertpapierbörse. Der bloße Handel im Freiverkehr verpflichtet nicht zur IFRS Anwendung (siehe zum Ganzen Heuser/Theile, IAS/IFRS-Handbuch, Rn 53).

II. Umfang der Vorlagepflicht des Tochterunternehmens nach § 294 Abs. 3 Satz 1 HGB

Die Vorlagepflicht besteht unabhängig davon, ob die Tochterunternehmen in den Konzernabschluss einbezogen werden oder nicht[28]; also auch bei einem Verzicht auf die Einbeziehung (§ 296 HGB). Die Vorlagepflicht besteht deshalb, weil das herrschende Unternehmen die Informationen benötigt, um überhaupt beurteilen zu können, ob die Voraussetzungen für die Ausübung eines Konsolidierungswahlrechts vorliegen. Schließlich besteht die Vorlagepflicht gegenüber dem Mutterunternehmen auch losgelöst davon, ob dieses im Ergebnis tatsächlich einen Konzernabschluss aufstellt oder von dieser Verpflichtung gemäß §§ 291 bis 293 HGB befreit ist[29]. Die Vorlagepflicht entfällt demgegenüber bei Gemeinschaftsunternehmen (§ 310 HGB) und bei assoziierten Unternehmen (§ 311 HGB)[30].

Die Vorlagepflicht der Tochterunternehmen aus § 294 Abs. 3 Satz 1 HGB umfasst ihre Jahresabschlüsse, Lageberichte, (Teil-) Konzernabschlüsse und (Teil-) Konzernlageberichte[31]. Die Tochtergesellschaften haben die Jahresabschlüsse stets in der Form und mit dem Inhalt weiterzugeben, wie sie diese nach den jeweils für sie geltenden gesetzlichen Vorschriften aufzustellen haben[32]. Kann die Tochtergesellschaft aufgrund ihrer Größe als kleine Kapitalgesellschaft (§ 267 Abs. 1 HGB) bestimmte größenabhängige Erleichterungen nach § 274a HGB in Anspruch nehmen, folgt aus § 294 Abs. 3 Satz 1 HGB nicht die Pflicht, beispielsweise ein Anlagengitter (§§ 274a Nr. 1, 268 Abs. 2 HGB) aufzustellen.

Der Wortlaut des § 294 Abs. 3 Satz 1 HGB deutet zwar darauf hin, dass alle Tochterunternehmen unabhängig von ihrer Größe einen Lagebericht (§ 289 HGB) einzureichen haben. Die Vorschrift ist nach Sinn und Zweck aber so zu

---

[28] Adler/Düring/Schmaltz, § 294 HGB Rn 26; Förschle/Deubert, in: Beck'scher Bilanzkommentar, § 294 HGB Rn 29; Kindler, in: Großkomm. HGB, § 294 Rn 16; Pfaff, in: Münch. Komm. HGB, § 294 Rn 29; Sahner/Sauermann, in: Handbuch der Konzernrechnungslegung, § 294 HGB Rn 20; Semler, Leitung und Überwachung, Rn 295.

[29] Marsch-Barner, in: Ensthaler, GK-HGB, § 294 Rn 9.

[30] Marsch-Barner, in: Ensthaler, GK-HGB, § 294 Rn 9; Semler, Leitung und Überwachung, Rn 295. Nach Förschle/Deubert, in: Beck'scher Bilanzkommentar, § 294 HGB Rn 29 werden sich die Gesellschafter von Gemeinschaftsunternehmen vergleichbare Vorlagepflichten und Auskunftsrechte allerdings durch entsprechende Satzungsbestimmungen sichern.

[31] Die in § 294 Abs. 3 HGB normierten Vorlagepflichten sind nicht neu. Bereits das alte Konzernrechnungslegungsrecht sah in § 335 AktG a. F. solche Einreichungspflichten für Tochterunternehmen vor. Sie erstreckten sich aber nicht auf (Teil-) Konzernabschlüsse.

[32] Adler/Düring/Schmaltz, § 294 HGB Rn 28; Förschle/Deubert, in: Beck'scher Bilanzkommentar, § 294 HGB Rn 31; Pfaff, in: Münch. Komm. HGB, § 294 Rn 34.

verstehen, dass nur die gesetzlich zur Aufstellung eines solchen Berichts verpflichteten Unternehmen diesen an das Mutterunternehmen weitergeben müssen[33]. Die Vorlagepflicht setzt die Befreiungsregelung des § 264 Abs. 1 Satz 3 HGB nicht außer Kraft. Informationsdefizite entstehen für das herrschende Unternehmen trotzdem nicht, da dieses über das in Satz 2 der Norm verankerte Auskunftsrecht die Möglichkeit hat, zusätzliche Informationen zu verlangen[34]. Allerdings gilt das Auskunftsrecht nur insoweit, wie diese Informationen für die Aufstellung des Konzernabschlusses und Konzernlageberichts erforderlich sind.

Tochterunternehmen, die selbst Mutterunternehmen eines Teilkonzerns sind, müssen grundsätzlich einen eigenen (Teil-) Konzernabschluss sowie (Teil-) Lagebericht aufstellen (Tannenbaumprinzip). Bei mehrstufigen Konzernverbindungen mit Mutter-, Tochter-, Enkel - und Urenkelunternehmen kann es also dazu kommen, dass jeder der sich stufenweise ergebenden Teilkonzerne einen (Teil-) Konzernabschluss aufzustellen hat. Grundsätzlich müssen die Tochtergesellschaften dem herrschenden Mutterunternehmen diesen Konzernabschluss neben ihrem Einzelabschluss und Lagebericht vorlegen. In der Praxis wird jedoch zumeist von der Befreiungsmöglichkeit des § 291 HGB Gebrauch gemacht[35]: Diese setzt voraus, dass das Tochterunternehmen in den Konzernabschluss eines übergeordneten Mutterunternehmens mit Sitz in einem Mitgliedstaat der Europäischen Union oder in einem anderen Vertragsstaat des Abkommens über den Europäischen Wirtschaftsraum einbezogen wird, der den Konzernrechnungslegungsvorschriften entspricht und offen gelegt wird[36]. Die Tochterunternehmen sind in diesem Fall von der eigenen Aufstellungspflicht und infolgedessen von der Vorlagepflicht nach § 294 Abs. 3 Satz 1 HGB befreit.

Hat eine Prüfung des Jahresabschlusses oder (Teil-) Konzernabschlusses durch einen Jahresabschlussprüfer stattgefunden, muss die Tochtergesellschaft auch die Prüfungsberichte (§ 321 HGB) an die Muttergesellschaft weiterreichen. Die Vorlagepflicht umfasst sowohl Berichte über Abschlussprüfungen, die nach § 316 HGB (Pflichtprüfungen) oder anderen gesetzlichen Vorschriften erstellt worden sind, als auch Prüfungsberichte über freiwillige oder satzungsgemäß vorgenommene Abschlussprüfungen[37]. Stellt das Tochterunternehmen eine so

---

[33] Adler/Düring/Schmaltz, § 294 HGB Rn 29; Sahner/Sauermann, in: Handbuch der Konzernrechnungslegung, § 294 HGB Rn 21.

[34] Förschle/Deubert, in: Beck'scher Bilanzkommentar, § 294 HGB Rn 31; Pfaff, in: Münch. Komm. HGB, § 294 Rn 34; Adler/Düring/Schmaltz, § 294 HGB Rn 28 meinen daher, dass sich daraus faktisch doch die Verpflichtung zur Erstellung eines Lageberichts ergäbe.

[35] Adler/Düring/Schmaltz, § 294 HGB, Rn 30.

[36] Pfaff, in: Münch. Komm. HGB, § 294 Rn 35.

[37] Adler/Düring/Schmaltz, § 294 HGB Rn 31; Pfaff, in: Münch. Komm. HGB, § 294 Rn 29; Sahner/Sauermann, in: Handbuch der Konzernrechnungslegung, § 294 HGB Rn 21.

genannte Handelsbilanz II[38] auf und wird diese vom Abschlussprüfer des Tochterunternehmens geprüft, sind die abgezeichneten Berichtsformulare *(package)* ebenfalls dem Mutterunternehmen vorzulegen[39]. Ansonsten kann das Mutterunternehmen alle Unterlagen anfordern, die es seinerseits für die Aufstellung der Handelsbilanz II benötigt[40].

Schließlich müssen Tochterunternehmen, deren Jahresabschlussstichtag um mehr als drei Monate vor dem Stichtag des Konzernabschlusses liegt und die aufgrund von § 299 Abs. 2 Satz 2 HGB daher zur Aufstellung eines Zwischenabschlusses verpflichtet sind, auch diesen dem Mutterunternehmen vorlegen.

Die Tochterunternehmen haben die vorstehend genannten Unterlagen unverzüglich, das heißt ohne schuldhaftes Zögern, einzureichen[41]. Zu Terminschwierigkeiten kann es allerdings aufgrund der unterschiedlichen Aufstellungszeitpunkte für die Jahresabschlüsse kommen: Kleine Kapitalgesellschaften haben für die Aufstellung des Jahresabschlusses eine Frist von sechs Monaten (§ 264 Abs. 1 Satz 3 HGB). Der Konzernabschluss muss demgegenüber grundsätzlich innerhalb von 5 Monaten aufgestellt werden (§ 290 Abs. 1 HGB); kapitalmarktorientierte Mutterunternehmen müssen ihren Konzernabschluss sogar binnen einer Frist von vier Monaten nach Ende eines Geschäftsjahres aufstellen, feststellen und veröffentlichen (§ 325 Abs. 1, 4 HGB). Die Praxis arbeitet daher mit internen Rechnungslegungsrichtlinien, die die konzerninternen Einreichungsfristen festlegen[42].

---

[38] Die in den Konzernabschluss eingehenden Posten der jeweiligen Einzelbilanzen müssen ein solches Ausmaß an Einheitlichkeit der Bilanzansätze und Bewertungsmethoden aufweisen wie die eines rechtlich einheitlichen Unternehmens. Genügen die Posten der Einzelabschlüsse dem Erfordernis der Einheitlichkeit nicht, ist diese durch Umbewertung herzustellen. Durch Anwendung konzerneinheitlicher Bilanzierungs- und Bewertungsmethoden wird aus dem Jahres- oder Einzelabschluss jedes einzelnen Konzernunternehmens (Handelsbilanz I) dann die Handelsbilanz II erstellt, die alle bilanzpflichtigen Posten zu einheitlich ermittelten Werten ausweist. Aus den Handelsbilanzen II aller in den Konzernabschluss einbezogener Unternehmen wird durch die Konsolidierung in der Folge der Konzernabschluss abgeleitet (vgl. Busse von Colbe, in: Münch. Komm. HGB, vor § 290 Rn 41).

[39] Adler/Düring/Schmaltz, § 294 HGB Rn 31; Förschle/Deubert, in: Beck'scher Bilanzkommentar, § 294 HGB Rn 30; Kindler, in: Großkomm. HGB, § 294 Rn 19.

[40] Adler/Düring/Schmaltz, § 294 HGB Rn 27; Henssler, in: Heymann, § 294 HGB Rn 16; Kindler, in: Großkomm. HGB, § 294 Rn 19.

[41] § 121 Abs. 1 BGB.

[42] Kindler, in: Großkomm. HGB, § 294 Rn 22.

III. Auskunftsrecht des Mutterunternehmens nach § 294 Abs. 3 Satz 2 HGB

Das durch § 294 Abs. 3 Satz 2 HGB begründete Auskunftsrecht des Mutterunternehmens folgt im Grundsatz denselben Maßstäben wie die Vorlagepflicht. Nach allgemeiner Ansicht[43] genügt jeder auch nur mittelbare Zusammenhang zur Aufstellung des Konzernabschlusses, um ein Auskunftsrecht des herrschenden Unternehmens zu begründen. Anders als die Vorlagepflicht nach Satz 1 besteht das Auskunftsrecht jedoch nur, wenn das Mutterunternehmen auch tatsächlich einen Konzernabschluss aufstellt[44]. Denn nur dann und insoweit sind die verlangten Aufklärungen und Nachweise zur Aufstellung des Konzernabschlusses *erforderlich*. Ist das Mutterunternehmen also von der Konzernrechnungslegungspflicht (§§ 291 bis 293 HGB) befreit, besteht kein Auskunftsanspruch.

Das Auskunftsrecht des herrschenden Mutterunternehmens nach § 294 Abs. 3 Satz 2 HGB bezieht sich auf *„alle Aufklärungen und Nachweise, welche die Aufstellung des Konzernabschlusses und Konzernlageberichts erfordert"*[45]. Unter Nachweisen ist hierbei die Beibringung schriftlicher Unterlagen zu verstehen. So zählen zu Nachweisen beispielsweise die Unterlagen, die die auskunftspflichtige Tochtergesellschaft von Dritten beanspruchen oder erlangen kann[46]. Aufklärungen können hingegen auch mündliche Auskünfte, Aussagen, Begründungen, Erläuterungen oder Hinweise sein[47].

Das Auskunftsrecht der herrschenden Gesellschaft erstreckt sich auf ergänzende Angaben zu den vorgelegten Jahresabschlüssen und zu den im Konzernabschluss zu konsolidierenden Posten der Bilanz und der Gewinn- und Verlustrechnung[48]. Es kommen vor allem Auskünfte in Betracht, ohne die im Konzernabschluss enthaltene Posten nicht zu konsolidieren wären. Bei abweichenden Abschlussstichtagen der Tochtergesellschaft und des Mutterunternehmens sind Auskünfte über Vorgänge zwischen diesen Abschlussstichtagen von besonderer Bedeutung und vom Auskunftsrecht erfasst, sofern kein Zwischenabschluss erstellt wird (§ 299 Abs. 2 HGB)[49].

---

[43] Adler/Düring/Schmaltz, § 294 HGB, Rn 41; Henssler, in: Heymann, § 294 HGB Rn 17; Kindler, in: Großkomm. HGB, § 294 Rn 21; Pfaff, in: Münch. Komm. HGB, § 294 Rn 42.

[44] Marsch-Barner, in: Ensthaler, GK-HGB, § 294 Rn 11.

[45] Ergänzt wird das Auskunftsrecht durch § 320 HGB, wonach der Konzernabschlussprüfer von den Tochtergesellschaften alle Aufklärungen und Nachweise verlangen darf, die für eine sorgfältige Prüfung notwendig sind.

[46] Pfaff, in: Münch. Komm. HGB, § 294 Rn 41.

[47] Zimmer, in: Großkomm. HGB, § 320 Rn 11.

[48] Förschle/Deubert, in: Beck'scher Bilanzkommentar, § 294 HGB Rn 33; Sahner/Sauermann, in: Handbuch der Konzernrechnungslegung, § 294 HGB Rn 22.

[49] Adler/Düring/Schmaltz, § 294 HGB Rn 41.

IV. Durchsetzung der Vorlage- und Auskunftsrechte

Gegenüber Tochterunternehmen, die dem Auskunftsverlangen nicht freiwillig nachkommen, kann das Mutterunternehmen seine handelsrechtlichen Informationsrechte gerichtlich geltend machen[50]. Die gerichtliche Durchsetzbarkeit des Auskunftsrechts kann vor allem in zwei Konstellationen gefährdet sein.

1. Ausländisches Tochterunternehmen

§ 294 Abs. 1 Satz 1 HGB kodifiziert das so genannte Weltabschlussprinzip[51]: Sämtliche weltweiten Konzerntransaktionen müssen im Konzernabschluss konsolidiert werden, um somit ein den tatsächlichen Verhältnissen möglichst vollständiges Bild der Vermögens-, Finanz- und Ertragslage des Konzerns wiederzugeben. Aus diesem Grund sind alle Tochterunternehmen, ohne Rücksicht auf deren Sitz, in den Konzernabschluss einzubeziehen[52].

Haben die Tochterunternehmen in grenzüberschreitenden Konzernen ihren Sitz außerhalb Deutschlands, können bei der Durchsetzung der Vorlage- und Auskunftspflichten Schwierigkeiten auftreten[53]: Die Verpflichtung nach § 294 Abs. 3 HGB beschränkt sich nach dem Territorialprinzip auf Tochterunternehmen mit Sitz im Inland, weil lediglich diese an deutsches Recht gebunden sind[54]. Da für die gerichtliche Geltendmachung der Vorlage- und Auskunftspflicht auch kein internationaler Klägergerichtsstand am Sitz des Mutterunternehmens besteht[55], kann das Mutterunternehmen das Tochterunternehmen zur Vorlage oder

---

[50] Allgemeine Ansicht siehe Adler/Düring/Schmaltz, § 294 HGB Rn 44; Förschle/Deubert, in: Beck'scher Bilanzkommentar, § 294 HGB Rn 34; Pfaff, in: Münch. Komm. HGB, § 294 Rn 43; Sahner/Sauermann, in: Handbuch der Konzernrechnungslegung, § 294 HGB Rn 22.

[51] Busse von Colbe, in: Münch. Komm. HGB, vor § 290 Rn 37; Förschle/Deubert, in: Beck'scher Bilanzkommentar, § 294 HGB Rn 5.

[52] Adler/Düring/Schmaltz, § 294 HGB Rn 38; Pfaff, in: Münch. Komm. HGB, § 294 Rn 28.

[53] Ausführlich zur Durchsetzung der Rechte aus § 294 Abs. 3 HGB gegenüber ausländischen Tochtergesellschaften unter völkerrechtlichen Gesichtspunkten Weimar, DB 1987, 521 ff.

[54] Marsch-Barner, in: Ensthaler, GK-HGB, § 294 Rn 9; Pfaff, in: Münch. Komm. HGB, § 294 Rn 43; Sahner/Sauermann, in: Handbuch der Konzernrechnungslegung, § 294 HGB Rn 22.

[55] Kindler, in: Großkomm. HGB, § 294 Rn 19. Aus diesem Grund ist es nicht möglich, dass es zu einer Verurteilung der Tochtergesellschaft in Deutschland kommt. Denn verfügt das Tochterunternehmen über keinen Sitz im Inland (§ 22 ZPO), kann sie von vornherein nicht auf Vorlage und Auskunftserteilung verklagt werden. Fehl geht daher die bei Adler/Düring/Schmaltz, § 294 HGB Rn 41 geäußerte Annahme, eine Verurteilung könnte als eine „rechtswidrige Anmaßung der deutschen Justiz" verstanden werden.

Auskunft nur an seinem jeweiligen Sitz im Ausland verklagen[56]. Welche Ansprüche in diesem Fall bestehen, richtet sich nach dem Recht desjenigen Landes, in dem das betreffende Tochterunternehmen seinen Sitz hat. Kennt die ausländische Rechtsordnung keinen entsprechenden Informationsanspruch des herrschenden Unternehmens, geht der Anspruch aus § 294 Abs. 3 HGB ins Leere[57]. Teilweise spricht die Literatur deshalb die Empfehlung aus[58], das herrschende Mutterunternehmen solle auf die Aufnahme einer Gerichtsstandsklausel in den Unternehmensvertrag oder den Gesellschaftsvertrag der ausländischen Tochtergesellschaft drängen. Dadurch könne die Durchsetzung der Mitwirkungspflichten des Tochterunternehmens bei der Aufstellung des Konzernabschlusses sichergestellt werden.

Dies wirft die grundsätzliche Frage auf, ob überhaupt noch von einem funktionierenden Mutter-Tochterverhältnis im Sinne von Abhängigkeit gesprochen werden kann, wenn das herrschende Unternehmen nicht (einmal) mehr über die Macht verfügt, die Vorlage notwendiger Informationen ohne gesetzliche bzw. vertragliche Vorschriften zu erzwingen. Daran dürften zumindest erhebliche Zweifel bestehen. Denn in der Regel müsste das herrschende Unternehmen aufgrund seines mit der Kapitalbeteiligung verbundenen Einflusses die Erfüllung der Pflichten aus § 294 Abs. 3 HGB auch gegenüber einem ausländischen Tochterunternehmen zumindest faktisch erzwingen können. Gleichwohl kann es aus Sicht der herrschenden Gesellschaft sinnvoll sein, eine Verpflichtung auf Herausgabe und Übermittlung vertraglich zu vereinbaren, um dadurch unnötige Konflikte zu vermeiden[59].

2. Ausscheiden aus dem Konzernverbund

Die Durchsetzung der Vorlage- und Auskunftsrechte des Mutterunternehmens ist unter Umständen auch dann schwierig, wenn das Tochterunternehmen lediglich bis zum Konzernabschlussstichtag Mitglied des Konsolidierungskreises war, aber nicht mehr zu dem Zeitpunkt, zu dem die Verpflichtung zur Vorlage wirksam wurde. Es stellt sich insoweit die Frage, ob die Pflichten zur Vorlage und Auskunft nach § 294 Abs. 3 HGB mit Beendigung des Mutter- Tochterverhältnisses erlöschen.

---

[56] Förschle/Deubert, in: Beck'scher Bilanzkommentar, § 294 HGB Rn 34.
[57] Weimar, DB 1987, 521, 525.
[58] Kindler, in: Großkomm. HGB, § 294 Rn 19.
[59] Vermag das Mutterunternehmen die für den Konzernabschluss erforderlichen Informationen nach dem Recht des ausländischen Tochterunternehmens nicht zu erlangen, darf es das Konsolidierungswahlrecht des § 296 Abs. 1 Nr. 1 HGB in Anspruch nehmen und auf die Einbeziehung der ausländischen Tochtergesellschaft in den Konzernabschluss verzichten, vgl. Adler/Düring/Schmaltz, § 294 HGB Rn 43; Förschle/Deubert, in: Beck'scher Bilanzkommentar, § 294 HGB Rn 34.

a) Meinungsstand in der Literatur

Nach einer Ansicht besteht die Pflicht des Tochterunternehmens zur Weitergabe der Unterlagen bzw. zur Auskunftserteilung lediglich innerhalb eines bestehenden Konzerns. Nur unter dieser Voraussetzung sei die Erfüllung dieser Pflichten zumutbar[60]. Demgegenüber meinen andere Stimmen[61], die Vorlagepflicht des Tochterunternehmens bestehe auch bei Ausscheiden nach dem Konzernbilanzstichtag fort. Schutzwürdige Geheimhaltungsinteressen der Tochtergesellschaft stünden der Informationsweitergabe nicht entgegen, weil es sich ausschließlich um Daten aus dem Zeitraum vor dem Ausscheiden aus dem Unternehmensverband handele[62].

b) Stellungnahme

Nach dem Wortlaut des § 294 Abs. 3 HGB darf das Mutterunternehmen die Vorlage von Unterlagen und Auskünften verlangen, sobald ein Mutter-Tochterverhältnis im Sinne des § 290 HGB vorliegt. Insoweit ist es richtig, dass § 294 Abs. 3 HGB an diese rechtliche Sonderbeziehung anknüpft. Dies gilt allerdings nur für das Entstehen des Anspruchs, nicht aber auch für seinen Fortbestand. Die einmal begründete Pflicht erlischt nicht durch die Beendigung des Mutter-Tochterverhältnisses. Das Mutterunternehmen bleibt im Gegenteil nach wie vor zur Aufstellung des Konzernabschlusses verpflichtet. Dementsprechend bestehen auch die durch § 294 Abs. 3 HGB gewährten Rechte fort. Für das ehemalige Tochterunternehmen stellt dies keine unzumutbare Belastung dar, weil sich die weiterzugebenden Informationen ausschließlich auf den Zeitraum der Abhängigkeit beziehen. Aktuelle Geschäftsdaten müssen nicht vorgelegt werden[63].

---

[60]   Pfaff, in: Münch. Komm. HGB, § 294 Rn 30; in diesem Sinne wohl auch Wiedmann, in: Wiedmann Bilanzrechtskommentar, § 294 HGB Rn 15. Diese Frage offen lassend Adler/Düring/Schmaltz, § 294 HGB Rn 37; Förschle/Deubert, in: Beck'scher Bilanzkommentar, § 294 HGB Rn 35

[61]   Henssler, in: Heymann, § 294 HGB Rn 16 (unter Aufgabe der in der Vorauflage vertretenen Ansicht); Kindler, in: Großkomm. HGB, § 294 Rn 20.

[62]   Henssler, in: Heymann, § 294 HGB Rn 16; Kindler, in: Großkomm. HGB, § 294 Rn 20.

[63]   Gelingt es dem Mutterunternehmen nicht, die für die Vollkonsolidierung erforderlichen Informationen von dem vormaligen Tochterunternehmen zu erhalten, gestattet § 296 Abs. 1 Nr. 1 HGB auch in dieser Konstellation, auf die Konsolidierung zu verzichten, vgl. Adler/Düring/Schmaltz, § 294 HGB Rn 37; Förschle/Deubert, in: Beck'scher Bilanzkommentar, § 294 HGB Rn 35; Pfaff, in: Münch. Komm. HGB, § 294 Rn 43.

V. Praktische Bedeutung des § 294 Abs. 3 HGB als Informationsquelle

Für die Praxis kommt es unter dem Blickwinkel der einheitlichen Konzernleitung entscheidend darauf an, dass die handelsrechtlichen Informationen dem herrschenden Unternehmen ein möglichst klares Bild von der aktuellen Lage und Entwicklung der Konzerngesellschaften vermitteln. Das herrschende Unternehmen benötigt detaillierte und vor allem aktuelle Informationen über wichtige Kennzahlen (Liquidität, Rentabilität, Ertrag und Kosten) der Konzerntochtergesellschaften.

Bei der Beantwortung der Frage, ob § 294 Abs. 3 HGB eine solche kontinuierliche und zeitnahe Informationsversorgung ermöglicht, ist danach zu unterscheiden, ob es um die Aufstellung des jährlichen Konzernabschlusses oder um die Erfüllung unterjähriger kapitalmarktrechtlicher Publizitätspflichten des börsennotierten Mutterunternehmens geht.

1. Aufstellung des Konzernabschlusses

Der Anspruch des herrschenden Unternehmens gegen das Tochterunternehmen auf Vorlage aller Unterlagen, die es im Rahmen seiner Rechnungslegung erstellt hat, besitzt für die Zwecke einheitlicher Konzernleitung nur geringen Informationsgehalt. So erhält das herrschende Unternehmen durch den Jahresabschluss zwar einen Überblick über die Vermögens-, Finanz- und Ertragslage der Tochtergesellschaft. Diese Angaben beziehen sich aber stets auf das bereits abgelaufene Geschäftsjahr und sind deshalb überwiegend vergangenheitsorientiert[64]. Denn für die Bilanzierung und Bewertung der Vermögensgegenstände und Schulden sind die Verhältnisse am Abschlussstichtag des Geschäftsjahres maßgeblich (*Stichtagsprinzip*). Aufschluss über die aktuelle Lage der abhängigen Tochtergesellschaft vermitteln diese Angaben dem Mutterunternehmen nicht. Für eine sachgemäße Konzernleitung und gemeinschaftliche Geschäftspolitik muss das herrschende Unternehmen aber auch über solche Informationen verfügen.

Ähnlich ist es mit dem Prüfungsbericht des Abschlussprüfers (§ 321 HGB)[65]. Dennoch kommt ihm in zweierlei Hinsicht größere Bedeutung zu: Erstens ist der Abschlussprüfer von dem Vorstand der jeweiligen Tochtergesellschaft weitgehend unabhängig[66] und zweitens verfügt der Abschlussprüfer über besonderen

---

[64] Fasselt, in: Schäfer, § 40 BörsG Rn 24.

[65] Umfassend zur Bedeutung des Prüfungsberichts der Tochtergesellschaft als Informationsquelle für das herrschende Unternehmen Witte, Der Prüfungsbericht, Seite 127.

[66] Das KonTraG hat die Unabhängigkeit des Abschlussprüfers sowie seine Stellung gegenüber dem Vorstand der zu prüfenden Gesellschaft nachhaltig zu stärken versucht. Nunmehr erteilt der Aufsichtsrat den Prüfungsauftrag für den Jahresabschluss (§ 111

Sachverstand, weil nach § 319 Abs. 1 HGB lediglich Wirtschaftsprüfer und vereidigte Buchprüfer zu gesetzlichen Abschlussprüfern bestellt werden dürfen. Das herrschende Unternehmen erhält mit dem Prüfungsbericht einen unabhängigen Bericht von einem unparteiischen Sachverständigen, der außerhalb der jeweiligen Gesellschaft steht. Dadurch wird die Qualität der Informationen, die der Bericht liefert, erheblich erhöht. Ferner hat der Prüfungsbericht nach § 321 HGB den Vorteil, dass er auch inhaltlich wichtige und umfangreiche Informationen über die wirtschaftliche Lage des Tochterunternehmens enthält. Vor allem seine zahlreichen Informationen über die wirtschaftliche Lage der Konzerngesellschaft (und damit über die Fähigkeiten ihres Managements) verschaffen dem Vorstand des herrschenden Unternehmens wichtige Aufschlüsse über die Befolgung der Konzernpolitik. Er kann aufgrund dieser Informationen die Konzernrevision gegebenenfalls zu weiteren Prüfungshandlungen veranlassen[67].

Gleichwohl ist die Bedeutung des Prüfungsberichts zu relativieren: Der Jahresabschlussprüfer testiert lediglich, dass der Jahresabschluss der beherrschten Tochtergesellschaft für das zurückliegende Geschäftsjahr unter Beachtung der Grundsätze ordnungsgemäßer Buchführung aufgestellt wurde und ein den tatsächlichen Verhältnissen entsprechendes Bild der Vermögens-, Finanz- und Ertragslage des Unternehmens vermittelt (§ 317 Abs. 1 HGB).

Es stellt sich allerdings die Frage, ob § 294 Abs. 3 HGB dem Vorstand börsennotierter Mutterunternehmen nicht aktuelle Informationen über die Lage der Tochtergesellschaften verschafft, um so seine unterjährigen kapitalmarktrechtlichen Berichtspflichten erfüllen zu können. Bevor dieser Frage im Folgenden nachgegangen wird, soll zunächst ein Blick auf die gesetzlichen Rahmenbedingungen der unterjährigen Publizitätspflichten börsennotierter Unternehmen geworfen werden.

2. Aufstellung der Zwischenberichte

Der Zwischenbericht hat die Aufgabe, Lage und Geschäftsgang eines Unternehmens für die ersten sechs Monate des Geschäftsjahres so darzustellen, dass eine Beurteilung seiner geschäftlichen Entwicklung für diesen Zeitraum sowie ein Vergleich mit den Vorjahresangaben möglich ist[68]. Dem Zwischenbericht kommt eine Informations-, Kontroll- und Prognosefunktion zu[69]. Bis zum Jahre 1986 gab es in Deutschland keine gesetzlichen Regelungen zur Zwischenberichterstattung: Die unterjährige Berichterstattung war lediglich freiwilliger Na-

---

Abs. 2 Satz 3 AktG). Davor lag die Zuständigkeit für die Erteilung des Prüfungsauftrages beim Vorstand.

[67] Adler/Düring/Schmaltz, § 321 HGB Rn 34.

[68] Busse von Colbe/Rheinhard, Zwischenberichterstattung, Seite 1.

[69] Müller/Stute, BB 2006, 2803.

tur[70]. Erst im Wege der Harmonisierung des europäischen Kapitalmarkts wurde eine rudimentäre Zwischenberichterstattung für börsennotierte Unternehmen zur Pflicht.

a) Bisherige Rechtslage

Eine gesetzliche Pflicht zur Zwischenberichterstattung folgte bislang aus § 40 BörsG a. F. Danach hatten börsennotierte Unternehmen innerhalb eines Geschäftsjahres regelmäßig mindestens einen Zwischenbericht zu veröffentlichen. Die inhaltlichen Anforderungen an den Zwischenbericht waren in den §§ 53-62 der Börsenzulassungsverordnung (BörsZulV) normiert. Erstellte der Emittent einen Konzernabschluss, durfte der Zwischenbericht entweder für das herrschende Unternehmen oder für den Konzern aufgestellt werden (§ 56 Börs-ZulV).

Zur Anpassung der deutschen Zwischenberichterstattung an internationale Gepflogenheiten hat der Deutsche Standardisierungsrat (DSR) im Jahre 2001 einen Standard, DRS 6 „Zwischenberichterstattung", aufgestellt. Dieser war grundsätzlich von allen Unternehmen, die aufgrund gesetzlicher oder privatrechtlicher Vorschriften zur Zwischenberichterstattung verpflichtet waren, für die nach dem 30. Juni 2001 beginnenden Geschäftsjahre zu beachten. Allerdings wurden börsennotierte Mutterunternehmen, die nach Maßgabe von § 315a HGB ihren Konzernabschluss nach Rechnungslegungsmethoden IAS/IFRS aufzustellen hatten, gemäß DRS 6 Textziffer 5 bei der Erstellung der Zwischenberichte von der Anwendung des Standards befreit. Diese Unternehmen hatten die Zwischenberichterstattung nach den Grundsätzen von IAS 34 durchzuführen und somit in konsolidierter Form (IAS 34.14)[71]. Lediglich hinsichtlich der Frequenz der Berichterstattung mussten die börsennotierten Mutterunternehmen nach vorherrschender[72] - gleichwohl bestrittener - Ansicht DRS 6 beachten. Sie waren demnach verpflichtet, für die ersten drei Quartale des Geschäftsjahres Zwischenberichte vorzulegen[73].

---

[70] Baetge/Bruns/Rolvering, in: Baetge/Dörner, IAS 34 Rn 227; Müller/Stute, BB 2006, 2803. Siehe zur Entwicklung auch Heidelbach, in: Schwark KMRK, § 40 BörsG Rn 2.

[71] Baetge/Bruns/Rolvering, in: Baetge/Dörner, IAS 34 Rn 7. Nonnenmacher, in: Hdb. börsennotierte AG, § 54 Rn 30 weist zutreffend darauf hin, dass somit das von § 56 Börs-ZulV gewährte Wahlrecht wieder einschränkt wurde.

[72] Baetge/Bruns/Rolvering, in: Baetge/Dörner, IAS 34 Rn 229; Heidelbach, in: Schwark KMRK, § 40 BörsG Rn 14; Leibfried, in: IAS/IFRS Kommentar, § 37 Rn 31; a. A. Schlitt, AG 2003, 57, 65; Stürwald, BKR 2002, 1021, 1023.

[73] Darüber hinaus ergeben sich Verpflichtungen zur Ausgestaltung von Quartalsabschlüssen aus der Börsenordnung: Für Unternehmen, deren Aktien zum Handel mit weiteren Zulassungsfolgepflichten des amtlichen Marktes (Prime Standard) zugelassen sind, gelten die Bestimmungen des § 63 Abs. 1 Börsenordnung der Frankfurter Wertpapierbörse (FWB), wonach Quartalsberichte jeweils zum Stichtag der ersten drei Quartale eines

b) Neue Rechtslage

Durch das Transparenzrichtlinie-Umsetzungsgesetz vom 5. Januar 2007 *("TUG")*[74] sind die gesetzlichen Veröffentlichungspflichten börsennotierter Unternehmen erweitert und verändert worden.

aa) Halbjahresfinanzbericht

Börsennotierte Unternehmen[75] müssen nach neuer Rechtslage für die ersten sechs Monate einen Halbjahresfinanzbericht nach den gleichen Rechnungslegungsgrundsätzen erstellen, die für den Jahres-/Konzernabschluss gelten und diesen spätestens zwei Monate nach Ablauf des Berichtszeitraums veröffentlichen (§ 37w Abs. 1 WpHG). Kapitalmarktorientierte Mutterunternehmen müssen den Halbjahresfinanzbericht demnach nach den Rechnungslegungsgrundsätzen IAS/IFRS aufstellen und zwar in konsolidierter Form (§§ 37y Nr. 2 Satz 1, 37w Abs. 1 WpHG). Der Halbjahresfinanzbericht muss mindestens einen ver-

---

Geschäftsjahres nach internationalen Rechnungslegungsgrundsätzen aufzustellen sind. § 78 Börsenordnung FWB erstreckt diese Verpflichtung auf Unternehmen des geregelten Markts, die im Teilbereich mit weiteren Zulassungsfolgepflichten (Prime Standard) gehandelt werden. In der Literatur ist umstritten, ob § 63 Börsenordnung FWB auf einer ausreichenden gesetzlichen Ermächtigungsgrundlage beruht. Namentlich Ganzer/Borsch, BKR 2003, 484 ff. bestreiten, dass § 42 BörsG dazu legitimiere, die Zulassung zum Prime Standard des amtlichen Markts an eine Verpflichtung zur Veröffentlichung weiterer Zwischenberichte (Quartalsberichte) zu knüpfen; a. A. Gebhardt, WM 2003, Sonderbeilage 2, Seite 3, 11 und Heidelbach, in: Schwark KMRK, § 42 BörsG Rn 8. In diesem Sinne wohl auch Fasselt, in: Schäfer, § 40 BörsG Rn 14, der die Einführung zusätzlicher Veröffentlichungspflichten nur für den Prime Standard des geregelten Markts in Frage stellt.

[74] BGBl I. 2007, Seite 10. Das TUG ist am 20. Januar 2007 in Kraft getreten. Siehe zu den Änderungen der kapitalmarktrechtlichen Transparenzregeln durch das TUG Nießen, NZG 2007, 41 ff.

[75] Auf Aktiengesellschaften, deren Aktien börslich oder außerbörslich gehandelt werden, findet das Wertpapierhandelsgesetz Anwendung, weil es sich bei Aktien um Wertpapiere im Sinne des § 2 Abs. Nr. 1 WpHG und somit um Finanzinstrumente gemäß § 2 Abs. 2b WpHG handelt. Im Rahmen der vorliegenden Untersuchung werden jedoch lediglich börsennotierte Aktiengesellschaften im Sinne von § 3 Abs. 2 AktG behandelt. Erfasst sind alle Gesellschaften, deren Aktien an einem Markt zugelassen sind, der von staatlich anerkannten Stellen geregelt und überwacht wird, regelmäßig stattfindet und für das Publikum mittelbar oder unmittelbar zugänglich ist. Umfasst ist damit der amtliche Handel (§§ 30 ff. BörsG) und der Handel im geregelten Markt (§§ 49 ff. BörsG), nicht aber der Freiverkehr (§ 57 BörsG). Siehe dazu Heider, in: Münch. Komm. AktG, § 3 AktG Rn 40; Marsch-Barner/Schäfer, in: Hdb. börsennotierte AG, § 1 Rn 10. Da auf eine börsennotierte Aktiengesellschaft im Sinne von § 3 Abs. 2 AktG stets das Wertpapierhandelsgesetz Anwendung findet, wird im Folgenden als Synonym für den Begriff Emittent von Finanzinstrumenten der Begriff *„börsennotierte Gesellschaft"* verwendet.

kürzten Abschluss, einen Zwischenlagebericht[76] und eine Versicherung auf den Halbjahresfinanzbericht[77] enthalten (§ 37w Abs. 2 WpHG). Der verkürzte Abschluss setzt sich mindestens aus einer verkürzten Bilanz, einer verkürzten Gewinn- und Verlustrechnung sowie einem Anhang zusammen (§ 37w Abs. 3 WpHG).

Diese Regelungen ersetzen die bisherigen Bestimmungen im Börsengesetz und in der Börsenzulassungsverordnung[78]. Für kapitalmarktorientierte Mutterunternehmen ergeben sich aus der Neuregelung allerdings kaum Änderungen hinsichtlich ihrer unterjährigen Berichtspflichten: Sie mussten ihre Halbjahresberichte bereits nach bislang geltendem Recht nach Vorgabe von IAS/IFRS und nicht nach BörsG bzw. BörsZulV erstellen[79]. Und der Standard IAS 34.4 verlangte für die Zwischenberichterstattung ohnehin schon eine verkürzte Bilanz, eine verkürzte Gewinn- und Verlustrechnung und Anhangsangaben auf konsolidierter Basis[80]. Neu ist lediglich die Verpflichtung der Vorstände zur Abgabe der Versicherung der Richtig- und Vollständigkeit des Halbjahresfinanzberichts (§ 37w Abs. 2 Nr. 3 WpHG).

---

[76] Der Zwischenlagebericht muss die wichtigsten Ereignisse im Berichtszeitraum und ihre Auswirkungen auf den verkürzten Abschluss aufzeigen, sowie die wesentlichen Chancen und Risiken in den folgenden sechs Monaten des Geschäftsjahres beschreiben und hat wesentliche Geschäfte der Gesellschaft mit nahe stehenden Personen anzugeben (§ 37w Abs. 4 WpHG).

[77] Die Mitglieder des Vorstands müssen sowohl bei der Unterzeichnung des Jahresabschlusses (Konzernabschlusses) als auch des verkürzten Abschlusses schriftlich nach bestem Wissen versichern, dass der Jahresabschluss unter Beachtung der Grundsätze ordnungsgemäßer Buchführung ein den tatsächlichen Verhältnissen entsprechendes Bild der Vermögens-, Finanz- und Ertragslage der Kapitalgesellschaft vermittelt und dass im Lagebericht der Geschäftsverlauf, einschließlich des Geschäftsergebnisses und der Lage der Gesellschaft, so dargestellt wird, dass ein den tatsächlichen Verhältnissen entsprechendes Bild vermittelt wird und die wesentlichen Chancen und Risiken beschrieben sind (§§ 264 Abs. 2 Satz 3, 289 Abs. 1 Satz 5, 297 Abs. 2 Satz 4, 315 Abs. 1 Satz 5 HGB). Diese Versicherung wird, wenn auch rechtlich nicht ganz korrekt, als „Bilanzeid" bezeichnet. Siehe zum Ganzen Fleischer, ZIP 2007, 97 ff.

[78] Durch Artikel 3 und Artikel 4 des TUG werden § 40 BörsG sowie §§ 53 ff. BörsZulV gestrichen. Dadurch soll eine Duplizierung von Veröffentlichungspflichten vermieden werden (Begr. RegE TUG, BT-Drucks. 16/2498, Seite 44).

[79] Dies gilt insbesondere für Mutterunternehmen, deren Aktien an der Frankfurter Wertpapierbörse zum Handel mit weiteren Zulassungsfolgepflichten (Prime Standard) zugelassen sind. So sieht § 63 BörsO FWB für jedes Quartal einen Zwischenbericht vor, der neben Bilanz, Gewinn- und Verlustrechnung und Anhang auch eine Eigenkapitalveränderungsrechnung sowie eine Segmentberichterstattung enthält.

[80] Baetge/Bruns/Rolvering, in: Baetge/Dörner, IAS 34 Rn 10.

bb) Zwischenmitteilungen

Nach neuer Rechtslage hat die Emittentin von Aktien überdies in einem Zeitraum zwischen zehn Wochen nach Beginn und sechs Wochen vor Ende der ersten und zweiten Hälfte des Geschäftsjahres eine Zwischenmitteilung zu veröffentlichen (§ 37x Abs. 1 WpHG)[81]. Die Zwischenmitteilung muss Informationen über die Entwicklung der Geschäftstätigkeit der Gesellschaft in dem Berichtszeitraum, also des jeweiligen Quartals, enthalten. Wesentliche Ereignisse und Geschäfte im Berichtszeitraum sowie deren Auswirkungen auf die Finanzlage der Gesellschaft sind zu erläutern, Finanzlage und Geschäftsergebnis der Gesellschaft im Berichtszeitraum zu beschreiben. Bei börsennotierten Mutterunternehmen müssen sich diese Angaben auf das Mutterunternehmen und die Gesamtheit der einzubeziehenden Tochterunternehmen erstrecken (§ 37y Nr. 3 WpHG). Ein Quartalsabschluss ist auch nach neuer Rechtslage gesetzlich hingegen nicht erforderlich[82].

c) Analoge Anwendung von § 294 Abs. 3 HGB

Schon nach bisher geltender Rechtslage stellte sich die Frage, wie sich das herrschende börsennotierte Unternehmen die Angaben verschaffte, um den aktuellen und potentiellen Anlegern als Adressaten der Zwischenberichterstattung unterjährige Informationen über den Geschäftsverlauf zu vermitteln. Um anhand von Zahlenangaben und Erklärungen ein den tatsächlichen Verhältnissen entsprechendes Bild der Finanzlage und des allgemeinen Geschäftsgangs des Emittenten auf konsolidierter Basis mitzuteilen, benötigte die Muttergesellschaft zwangsläufig auch Informationen über die Finanz- und Geschäftslage der Tochtergesellschaften. Weder die Regelungen des BörsG noch der BörsZulV verschafften dem herrschenden Unternehmen einen entsprechenden Informationsanspruch. Durch die Neufassung der Veröffentlichungspflichten im Rahmen des TUG stellt sich die Frage nach der Informationsbeschaffung *erst recht*. Jedoch enthalten die durch das TUG eingefügten Vorschriften über die unterjährigen kapitalmarktrechtlichen Berichterstattungspflichten nach wie vor keine Regelung, die dem herrschenden Unternehmen einen Informationsanspruch gegen die Tochtergesellschaft gewährt. Vielmehr ist die Frage gesetzlich weiterhin ungeklärt.

---

[81] Vermutlich werden die Gesellschaften jeweils nach Ablauf der ersten drei und neun Monate eines jeden Geschäftsjahres diese Zwischenmitteilungen veröffentlichen.

[82] Veröffentlicht eine Gesellschaft wegen der Zulassung an der Frankfurter Wertpapierbörse mit weiteren Zulassungsfolgepflichten (Prime Standard) einen Quartalsabschluss, entfällt die zusätzliche Pflicht zur Veröffentlichung einer Zwischenmitteilung (§ 37x Abs. 3 WpHG).

Für die bisherige Rechtslage schlägt die Literatur - soweit sich Stellungnahmen zu dieser Frage finden - durchweg die analoge Anwendung des § 294 Abs. 3 HGB vor[83]. Dem herrschenden Unternehmen sollte für die Erstellung der Zwischenberichte (Quartalsberichte) auf konsolidierter Basis ein entsprechender Auskunftsanspruch gegen die Tochterunternehmen zustehen. Auch nach neuer Rechtslage ist eine solche entsprechende Anwendung des § 294 Abs. 3 HGB auf die periodischen kapitalmarktrechtlichen Berichtspflichten aus folgenden Gründen zu fordern:

Nach §§ 37w Abs. 3 Satz 2, 37y Nr.2 Satz 2 WpHG sind auf den verkürzten Abschluss des Halbjahresfinanzberichts die Rechnungslegungsgrundsätze und Bilanzierungsregeln anzuwenden, die auch für den Konzernabschluss gelten. Dementsprechend haben kapitalmarktorientierte Mutterunternehmen bei der Aufstellung des verkürzten Abschlusses die internationalen Rechnungslegungsstandards IAS/IFRS anzuwenden. Die Aufstellung eines verkürzten Abschlusses bedeutet im Vergleich zum Konzernabschluss, dass die verkürzte Bilanz und die verkürzte Gewinn- und Verlustrechnung die gleichen Überschriften und Zwischensummen enthalten wie der letzte Abschluss, aber zusätzliche Posten nur angegeben werden müssen, wenn ihr Weglassen den Zwischenbericht irreführend erscheinen ließen[84]. Die Darstellung und Terminologie des verkürzten Abschlusses orientiert sich also nicht nur an der jährlichen Rechnungslegung, sondern entspricht dieser weitgehend[85]. Es besteht aus diesem Grund eine formelle und materielle Vergleichbarkeit von verkürztem Abschluss und (Konzern-) Jahresabschluss. Der verkürzte Abschluss ist im Ergebnis nichts anderes als ein Rechnungslegungsinstrument über einen unterjährigen Berichtszeitraum, bei dessen Aufstellung die gleichen Grundsätze und Regeln anzuwenden sind wie bei der Aufstellung des (Konzern-) Jahresabschlusses. Dementsprechend ist kein Grund ersichtlich, warum § 294 Abs. 3 HGB auf die Zwischenberichterstattung keine entsprechende Anwendung finden sollte. Vielmehr bedarf es der analogen Anwendung schon deshalb, weil das herrschende Unternehmen auch den verkürzten Abschluss auf konsolidierter Basis aufstellen muss (§ 37y Nr. 2 WpHG). Ohne entsprechende Informationen und Daten aus der unternehmerischen Sphäre der Tochtergesellschaft kann das Mutterunternehmen die gesetzliche Verpflichtung zur Halbjahresfinanzberichterstattung auf konsolidierter Basis aber nicht erfüllen. Es wäre mehr als ungereimt, wenn der Muttergesellschaft zwar bei der Aufstellung des Konzernabschlusses ein Anspruch gegen die Tochtergesellschaft auf Vorlage von Unterlagen und auf Erteilung von Auskünften

[83] Kropff, in: Münch. Komm. AktG, § 311 Rn 299; Scheffler, AG 1991, 256, 259 (Fn. 24); Wilken, DB 2001, 2383, 2386.

[84] Siehe Begr. RegE TUG, BT-Drucks. 16/2498, Seite 44 zu § 37w WpHG.

[85] Bei der Zwischenberichterstattung nach § 40 BörsG hat die Literatur eine einheitliche Gliederung von Jahresabschluss und Zwischenbericht hingegen als nicht „sinnvoll" bezeichnet (vgl. Fasselt, in: Schäfer, § 40 BörsG Rn 33).

zusteht, nicht aber bei der Aufstellung der Berichte für die ersten sechs Monate des Geschäftsjahres. Die unterjährige kapitalmarktrechtliche Berichtspflicht verlangt im gleichen Maße einen Informationsanspruch wie die jährliche Konzernrechnungslegung. Schließlich verfolgt der Halbjahresfinanzbericht genauso wie der Konzernabschluss das Ziel, die Aktionäre und potentiellen Anleger über die Geschäftstätigkeit in einem - vorliegend unterjährigen - Berichtszeitraum zu informieren. Das vom Gesetzgeber verfolgte Ziel einer raschen und gleichmäßigen Information der Investoren durch die Halbjahresfinanzberichte [86] lässt sich ohne einen entsprechenden Auskunfts- und Informationsanspruch gegen das Tochterunternehmen nicht erreichen.

Hinzu kommt: Könnte das herrschende Unternehmen den verkürzten Abschluss im Gegensatz zum Konzernabschluss in Ermangelung entsprechender Informationen seitens der Tochtergesellschaften nicht auf konsolidierter Basis erstellen, wäre der Halbjahresfinanzbericht seiner maßgeblichen Verbindungsfunktion beraubt. Schließlich dient er gerade der Überbrückung der Jahresabschlüsse zweier aufeinander folgender Jahre, indem er wichtige Angaben des zurückliegenden Geschäftsjahres fortführt und die momentane Geschäftsentwicklung darstellt[87]. Dies setzt voraus, dass die Ermittlung der Angaben auf einer gemeinsamen materiellen Grundlage beruht. Schließlich würde eine Inkompatibilität von Halbjahresfinanzbericht und Konzernabschuss die Anleger nur verwirren, und ihr Vertrauen in die Funktionsfähigkeit des Kapitalmarkts würde gerade nicht gestärkt. Genau dieses Ziel - Stärkung des Vertrauens in die Funktionsfähigkeit des Kapitalmarkts - verfolgt der deutsche Gesetzgeber aber mit dem TUG[88]. Auch unter diesem Blickwinkel hat die börsennotierte Konzernobergesellschaft gegen die Tochtergesellschaft einen Anspruch analog § 294 Abs. 3 HGB auf Mitteilung sämtlicher Informationen und Angaben, die es zur Erstellung eines verkürzten Abschlusses nebst dazugehörigem Konzernlagebericht auf konsolidierter Basis im Rahmen der Halbjahresfinanzberichterstattung benötigt.

Nichts anderes gilt für die vom Vorstand des herrschenden Mutterunternehmens zu veröffentlichenden Zwischenmitteilungen: Denn auch insoweit kann dieser nur dann einen Überblick über die unterjährige Geschäftstätigkeit des eigenen Unternehmens sowie die Gesamtheit der nach den Vorschriften des Handelsgesetzbuch einzubeziehenden Tochterunternehmen geben (§ 37w Abs. 3 WpHG), wenn er über die erforderlichen Informationen verfügt. Auch in diesem Kontext der periodischen Berichterstattung bedarf es in Ermangelung einer ausdrücklichen gesetzlichen Regelung der entsprechenden Anwendung von § 294

---

[86]   Begr. RegE TUG, BT-Drucks. 16/2498, Seite 44 zu § 37w WpHG.
[87]   Zur Verbindungsfunktion des früheren Zwischenberichts Alvarez/Wotschofsky, Zwischenberichterstattung nach Börsenrecht, IAS und US-GAAP, Seite 121; Fasselt, in: Schäfer, § 40 BörsG Rn 24.
[88]   Begr. RegE TUG, BT-Drucks. 16/2498, Seite 26 (Allgemeiner Teil).

Abs. 3 HGB. Andernfalls lässt sich das vom Gesetzgeber mit dem TUG verfolgte Ziel der Information über den unterjährigen Geschäftsverlauf börsennotierter Unternehmen nicht erreichen.

d) Praktische Konsequenzen

Im Rahmen der unterjährigen kapitalmarktrechtlichen Berichtspflichten führt die analoge Anwendung von § 294 Abs. 3 HGB zu einer Versorgung des herrschenden Unternehmens mit Informationen und Angaben über die Vermögens-, Finanz- und Ertragslage des laufenden Geschäftsjahres der Tochtergesellschaft. Das Mutterunternehmen erlangt im Gegensatz zur jährlichen Konzernrechnungslegung aktuelle Informationen. Dem Vorstand des herrschenden Unternehmens werden dadurch Informationen an die Hand gegeben, mit denen er die unterjährige Geschäftsentwicklung der Tochtergesellschaften überwachen und kontrollieren kann. Der Nutzen dieser Informationsvermittlung liegt für den Vorstand des herrschenden Unternehmens maßgeblich darin, dass er mit deren Hilfe frühzeitig Entscheidungen treffen und sich abzeichnenden Fehlentwicklungen in der Tochtergesellschaft entgegensteuern kann. Unter dem Blickwinkel einheitlicher Konzernleitung kommt der Informationsvermittlung im Rahmen der unterjährigen Berichterstattung somit nicht unerhebliche Bedeutung zu. Gleichwohl ist auch dieser Informationstransfer auf wirtschaftliche Kennzahlen der Tochtergesellschaft beschränkt. Informationen aus einem bilanzfremden Kontext verschafft § 294 Abs. 3 HGB dem börsennotierten Mutterunternehmen nicht. Außerdem genügt eine an Halbjahres- oder Quartalsberichten orientierte Frequenz nicht den Erfordernissen der Konzernsteuerung, wie sich aus einem Blick auf § 90 Abs. 2 AktG erschließen lässt.

VI. Ergebnis

Das Auskunftsrecht nach § 294 Abs. 3 HGB ermöglicht dem herrschenden Unternehmen einen weit reichenden Einblick in die Geschehnisse der Tochtergesellschaft. Dennoch ist es nicht grenzenlos. Vielmehr reicht es nur soweit, wie es zur Aufstellung des Konzernabschlusses und des Konzernlageberichts *erforderlich* ist[89]. Und vor allem verschafft § 294 Abs. 3 HGB dem herrschenden Unternehmen lediglich Informationen aus dem zurückliegenden Geschäftsjahr.

Soweit das herrschende Unternehmen allerdings börsennotiert und infolgedessen zur Zwischenberichterstattung verpflichtet ist, vermittelt die analoge Anwendung des § 294 Abs. 3 HGB dem herrschenden Unternehmen auch Informationen über das laufende Geschäftsjahr der Tochtergesellschaften. Zwar

---

[89] Adler/Düring/Schmaltz, § 294 HGB Rn 41; Pfaff, in: Münch. Komm. HGB, § 294 Rn 35; Wiedmann, in: Wiedmann Bilanzrechtskommentar, § 294 HGB Rn 16.

wird der Vorstand der Muttergesellschaft dadurch im Gegensatz zur jährlichen Rechnungslegung kontinuierlich und zeitnah über die Lage der Tochtergesellschaften informiert. Gleichwohl begründet § 294 Abs. 3 HGB analog kein umfassendes Informationsrecht. Denn auch im Rahmen der unterjährigen Rechnungslegung vermittelt § 294 Abs. 3 HGB analog dem herrschenden Unternehmen lediglich diejenigen Informationen, die dieses zur Erfüllung der kapitalmarktrechtlichen Zwischenberichterstattung benötigt.

Wegen dieser sachlichen Beschränkung des durch § 294 Abs. 3 HGB vermittelten Informationsflusses von *unten* nach *oben* stellt sich die Frage, ob dem herrschenden Unternehmen unter anderen rechtlichen Gesichtspunkten ein Anspruch auf Informationen über vertrauliche Unternehmensinterna der Tochtergesellschaften zusteht.

§ 2 Der aktienrechtliche Informationsanspruch des herrschenden Unternehmens

Als Aktionär der abhängigen Gesellschaft stehen dem herrschenden Unternehmen mitgliedschaftliche Informations- und Auskunftsrechte zu. Ob diese mitgliedschaftlichen Rechte das Informationsinteresse des herrschenden Unternehmens an den wirtschaftlichen und rechtlichen Verhältnisse der Tochtergesellschaft in dem Maße zu befriedigen vermögen, wie es zu Zwecken einheitlicher Konzernleitung erforderlich ist, muss beleuchtet werden.

I. Das Auskunftsrecht des § 131 Abs. 1 Satz 1 AktG

Das Gesetz gewährt in § 131 Abs. 1 Satz 1 AktG jedem Aktionär unabhängig von der Höhe seiner Beteiligung ein Auskunftsrecht gegenüber dem Vorstand[90]. Ein allgemeiner zivilrechtlicher Auskunftsanspruch des Aktionärs besteht daneben nicht[91].

Nach der Rechtsprechung des Bundesgerichtshofs ergibt sich aus dem Grundsatz von Treu und Glauben (§ 242 BGB) zwar eine Auskunftspflicht, wenn die zwischen den Parteien bestehende besondere Rechtsbeziehung es mit sich bringt, dass der Berechtigte in entschuldbarer Weise über den Umfang und

---

[90] Allgemeine Auffassung vgl. statt aller Hüffer, § 131 Rn 3; F. J. Semler, in: Münchener Hdb. GesR. IV, § 37 Rn 1.

[91] Ein auftragsähnlicher Anspruch (§ 27 Abs. 3 BGB) oder ein Anspruch auf Rechenschaft (§ 666 BGB) gegen den Vorstand der Gesellschaft besteht nicht, weil weder der Vorstand noch der Aufsichtsrat nach einhelliger Meinung im Auftrag des einzelnen Aktionärs tätig werden, BGH NJW 1967, 1462; Barz, in: Großkomm. AktG³, § 131 Anm. 3; Decher, in: Großkomm. AktG, § 131 Rn 11; Hüffer, § 131 Rn 2; ders., ZIP 1996, 401, 404.

das Bestehen seiner Rechte im Unklaren ist und somit auf die Auskunft des Verpflichteten angewiesen ist, die dieser zumutbar erteilen kann[92]. Eine solche Auskunftspflicht besteht aber nicht selbständig, sondern ist stets an einen Hauptanspruch geknüpft[93]. In den von der Rechtsprechung anerkannten Fällen sollte der Auskunftsanspruch ausschließlich im Wege der Stufenklage (§ 254 ZPO) zur Vorbereitung einer späteren Leistungsklage geltend gemacht werden. All das passt nicht in das Gesamtgefüge der aktienrechtlichen Informationsrechte.

Unabhängig davon, dass es im Regelfall am erforderlichen Hauptanspruch des Aktionär fehlt, ist dieser zur Durchsetzung seines Auskunftsrechts nicht auf die Stufenklage nach § 254 ZPO angewiesen, sondern kann dieses im Rahmen des Auskunftserzwingungsverfahrens nach § 132 AktG gerichtlich durchsetzen. Vor allem aber benötigt die Hauptversammlung (und damit auch der einzelne Aktionär) für die Wahrnehmung ihrer inhaltlich beschränkten Organfunktionen neben § 131 AktG kein zusätzliches Informationsrecht. Das Aktiengesetz sieht die Hauptversammlung als Willensbildungsorgan (§ 118 AktG) mit abschließend geregelter Beschlusszuständigkeit (§ 119 AktG). § 131 AktG bezweckt in erster Linie die sinnvolle Ausübung der Rechte, die dem Aktionär in der Hauptversammlung zustehen, also seine Rede-, Antrags- und Stimmrechte[94]. Den Vorstand zu überwachen ist hingegen nicht seine Aufgabe, sondern die des Aufsichtsrats (§ 111 AktG). Aus diesem Grund dient das Auskunftsrecht aus § 131 AktG auch nicht der Ausübung einer allgemeinen Kontrolle gegenüber Vorstand und Aufsichtsrat[95]. Eine allgemeine und unbegrenzte Auskunftspflicht aus § 242 BGB, die gegenständlich nicht auf einen bestimmten Tagesordnungspunkt beschränkt ist, stellte aber eine solche Kontrolle dar. Dies entspricht nicht dem Willen des historischen Gesetzgebers, der durch die gegenständliche Beschränkung des Auskunftsrechts einen Missbrauch durch die Aktionäre verhindern wollte[96]. Für eine vom konkreten Regelungszusammenhang und vom Beschlussgegenstand losgelöste Pflicht zur Information über alles, was einen Aktionär möglicherweise interessieren könnte, lässt § 131 AktG keinen Raum[97]. § 131 Abs. 1 AktG ist im Verhältnis zur allgemeinen zivilrechtlichen Auskunftspflicht lex specialis[98].

---

[92] BGH NJW 1954, 70, 71; NJW 1971, 656, 657; NJW 1973, 1876, 1877; BGHZ 97, 188, 192; NJW 1995, 386, 387; NJW 2003, 3624, 3625. Siehe zum allgemeinen zivilrechtlichen Auskunftsanspruch Palandt/Heinrichs, § 261 BGB Rn 8 ff.

[93] BGH NJW 1995, 386, 387.

[94] Hüffer, ZIP 1996, 401, 404.

[95] Decher, in: Großkomm. AktG, § 131 Rn 11; Hüffer, ZIP 1996, 401, 404.

[96] Vgl. Begr. RegE. zu § 131 bei Kropff, Aktiengesetz, 1965, Seite 185.

[97] So zutreffend OLG Karlsruhe, AG 2003, 444, 446 (linke Spalte).

[98] Neben § 131 AktG gibt es noch eine Reihe spezialgesetzlicher Regelungen zum Auskunftsanspruch des Aktionärs. Diese Regelungen betreffen überwiegend wesentliche Angelegenheiten des anderen Vertragsteils einer Strukturmaßnahme. Zu nennen sind

Nach § 131 Abs. 1 Satz 1 AktG ist jedem Aktionär auf dessen Verlangen in der Hauptversammlung vom Vorstand Auskunft über Angelegenheiten der Gesellschaft zu geben, soweit sie zur sachgemäßen Beurteilung des Gegenstandes der Tagesordnung erforderlich ist. Nur unter den, in § 131 Abs. 3 AktG enumerativ aufgeführten Fällen darf der Vorstand die Auskunft verweigern[99]. Das Recht des Aktionärs auf Information ist an die Voraussetzungen gebunden, a) dass es sich bei der Frage um *„eine Angelegenheit der Gesellschaft handelt"*[100] und b) die Antwort *„zur sachgemäßen Beurteilung des Gegenstandes der Tagesordnung erforderlich ist"* (§ 131 Abs. 1 Satz 1 AktG).

Zwar klingt die erste Voraussetzung wie eine tatbestandliche Einschränkung des Auskunftsrechts, sie zieht dem Auskunftsbegehren jedoch nur scheinbar eine Grenze. Als Angelegenheit der Gesellschaft wird nämlich alles betrachtet, was sich auf die Gesellschaft und ihre Tätigkeit bezieht[101]: Bilanzierungsfähige Daten, Geschäftsverbindungen, Planungen, Kostenvoranschläge, Lizenzen, Ergebnisse von Begutachtungen, aber auch unternehmensrelevante Angaben über Geschäftsführungsorgane, etwa solche, die ihre Eignung betreffen oder auch ihre Bezüge oder Ruhegelder[102]. Ausgenommen sind lediglich fremde Angelegenhei-

---

insbesondere §§ 293g Abs. 3, 295 Abs. 1 Satz 2, 319 Abs. 3 Satz 4, 320 Abs. 1 Satz 3 AktG.

[99] Durch das Gesetz zur Unternehmensintegrität und Modernisierung des Anfechtungsrechts (UMAG) vom 22. September 2005 (BGBl I. 2005 Seite 2802) ist in Abs. 3 mit Nr. 7 ein neues Auskunftsverweigerungsrecht normiert worden: Der Vorstand darf die Auskunft auf Fragen dann verweigern, wenn die begehrte Information mindestens sieben Tagen vor Beginn der Hauptversammlung durchgängig auf der Internetseite der Gesellschaft zugänglich gemacht wurde. Durch diese Regelung wird ein Vorschlag der Regierungskommission Corporate Governance umgesetzt (Baums (Hrsg.) Bericht der Regierungskommission Corporate Governance, 2001, Rn 105). Dadurch sollen typische Standardfragen (sog. *frequently asked questions*) aus der Versammlung ferngehalten und deren Ablauf damit gestrafft werden. Zweifelnd, ob es sich bei § 131 Abs. 3 Nr. 7 AktG um ein Verweigerungsrecht handelt, weil die Auskunft letztendlich erteilt worden ist Martens, AG 2004, 238, 244.

[100] Dieses Erfordernis besteht auch bei sonstigen Mitverwaltungsrechten des Aktionärs, vgl. § 118 Abs. 1 AktG.

[101] Eckardt, in: Geßler/Hefermehl, § 131 Rn 46; Hüffer, § 131 Rn 11; Marsch-Barner, in: Hdb. börsennotierte AG, § 34 Rn 47; Zöllner, in: Köln. Komm. AktG, § 131 Rn 18.

[102] K. Schmidt, Gesellschaftsrecht, § 28 IV (Seite 843). Das OLG Frankfurt am Main hat in zwei Beschlüssen (*„Deutsche Bank"*) vom 30. Januar 2006 (ZIP 2006, 610 ff. und 614 ff.) entschieden, dass die Deutsche Bank verpflichtet ist, ihren Aktionären Auskunft über die Gesamtvergütung ihres organexternen Leitungsgremiums (*Group Executive Committee*) zu erteilen, sie hingegen nicht verpflichtet ist, die Höhe der Vergütung einzelner Mitglieder dieses Gremiums mitzuteilen. Zukünftig dürften sich jedoch zumindest bei börsennotierten Gesellschaften Fragen zur Vergütung der Vorstandsmitglieder regelmäßig erübrigen: Das Gesetz über die Offenlegung der Vorstandsvergütung (VorstOG) (BGBl. I. 2005, Seite 2267) sieht vor, dass bei börsennotierten Aktiengesellschaften für jedes einzelne Vorstandsmitglied die gesamten Bezüge im Anhang zum

ten, wie beispielsweise persönliche Verhältnisse der Organmitglieder. Zur Bestimmung des sachlichen Umfangs des Auskunftsrechts kommt es demnach nur auf die zweite Voraussetzung an[103].

1. Auskunft zur Beurteilung eines Tagesordnungspunkts erforderlich

Die Frage der Erforderlichkeit der Auskunft ist nach objektiven Maßstäben zu beurteilen. Sie ist dann erforderlich, wenn sie *„aus der Sicht eines vernünftigen Durchschnittsaktionärs ein wesentliches Element für die Beurteilung eines Tagesordnungspunktes und für sein Abstimmungsverhalten ist"*[104]. Die Voraussetzung der Erforderlichkeit bezieht sich jeweils auf einen bestimmten Gegenstand der Tagesordnung[105]. Der Aktionär muss deshalb genau angeben, welchen Tagesordnungspunkt seine Frage betrifft. Er trägt für die Erforderlichkeit der Auskunft nach allgemeinen Regeln die Darlegungslast. Bezweifelt der Vorstand die Erforderlichkeit der Frage, muss der Aktionär diese begründen[106].

In der Rechtsprechung hat sich eine kaum noch zu überschauende Kasuistik zu der Frage entwickelt, ob eine Auskunft erforderlich ist[107]. Eine ordentliche Hauptversammlung hat in der Regel den festgestellten[108] Jahresabschluss und den Lagebericht des Vorstands entgegenzunehmen und über die Verwendung des Bilanzgewinns zu entscheiden (§§ 174 Abs. 1, 119 Abs. 1 Nr. 2 AktG). Sodann ist üblicherweise über die Entlastung des Vorstandes und des Aufsichtsrats (§ 119 Abs. 1 Nr. 3 AktG) abzustimmen, ehe die Wahl des Abschlussprüfers erfolgt (§ 119 Abs. 1 Nr. 4 AktG). Insbesondere im Zusammenhang mit den beiden zuerst genannten Tagesordnungspunkten sind viele Umstände bedeutend, so dass in der Praxis zahlreiche Fragen als zur sachgemäßen Beurteilung erfor-

---

Jahres- und Konzernabschluss oder im Lagebericht anzugeben sind. Anzugeben sind dabei Gehälter, Gewinnbeteiligungen, aktienbasierte Vergütungen, Aufwandsentschädigungen und Nebenleistungen aller Art sowie Abfindungen (§ 285 Satz 1 Nr. 9a HGB).

[103] Anders Groß, AG 1997, 97, 104, demzufolge der Begriff Angelegenheit der Gesellschaft ein gesondert zu prüfendes Tatbestandsmerkmal darstellt.

[104] Groß, AG 1997, 97, 105; Hüffer, § 131 Rn 12; Marsch-Barner, in: Hdb. börsennotierte AG, § 34 Rn 48; Kubis, in: Münch. Komm. AktG, § 131 Rn 39; F. J. Semler, in: Münchener Hdb. GesR IV, § 37 Rn 8; BayObLG, AG 1996, 516; OLG Düsseldorf, NJW 1988, 1033, 1034; OLG Frankfurt am Main, AG 1994, 39 (rechte Spalte).

[105] Kubis, in: Münch. Komm. AktG, § 131 Rn 37.

[106] Ebenroth, Das Auskunftsrecht des Aktionärs, Seite 34; Kubis, in: Münch. Komm. AktG, § 131 Rn 44.

[107] Siehe hierzu im Einzelnen Henn, Hdb. des Aktienrechts, Rn 882 mit zahlreichen Nachweisen aus der Rechtsprechung und F. J. Semler, in: Münchener Hdb. GesR IV, § 37 Rn 12 mit einer Übersicht über Fälle, in denen die Erforderlichkeit einer Auskunft zur Beurteilung bestimmter Tagesordnungspunkte erörtert wurde.

[108] Nur ausnahmsweise wird die Hauptversammlung und nicht der Aufsichtsrat und der Vorstand der Gesellschaft den Jahresabschluss nach § 173 Abs. 1 Satz 1 AktG feststellen.

derlich angesehen werden[109]. Dem herrschenden Unternehmen dürfte es daher - zumindest theoretisch - möglich sein, seine Fragen im Zusammenhang mit einem dieser beiden Tagesordnungspunkte zu stellen.

2. Ungeeignete Informationsquelle

Trotz der großen Reichweite des aktienrechtlichen Auskunftsrechts bestehen Zweifel, ob § 131 Abs. 1 Satz 1 AktG als Informationsquelle für die herrschende Muttergesellschaft ausreicht. Zweifelhaft ist vor allem, ob das Auskunftsrecht eine dauerhafte und zeitnahe Versorgung mit den für die Konzernführung unerlässlichen Informationen von *unten* nach *oben* gewährleistet.

a) Auskunftserteilung auf Hauptversammlung beschränkt

Das Fragerecht des Aktionärs nach § 131 Abs. 1 AktG besteht lediglich im Rahmen der Hauptversammlung[110]. Es kann im Unterschied zum Informationsrecht des GmbH-Gesellschafters nicht jederzeit ausgeübt werden (§ 51a GmbH). Anfragen, die während des Geschäftsjahres an den Vorstand gerichtet werden, braucht dieser nicht zu beantworten. Der Vorstand der Obergesellschaft kann sich seine Informationen daher grundsätzlich nur einmal im Jahr *erfragen*. Ein kontinuierlicher Informationsfluss von *unten* nach *oben* ist somit nicht sichergestellt. Auch bezieht sich das Auskunftsrecht grundsätzlich auf den Berichtszeitraum der Hauptversammlung, also auf das abgelaufene Geschäftsjahr der Tochtergesellschaft[111].

b) Kein Anspruch auf schriftliche Unterlagen

Darüber hinaus zwingt das Auskunftsrecht die Gesellschaft nicht, in der Hauptversammlung schriftliche Unterlagen zu übergeben. Der fragende Aktionär hat

---

[109] F. J. Semler, in: Münchener Hdb. GesR IV, § 37 Rn 8.

[110] Decher, in: Großkomm. AktG, § 131 Rn 105; Eckardt, in: Geßler/Hefermehl, § 131 Rn 25; Henn, Hdb. des Aktienrechts, Rn 876; Kubis, in: Münch. Komm. AktG, § 131 Rn 23; Marsch-Barner, in: Hdb. börsennotierte AG, § 34 Rn 29; Meilicke/Heidel, DStR 1992, 72, 73; Zöllner, in: Köln. Komm. AktG, § 131 Rn 77.

[111] Decher, in: Großkomm. AktG, § 131 Rn 150; F. J. Semler, in: Münchener Hdb. GesR. IV, § 37 Rn 7. Auf Ereignisse früherer Geschäftsjahre erstreckt sich das Auskunftsrecht nur, wenn diese für die Beurteilung des gegenwärtig zu behandelnden Tagesordnungspunktes relevant sind; beispielsweise beim Tagesordnungspunkt *„Vorlage des Jahresabschluss"* (Kubis, in: Münch. Komm. AktG, § 131 Rn 48; Zöllner, in: Köln. Komm. AktG, § 131 Rn 25). Nach herrschender Meinung umfasst das Auskunftsrecht des Aktionärs beim Tagesordnungspunkt *„Entlastung der Organe"* auch Angelegenheiten, die sich erst im laufenden Geschäftsjahr ergeben haben (Decher, in: Großkomm. AktG, § 131 Rn 153 mit weiteren Nachweisen).

keinen Anspruch auf schriftliche Auskunft oder auf Einsichtnahme in Unterlagen der Gesellschaft[112]. Es gilt das Prinzip der Mündlichkeit[113]. Lediglich soweit die Auskunft aus einer Fülle von Zahlen und Daten besteht und somit die Einsichtnahme in vorbereitete Aufzeichnungen und Unterlagen eine schnellere und zuverlässigere Unterrichtung des Aktionärs gewährleistet, darf der Vorstand den Aktionär auf diesen Weg der Informationserteilung verweisen. Er muss dabei aber sicherstellen, dass auch die übrigen Aktionäre die entsprechenden Unterlagen einsehen können[114].

Auch unter diesem Blickwinkel ist § 131 Abs. 1 AktG für das herrschende Unternehmen wenig geeignet, um die für eine sachgemäße Konzernleitung erforderlichen Informationen zu erlangen. Denn das herrschende Unternehmen ist im Rahmen seiner Konzernleitung regelmäßig auf schriftliche Unterlagen, Informationen und Daten angewiesen.

c) Kenntniserlangung der übrigen Aktionäre

Erfragt das herrschende Unternehmen kraft des allgemeinen Auskunftsrechts die für die Konzernleitung relevanten Informationen in der Hauptversammlung der Tochtergesellschaft, erhalten alle anderen anwesenden Aktionäre diese Informationen. An einer Verhandlung von Geschäftsinterna coram publico dürfte dem herrschenden Unternehmen jedoch wenig gelegen sein. Vielmehr benötigt es für die Ausübung seiner Konzernleitungsmacht auch vertrauliche und sensible Informationen, die der Öffentlichkeit der Hauptversammlung gerade nicht bekannt werden sollen.

Und schließlich ist nicht auszuschließen, dass der Vorstand des Tochterunternehmens die Erteilung bestimmter Informationen im Einzelfall gemäß § 131 Abs. 3 Nr. 1 AktG wegen der Sensibilität der begehrten Auskunft verweigert. Dies darf er schon dann, wenn die Information lediglich geeignet ist, der Gesellschaft oder einem verbundenen Unternehmen einen nicht unerheblichen Nachteil - nicht notwendigerweise auch einen bezifferbaren Schaden - zuzufügen[115]. Das Auskunftsrecht des herrschenden Unternehmens dürfte sich daher im Hinblick auf unternehmerische Detailfragen praktisch als wertlos erweisen.

---

[112] BGHZ 101, 1, 15; 122, 211, 236; OLG Dresden, AG 1999, 274, 276; Decher, in: Großkomm. AktG, § 131 Rn 93; Hüffer, § 131 Rn 22; Kubis, in: Münch. Komm. AktG, § 131 Rn 77; Meilicke/Heidel, DStR 1992, 72, 73; Zöllner, in: Köln. Komm. AktG, § 131 Rn 81.

[113] Barz, in: Großkomm. AktG³, § 131 Anm. 26; Franken/Heinsius, FS Budde, 213, 234; Kubis, in: Münch. Komm. AktG, § 131 Rn 77; Marsch-Barner, in: Hdb. börsennotierte AG, § 34 Rn 41.

[114] BGHZ 101, 1, 16; 122, 211, 236; OLG Düsseldorf, AG 1992, 34.

[115] Decher, in: Großkomm. AktG, § 131 Rn 301; Hüffer, § 131 Rn 24; Kubis, in: Münch. Komm. AktG, § 131 Rn 102 mit Nachweisen aus der Rechtsprechung; K. Schmidt, Gesellschaftsrecht, § 28 IV (Seite 846).

II. Informationsanspruch im Wege des Umkehrschlusses

Nach § 131 Abs. 1 Satz 2 AktG muss der Vorstand dem Aktionär in der Hauptversammlung Auskunft über die rechtlichen und geschäftlichen Beziehungen der Gesellschaft zu einem verbundenen Unternehmen erteilen. Dies bedeutet allerdings nur eine Klarstellung zu Satz 1 der Norm, weil solche Beziehungen auch stets Angelegenheiten der Aktiengesellschaft sind[116]. Im Zusammenhang mit Tagesordnungspunkten wie „ *Verwendung des Bilanzgewinns* " erstreckt sich das Auskunftsrecht des Aktionärs daher auch auf Vorgänge in Beteiligungsgesellschaften, die Einfluss auf den bilanziellen Wert der Beteiligung haben, weil es sich insoweit zugleich um eine Angelegenheit der Gesellschaft selbst handelt.

Die Reichweite des § 131 Abs. 1 Satz 2 AktG ist in Rechtsprechung[117] und Literatur[118] ausgiebig erörtert worden, soweit es um Angelegenheiten verbundener Unternehmen geht. Unter dem Vorbehalt, dass die Auskunft erforderlich sein muss, ist über alle Umstände, die die Unternehmensverbindung begründen oder prägen, Auskunft zu geben, wie zur Höhe des Beteiligungsbesitzes, zu personellen Verflechtungen, zum Abschluss und Inhalt von Unternehmensverträgen, zu wechselseitigen Lieferungen und Leistungen sowie zur Zahlung einer Konzernumlage. Kurz: Die Auskunftspflicht über verbundene Unternehmen reicht weit.

Weil dem Aktionär des herrschenden Unternehmens somit weitgehende Auskunftsrechte über Angelegenheiten des verbundenen Unternehmens zustehen, stellt sich die Frage: Ist aus § 131 Abs. 1 Satz 2 AktG zu schließen, dass dem herrschenden Unternehmen seinerseits ein umfassender Informationsanspruch gegen die abhängige Tochtergesellschaft zusteht? Wäre dem nicht so, hätte der Aktionär des herrschenden Unternehmens zwar einen Anspruch, den der Vorstand der eigenen (herrschenden) Gesellschaft in der Hauptversammlung man-

---

[116] Decher, in: Großkomm. AktG, § 131 Rn 118; Eckardt, in: Geßler/Hefermehl, § 131 Rn 52; Ebenroth, AG 1970, 104, 105; Hüffer, § 131 Rn 13; Kubis, in: Münch. Komm. AktG, § 131 Rn 62; Marsch-Barner, in: Hdb. börsennotierte AG, § 34 Rn 50; K. Schmidt, Gesellschaftsrecht, § 28 IV (Seite 843); Zöllner, in: Köln. Komm. AktG, § 131 Rn 29.

[117] OLG Karlsruhe, AG 1990, 82 zur Zahlung einer Konzernumlage; BayObLG, AG 2000, 131 zu den geschäftlichen Verhältnissen eines verbundenen Unternehmens; OLG Köln, AG 2002, 89, 90 zur (fehlenden) Auskunftspflicht, wenn der Verkauf einer Beteiligung durch eine Tochtergesellschaft für die Konzernmutter keine wirtschaftliche Relevanz aufweist; OLG Stuttgart, AG 2005, 94 zur Auskunftspflicht über wechselseitige Zahlungen und Höhe der Konzernverrechnungspreise; OLG Düsseldorf, AG 1992, 34, 36 zur Beteiligung der Muttergesellschaft an Umsatzerlösen und sonstigen wechselseitigen Zahlungen.

[118] Decher, in: Großkomm. AktG, § 131 Rn 231 ff; Ebenroth/Wilken, BB 1993, 1818 ff.; Kubis, in: Münch. Komm. AktG, § 131 Rn 62 ff.; F. J. Semler, in: Münchener Hdb. GesR IV, § 37 Rn 15.

gels entsprechender Kenntnis über die Angelegenheiten der verbundenen Unternehmen unter Umständen aber gar nicht erfüllen könnte.

Gleichwohl ergibt sich aus der Auskunftspflicht des Vorstandes gegenüber seinen eigenen Aktionären kein Informationsanspruch gegen verbundene Unternehmen[119]. Das Gesetz geht vielmehr davon aus, dass der Vorstand der herrschenden Gesellschaft ohne weiteres in der Lage ist, entsprechende Informationen über das abhängige Unternehmen zu erlangen. Das Gesetz unterstellt, dass der Vorstand informiert ist oder sich zumindest informieren kann.

Aus dieser Feststellung lässt sich jedoch nichts zur Beantwortung der Frage ableiten, wie sich der Vorstand der herrschenden Gesellschaft diese Informationen bei den Konzerntöchtern beschaffen kann und soll. Insbesondere bleibt ungeklärt, ob der Vorstand des herrschenden Unternehmens einen Anspruch gegen den Vorstand der beherrschten Gesellschaft auf Mitteilung dieser Informationen hat. Mangels eines entsprechenden Anspruchs wäre selbst ein ordnungsgemäß vorbereiteter Vorstand unter Umständen nicht in der Lage, sämtliche Fragen über verbundene Unternehmen in der Hauptversammlung zu beantworten[120].

III. Kollektive Informationsrechte

Neben dem individuellen Auskunftsrecht jedes einzelnen Aktionärs sieht das Aktiengesetz auch kollektive Informationsrechte vor: So ist in der Hauptversammlung der Jahresabschluss, der Lagebericht, der Bericht des Aufsichtsrates und der Vorschlag des Vorstands für die Verwendung des Bilanzgewinns vorzulegen und zu erläutern (§§ 120 Abs. 3 Satz 2, 176 Abs. 1 Satz 1 i.V.m. § 175 Abs. 2 AktG)[121]. Der Aktionär kann eine Abschrift dieser Unterlagen verlangen (§ 175 Abs. 2 Satz 2 AktG)[122]. Jedoch verschaffen auch diese kollektiven Infor-

---

[119] Emmerich, in: Emmerich/Habersack, § 293g Rn 12; Kort, ZGR 1987, 46, 71; Vossel, Auskunftsrechte im Aktienkonzern, Seite 45; Windbichler, FS Peltzer, 629, 633. In diesem Sinne auch Grunewald, in: Lutter UmwG, § 64 Rn 7, die darauf hinweist, dass sich der Vorstand schon im Vorfeld der Hauptversammlung darum bemühen muss, die voraussichtlich benötigten Informationen zu beschaffen (für den Fall des Abschluss eines Verschmelzungsvertrages).

[120] So Vossel, Auskunftsrechte im Vertragskonzern, Seite 48. Anders Windbichler, FS Peltzer, 629, 633, derzufolge Fallgestaltungen selten seien, in denen eine berechtigte Aktionärsfrage von einem ordnungsgemäß vorbereiteten Vorstand nicht beantwortet werden könne, weil ein verbundenes Unternehmen die Auskunft verweigere.

[121] Hierzu im Einzelnen Groß, AG 1997, 97, 100 ff.

[122] Soll die Hauptversammlung Verträgen zustimmen (§§ 179a, 293 AktG, 64 UmwG), müssen sowohl diese als auch die dazugehörigen Berichte des Vorstandes während der Hauptversammlung zur Einsichtnahme ausgelegt und auf Verlangen jedem Aktionär eine kostenlose Abschrift erteilt werden (§§ 179a Abs. 2, 293f Abs. 2 AktG, 63 Abs. 3 UmwG).

mationsrechte dem herrschenden Unternehmen keine aktuellen Angaben über den momentanen Geschäftsverlauf der Tochtergesellschaft.

Zunächst ist die Rolle der Hauptversammlung als *Informationsstandort* in den letzten Jahren zunehmend durch standardisierte Publizitätspflichten gegenüber der Öffentlichkeit, insbesondere, aber nicht nur, bei börsennotierten Gesellschaften, abgelöst worden[123].

Außerdem sind die kollektiven Informationsquellen der Hauptversammlung gegenständlich beschränkt und zwar auf den Jahresabschluss, den Lagebericht und den Bericht des Aufsichtsrats der Tochtergesellschaft. Die Informationsbasis des herrschenden Unternehmens erstreckt sich somit von vornherein nur auf Angaben und Unterlagen, die die Tochtergesellschaft aufgrund gesetzlicher Verpflichtungen veröffentlichen muss. Unternehmensinterne Informationsquellen wie Investitions-, Finanz- und Kostenrechnungen erhält das Mutterunternehmen dadurch nicht.

Ferner beziehen sich die in der Bilanz enthaltenen betriebswirtschaftlichen Daten und Kennzahlen der Tochtergesellschaft einzig und allein auf das zurückliegende und bereits abgelaufene Geschäftsjahr. Sie weisen keinen Zukunftsbezug auf. Handelt es sich bei der Tochtergesellschaft zudem um eine kleine Kapitalgesellschaft (§ 267 Abs. 1 HGB), kann zwischen Erstellung und Veröffentlichung des Jahresabschusses sogar mehr als ein halbes Jahr liegen (§ 264 Abs. 1 Satz 3 HGB). Unabhängig davon, dass die Daten ohnehin vergangenheitsorientiert sind, können sie infolgedessen schlicht überholt und veraltet sein. Sie reichen für die herrschende Gesellschaft nicht aus, um sich umfassend über die gegenwärtigen finanziellen Verhältnisse der beherrschten Gesellschaft zu informieren.

Auch jene Informationen, die Repräsentanten des herrschenden Unternehmens durch den Aufsichtsratsbericht in der Hauptversammlung der Tochtergesellschaft erhalten (§ 171 Abs. 2 AktG), genügen den Zwecken der Konzernleitung nicht. Der Aufsichtsrat hat zwar über seine Prüfung des Jahresabschlusses, des Lageberichts und des Gewinnverwendungsvorschlags zu berichten und bei börsennotierten Gesellschaften darüber hinaus anzugeben, welche Ausschüsse der Aufsichtsrat gebildet hat und die Zahl der Sitzungen des Plenums und der Ausschüsse mitzuteilen. Daraus ergeben sich für das herrschende Unternehmen aber keine Erkenntnisse über die momentane Lage der Tochtergesellschaft. Denn unabhängig davon, dass die Berichte des Aufsichtsrats in der Praxis nach wie vor häufig formelhaft sind[124], befassen sie sich ausschließlich mit dem zurückliegenden Geschäftsjahr und sind aus diesem Grund ebenfalls retrospektiv.

Und schließlich vermitteln die kollektiven Informationsquellen dem herrschenden Unternehmen vorwiegend betriebswirtschaftliche Kennzahlen, aber

---

[123] Vgl. Baums, ZHR 167 (2003), 139, 144 ff.; Hommelhoff, ZGR 2000, 748 ff. mit weiteren Nachweisen.

[124] So Hüffer, § 171 Rn 13; F. J. Semler, in: Münchener Hdb. GesR IV, § 36 Rn 3.

keine relevanten Informationen für die Konzernplanung oder die Verbesserung der konzerninternen Zusammenarbeit. Kurz: Die Informationsbedürfnisse des herrschenden Unternehmens, die im Interesse einheitlicher Konzernleitung liegen, werden durch die kollektiven Informationsrechte nicht befriedigt.

IV. Ergebnis

Das Auskunftsrecht aus § 131 Abs. 1 AktG ist kein geeignetes Instrument für das herrschende Unternehmen, um sich detailliert über die Verhältnisse und die Entwicklungen der beherrschten Gesellschaft sachkundig zu machen. Planung, Koordinierung und Kontrolle sind aufgrund der so zu erlangenden Informationen nicht möglich. Das mitgliedschaftliche Auskunftsrecht ist nach seiner Konzeption her nicht darauf ausgerichtet, dem Aktionär bei der Verfolgung unternehmerischer Interessen zu dienen. Es dient dem Aktionär, der in seiner Eigenschaft als bloßer Kapitalanleger allgemeine Informationen über das Unternehmen verlangt.

Auch im Wege des Umkehrschlusses lässt sich aus den aktionärsrechtlichen Auskunfts- und Informationsrechten des § 131 Abs. 1 Satz 2 AktG kein Informationsanspruch des herrschenden Unternehmens herleiten, geschweige denn ein umfassender Anspruch auf Information von *unten* nach *oben*. Nur weil der Vorstand der herrschenden Gesellschaft in der Hauptversammlung verpflichtet sein kann, Fragen zu verbundenen Gesellschaften zu beantworten, folgt für ihn daraus noch kein Informationsanspruch gegen diese.

Die kollektiven Informationsrechte sind ebenfalls nicht geeignet, dem Vorstand des herrschenden Unternehmens die Informationen und Auskünfte zu verschaffen, die dieser in seiner Funktion als Konzernspitze für die Planung, Koordination und Kontrolle der Tochtergesellschaft benötigt. Vielmehr dienen auch diese Informationsrechte zum einen der Verwaltungskontrolle und zum anderen dazu, den Aktionären für die Ausübung ihrer Rechte ausreichende Entscheidungsgrundlagen zu liefern.

Der aktienrechtliche Auskunftsanspruch erfüllt genauso wenig wie die handelsrechtlich vorgeschriebene Informationspflicht der Tochtergesellschaft alle im Interesse einheitlicher Konzernleitung liegenden Informationsbedürfnisse des herrschenden Unternehmens. Dies führt zu der Frage, ob dem herrschenden Unternehmen neben den genannten, ausdrücklich normierten Informationsansprüchen weitere Informationsansprüche gegen das beherrschte Tochterunternehmen zustehen.

§ 3 Der Informationsanspruch des herrschenden Unternehmens im Vertragskonzern

I. Anspruch auf Information kraft Weisungsrechts nach § 308 AktG

Besteht zwischen der Obergesellschaft und der Tochtergesellschaft ein Beherrschungsvertrag nach § 291 Abs. 1 Satz 1 (Alt. 1) AktG, wird die Leitung der Tochtergesellschaft auf das herrschende Unternehmen übertragen. Dadurch wird ein Vertragskonzern begründet[125]. Die herrschende Gesellschaft besitzt dann ein Weisungsrecht gegenüber dem Vorstand der Tochtergesellschaft[126] (§ 308 Abs. 1 AktG). Als Folge dieser Unterstellung unter fremde Leitung hat der Vorstand der abhängigen Gesellschaft die Geschäfte nicht mehr in eigener Verantwortung (§ 76 Abs. 1 AktG), sondern primär entsprechend den ihm erteilten Weisungen zu führen[127]. Der Wille des herrschenden Unternehmens und nicht der des Vorstands der abhängigen Gesellschaft ist maßgeblich.

Das Weisungsrecht nach § 308 Abs. 1 AktG ermächtigt die herrschende Gesellschaft dazu, dem Vorstand der Tochtergesellschaft Anweisungen hinsichtlich der gesamten geschäftsführenden Tätigkeit nach § 76 AktG in den durch den

---

[125] Kein Vertragskonzern wird begründet, wenn lediglich ein isolierter Gewinnabführungsvertrag abgeschlossen wird (§ 291 Abs. 1 Satz 1 (Alt. 2) AktG). Denn maßgeblich für das Entstehen des Vertragskonzerns ist, dass dem herrschenden Unternehmen die Weisungsmacht über die abhängige Gesellschaft eingeräumt wird (siehe Hüffer, § 18 Rn 17; Krieger, in: Münchener Hdb. GesR IV, § 68 Rn 71). Diese Befugnis gewährt nur der Beherrschungsvertrag (Bayer, in: Münch. Komm. AktG, § 17 Rn 65; Krieger, in: Münchener Hdb. GesR IV, § 71 Rn 14). In der Praxis war der Abschluss isolierter Gewinnabführungsverträge bislang aber auch deshalb die Ausnahme, weil bis zum Steuersenkungsgesetz vom 23. Oktober 2001 (BGBl. 2001 I., Seite 1433) die Voraussetzungen einer körperschaftsteuerlichen Organschaft nach § 14 KStG nur durch den zusätzlichen Abschluss eines Beherrschungsvertrags erfüllt werden konnten (zur alten Rechtslage Bayer, in: Münch. Komm. AktG, § 17 Rn 65). Durch das Steuersenkungsgesetz sind die Voraussetzungen der wirtschaftlichen und organisatorischen Eingliederung für eine körperschaftsteuerliche Organschaft allerdings weggefallen (§ 14 Abs. 1 Nr. 1 KStG). Für die nun lediglich noch erforderliche finanzielle Eingliederung genügt der Abschluss eines Gewinnabführungsvertrags. Inwieweit der Beherrschungsvertrag infolge dieser steuerrechtlichen Gesetzesänderungen als ein möglicherweise überholter Vertragstyp bezeichnet werden darf, bleibt abzuwarten (siehe hierzu näher Emmerich/Habersack, Konzernrecht, § 12 I (Seite 178)).

[126] Es besteht kein Weisungsrecht gegenüber dem Aufsichtsrat oder der Hauptversammlung der abhängigen Gesellschaft vgl. Altmeppen, in: Münch. Komm. AktG, § 308 Rn 85; Emmerich, in: Emmerich/Habersack, § 308 Rn 17; Hüffer, § 308 Rn 12; Krieger, in: Münchener Hdb. GesR IV, § 70 Rn 133.

[127] Altmeppen, in: Münch. Komm. AktG, § 308 Rn 2; Emmerich, in: Emmerich/Habersack, § 291 Rn 11; Hüffer, § 308 Rn 12; Krieger, in: Münchener Hdb. GesR IV, § 70 Rn 133.

Unternehmensgegenstand gezogenen Grenzen zu erteilen[128]. Weisungen der herrschenden Gesellschaft sind sogar dann zu befolgen, wenn sie für die Tochtergesellschaft nachteilig sind, aber dem Interesse des herrschenden oder eines anderen konzernverbundenen Unternehmens dienen (§ 308 Abs. 1 Satz 2 AktG). Das Gesetz versteht das Weisungsrecht der herrschenden Gesellschaft gegenüber dem Vorstand der abhängigen Gesellschaft als das Mittel[129] einheitlicher Leitung der durch einen Beherrschungsvertrag verbundenen Unternehmen[130]. Mit gewissen Einschränkungen bezieht sich das Weisungsrecht des herrschenden Unternehmens grundsätzlich auf alle Tätigkeitsbereiche des Vorstandes der Tochtergesellschaft[131]. Substantielle Schranke des Weisungsrechts ist nach herrschender Meinung[132] allein die Existenzgefährdung des Tochterunternehmens.

Angesichts der weit reichenden Weisungsbefugnis der herrschenden Gesellschaft besteht im Schrifttum grundsätzliche Einigkeit darüber, dass die Konzernobergesellschaft die Weitergabe von Informationen verlangen darf. Unklar ist jedoch, auf welche rechtliche Grundlage sich dieser Informations- und Auskunftsanspruch des herrschenden Unternehmens stützt.

1. Begründungsansätze für einen Informationsanspruch

Einige Autoren gehen davon aus, dass das herrschende Unternehmen die Tochtergesellschaft angesichts der aus § 308 AktG folgenden Befugnis schlicht anweisen dürfe, die zur Konzernleitung benötigten Informationen und Auskünfte mitzuteilen[133]. Das herrschende Unternehmen dürfe die abhängige Gesellschaft allerdings erst dann anweisen, sobald der Unternehmensvertrag wirksam im

---

[128] Altmeppen, in: Münch. Komm. AktG, § 308 Rn 86; Hüffer, § 308 Rn 12; Koppensteiner, in: Köln. Komm. AktG, § 308 Rn 27.

[129] Emmerich, in: Emmerich/Habersack, § 308 Rn 2.

[130] Auch im Falle der Eingliederung (§ 319 AktG) stellt das Weisungsrecht das maßgebliche Leitungsinstrument dar (§ 323 Abs. 1 Satz 1 AktG). Die Leitungsmacht des herrschenden Unternehmens wächst insoweit sogar noch ein ganzes Stück an: Nachteilige Weisungen müssen nicht einmal durch das Konzerninteresse legitimiert sein.

[131] Krieger, in: Münchener Hdb. GesR IV, § 70 Rn 133.

[132] Emmerich, in: Emmerich/Habersack, § 308 Rn 61; Emmerich/Habersack, Konzernrecht, § 23 V 4c (Seite 349); Geßler, in: Geßler/Hefermehl, § 308 Rn 55; Hüffer, § 308 Rn 19; Kantzas, Das Weisungsrecht im Vertragskonzern, Seite 112; Krieger, in: Münchener Hdb. GesR IV, § 70 Rn 134; Schneider, BB 1981, 249, 251; Sina, AG 1991, 1, 7; a. A. Koppensteiner, in: Köln. Komm. AktG, § 308 Rn 50 („*Existenzfähigkeit bildet keine absolute Grenze des Weisungsrechts*") und Altmeppen, in: Münch. Komm. AktG, § 291 Rn 69, der einen nachvertraglichen Existenzschutz in Form einer Verlustausgleichspflicht des herrschenden Unternehmens bei Zerschlagungswerten befürwortet.

[133] Emmerich, in: Emmerich/Habersack, § 293g Rn 16; Körber, NZG 2002, 263, 265; Lutter, ZIP 1997, 613, 616; Meier, RiA 2002, 224, 225; Theisen, Das Aufsichtsratsmitglied, Rn 767; Schneider/Burgard, FS Ulmer, 579, 598; Stoffels, ZHR 165 (2001), 363, 371; Treeck, FS Fikentscher, 434, 448.

38

Handelsregister eingetragen sei (§ 294 Abs. 2 AktG). Bis zu diesem Zeitpunkt könne sich ein Informationsanspruch der herrschenden Gesellschaft lediglich aus dem Rechtsgedanken der c.i.c. ergeben[134].

Nach anderer Meinung beinhaltet das Weisungsrecht des herrschenden Unternehmens (§ 308 AktG) einen umfassenden Auskunftsanspruch gegen die abhängige Gesellschaft[135]. Der Informationsanspruch ergebe sich mittelbar aus der Leitungsbefugnis des herrschenden Unternehmens[136]. Zur Begründung stellt diese Ansicht vornehmlich darauf ab, dass Leitung eines Unternehmens zwingend umfassende Information über dessen geschäftliche Lage voraussetze. Daher habe das Mutterunternehmen gegen die Tochtergesellschaft einen Anspruch darauf, über alle Umstände, die für die Ausübung ihres Leitungsrechts relevant seien, informiert zu werden.

Nach einer weiteren Ansicht in der Literatur folgt der Informationsanspruch des herrschenden Unternehmens unmittelbar aus dem Beherrschungsvertrag selbst[137]. Die rechtliche Verpflichtung der abhängigen Gesellschaft zur Auskunftserteilung gründe sich auf die durch den Abschluss hergestellte organisationsrechtliche Sonderverbindung der beiden Unternehmen. Der Informationsfluss sei Grundlage kompetenter Ausübung der Leitungsmacht des herrschenden

---

[134] Emmerich, in: Emmerich/Habersack, § 293g Rn 16. Emmerich (a.a.O. Rn 17) meint, dass nach Eintragung des Beherrschungsvertrages umgekehrt auch der Vorstand der beherrschten Gesellschaft nach Treu und Glauben von dem herrschenden Unternehmen die Erteilung von Informationen verlangen dürfe, die er seinerseits benötige, um dem Auskunftsrecht seiner Aktionäre aufgrund der §§ 131, 293g Abs. 3 AktG nachkommen zu können. Erfolgt die Information von *oben* nach *unten* allerdings erst nach Eintragung des Beherrschungsvertrages in das Handelsregister, ist dies in der Regel zu spät. Denn den Aktionären des abhängigen Unternehmens steht das Auskunftsrecht nach § 293g Abs. 3 AktG in der Hauptversammlung zu, in der sie über den Abschluss des Unternehmensvertrages abstimmen. Der Vorstand des beherrschten Unternehmens muss sich nach allgemeiner Ansicht daher bereits vor der Hauptversammlung Informationen über den künftigen Vertragspartner beschaffen (siehe lediglich Hüffer, § 293g Rn 4).

[135] Decher, ZHR 158 (1994), 473, 480; ders., in: Großkomm. AktG, § 131 Rn 347; Exner, Beherrschungsvertrag und Vertragsfreiheit, Seite 95; Habersack, in: Emmerich/Habersack, § 308 Rn 39; Hüffer, § 131 Rn 38; Kohlenbach, Das Verhältnis der Aufsichtsräte im Aktienkonzern, Seite 123; Koppensteiner, in: Köln. Komm. AktG, § 308 Rn 29; Krieger, in: Lutter, Holding-Handbuch, § 6 Rn 23; ders., in: Münchener Hdb. GesR IV, § 70 Rn 135.

[136] Exner, Beherrschungsvertrag und Vertragsfreiheit, Seite 94.

[137] Buchner, ZfA 1981, 493, 497; ähnlich Duden, FS von Caemmerer, 499, 504; Eckardt, in: Geßler/Hefermehl, § 131 Rn 147; Kort, ZGR 1987, 47, 72; Nirk, in: Hdb. der Aktiengesellschaft, Teil. I, Rn 1230; in diesem Sinne wohl auch Löbbe, Unternehmenskontrolle im Konzern, Seite 150, der dem Beherrschungsvertrag im Wege ergänzender Vertragsauslegung (§§ 133, 157 BGB) ein Auskunftsrecht der Muttergesellschaft entnehmen will.

Unternehmens[138]. Und schließlich räumen zahlreiche Stimmen aus dem konzernrechtlichen Schrifttum dem herrschenden Unternehmen einen Informationsanspruch gegen die Tochtergesellschaft ohne nähere dogmatische Begründung ein[139].

2. Stellungnahme

Angesichts dieser offenkundigen Übereinstimmung im Ergebnis, nämlich der Existenz des Informations- und Auskunftsanspruchs der herrschenden Gesellschaft im Vertragskonzern, könnte dessen rechtliche Grundlage letztlich unerheblich sein. Diese Annahme trifft bei näherer Betrachtungsweise nicht zu.

Dogmatische Gründe sprechen dagegen, den Informationsanspruch des herrschenden Unternehmens unmittelbar als Weisung zu konzipieren: Der Gesetzeswortlaut des § 308 Abs. 1 AktG berechtigt den Vorstand der herrschenden Gesellschaft lediglich dazu, dem abhängigen Tochterunternehmen Weisungen hinsichtlich der Leitung der Gesellschaft zu erteilen. Die Weisung knüpft an die Geschäftsleitung im Sinne des § 76 Abs. 1 AktG an. Die Weisung zur Auskunftserteilung selbst dient jedoch nicht der Leitung der abhängigen Gesellschaft, jedenfalls nicht unmittelbar. Dem Vorstand des abhängigen Unternehmens werden nämlich keine Vorgaben im Hinblick auf die Geschäftsleitung gemacht, sondern die Anweisung soll vielmehr erst die informatorischen Grundlagen für entsprechende Weisungen des Vorstands der Obergesellschaft schaffen.

Darüber hinaus kann es zu praktischen Schwierigkeiten führen, wenn das herrschende Unternehmen dem Vorstand der beherrschten Tochtergesellschaft erst eine Weisung erteilen muss, um die benötigten Informationen zu erlangen. Unternehmensverträge bestimmen nämlich häufig, dass Weisungen der Schriftform bedürfen[140]. Müsste die herrschende Gesellschaft stets eine schriftliche Weisung erteilen, würde dieses Formerfordernis einem schnellen Informationsfluss zwischen den Konzerngesellschaften von *unten* nach *oben* nicht unerheblich im Wege stehen. Dies ist insbesondere deshalb misslich, weil die Parteien

---

138 Kort, ZGR 1987, 47, 72.
139 Emmerich/Habersack, Konzernrecht, § 23 V 1 (Seite 344); Götz, ZGR 1998, 524, 527; ders., AG 1995, 337, 349; Hopt, in: Großkomm. AktG, § 93 Rn 214; Lutter, Information und Vertraulichkeit, Seite 50 f.; Semler, Leitung und Überwachung, Rn 306; ders., ZGR 2004, 631, 665; Singhof, ZGR 2001, 146, 158. Zöllner, in: Köln. Komm. AktG, § 131 Rn 66 spricht davon, dass mit *„der unbeschränkten Leitungsmacht sinnvollerweise auch ein Recht auf umfassende Auskunft korrespondieren muss"*.
140 Altmeppen, in: Münch. Komm. AktG, § 308 Rn 8; Exner, Beherrschungsvertrag und Vertragsfreiheit, Seite 83; Hüffer, § 308 Rn 13; Koppensteiner, in: Köln. Komm. AktG, § 308 Rn 38. Siehe auch § 1 Abs. 2 des Vertragsmusters von Hoffmann-Becking, in: Münchener Vertragshandbuch, Band 1, Gesellschaftsrecht, Muster IX. 2 (Seite 1125). Auch das Vertragsmuster von Messerschmidt, in: Beck'sches Formularhandbuch Aktienrecht, T. I. 1, sieht für Weisungen das Schriftformerfordernis vor.

des Beherrschungsvertrages bei der Ausgestaltung des Weisungsrechts in der Regel weniger an Fragen der Informationsbeschaffung gedacht haben werden als vielmehr an die Anordnung konkreter Leitungsmaßnahmen[141]. Daraus folgt: Die Weisung nach § 308 Abs. 1 AktG stellt nicht das passende Instrument der konzerninternen Informationsbeschaffung im Vertragskonzern dar.

Aus dogmatischen und pragmatischen Erwägungen ist es vielmehr angezeigt, den Informationsanspruch als immanenten Bestandteil der Leitungsbefugnis des herrschenden Unternehmens zu verstehen. Die Leitungsmacht gestattet dem herrschenden Unternehmen, die Willensbildung im Vorstand der Tochtergesellschaft zu beeinflussen. Eine sinnvolle Beeinflussung setzt wesensnotwendig den gleichen Informationsstand voraus[142]. Der Vorstand des herrschenden Unternehmens kann nur mittels ausreichender Informationen seine Geschäftspolitik durchsetzen und die Auswirkungen seiner Entscheidungen beurteilen. Der Auskunftsanspruch dient somit (mittelbar) der Leitung der Tochtergesellschaft. Er ist deshalb wesensnotwendiger Teil der aus § 308 Abs. 1 AktG folgenden konzernrechtlichen Leitungsmacht[143]. Weil der Informations- und Auskunftsanspruch selbst keine Weisung ist, sondern vielmehr Voraussetzung für deren Erteilung, vermag sich das herrschende Unternehmen die zur Ausübung von Leitungsmacht erforderlichen Informationen zu beschaffen, ohne hierzu zunächst eine förmliche Weisung - gegebenenfalls sogar in schriftlicher Form - erteilen zu müssen. Auf diesem Weg wird der konzerninterne Informationsfluss von unnötigen Formalien befreit. Der Anspruch auf Information steht jedoch unter dem funktionalen Vorbehalt, dass diese zur unternehmerischen Konzernleitung erforderlich ist und der Leitung der beherrschten Gesellschaft dient[144]. Werden solche Auskunftsansprüche im Beherrschungsvertrag ausdrücklich vereinbart[145], sind entsprechende Klauseln wegen ihres rein deklaratorischen Charakters zulässig[146].

---

[141] Vereinbarungen, die eine bestimmte Form der Weisung vorsehen, dienen der Rechtsklarheit. Außerdem erleichtern sie die Feststellung der Haftungsvoraussetzungen nach §§ 309, 310 AktG.

[142] Exner, Beherrschungsvertrag und Vertragsfreiheit, Seite 95.

[143] Decher, ZHR 158 (1994), 473, 480; ders., in: Großkomm. AktG, § 131 Rn 347; Exner, Beherrschungsvertrag und Vertragsfreiheit, Seite 95; Habersack, in: Emmerich/Habersack, § 308 Rn 39; Hüffer, § 131 Rn 38; Kohlenbach, Das Verhältnis der Aufsichtsräte im Aktienkonzern, Seite 123; Koppensteiner, in: Köln. Komm. AktG, § 308 Rn 29; Krieger, in: Münchener Hdb. GesR IV, § 70 Rn 136; ders., in: Lutter, Holding-Handbuch, § 6 Rn 23.

[144] Ob das herrschende Unternehmen Auskünfte zum Zwecke einer Due Diligence verlangen darf, um so die Veräußerung seiner Mehrheitsbeteiligung an dem Tochterunternehmen vorzubereiten, oder ob es sich hierbei um eine nicht mehr von § 308 AktG gedeckte Weisung handelt, wird auf den Seiten 193 ff. untersucht.

[145] Decher, ZHR 158 (1994), 473, 480; Meier, RiA 2002, 224, 225.

[146] So auch Exner, Beherrschungsvertrag und Vertragsfreiheit, Seite 95.

II. Umfang und Inhalt des Informationsanspruchs

1. Grundsatz der Vertraulichkeit als Grenze des Auskunftsanspruchs

Fraglich ist, ob der Vorstand der beherrschten Gesellschaft diesem Auskunftsanspruch die Verschwiegenheitspflicht nach § 93 Abs. 1 Satz 3 AktG entgegenhalten und unter Berufung auf diese Vorschrift die Information des herrschenden Unternehmens verweigern darf, oder ob der Grundsatz der Vertraulichkeit im Konzern zugunsten der Obergesellschaft durchbrochen wird.

a) Unanwendbarkeit von § 93 Abs. 1 Satz 3 AktG im Konzern?

Das Gesetz selbst hat die konzernweite Reichweite der Verschwiegenheitspflicht nicht geregelt. Denkbar ist deshalb, dass der Grundsatz der Verschwiegenheit im Konzern grundsätzlich keine Anwendung findet, also unabhängig davon, ob es sich um einen Vertragskonzern oder faktischen Konzern handelt.

Eine entsprechende Sichtweise würde den Konzern als eine Art Einheitsunternehmen behandeln und den Geheimnisschutz der §§ 93 Abs. 1 Satz 3, 116 AktG nicht isoliert auf die einzelnen Konzernunternehmen, sondern auf den Konzern als Ganzes beziehen[147]. Der Grundsatz der Verschwiegenheit würde dann im Verhältnis der Konzerntöchter zur herrschenden Konzernmutter nicht eingreifen. Die Konzerntöchter dürften und müssten ungehindert von den Beschränkungen des aktienrechtlichen Vertraulichkeitsschutzes sämtliche Informationen nach *oben* geben.

Allgemeine Grundsätze des Konzernrechts stehen dieser Überlegung jedoch entgegen: Sie setzt sich über die rechtliche Selbständigkeit der einzelnen Konzernunternehmen (§ 17 Abs. 1 Satz 1 AktG) hinweg. Der Konzern als solcher ist keine rechtlich verfasste Einheit und dementsprechend auch nicht eigenständiger Bezugspunkt der dem Schutz der Unternehmensinterna dienenden aktienrechtlichen Verschwiegenheitspflicht. Im Konzern sind zwei oder mehr rechtlich selbständige Unternehmen unter einheitlicher Leitung zusammengefasst. Schon allein aus der rechtlichen Selbständigkeit der einzelnen Konzernunternehmen folgt die Fortgeltung des Grundsatzes der Verschwiegenheitspflicht[148]. Kurz: Die aktienrechtliche Geheimhaltungsverpflichtung aus § 93 Abs. 1 Satz 3 AktG wird durch das bloße Bestehen einer Konzernverbindung nicht außer Kraft gesetzt[149].

---

[147] Dieser Gedanke klingt bei Lutter, Information und Vertraulichkeit, Seite 50 an; anders hingegen Lutter (a.a.O.) auf Seite 151.

[148] So auch Windbichler, in: Hdb. Corporate Governance, 605, 616.

[149] In diesem Sinne Schmidt-Aßmann/Ulmer, BB 1988, Beilage 13, Seite 1, 5.

b) **Anwendung von § 93 Abs. 1 Satz 3 AktG im Vertragskonzern**

Die Verschwiegenheitspflicht will nicht (nur) die Gesellschaft als solche schützen, sondern auch deren Aktionäre und Gläubiger, weil diese die finanziellen Auswirkungen einer unbefugten Offenbarung von Unternehmensinterna in letzter Konsequenz tragen müssen[150].

Durch den Abschluss eines Beherrschungsvertrages übernimmt das herrschende Unternehmen die Pflicht zum Ausgleich von Verlusten der beherrschten Gesellschaft und mithin das gesamte wirtschaftliche Risiko für das Geschehen in der Untergesellschaft (§ 302 AktG). Deren Gläubiger werden durch § 303 AktG geschützt. Den Aktionären der abhängigen Gesellschaft stehen ihrerseits die Ausgleichs- und Abfindungsansprüche der §§ 304, 305 AktG zu. Aus diesen Gründen muss der Vorstand des herrschenden Unternehmens bei der Erteilung von Weisungen auf die Interessen der Tochtergesellschaft im Ergebnis keine Rücksicht nehmen und darf dem Tochterunternehmen auch nachteilige Weisungen erteilen.

Daraus folgt: Sollten der abhängigen Gesellschaft aus der verlangten Offenlegung vertraulicher Informationen finanzielle Nachteile erwachsen, muss die Muttergesellschaft diese in jedem Fall tragen. Aus der Perspektive der abhängigen Gesellschaft stehen der Offenlegung vertraulicher Informationen deshalb keine unternehmerischen (finanziellen) Interessen entgegen. Dementsprechend ist die Untergesellschaft nicht berechtigt, gegenüber den Organen der Obergesellschaft einen Vertraulichkeitsschirm aufzubauen und die Obergesellschaft auf diese Weise an der einheitlichen Leitung zu hindern[151].

Die Befugnis zur Durchbrechung des Grundsatzes des aktienrechtlichen Geheimnisschutzes ergibt sich im Übrigen aus dem Leitungsanspruch der Obergesellschaft (§ 308 Abs. 1 Satz 1 AktG) und der damit einhergehenden Folgepflicht der abhängigen Gesellschaft (§ 308 Abs. 1 Satz 2 AktG): Das Wesen des durch einen Beherrschungsvertrag begründeten Vertragskonzerns besteht darin, dass die herrschende Gesellschaft die Leitung an sich ziehen und auf die übergeordneten Konzerninteressen ausrichten darf. Eine entsprechende Ausrichtung kann die herrschende Gesellschaft nur dann verwirklichen, wenn die Organe der Obergesellschaft wie Organmitglieder der Untergesellschaft über Geheimnisse und vertrauliche Tatbestände informiert werden.

Und schließlich kommt es aus einem weiteren Grund nicht darauf an, ob die begehrte Information vertraulichen Charakter hat oder nicht: Der in § 93 Abs. 1 Satz 3 AktG normierte Vertraulichkeitsschutz beruht auf dem Gedanken der Autonomie. Er soll die Gesellschaft vor Schäden bewahren, die aus dem Bekanntwerden interner vertraulicher Angaben und Geheimnisse drohen. Diese Eigen-

---

[150] Zutreffend Witte, Der Prüfungsbericht, Seite 166.
[151] Lutter, Information und Vertraulichkeit, Seite 151 ff.

ständigkeit besteht in einem Vertragskonzern nicht mehr[152]. Vielmehr haben, sobald Weisungen erteilt werden[153], die Konzerninteressen Vorrang vor denjenigen der Tochtergesellschaft. Die Tochtergesellschaft hat sich dann den Interessen des herrschenden Unternehmens unterzuordnen. Sie ist mit anderen Worten fremdbestimmt. Auch infolge dieser veränderten Interessenlage ist der Informationsanspruch des herrschenden Unternehmens von den Beschränkungen des Vertraulichkeitsschutzes befreit.

Festzuhalten gilt: Der aktienrechtliche Vertraulichkeitsschutz stellt im Vertragskonzern keine Schranke für den konzerninternen Informationsfluss dar. Der Vorstand der abhängigen Gesellschaft ist befugt und verpflichtet, dem herrschenden Unternehmen sämtliche Informationen mitzuteilen, selbst wenn sie vertraulichen Inhalt aufweisen[154].

2. Teilbeherrschungsvertrag und Informationsanspruch des herrschenden Unternehmens

Die Vereinbarung eines Teilbeherrschungsvertrags gibt Anlass zur Frage nach der Reichweite des Auskunftsrechts der herrschenden Gesellschaft. Geht der Informationsanspruch des herrschenden Unternehmens stets nur so weit, wie das Weisungsrecht reicht oder steht der herrschenden Muttergesellschaft ungeachtet der beschränkten Weisungsbefugnis gleichwohl ein umfassender Informationsanspruch gegen das abhängige Tochterunternehmen zu? Grundsätzlich geht das Gesetz in den §§ 291 Abs. 1 Satz 1 (Alt. 1), 308 Abs. 1 AktG davon aus, dass sich die abhängige Gesellschaft durch den Abschluss eines Beherrschungsvertrags insgesamt der Leitung des herrschenden Unternehmens unterstellt. Aufgrund dieses Vertrages steht dem herrschenden Unternehmen ein unbeschränktes Weisungsrecht gegenüber dem Vorstand der abhängigen Gesellschaft zu. Allerdings räumt das Gesetz die Möglichkeit ein, dass das

---

[152] Lutter, Information und Vertraulichkeit, Seite 50-51.
[153] Umstritten ist allerdings, ob für den Vorstand des Tochterunternehmens auch dann das Konzerninteresse Handlungsmaßstab ist, wenn keine Weisungen erteilt werden; für Konzerninteresse Hüffer, § 308 Rn 20; Koppensteiner, in: Köln. Komm. AktG, § 308 Rn 71 m.w.N.; für Gesellschaftsinteresse Altmeppen, in: Münch. Komm. AktG, § 308 Rn 154; Würdinger, in: Großkomm. AktG³, § 308 Anm. 2. Die Frage ist im Sinne der Gesellschaftsinteressen zu beantworten: Solange der Vorstand des herrschenden Unternehmens demjenigen der Tochtergesellschaft keine Weisungen erteilt, bleibt dieser eigenverantwortlicher Leiter seiner Gesellschaft. Bei Fragen der Leitung (§ 76 AktG) hat er sich dementsprechend an den Interessen seiner Gesellschaft auszurichten.
[154] Duden, FS von Caemmerer, 499, 504; Hefermehl/Spindler, in: Münch. Komm. AktG, § 93 Rn 54; Hopt, in: Großkomm. AktG, § 93 Rn 214; Lutter, Information und Vertraulichkeit, Seite 50, 151 f.; ders., AG 1991, 249, 255; Schmidt-Aßmann/Ulmer, BB 1988, Beilage 13, 1, 5; Singhof, ZGR 2001, 146, 154; Theisen, Aufsichtsratsmitglied, Rn 767; Witte, Der Prüfungsbericht, Seite 165 f.

44

Weisungsrecht der herrschenden Gesellschaft im Beherrschungsvertrag beschränkt wird (§ 308 Abs. 1 Satz 2 AktG *„Bestimmt der Vertrag nichts anderes...")*[155]. Deshalb wird es für zulässig erachtet, dass die abhängige Gesellschaft ihre Leitung lediglich mit Blick auf einzelne Leitungsfunktionen, beispielsweise nur hinsichtlich des Finanzwesens, des Einkaufs oder der Personalpolitik, nicht aber insgesamt der Leitung einer anderen Gesellschaft unterordnet. Die Zulässigkeit solcher Teilbeherrschungsverträge ist zwar umstritten[156]. Da schon das Gesetz selbst den Ausschluss nachteiliger Weisungen zulässt, ist nicht ersichtlich, warum das Weisungsrecht der herrschenden Gesellschaft im Beherrschungsvertrag nicht auch in anderer Hinsicht funktional beschränkt werden darf. Notwendig ist lediglich, dass dem herrschenden Unternehmen eine einheitliche Leitung nach § 18 Abs. 1 AktG nach wie vor möglich bleibt[157]. Die Konsequenzen eines Teilbeherrschungsvertrages für den Informationsanspruch des herrschenden Unternehmens werden in der Literatur unterschiedlich beurteilt.

a) **Auffassungen in der Literatur**

Nach *Exner*[158] geht der Informationsanspruch des herrschenden Unternehmens stets nur soweit wie das Weisungsrecht nach § 308 AktG. Sei dieses durch den Beherrschungsvertrag sachlich eingeschränkt, so sei auch das Auskunftsrecht der herrschenden Gesellschaft beschränkt; es sei denn, die Unternehmen hätten etwas anderes vereinbart.

---

[155] Es ist also möglich, dass in einem Beherrschungsvertrag nachteilige Weisungen des herrschenden Unternehmens ausgeschlossen werden Altmeppen, in: Münch. Komm. AktG, § 308 Rn 133; Emmerich, in: Emmerich/Habersack, § 291 Rn 19. Nach Koppensteiner, in: Köln. Komm. AktG § 308 Rn 39 spielt diese Regelung in der Praxis keine Rolle, weil das herrschende Unternehmen kein Interesse an einer Einschränkung seines Weisungsrechts habe.

[156] Für die Zulässigkeit bei teilweise erheblichen Unterschieden in der Begründung: Altmeppen, in: Münch. Komm. AktG, § 291 Rn 90, § 308 Rn 133 (die Zulässigkeit folge aus einer *„Schutzzweckbetrachtung"* der §§ 291 ff. AktG); Emmerich, in: Emmerich/Habersack, § 291 Rn 19; Emmerich/Habersack, Konzernrecht, § 11 II 3 (Seite 169); Exner, Beherrschungsvertrag und Vertragsfreiheit, Seite 95 (die Zulässigkeit ergebe sich aus der Vertragsfreiheit); Hüffer, § 291 Rn 15, § 308 Rn 13; Krieger, in: Münchener Hdb. GesR IV, § 70 Rn 5; dagegen Koppensteiner, in: Köln. Komm. AktG, § 291 Rn 49, § 308 Rn 39. Nach seiner Ansicht erfordert § 291 AktG die Unterstellung der Leitung der Gesellschaft. Dies bedeute, dass der andere Vertragsteil Einflussmöglichkeiten auf alle Leitungsfunktionen der Gesellschaft haben müsse.

[157] So zu Recht Krieger, in: Münchener Hdb. GesR IV, § 70 Rn 5; a. A. Altmeppen, in: Münch. Komm. AktG, § 291 Rn 93, demzufolge die Parteien des Beherrschungsvertrages den Umfang des Weisungsrechts beliebig einschränken könnten, der verbleibende Einflussbereich der herrschenden Gesellschaft nicht einmal wesentlich sein müsse. Siehe zum Ganzen auch Veil, Unternehmensverträge, Seite 15 f.

[158] Exner, Beherrschungsvertrag und Vertragsfreiheit, Seite 96.

Demgegenüber spricht sich *Löbbe*[159] dafür aus, dass der Obergesellschaft auch dann ein umfassendes Informationsrecht zustehe, wenn sie in einem Unternehmensbereich keine Weisungsbefugnis habe. Die herrschende Gesellschaft treffe auch bei einer Beschränkung des Weisungsrechts die Haftung nach § 302 AktG und damit die volle wirtschaftliche Verantwortung für die Tochteraktivitäten. Sie habe daher ein vitales Interesse daran, über die dortigen Geschehnisse umfassend informiert zu werden[160]. Dieser Informationsbedarf korrespondiere mit einem entsprechenden Informationsrecht.

b)　Stellungnahme

Der Vorstand der Obergesellschaft benötigt die Informationen über die Geschehnisse in der Tochtergesellschaft, um seine konzernrechtliche Leitungsmacht sinnvoll und zielgerichtet auszuüben. Beschränkt ein Unternehmen sein Weisungsrecht auf bestimmte Geschäftsbereiche der Tochtergesellschaft, bringt es dadurch zum Ausdruck, dass es in anderen Bereichen keine Weisungen erteilen und keine Leitungsmacht ausüben will. Dies ist nicht zu beanstanden. Der Vorstand der herrschenden Gesellschaft muss dann aber nicht in einem solchen Maße über die Geschehnisse in den nicht seinem Weisungsrecht unterworfenen Geschäftsbereichen informiert sein wie in den Bereichen, in denen er sein Weisungsrecht ausüben darf. Es fehlt an dem erforderlichen funktionalen Sachzusammenhang zwischen Information und Leitung.

Nicht zu überzeugen vermag das Argument, die herrschende Gesellschaft habe im Falle eines beschränkten Weisungsrechts das volle wirtschaftliche Risiko des abhängigen Tochterunternehmens zu tragen (§ 302 AktG), so dass sich hieraus ein entsprechender Informationsbedarf ergebe. Das herrschende Unternehmen verzichtet im Regelfall nicht freiwillig auf sein umfassendes Weisungsrecht nach § 308 Abs. 1 AktG. Die Einschränkung wird das herrschende Unternehmen lediglich dann akzeptieren (müssen), wenn es (noch) nicht über die zum Zustandekommen des Beherrschungsvertrages erforderliche Dreiviertelmehrheit der Stimmen nach § 293 Abs. 1 Satz 2 AktG verfügt und auf Stimmen der außenstehenden Aktionäre angewiesen ist[161]. Nimmt die herrschende Gesellschaft aber in Kauf, das wirtschaftliche Risiko aus Betriebsbereichen der Tochtergesellschaft zu tragen, ohne auf diese lenkenden Einfluss mittels Weisungen ausüben zu können, muss sie auch die daraus resultierende Informationsschwäche hinnehmen. Kann der Vorstand der herrschenden Gesellschaft ein solches Informati-

---

[159]　Löbbe, Unternehmenskontrolle im Konzern, Seite 149.

[160]　Löbbe, Unternehmenskontrolle im Konzern, Seite 149.

[161]　Darauf weist zutreffend Exner, Beherrschungsvertrag und Vertragsfreiheit, Seite 114 hin; ähnlich Koppensteiner, in: Köln. Komm. AktG, § 308 Rn 39 zu den Motiven des herrschenden Unternehmens für einen Verzicht auf nachteilige Weisungen im Beherrschungsvertrag.

onsdefizit nicht verantworten, muss er von dem Abschluss eines entsprechenden Teilbeherrschungsvertrages Abstand nehmen.

Dies bedeutet: Verzichtet das herrschende Unternehmen im Beherrschungsvertrag bewusst auf einen Teil seiner Weisungsbefugnisse und dadurch seiner Leitungsmacht, bedarf es keiner umfassenden Information der Obergesellschaft. Das bloße Interesse an umfassender Information über sämtliche Geschehnisse in der abhängigen Tochtergesellschaft begründet keinen Auskunftsanspruch.

III. Ergebnis

Dem herrschenden Unternehmen steht im Vertragskonzern ein umfassender Informationsanspruch gegen die abhängige Tochtergesellschaft zu. Dieser wurzelt in der Leitungsbefugnis des herrschenden Unternehmens und ist Bestandteil seiner aus § 308 AktG folgenden Konzernleitungsmacht. Der Informationsanspruch der herrschenden Gesellschaft reicht immer so weit wie ihr Weisungsrecht aus § 308 Abs. 1 AktG. Beschränkt der Beherrschungsvertrag den Umfang der funktionalen Leitungsmacht der Obergesellschaft, gilt diese Beschränkung spiegelbildlich auch für den Informationsanspruch; es sei denn, der Beherrschungsvertrag enthält weitergehende Auskunftsansprüche.

Der Grundsatz der Vertraulichkeit (§ 93 Abs. 1 Satz 3 AktG) begrenzt den Umfang dieses konzerninternen Informationsanspruchs nicht. An Grenzen stößt der Auskunftsanspruch lediglich dann, wenn die Information die Existenz der Tochtergesellschaft gefährdet.

§ 4 Der Informationsanspruch des herrschenden Unternehmens im faktischen Konzern

Im faktischen Konzern fehlt es an einer rechtlichen Grundlage, wie sich das herrschende Konzernunternehmen Informationen über die abhängige Tochtergesellschaft beschafft. Anders als im Vertragskonzern kann sich die herrschende Gesellschaft nicht auf eine aus § 308 AktG folgende Auskunftspflicht stützen. Daher fragt es sich, auf welche Weise das herrschende Unternehmen an die für die Wahrnehmung seiner Konzernleitungsmacht erforderlichen Informationen gelangt.

I. Begründungsansätze für einen Informationsanspruch

Ein Teil des rechtswissenschaftlichen Schrifttums bejaht - mit unterschiedlichen Begründungen - einen umfassenden Informations- und Auskunftsanspruch des herrschenden Unternehmens[162]. Die herrschende Meinung in der Literatur[163] lehnt einen solchen Anspruch ab.

1. **Informationsanspruch zur Ausübung einheitlicher Konzernleitung**

Vornehmlich in der älteren konzernrechtlichen Literatur[164] findet sich die Ansicht, der herrschenden Gesellschaft stehe im faktischen Konzernverhältnis zur Durchführung einheitlicher Leitung ein umfassendes Auskunftsrecht zu, das über das allgemeine Auskunftsrecht der Mitaktionäre (§ 131 AktG) in der Hauptversammlung hinausgehe. Es beruhe auf der besonderen Stellung der Obergesellschaft. Das herrschende Unternehmen müsse bspw. Auskünfte über die Produktionskapazität, die Entwicklung neuer Erzeugnisse oder die Vertriebsstrategie verlangen und erhalten[165].

2. **Informationsanspruch zur Erfüllung gesetzlicher Pflichten**

Nach *Kropff* steht der Obergesellschaft kein allgemeines Auskunftsrecht gegen die abhängige Tochtergesellschaft zu. Informationsansprüche der herrschenden

---

[162] Nachweise dazu in den Fußnoten 164, 166, 168, 172, 178 und 183.

[163] Buchner, ZfA 1981, 493, 497; Decher, ZHR 158 (1994), 473, 481; Eckardt, in: Geßler/Hefermehl, § 131 Rn 148; Emde, ZIP 1998, 725, 727; Hoffmann-Becking, ZHR 159 (1995), 325, 337; Götz, ZGR 1998, 525, 527; ders., AG 1995, 337, 350; Kohlenbach, Das Verhältnis der Aufsichtsräte im Aktienkonzern, Seite 146; Koppensteiner, in: Köln. Komm. AktG, § 311 (Fußnote 376); Kort, ZGR 1987, 47, 72; Krieger, in: Lutter, HoldingHandbuch, § 6 Rn 23-24; ders., in: Münchener Hdb. GesR IV, § 69 Rn 23; Kubis, in: Münch. Komm. AktG, § 131 Rn 142; Lutter, Information und Vertraulichkeit, Seite 50 f.; Lutter/Krieger, Rechte und Pflichten des Aufsichtsrats, § 6 Rn 325; Mertens, in: Köln. Komm. AktG, § 116 Rn 40, § 90 Rn 20; Theisen, Das Aufsichtsratsmitglied, Rn 769; Reuter, ZHR 144 (1980), 493, 496; Schwark, in: Hommelhoff (Hrsg.), Corporate Governance, Seite 88; Singhof, ZGR 2001, 146, 156 f.; Windbichler, in: Hdb. Corporate Governance, 605, 615; Wahlers, Konzernbildungskontrolle, Seite 69; Wilken, DB 2001, 2383, 2386.

[164] Kropff, DB 1967, 2204, 2205; Seifert, AG 1967, 1, 3. Offensichtlich geht auch Werner, AG 1967, 123, 124 davon aus, dass dem herrschenden Unternehmen aufgrund der §§ 311, 317 AktG ein umfassender Informationsanspruch gegenüber der Tochtergesellschaft zusteht: *„Die Auskünfte müssen ihm insofern erteilt werden, damit er diesen gesetzlichen Vorschriften gerecht werden kann“*. Für ein Informationsrecht der herrschenden Gesellschaft auch Luchterhand, ZHR 133 (1970), 1, 46. Gegen diese im älteren rechtswissenschaftlichen Schrifttum vertretene Ansicht spricht sich Kort, ZGR 1987, 47, 59 aus.

[165] Kropff, DB 1967, 2204, 2205. Auch Seifert, AG 1967, 1, 3 argumentiert in diesem Sinne: *„In seiner Eigenschaft als Konzernleitung muss man dem herrschenden Unternehmen einen weitergehenden Anspruch auf Unterrichtung zubilligen als jedem anderen Aktionär“*.

Gesellschaft bestünden jedoch soweit, wie der Vorstand der Obergesellschaft diese Informationen zur Erfüllung gesetzlicher Verpflichtungen benötige[166]. Hierzu zählen nach *Kropff* zunächst die zur Aufstellung eines Konzernabschlusses erforderlichen Informationen (§ 294 Abs. 3 HGB). Auch die zur Konzernplanung nach § 90 Abs. 1 Nr. 1 AktG erforderlichen Informationen dürfe der Vorstand des herrschenden Unternehmens von der abhängigen Tochtergesellschaft verlangen[167].

Schneider[168] befürwortet ebenfalls einen Auskunftsanspruch der herrschenden Gesellschaft zwecks Erfüllung gesetzlicher Pflichten. Er leitet aus den Meldepflichten des Wertpapierhandelsgesetzes (§§ 21 ff. WpHG) einen allgemeinen Rechtsgrundsatz her, wonach Mutterunternehmen immer dann ein Auskunftsanspruch gegen die Tochtergesellschaften zustehen soll, wenn der Konzernmutter öffentlich-rechtliche Pflichten auferlegt seien, die sie lediglich bei Information durch ihre Tochterunternehmen erfüllen könne[169]. Wie die Konzernobergesell-

---

[166] Kropff, in: Münch. Komm. AktG, § 311 Rn 299. Anders hingegen in DB 1967, 2204, 2205, wo er ein umfassendes Auskunftsrecht der herrschenden Gesellschaft befürwortet.

[167] Kropff, in: Münch. Komm. AktG, § 311 Rn 299.

[168] Schneider, FS Brandner, 565, 573; Schneider/Burgard, FS Ulmer, 579, 597 f. Einen anderen Standpunkt vertritt Schneider allerdings in BB 1981, 249, 256; ders., FS Wiedemann, 1255, 1267; ders., FS Kropff, 272, 281, wo er ein allgemeines Auskunftsrecht der herrschenden Gesellschaft ablehnt.

[169] Ausgangspunkt der Überlegungen Schneiders sind die §§ 21 ff. WpHG. Nach der Neufassung des § 21 WpHG durch das Transparenzrichtlinien-Umsetzungsgesetz vom 5. Januar 2007 (BGBl. I 2007, Seite 10) hat, wer durch Erwerb, Veräußerung oder auf sonstige Weise 3%, 5%, 10%, 15%, 25%, 30%, 50% oder 75% der Stimmrechte an einer börsennotierten Gesellschaft erreicht, überschreitet oder unterschreitet, der Gesellschaft sowie der BaFin unverzüglich, spätestens aber innerhalb von vier Handelstagen, das Erreichen, Überschreiten oder Unterschreiten der genannten Schwellenwerte sowie die Höhe seines Stimmrechtsanteils unter Angabe seiner Anschrift schriftlich mitzuteilen. Meldepflichtig ist nach § 21 WpHG zunächst der Aktionär, der die Aktien selber hält. Für die Mitteilungspflichten nach § 21 WpHG werden dem Meldepflichtigen aber unter den in § 22 WpHG näher bezeichneten Voraussetzungen auch die Stimmrechte aus solchen Aktien zugerechnet, die einem Dritten gehören. Dahinter steht die Überlegung, dass der Meldepflichtige nicht nur darüber entscheiden kann, wie er das Stimmrecht aus Aktien ausübt, die ihm gehören, sondern dass er in bestimmten Fällen auch Einfluss auf die Ausübung der Stimmrechte aus Aktien Dritter nehmen kann. In § 22 Abs. 1 WpHG sind sechs Fallgruppen aufgelistet, die zu einer Zurechnung der Stimmrechte führen. Dazu gehören nach § 22 Abs. 1 Satz 1 Nr. 1 WpHG insbesondere die Stimmrechte aus Aktien, *„die einem Tochterunternehmen des Meldepflichtigen gehören"*. Hält die abhängige Tochtergesellschaft ihrerseits Aktienanteile an einer börsennotierten Gesellschaft, können die der Tochtergesellschaft zustehenden Stimmrechte der herrschenden Konzernmutter nach Maßgabe des § 22 Abs. 1 Satz 1 Nr. 1 WpHG zugerechnet werden. Als Folge dieser Zurechnung wird die Muttergesellschaft selbst gegenüber der BaFin meldepflichtig. Damit die kraft Zurechnung meldepflichtige Muttergesellschaft ihrer Meldepflicht nachkommen kann, benötigt diese nach Ansicht *Schneiders*

schaft von jedem Tochterunternehmen alle Aufklärungen und Nachweise verlangen dürfe, die zur Aufstellung des Konzernabschlusses erforderlich seien, könne sie auch die Informationen erfragen, die sie zur Erfüllung der kapitalmarktrechtlichen Meldepflichten oder sonstiger Offenlegungspflichten benötige. Dieser Anspruch der herrschenden Gesellschaft ergebe sich aus einer entsprechenden Anwendung der §§ 294 Abs. 3 Satz 2 HGB, 10a Abs. 9 KWG[170]. Bedürfe das herrschende Unternehmen der Informationen zur Erfüllung gesetzlicher Pflichten, so habe dieses Informationsbedürfnis Vorrang. Dies gelte sogar dann, wenn der abhängigen Gesellschaft durch die Informationsweitergabe ein Nachteil entstehen sollte[171].

3. Informationsanspruch als allgemeiner Rechtsgedanke

Semler[172] leitet aus den §§ 294 Abs. 3, 320 Abs. 3 HGB, 145 AktG einen allgemeinen Grundsatz für den Informationsfluss im Konzern ab, den er wie folgt formuliert: *„Die zur Konzernleitung nötigen Informationen müssen und dürfen von konzernabhängigen Unternehmen an das herrschende Unternehmen gegeben werden"*. Bei diesen Vorschriften handele es sich nicht um Ausnahmeregelungen, sondern sie gäben eine Übung wieder, die in Konzernen entstanden sei. Diese Übung sei dadurch sanktioniert, dass das Aktiengesetz das Bestehen von Konzernen bestätigt und an dieses Bestehen auch außerhalb der Konzernrechnungslegung Rechtsfolgen geknüpft habe[173]. Der konzerninterne Informations-

---

einen Anspruch auf entsprechende Auskunft. *Schneider* begründet die Notwendigkeit dieses Auskunftsanspruchs auch mit den Rechtsfolgen im Falle einer Verletzung der Meldepflicht: So dürfen die Stimmrechte aus Aktien, die einem Meldepflichtigen oder einem von ihm unmittelbar kontrollierten Unternehmen zustehen, nach Maßgabe des § 28 WpHG für die Zeit, für welche die Mitteilungspflichten nicht erfüllt werden, nicht ausgeübt werden (siehe zum Ganzen Schneider, FS Brandner, 565, 574; ders., in: Assmann/Schneider, § 22 WpHG Rn 24). Auch Hildner, Kapitalmarktrechtliche Beteiligungstransparenz verbundener Unternehmen, Seite 160 ff. spricht sich für einen Anspruch des herrschenden Unternehmens im Kontext des § 22 WpHG aus. Andere Stimmen in der Literatur lehnen einen entsprechenden Anspruch ab vgl. Hopt, in: Hommelhoff (Hrsg.), Konzernrecht und Kapitalmarktrecht, Seite 52; Windbichler, in: Hdb. Corporate Governance, 605, 614 (Fußnote 42); dies., in: Großkomm. AktG, § 20 Rn 51.

170 Nach § 10a Abs. 9 Satz 2 KWG sind die nachgeordneten Unternehmen einer Instituts- oder Finanzholdinggruppe verpflichtet, dem übergeordneten Kreditinstitut die für die Zusammenfassung erforderlichen Angaben über ihre Eigenkapitalmittelausstattung und Liquidität zu übermitteln.

171 Schneider/Burgard, FS Ulmer, 579, 601. Nach Emde, ZIP 1998, 725, 728 kann das Unternehmen unter dem Gesichtspunkt des Treuepflichtgedankens gegebenenfalls verpflichtet sein, ausländischen Aktionären diejenigen Informationen mitzuteilen, die diese zur Erfüllung ausländischer Bilanzierungsvorschriften benötigen.

172 Semler, Leitung und Überwachung, Rn 300.

173 Semler, Leitung und Überwachung, Rn 302.

fluss sei nicht auf die Fälle der Eingliederung und des Vertragskonzerns beschränkt. Denn die Konsolidierungsvorschriften der §§ 290 ff. HGB erstreckten sich gerade auch auf Gesellschaften, mit denen kein Beherrschungsvertrag bestehe. Auch § 18 AktG gehe davon aus, dass neben den eingegliederten Unternehmen und den durch Beherrschungsvertrag verbundenen Unternehmen noch andere konzernabhängige Unternehmen bestünden. Konzernleitung müsse auch in diesen Konstellationen zulässig sein. Dies setze wiederum Informationen über das Geschehen in der abhängigen Gesellschaft voraus[174].

Die Zulässigkeit des Informationsflusses ergebe sich für den faktischen Konzern insbesondere auch aus den §§ 311 ff. AktG. So könne der Vorstand der herrschenden Gesellschaft die Nachteile seiner Einflussnahme nur dann beurteilen, wenn er alle Fakten kenne, die er für eine solche Beurteilung benötige[175].

Schließlich stellt *Semler* auf den Aspekt der Konzernkontrolle ab: Dem Prinzip des deutschen Aktienrechts von Leitungsmacht und Kontrolle (*„checks and balances"*) könne nur durch eine ausreichende Information Genüge getan werden. Lediglich durch den Aufsichtsrat der Obergesellschaft sei die Überwachung der Konzernführung möglich, weil der Aufsichtsrat der konzernabhängigen Gesellschaft nur prüfen und verfolgen könne, was von dem seiner Überwachung unterliegenden Vorstand unternehmerisch veranlasst werde[176]. Deshalb müsse der Muttervorstand seinem Aufsichtsrat auch über die Entwicklung des abhängigen Unternehmens berichten (§ 90 AktG). Der Vorstand des herrschenden Konzernunternehmens sei daher berechtigt, alle für die Wahrnehmung seiner Konzernführungsaufgaben und für seine Berichte an den Aufsichtsrat notwendigen Informationen anzufordern[177].

4.   Informationsanspruch aus Sonderrechtsverhältnis

Auch *Löbbe*[178] bejaht einen umfassenden Auskunftsanspruch des herrschenden Unternehmens gegen das Tochterunternehmen. Er leitet diesen Anspruch aus einer zwischen der herrschenden und der abhängigen Gesellschaft bestehenden Sonderrechtsbeziehung her. Das Konzernrecht kenne in den §§ 311 ff. AktG neben dem Beherrschungsvertrag ein Sonderrechtsverhältnis, das nicht durch Vertrag begründet werde, aber gleichwohl besondere, über die Mitgliedschaft hinausgehende Rechte und Pflichten zwischen herrschender und abhängiger Gesellschaft beinhalte[179]. Der Zweck der §§ 311 ff. AktG bestehe darin, neben dem Schutz der abhängigen Gesellschaft sowie ihren Gläubigern und außenstehenden

---

[174]   Semler, Leitung und Überwachung, Rn 301.
[175]   Semler, Leitung und Überwachung, Rn 302.
[176]   Semler, Leitung und Überwachung, Rn 303.
[177]   Semler, Leitung und Überwachung, Rn 306.
[178]   Löbbe, Unternehmenskontrolle im Konzern, Seite 155 ff.
[179]   Löbbe, Unternehmenskontrolle im Konzern, Seite 157.

Aktionären dem herrschenden Unternehmen die Ausübung faktischer Leitungsmacht ohne beherrschungsvertragliche Grundlage zu ermöglichen. Mit dem
Verzicht auf den Vertragszwang habe der Gesetzgeber Konzernleitung auch außerhalb des Vertragskonzerns zulassen wollen, um dezentral strukturierten Konzernen eine angemessene Organisationsform zur Verfügung zu stellen[180].

In dieser organisationsrechtlichen Komponente des Sonderrechtsverhältnis-
ses sieht *Löbbe* die rechtliche Grundlage für den Informationsanspruch der herrschenden Gesellschaft. Verneine man einen entsprechenden Informationsanspruch, hätte dies entgegen dem Willen des Gesetzgebers zur Folge, dass die
Obergesellschaft auch in solchen Fällen zum Abschluss eines Beherrschungsvertrages gezwungen sei, in denen eine straffe Konzernführung und eine enge wirtschaftliche Verflechtung gar nicht erforderlich seien[181].

Zudem müsse der Vorstand der herrschenden Gesellschaft umfassend über
das Tochterunternehmen informiert sein, damit er überhaupt die Möglichkeit
habe, gezielt das Geschehen in der abhängigen Gesellschaft zu beeinflussen und
seine faktische Leitungsmacht sorgfaltsgemäß auszuüben. Ohne entsprechende
Informationen bliebe ihm bloß die Möglichkeit, Geschäftsführungsmaßnahmen
mehr oder weniger *ins Blaue hinein* zu veranlassen. Die §§ 311 ff. AktG setzten
jedoch voraus, dass der Vorstand der Obergesellschaft die Nachteiligkeit der
von ihm veranlassten Maßnahmen für die Tochtergesellschaft kenne[182].

5. Informationsanspruch aus gesellschaftsrechtlicher Treuepflicht

Schneider und *Burgard* stützen den Informationsanspruch des herrschenden Unternehmens schließlich auf die Treuepflicht der abhängigen Gesellschaft[183].
Rechtmäßig konzernierte Gesellschaften, gleich auf welcher Stufe, müssten auch
ohne das Bestehen eines Beherrschungsvertrages aufgrund der gesellschaftsrechtlichen Treuepflicht dem herrschenden Unternehmen alle Informationen zur
Verfügung stellen, die dieses zur Ausübung seiner Konzernleitungsmacht bedürfe, weil die abhängige Gesellschaft auf die Interessen der herrschenden Gesellschaft an einer sachgemäßen Wahrnehmung Ihrer Konzernleitungspflicht Rücksicht zu nehmen habe[184]. Dieser Anspruch stehe unter dem Vorbehalt, dass die
der Tochtergesellschaft aus der Informationserteilung gegebenenfalls erwach-
senden Kosten und Nachteile auszugleichen seien[185].

---

[180]   Löbbe, Unternehmenskontrolle im Konzern, Seite 160.
[181]   Löbbe, Unternehmenskontrolle im Konzern, Seite 161.
[182]   Löbbe, Unternehmenskontrolle im Konzern, Seite 162.
[183]   Schneider/Burgard, FS Ulmer, 579, 598, 601; a. A. Koppensteiner, in: Köln. Komm.
        AktG, § 311 (Fußnote 376); Singhof, ZGR 2001, 146, 159.
[184]   Schneider/Burgard, FS Ulmer, 579, 598.
[185]   Schneider/Burgard, FS Ulmer, 579, 601.

II. Stellungnahme

Das herrschende Unternehmen hat bei einer faktischen Konzernierung lediglich eine mitgliedschaftliche Stellung in der abhängigen Gesellschaft inne. Diese Position berechtigt es bloß dazu, als Aktionär Informationen von der abhängigen Gesellschaft zu verlangen (§ 131 AktG). Weitergehende Informationsansprüche des herrschenden Unternehmens können sich ausschließlich aus der faktischen Konzernbeziehung und den daraus resultierenden Rechten und Pflichten ergeben. Diese Grundüberlegung muss Ausgangspunkt für die Beantwortung der aufgeworfenen Frage sein.

1. Informationsanspruch als Folge einheitlicher Konzernleitung

Den Autoren aus dem älteren Schrifttum[186] ist insoweit beizupflichten, dass die herrschende Gesellschaft Leitungsmacht im faktischen Konzern nur aufgrund von Informationen sinnvoll ausüben kann. Diese Feststellung hat für sich genommen aber noch keinen entscheidenden Aussagewert: Aus dem bloßen praktischen Bedürfnis nach Information folgt noch kein Anspruch. Etwas anderes würde lediglich dann gelten, wenn das herrschende Unternehmen gesetzlich zur umfassenden Konzernleitung verpflichtet wäre und zur Erfüllung dieser gesetzlichen Pflicht Informationen vom Tochterunternehmen benötigte.

a) Leitungspflicht gegenüber abhängiger Gesellschaft

Schneider[187] befürwortet eine gesetzliche Pflicht der herrschenden Gesellschaft zur Leitung des abhängigen Unternehmens. Nach seiner Ansicht folgt diese aus dem allgemeinen Rechtsgrundsatz des Organisationsrechts: *„Wer die Leitung über ein Unternehmen übernimmt, hat sie mit der Sorgfalt eines ordentlichen und gewissenhaften Geschäftsleiters auszuüben"*[188].
Die ganz herrschende Ansicht in der Literatur verneint demgegenüber das Bestehen einer solchen Leitungspflicht[189]. Schon im Vertragskonzern spreche

---

[186] Kropff, DB 1967, 2204, 2205; Seifert, AG 1967, 1, 3; Werner, AG 1967, 123, 124.

[187] Schneider, ZHR 143 (1979), 485, 506 ff., ders., BB 1981, 249, 256 ff; in diesem Sinne auch Schneider/Schneider, AG 2005, 57, 61.

[188] Schneider, BB 1981, 249, 257. Dieses Gebot sei in den §§ 76, 93 AktG, § 43 GmbHG, §§ 43, 41 GenG für die Mitglieder des geschäftsführenden Organs ausdrücklich normiert. In diesem Sinne auch Flume, Die Juristische Person, § 3 III, Seite 89, der die Haftung des herrschenden Unternehmens (und entsprechend einen Informationsanspruch) auf *„negotiorum gestio"* (GoA) stützt.

[189] Emmerich, in: Emmerich/Habersack, §§ 308 Rn 34; 309 Rn 35; Fleischer, BB 2005, 759, 761; Geßler, in: Geßler/Hefermehl, § 308 Rn 74; Habersack, in: Emmerich/Habersack, § 311 Rn 10; Hefermehl/Spindler, in: Münch. Komm. AktG, § 76 Rn 41; Hüffer, § 309 Rn 10; Koppensteiner, in: Köln. Komm. AktG, § 308 Rn 41; Krieger,

der Wortlaut des § 308 AktG zwar von einem Weisungsrecht und einer Pflicht der Tochtergesellschaft, Weisungen zu befolgen, nicht aber von einer Pflicht, Weisungen zu erteilen[190]. Dies müsse erst recht im faktischen Konzern gelten, weil die herrschende Gesellschaft dort noch nicht einmal Weisungen erteilen dürfe. Das herrschende Unternehmen sei dementsprechend nicht zur Ausübung von Leitungsmacht gegenüber der abhängigen Tochtergesellschaft verpflichtet[191].

b) Folgerungen für den Informationsanspruch

Der Ansicht *Schneiders* ist lediglich im Ansatz zuzustimmen: Wer ein Geschäft für einen anderen besorgt, hat das Geschäft in der Tat sorgfältig auszuführen[192]. Dieser Grundsatz besagt allerdings nichts für eine Pflicht des Vorstands der herrschenden Gesellschaft, die Konzernleitung tatsächlich zu übernehmen. Im Übrigen trifft es zwar zu, dass der Vorstand der herrschenden Gesellschaft im faktischen Konzern eine maßgebliche Leitungsfunktion innehat, aus dieser tatsächlichen Stellung folgt jedoch keine gesetzliche Pflicht zur umfassenden Konzernleitung. Einer derartigen Pflicht steht entgegen, dass der Umfang der dem Konzernvorstand obliegenden Pflichten im faktischen Konzern nicht weiter gehen kann als im Vertragskonzern. Selbst bei diesem besteht für den Vorstand des herrschenden Unternehmens aber keine Weisungspflicht. Und vor allem verschaffen die §§ 311 ff. AktG dem Vorstand des herrschenden Unternehmens keine Rechtsposition, die es ihm erlaubt, seine Interessen auch gegen widerstreitende Interessen der Tochtergesellschaft durchzusetzen. Dem Konzernvorstand stehen mangels Weisungsrechts nicht die rechtlichen Befugnisse zur Verfügung, um seine etwaige Pflicht zur umfassenden Konzernleitung zu erfüllen[193]. Dies bedeutet: Der Vorstand des herrschenden Unternehmens ist gesetzlich nicht zur Leitung der abhängigen Gesellschaft verpflichtet. Vielmehr ist dem Vorstand des herrschenden Unternehmens bei der Frage der Konzernorganisation sowie des Umfang und der Intensität seiner Leitung ein weiter Ermessens-

---

in: Münchener Hdb. GesR IV, § 69 Rn 21; Kropff, in: Münch. Komm. AktG, § 311 Rn 280; Semler, Leitung und Überwachung, Rn 279; Würdinger, in: Großkomm. AktG³, § 308 Anm. 3.

[190] Koppensteiner, in: Köln. Komm. AktG, § 308 Rn 41; Würdinger, in: Großkomm. AktG³, § 308 Anm. 3.

[191] Kropff, in: Geßler/Hefermehl, § 311 Rn 30.

[192] Zu den Sorgfaltspflichten des Geschäftsführers ohne Auftrag nach § 677 BGB, Flume, Die Juristische Person, § 3 III, Seite 88 ff.

[193] In diesem Sinne auch Habersack, in: Emmerich/Habersack, § 311 Rn 10; Hüffer, § 76 Rn 19; Mertens, in: Köln. Komm. AktG, § 76 Rn 55.

spielraum eingeräumt[194]. Die §§ 311 ff. AktG begründen keinen umfassenden Informationsanspruchs der herrschenden Gesellschaft.

2. Informationsanspruch als Ausfluss gesetzlicher Pflichterfüllung

Nach den vorstehenden Ausführungen besteht keine Pflicht des herrschenden Unternehmens, die Geschehnisse in der abhängigen Gesellschaft umfassend zu leiten. Auch nach den Begründungsansätzen *Kropffs* und *Schneiders* kann der herrschenden Gesellschaft daher zumindest im Rahmen einheitlicher Konzernleitung kein Informationsanspruch gegen das Tochterunternehmen zustehen: Soll nach Ansicht beider ein Informationsanspruch doch lediglich der Erfüllung gesetzlicher Pflichten dienen[195]. An einer solchen Pflicht fehlt es aber hinsichtlich der Konzernleitung.

3. Informationsanspruch als Ausdruck eines allgemeinen Rechtsgedankens

Zweifelhaft ist, ob die von *Semler* vertretene Auffassung zutrifft, wonach die Auskunftsansprüche nach §§ 294 Abs. 3, 320 Abs. 3 HGB, 145 AktG Ausdruck eines allgemeinen Rechtsgedankens seien, weil sämtliche Vorschriften allein der Erfüllung begrenzter gesetzlicher Pflichten dienen:
§ 294 Abs. 3 HGB gewährt der herrschenden Gesellschaft einen Auskunftsanspruch, damit diese ihrer Pflicht zur Aufstellung eines Konzernabschlusses nachkommen kann. § 320 Abs. 1 HGB räumt dem Jahresabschlussprüfer verschiedene Auskunfts-, Einsichts- und Prüfungsrechte ein, die sich gegen die zu prüfende Gesellschaft richten. § 320 Abs. 2 Satz 3 HGB erstreckt diese Rechte des Abschlussprüfers auch auf Tochterunternehmen der zu prüfenden Gesellschaft. § 320 Abs. 3 HGB gewährt schließlich auch dem Konzernabschlussprüfer diese Einsichts- und Auskunftsrechte, damit dieser seine Pflicht aus § 316 HGB erfüllen kann, den Jahresabschluss (Konzernabschluss) und Lagebericht (Konzernlagebericht) von Kapitalgesellschaften zu prüfen. Auch die letzte Norm, auf die *Semler* sich bezieht, dient der Erfüllung einer gesetzlichen Pflicht: § 145 AktG gewährt dem Sonderprüfer der Gesellschaft Einsichtsrechte in die Bücher und Schriften der Gesellschaft (Abs. 1), sowie das Recht, von den Mitgliedern des Vorstands und des Aufsichtsrats Aufklärungen und Nachweise zu verlangen (Abs. 2), um die tatsächliche Grundlage für Ersatzansprüche der Akti-

---

[194] Fleischer, BB 2005, 759, 760; Hüffer, § 76 Rn 17; Koppensteiner, in: Köln. Kommen. AktG, vor § 291 Rn 72; Windbichler, in: Hdb. Corporate Governance, 605, 610.

[195] Auf die Klärung der Frage, ob der herrschenden Gesellschaft in der faktischen Konzernbeziehung zur Erfüllung von gesetzlichen Publizitätspflichten ein Auskunfts- und Informationsanspruch zusteht, wird an dieser Stelle verzichtet. Siehe ausführlich zu diesem Problemkreis unten Seiten 164 ff.

engesellschaft gegen ihre Gründer und Verwaltungsratsmitglieder aufzuhellen[196].

Die Obergesellschaft benötigt die Informationen der Tochtergesellschaft zwecks Konzernleitung nicht zur Erfüllung gesetzlicher Pflichten. Die herrschende Gesellschaft begehrt die Informationen im Gegenteil lediglich zur Wahrnehmung einer erlaubten Einflussnahme. In Ermangelung einer gesetzlichen Pflicht zur Konzernleitung lassen sich aus den §§ 294 Abs. 3, 320 Abs. 3 HGB, 145 AktG keine Rückschlüsse auf einen umfassenden Informationsanspruch des herrschenden Unternehmens ziehen.

4. Informationsanspruch und die Berichtspflicht des Vorstands

Semler[197] begründet die Notwendigkeit eines Informationsanspruchs ferner mit dem Verweis auf die Berichtspflichten des Vorstands der herrschenden Gesellschaft gegenüber seinem Aufsichtsrat (§ 90 AktG). Ob sich daraus ein Auskunftsanspruch gegen die Tochtergesellschaft herleiten lässt, erscheint zweifelhaft.

Der Vorstand der herrschenden Gesellschaft ist infolge der Neuregelungen des TransPuG gesetzlich verpflichtet (§ 90 Abs. 1 Satz 2 AktG), auch über die Vorgänge bei den Tochter- und Gemeinschaftsunternehmen regelmäßig zu berichten[198]. Dies stellt im Ergebnis aber keine Neuerung dar: Schon vor dem In-Kraft-Treten des TransPuG bestand im Schrifttum[199] Einigkeit über die Frage,

---

[196] Hüffer, § 142 Rn 1.

[197] Semler, Leitung und Überwachung, Rn 306; Löbbe, Unternehmenskontrolle im Konzern, Seite 126.

[198] In § 90 Abs. 1 Satz 1 AktG a. F. wurden verbundene Unternehmen im Gegensatz zur heutigen Gesetzeslage nicht ausdrücklich erwähnt.

[199] Hefermehl/Spindler, in: Münch. Komm. AktG, § 90 Rn 20; Hoffmann-Becking, ZHR 159 (1995), 325, 334; Mertens, in: Köln. Komm. AktG, § 90 Rn 18; ders., AG 1980, 67, 70; Lutter, Information und Vertraulichkeit, Seite 48 ff.; Scheffler, DB 1994, 793, 797; Schneider, FS Kropff, 272, 279 ff. Umstritten war und ist auch nach der Klarstellung durch das TransPuG die Frage, in welchem Umfang und in welcher Form der Vorstand der Obergesellschaft die Geschäftsentwicklung in den Tochterunternehmen in seine Regelberichterstattung aufzunehmen hat. Ein Teil der Literatur steht auf dem Standpunkt, dass der Vorstand der herrschenden Gesellschaft das Tochterunternehmen *wie die Gesellschaft* selbst zu behandeln und dementsprechend über sie an den Aufsichtsrat zu berichten habe (so Lutter, Information und Vertraulichkeit, Seite 46; Lutter/Krieger, Rechte und Pflichten des Aufsichtsrats, § 3 Rn 236). Andere Stimmen sprechen sich dafür aus, dass grundsätzlich nur eine Berichterstattung über den Konzern im Ganzen zu erfolgen habe und nur bei besonderem Bedarf auch über einzelne Konzerntöchter zu berichten sei (Semler, Leitung und Überwachung, Rn 403; Scheffler, DB 1994, 793, 793; Krieger, in: Lutter, Holding-Handbuch, § 6 Rn 13). Nach Theisen, Das Aufsichtsratsmitglied, Rn 760 soll die Art der Darstellung von der Konzernstruktur, der Zahl der Konzerngesellschaften sowie den Unterschieden in den Gesellschaften abhängen: Je

dass sich der Vorstand der herrschenden Gesellschaft angesichts seiner verbundweiten Überwachungsaufgaben nicht auf die Sonderberichterstattung über abhängige Unternehmen (§ 90 Abs. 1 Satz 2 AktG a. F.) und Anfrageberichte des Aufsichtsrats (§ 90 Abs. 3 Satz 1 AktG a. F.) beschränken durfte[200]. Die Berichte des Vorstandes mussten bereits vor dem In-Kraft-Treten des TransPuG auch die relevanten Konzerndaten enthalten. Aus diesem Grund wird die durch das Gesetz in § 90 Abs. 1 Satz 2 AktG eingefügte Ergänzung lediglich als eine sinnvolle Klarstellung empfunden[201].

Der Vorstand der Obergesellschaft genügt seiner Pflicht zur Regelberichterstattung gegenüber seinem Aufsichtsrat nicht schon dann, wenn er diesen lediglich über solche Vorgänge bei einem verbundenen Unternehmen informiert, die ihm ohne sein eigenes Zutun mehr oder minder zufällig bekannt geworden sind. Der Vorstand ist, so die Gesetzesbegründung, vielmehr verpflichtet, sich die für die Berichterstattung notwendigen Informationen im Rahmen des nach den gesetzlichen Bestimmungen Zulässigen, des ihm faktisch Möglichen und konkret Zumutbaren zu beschaffen[202]. Anders formuliert: Dem Vorstand der herrschenden Gesellschaft obliegt eine Bemühenspflicht[203], die für die Regelberichterstattung erforderlichen Informationen in Erfahrung zu bringen.

Die vorliegend maßgeblich interessierende Frage, wie er sich solche Informationen verschaffen kann, insbesondere, ob der Vorstand der Tochtergesellschaft zur Information verpflichtet ist, ist gesetzlich nicht geregelt. Gleichwohl liegt die Überlegung nicht fern, dass die nunmehr gesetzlich normierte Konzernberichtspflicht des Vorstands der Obergesellschaft einen korrespondierenden Informationsanspruch der herrschenden Gesellschaft einschließt. Dieser Gedanke könnte für einen Informationsanspruch der herrschenden Gesellschaft streiten[204]. Bei näherer Betrachtung bestehen gegen diese Argumentation Bedenken:

---

weniger Konzerngesellschaften vorhanden seien, umso intensiver soll über sie berichtet werden. Andernfalls sollen vorrangig vergleichbare Gesamtinformationen erteilt werden.

[200] Gleichwohl sprach die gesetzliche Formulierung eine Konzerndimension nur für die Berichterstattung aus wichtigem Anlass (Sonderberichterstattung) an. Vor diesem Hintergrund hatte die Regierungskommission Corporate Governance die Empfehlung ausgesprochen (Baums (Hrsg.), Bericht der Regierungskommission, Rn 21), dass auch die Regelberichterstattung die konzernverbundenen Unternehmen einzubeziehen habe. Diese Empfehlung hat der Gesetzgeber mit Einführung des § 90 Abs. 1 Satz 2 AktG umgesetzt.

[201] Hefermehl/Spindler, in: Münch. Komm. AktG, § 90 Rn 20; Götz, NZG 2002, 599, 600; Oltmanns, in: Anwaltskommentar AktG, § 90 AktG Rn 12.

[202] BT-Drucks. 14/8769, Seite 14.

[203] Der Begriff stammt von Windbichler, in: Hdb. Corporate Governance, 605, 615.

[204] So Löbbe, Unternehmenskontrolle im Konzern, Seite 162; Semler, Leitung und Überwachung, Rn 306.

Solange der Vorstand der abhängigen Gesellschaft von sich aus die erbetenen Informationen nach *oben* gibt, damit der Vorstand der Obergesellschaft seinen Aufsichtsrat entsprechend der Vorgaben des § 90 AktG informiert, stellt sich in der Praxis die Frage nach einem Informationsanspruch nicht. Schwierigkeiten treten erst dann auf, wenn der Vorstand des Tochterunternehmens die Information verweigert. Dann müssen dem Vorstand der Obergesellschaft aber ernsthafte Bedenken kommen, ob überhaupt noch ein Fall faktischer Leitungsmacht vorliegt[205]. Die Einwirkungsmöglichkeiten der herrschenden Gesellschaft auf die personelle Besetzung bei der abhängigen Gesellschaft sollten einer solchen dauerhaften Blockierung des konzerninternen Informationsflusses grundsätzlich entgegenstehen[206]. Ist die faktische Leitungsmacht des herrschenden Unternehmens allerdings gefährdet, führt dies in letzter Konsequenz zur Auflösung des faktischen Konzernrechtsverhältnisses und zu einem gewöhnlichen Abhängigkeitsverhältnis im Sinne des § 17 Abs. 2 AktG. Daraus folgt für die Berichtspflicht: Der Vorstand der Obergesellschaft kann seinem Aufsichtsrat nur noch berichten, dass er die faktische Leitungsmacht verloren hat.

Gewährt man dem herrschenden Unternehmen aber trotz des Verlusts der tatsächlichen Leitungsmacht einen Informationsanspruch gegen das abhängige Tochterunternehmen, wird eine nicht mehr bestehende Konzernleitungsmacht unterstellt, obwohl die Sachlage eine andere Sprache spricht. Die (nicht mehr existierende) Leitungsmacht der herrschenden Gesellschaft und damit der faktische Konzern selbst können nicht dadurch gerettet werden, dass aus der Berichtspflicht zwischen dem Vorstand der herrschenden Gesellschaft und seinem Aufsichtsrat eine korrespondierende Auskunftspflicht des Tochterunternehmens abgeleitet wird[207].

Die Berichtspflicht des Vorstands der Obergesellschaft erweitert als solche nicht die Rechte der herrschenden Gesellschaft gegenüber der Tochtergesellschaft[208]. Ein Informationsanspruch der herrschenden Gesellschaft lässt sich aus den Berichtspflichten des Vorstands gegenüber seinem Aufsichtsrat nicht herleiten (§ 90 Abs. 1 Satz 2 AktG)[209].

---

[205] Semler, Leitung und Überwachung, Rn 298; Krieger, in: Lutter, Holding-Handbuch, § 6 Rn 24.

[206] Singhof, ZGR 2001, 146, 159.

[207] In diesem Sinne auch Buchner, ZfA 1981, 493, 497.

[208] Hüffer, § 90 Rn 7a; Schwark, in: Hommelhoff (Hrsg.), Corporate Governance, 75, 88. Noch zur alten Rechtslage: Götz, AG 1995, 337, 350; Mertens, in: Köln. Komm. AktG, § 90 Rn 20.

[209] Schwark, in: Hommelhoff (Hrsg.), Corporate Governance, 75, 89 fordert deshalb de lege ferenda ein konzernweites Informationsrecht des Vorstands der Obergesellsaft, weil die konzernweite Berichtspflicht lediglich dann effizient sei, wenn sich der Vorstand die Informationen beschaffen könne.

5. Die These vom Sonderrechtsverhältnis

a) Informationsanspruch und Konzernfolgepflicht

Richtig ist an dem Ansatz *Löbbes*, dass den §§ 311 ff. AktG auch ein gewisser organisationsrechtlicher Gehalt eigen ist, weil sie die Einbindung der abhängigen Gesellschaft in das Konzerninteresse gestatten. Allerdings handelt es sich hierbei lediglich um die Kehrseite der Schutzfunktion, die den §§ 311 ff. AktG primär zukommt: Die abhängige Gesellschaft, ihre Gläubiger und die außenstehenden Aktionäre vor nachteiligen Einflussnahmen der herrschenden Gesellschaft zu schützen[210]. Und vor allem gilt: Der Vorstand der Tochtergesellschaft ist nicht verpflichtet, einer Veranlassung des herrschenden Unternehmens nachzukommen[211], weil dieses bei bloßer faktischer Konzernierung über kein Weisungsrecht zur Durchsetzung seiner Konzernpolitik verfügt[212]. Ein Informationsanspruch setzt aber wesensnotwendig voraus, dass dieser auch durchsetzbar ist; die Tochtergesellschaft also verpflichtet werden kann, die gewünschte Information zu erteilen.

Faktische Abhängigkeit führt lediglich zu einer Vermutung der Einbindung in den Konzern, nicht aber zu einem Anspruch auf Konzerngefolgschaft. Dies ergibt sich schon aus einem Vergleich des Wortlauts des § 308 Abs. 1 AktG und des § 311 Abs. 1 AktG. Das Gesetz geht zwar ausweislich des Regelungsgehalts des § 311 AktG von einer tatsächlichen Einflussnahme durch das herrschende Unternehmen aus. Die gesetzlichen Vorschriften stellen dem herrschenden Unternehmen allerdings nicht die Instrumentarien zur Verfügung, die zur Ausübung der Konzernleitungsmacht erforderlichen Informationen zu erlangen. Der Gesetzgeber beschränkt sich in den §§ 311 ff. AktG darauf, die rechtlichen Folgen der faktisch ausgeübten Leitungsmacht und die Verantwortlichkeit der herrschenden Gesellschaft bei Einflussnahme zum Nachteil der abhängigen Gesellschaft zu regeln[213].

Selbst *Löbbe* erkennt im Grundsatz an, dass die abhängige Gesellschaft keine Konzernfolgpflicht trifft. Aus diesem Grund leuchtet es nicht ein, warum sich

---

[210] Habersack, in: Emmerich/Habersack, § 311 Rn 2.

[211] Habersack, in: Emmerich/Habersack, § 311 Rn 78; Lutter, Information und Vertraulichkeit, Seite 51 so auch Hüffer, § 311 Rn 48; Kropff, in: Münch. Komm. AktG, § 311 Rn 333; Singhof, ZGR 2001, 146, 159.

[212] Ganz herrschende Meinung vgl. OLG Hamm, ZIP 1995, 1263, 1269; OLG Karlsruhe, WM 1987, 533, 534; Geßler, FS Westermann, 145, 151; Habersack, in: Emmerich/Habersack, § 311 Rn 10; Hüffer, § 311 Rn 48; Koppensteiner, in: Köln. Komm. AktG, Vorb § 311 Rn 11, § 311 Rn 139; Krieger, in: Münchener Hdb. GesR IV, § 69 Rn 20; Kropff, in: Geßler/Hefermehl, § 311 Rn 29; ders., in: Münch. Komm. AktG, § 311 Rn 281, 333; Mertens, in: Köln. Komm. AktG, § 76 Rn 56; Mestmäcker, FS Kronstein, 129, 145 ff.

[213] Geßler, FS Westermann, 145, 151.

die abhängige Gesellschaft weigern darf, eine Maßnahme der Obergesellschaft zu befolgen, umgekehrt jedoch verpflichtet sein soll, der herrschenden Gesellschaft die gewünschten Informationen mitzuteilen. Die Anerkennung eines Informationsanspruchs der Obergesellschaft läuft in seiner Wirkung gerade auf ein Weisungsrecht hinaus, was in sich widersprüchlich ist, weil die herrschende Gesellschaft im faktischen Konzern über keine abgesicherte rechtliche Leitungsmacht verfügt. Solange die Tochtergesellschaft nicht durch einen Beherrschungsvertrag konzerniert ist, gebührt ihren Interessen der Vorrang vor dem Konzerninteresse. Mit diesem maßgeblichen Leitgedanken des Konzernrechts ist weder aus systematischen noch aus teleologischen Gründen vereinbar, der herrschenden Gesellschaft gleichwohl einen durchsetzbaren Informationsanspruch zuzubilligen[214].

b) Informationsanspruch und Schutzfunktion der §§ 311 ff. AktG

Im Übrigen ist zweifelhaft, ob der von der *Löbbe* geforderte Informationsanspruch mit der Schutzfunktion der §§ 311 ff. AktG vereinbar ist.

Der Leitgedanke der §§ 311 ff. AktG besteht nach der Begründung des Regierungsentwurfs darin, *„die abhängige Gesellschaft vor einer Schädigung durch das herrschende Unternehmen zu schützen"*[215]. Das beruht auf der Erwägung, dass es sich bei den Interessen des herrschenden Unternehmens oder des Konzerns wie bei den Interessen der Gesellschaft und ihrer Aktionäre stets um Vermögensinteressen handelt. Diese sind *„unabhängig von ihrer Größe für das Recht gleichwertig. Kein Gesichtspunkt unserer Rechts- und Wirtschaftsordnung gestattet es, den Vermögensinteressen eines Konzerns nur deswegen den Vorrang einzuräumen, weil sie quantitativ größer sind"*[216]. Die §§ 311 ff. AktG begegnen der Gefahr, dass das herrschende Unternehmen von seinem Einflusspotential zur Verfolgung eigener unternehmerischer Interessen in einer Weise Gebrauch macht, dass ein aus der Einflussnahme resultierender Nachteil für die Tochtergesellschaft auszugleichen ist.

Müsste die Tochtergesellschaft den Vorstand des herrschenden Unternehmens auch dann über sämtliche Umstände innerhalb ihres unternehmerischen Wirkungskreises informieren, wenn die Informationserteilung für sie gegebenenfalls nachteilig ist, wäre sie genau dieses Schutzes beraubt. Es bestünde die erhebliche Gefahr, dass das herrschende Unternehmen die Informationen zum Nachteil der Tochtergesellschaft und zum Nachteil der Gesellschaftsgläubiger sowie der außenstehenden Aktionäre einsetzt, ohne hierfür einen adäquaten Ausgleich zu leisten. Den außenstehenden Aktionären soll ihr anteiliges Gesellschaftsvermögen jedoch trotz der Konzernierung ungeschmälert und mit allen

---

214 Zutreffend Koppensteiner, in: Köln. Komm. AktG, § 311 (Fußnote 376).
215 Begr. RegE. zu § 311 bei Kropff, Aktiengesetz, 1965, Seite 407.
216 Berg. RegE. zu § 311 bei Kropff, Aktiengesetz, 1965, Seite 407.

Gewinnchancen erhalten bleiben, ebenso den Gläubigern die ihnen haftende Vermögensmasse[217]. Daher haben sie einen Anspruch darauf, dass vertrauliche Informationen ihrer Gesellschaft bzw. ihres Schuldners nicht ungehindert und unkontrolliert nach *oben* fließen. Denn auch die vertraulichen Informationen gehören zum geschützten Vermögen der Gesellschaft. Ob die Information des herrschenden Unternehmens für die Tochtergesellschaft immer nachteilig im Sinne des § 311 AktG ist, oder ob diese von den dadurch zu erzielenden Synergieeffekten nicht auch profitiert, ist eine davon zu trennende Frage. Hiervon wird noch zu handeln sein[218].

Fest steht: Entscheidendes Kriterium für die Auslegung der §§ 311 ff. AktG sind nicht die Erfordernisse einheitlicher Leitung, sondern der adäquate Schutz der Außenseiter[219]. Diese Schutzfunktion spricht gegen einen Informationsanspruch der herrschenden Gesellschaft.

c) Informationsanspruch und Nachteilsausgleich

Auch das System des Nachteilsausgleichs nach §§ 311 ff. AktG führt nicht zu einem umfassenden Informationsanspruch der herrschenden Gesellschaft[220].

Das Argument *Löbbes*, der Vorstand der herrschenden Gesellschaft könne die Nachteile seiner Einflussnahme lediglich bei Kenntnis aller Fakten beurteilen, was einen Informationsanspruch voraussetze, greift zu kurz, weil der Vorstand der abhängigen Gesellschaft verpflichtet ist, die herrschende Gesellschaft auf drohende Nachteile der Einflussnahme hinzuweisen. Nach dem Nachteilsausgleichssystem der §§ 311 ff. AktG muss der Vorstand der beherrschten Gesellschaft die Ansinnen, Wünsche, Anregungen und Empfehlungen der herrschenden Gesellschaft daraufhin prüfen, ob die intendierte Maßnahme den Interessen seiner Gesellschaft widerspricht und sich zu seinem Nachteil auswirkt[221]. Der Vorstand der abhängigen Gesellschaft wird den der herrschenden Gesellschaft aus diesem Grund schon von sich aus auf drohende Nachteile seiner geplanten Einflussnahme hinweisen. Eines umfassenden Informationsrechts des Vorstands der herrschenden Gesellschaft bedarf es deshalb nicht.

---

217 Habersack, in: Emmerich/Habersack, § 311 Rn 1; Kropff, in: Münch. Komm. AktG, § 311 Rn 138.

218 Hierzu unten Seiten 76 ff.

219 Koppensteiner, in: Köln. Komm. AktG, Vorb. § 311 Rn 19.

220 Auch Semler, Leitung und Überwachung, Rn 302 bemüht die §§ 311 ff. AktG.

221 Geßler, FS Westermann, 145, 156; Habersack, in: Emmerich/Habersack, § 311 Rn 78; Koppensteiner, in: Köln. Komm. AktG, § 311 Rn 91; Kropff, in: Münch. Komm. AktG, § 311 Rn 333; Semler, Leitung und Überwachung, Rn 451; Strohn, Die Verfassung der Aktiengesellschaft im faktischen Konzern, Seite 184.

6. Dezentrale Konzernstrukturen und das Erfordernis eines Informationsanspruchs

Löbbe[222] leitet einen umfassenden Auskunftsanspruch der herrschenden Gesellschaft schließlich aus dem gesetzgeberischen Ziel her, dezentrale Konzernstrukturen zu fördern[223]. Andernfalls könnte sich die herrschende Gesellschaft genötigt sehen, einen Beherrschungsvertrag abzuschließen, obwohl dieser gar nicht erforderlich sei. Zweifelhaft ist, ob dieser eher rechtspolitische Einwand verfängt.

Zwar lässt sich dem System der §§ 311 ff. AktG entnehmen, dass der Gesetzgeber den faktischen Konzern rechtlich anerkannt hat[224]. Dementsprechend lassen die Normen auch den Schluss zu, dass der Gesetzgeber einen von der herrschenden Gesellschaft faktisch und damit dezentral geführten Konzern hinzunehmen bereit ist. Daraus folgt aber noch nicht, dass die gesetzlichen Vorschriften einen Informationsanspruch der Obergesellschaft implizieren[225].

Auf der Ebene der herrschenden Gesellschaft ist die strukturelle Grundsatzentscheidung zu treffen, ob die Tochtergesellschaft der engen Leitung der Konzernspitze unterstellt ist[226], oder im Rahmen dezentraler Konzernstrukturen in

---

[222] So Löbbe, Unternehmenskontrolle im Konzern, Seite 161.

[223] Siehe zur Frage, inwieweit die §§ 311 ff. AktG die faktische und damit dezentrale Konzernleitung ermöglichen bzw. erleichtern wollen, Kropff, in: Münch. Komm. AktG, § 311 Rn 28 (mit weiteren Nachweisen); Habersack, in: Emmerich/Habersack, § 311 Rn 8 hält die von § 311 AktG ausgehende Tendenz zur dezentralen Konzernführung sowohl aus Sicht der Außenseiter als auch aus wettbewerbspolitischer Sicht für begrüßenswert.

[224] Emmerich/Habersack, Konzernrecht, § 24 IV 2 (Seite 368); Habersack, in: Emmerich/Habersack, § 311 Rn 8; Hüffer, § 311 Rn 7; Kropff, in: Münch. Komm. AktG, § 311 Rn 30; ders., DB 1967, 2147, 2149; Hommelhoff, Konzernleitungspflicht, Seite 109; Luchterhand, ZHR 133 (1970), 1 ff.; a. A. lediglich Duldung bzw. Inkaufnahme Bayer, in: Münch. Komm. AktG, § 18 Rn 10; Geßler, FS Westermann, 145, 152; Koppensteiner, in: Köln. Komm. AktG, vor § 311 Rn 9; Mestmäcker, FS Kronstein, 129, 145 ff.; (ausführlich) Tröger, Treuepflicht im Konzernrecht, Seite 174. Die Diskussion über die Frage der Anerkennung oder Duldung des faktischen Konzerns bezeichnet Zöllner, ZHR 162 (1998), 235, 240 wörtlich als „*Eiertanz*". Hiergegen wendet sich explizit Koppensteiner (a. a. O).

[225] Gegen eine solche Wertung Koppensteiner, in: Köln. Komm. AktG, § 312 Rn 5 und Kort, ZGR 1987, 47, 72.

[226] Klassischer Fall einer zentralen Konzernstruktur ist der Stammhauskonzern: Das Stammhaus hat die Konzernleitung inne und ist überdies selbst unternehmerisch am Markt tätig. Alle wichtigen Funktionen im Unternehmensverbund werden durch das an der Spitze stehende Stammhaus wahrgenommen. Die Tochtergesellschaften stehen unter dessen enger Führung (vgl. Kleindieck, in: Hdb. Corporate Governance, 571, 576; Theisen, Das Aufsichtsratsmitglied, Rn 265).

relativer Selbständigkeit tätig werden soll[227]. Es ist Sache des Vorstands der herrschenden Gesellschaft, die Intensität der Konzernleitung - zentrale oder dezentrale Unternehmensführung - über das abhängige Unternehmen festzulegen. Hierbei hat der Konzernvorstand einen nicht unerheblichen Gestaltungsspielraum, den er im Rahmen pflichtgemäßen Ermessens auszufüllen hat[228]. Der Vorstand der herrschenden Gesellschaft darf die Beteiligungsgesellschaften nicht lediglich als bloße Finanzanlagen verwalten, sondern muss seiner Beteiligungsbetreuung eine unternehmerische Ausrichtung verleihen, sofern die Satzung nichts Gegenteiliges vorsieht[229].

Die gewählte Konzernierungsform setzt der Organisationsfreiheit des Vorstands der herrschenden Gesellschaft Grenzen: Da der Vorstand der Obergesellschaft im faktischen Konzern einheitliche Leitung nur nach Maßgabe der §§ 311 ff. AktG ausüben kann, ist nach diesen Vorschriften lediglich eine dezentrale Konzernführung zulässig[230]. Daraus folgt im Wege des Umkehrschlusses aber nicht, dass im Vertragskonzern eine enge, zentralistische Leitung der abhängigen Konzerngesellschaft zwingend wäre. Im Gegenteil: Auch der Vertragskonzern lässt eine dezentrale Führung zu, denn das herrschende Unternehmen ist nicht verpflichtet, dem Tochterunternehmen Weisungen zu erteilen. Spricht doch § 308 AktG nur von einem Weisungsrecht und einer Pflicht der Tochtergesellschaft, Weisungen zu befolgen, nicht aber auch von einer Pflicht, Weisungen zu erteilen. Die herrschende Gesellschaft muss auch bei Abschluss eines Beherrschungsvertrages, die (mögliche) Leitungsmacht nicht in der jeweils intensivsten Form ausüben und braucht die Leitung der Tochtergesellschaft nicht bis ins Ta-

---

[227] Insbesondere die Management-Holding zeichnet sich durch einen hohen Grad an Dezentralisierung aus (Kleindieck, in: Hdb. Corporate Governance, 571, 576; Theisen, Das Aufsichtsratsmitglied, Rn 265). Die Konzernunternehmen sind als operative Einheiten weitgehend selbständig. Ihnen verbleiben die sie betreffenden Aufgaben und Zuständigkeiten. Die Management-Holding ermöglicht eine größere Flexibilität der Konzernleitung: Diese kann sich auf die eigentlichen, nicht delegierbaren Konzernführungsaufgaben, im Wesentlichen auf die strategischen Managementaufgaben und auf die finanzielle Steuerung, beschränken und konzentrieren (vgl. Scheffler, FS Goerdeler, 469, 482f.; ders., DB 1994, 793, 796). Ihr obliegt die Führung des dezentralisierten Konzerns, in dem das operative Geschäft ganz bei den Tochterunternehmen liegt.

[228] Götz, ZGR 1998, 524, 530; Hüffer, § 76 Rn 17; Kleindieck, in: Hdb. Corporate Governance, 571, 576; Koppensteiner, in: Köln. Komm. AktG, Vor. § 291 Rn 71, § 308 Rn 60; Krieger, in: Münchener Hdb. GesR IV, § 69 Rn 21; Kropff, in: Münch. Komm. AktG, § 311 Rn 273; ders., ZGR 1984, 112, 114 ff.; Martens, FS Heinsius, 529, 530; Mertens, in: Köln. Komm. AktG, § 76 Rn 55; Theisen, Das Aufsichtsratsmitglied, Rn 254; a. A. Hommelhoff, Konzernleitungspflicht, 346, 406.

[229] Götz, ZGR 1998, 524, 526; Koppensteiner, in: Köln. Komm. AktG, vor § 291 Rn 71; Kropff, in: Münch. Komm. AktG, § 311 Rn 273; Semler, Leitung und Überwachung, Rn 275.

[230] Habersack, in: Emmerich/Habersack, § 311 Rn 8; Kropff, in: Münch. Komm. AktG, § 311 Rn 28; Windbichler, in: Hdb. Corporate Governance, 605, 608.

gesgeschäft zu übernehmen. Vielmehr kann der Vorstand des herrschenden Unternehmens auch hier dem Management einer Sparte weitgehend freie Hand geben[231]. Dies ist vor allem aus betriebswirtschaftlicher Sicht begrüßenswert: Verleiht doch maßgeblich eine dezentrale Konzernführung mit weitgehender Entscheidungsdelegation den Unternehmen die im heutigen Wirtschaftsleben erforderliche Flexibilität[232].

Dies bedeutet: Der Abschluss eines Beherrschungsvertrags führt nicht zwangsläufig zu einer zentralen Konzernleitung. Dezentrale Konzernführung ist auch im Vertragskonzern möglich. Es bedarf aus diesem Grund keiner Förderung faktischer Konzernbeziehungen mittels eines eigenen Informations- und Auskunftsanspruchs, um Leitungsmacht in dezentralen Konzernstrukturen auszuüben[233].

7. Informationsanspruch aus gesellschaftsrechtlicher Treuepflicht

Richtig ist, dass eine gesellschaftsrechtliche Treuepflicht der Gesellschaft gegenüber ihren Aktionären besteht[234]. Die Ausgangsüberlegung von *Schneider* und *Burgard*, die abhängige Gesellschaft habe grundsätzlich auch auf die Interessen des herrschenden Unternehmens als Mehrheitsaktionär Rücksicht zu nehmen, bestätigt das. Zweifelhaft ist allerdings die daran anknüpfende Schlussfolgerung von *Schneider* und *Burgard*, die abhängige Gesellschaft müsse aufgrund der gesellschaftsrechtlichen Treuepflicht dem herrschenden Unternehmen

---

[231] Hoffmann-Becking, ZHR 159 (1995), 325, 341. In diesem Sinne auch Fleischer, BB 2005, 759, 761, der von einer *„konzernorganisationsrechtlichen business judgement rule"* des Vorstands der Obergesellschaft spricht.

[232] Scheffler, DB 1994, 793, 795.

[233] Richtig ist, dass die §§ 311 ff. AktG zum Abschluss eines Beherrschungsvertrages zwingen können, wenn eine straffe Konzernführung oder eine auf die Bedürfnisse des herrschenden Unternehmens ausgerichtete Umstrukturierung gewollt sind (vgl. Habersack, in: Emmerich/Habersack, § 311 Rn 10).

[234] BGHZ 14, 25, 38; 103, 184, 194 (*„Linotype Entscheidung"*); 127, 107, 111. In der Literatur werden Treuepflichten der abhängigen Gesellschaft gegenüber ihren Aktionären und dem herrschenden Unternehmen nur am Rande behandelt. Für die GmbH beispielsweise Zöllner, in: Baumbach/Hueck, § 53 Rn 25. Hingegen finden sich im Schrifttum zahlreiche Stellungnahmen zur gesellschaftsrechtlichen Treuepflicht des herrschenden Unternehmens gegenüber der abhängigen Gesellschaft und ihren Außenseitern. Siehe Habersack, in: Emmerich/Habersack, § 311 Rn 89; Emmerich/Habersack, Konzernrecht, § 8 I 4 (Seite 114), § 24 VI (Seite 399); Lutter, ZHR 153 (1989), 446, 449 ff. Ausführlich ist in der rechtswissenschaftliche Lehre auch das Bestehen und die Umfang von Treuepflichten unter den Aktionären behandelt worden vgl. dazu beispielsweise Dreher, ZHR 157 (1993), 150 ff.; Fillmann, Treuepflicht der Aktionäre; Janke, Gesellschaftsrechtliche Treuepflicht; Kort, ZIP 1990, 294 ff.; Tröger, Treuepflicht im Konzernrecht.

sämtliche zur Ausübung einheitlicher Konzernleitungsmacht erforderlichen Informationen mitteilen[235].

Bei der gesellschaftsrechtlichen Treuepflicht der Gesellschaft gegenüber ihren Aktionären handelt es sich in erster Linie um ein Schutzrecht. So hat die Gesellschaft die Pflicht, dem einzelnen Aktionär eine ungehinderte und sachgemäße Wahrnehmung seiner Mitgliedschaftsrechte zu ermöglichen und alles zu unterlassen, was diese Rechte beeinträchtigen könnte[236]. Deshalb darf der Vorstand der abhängigen Gesellschaft dem herrschenden Unternehmen beispielsweise keine Informationen vorenthalten, die er den außenstehenden Aktionären erteilt. Auch darf die abhängige Gesellschaft das herrschende Unternehmen bei der Ausübung seiner mitgliedschaftlichen Informationsrechte nicht anders behandeln als die Minderheitsaktionäre; sein Rede- und Fragerecht in der Hauptversammlung also nicht willkürlich beschränken[237].

Bei der vorliegenden Frage des treuepflichtgestützten Informationsanspruchs geht es jedoch nicht um die Durchsetzung mitgliedschaftlicher Informationsrechte des herrschenden Unternehmens gegenüber der abhängigen Gesellschaft, sondern darum, dass diesem weitergehende Rechte eingeräumt und verschafft werden sollen als den übrigen Aktionären. Bei der Ausübung von Konzernleitungsmacht handelt es sich schließlich um keine Pflicht, geschweige denn ein durchsetzbares mitgliedschaftliches Recht des herrschenden Unternehmens. Vielmehr räumt das Gesetz dem herrschenden Unternehmen im Rahmen der §§ 311 ff. AktG lediglich die Befugnis zur Ausübung von Konzernleitung ein. Diese Normen gewähren dem herrschenden Unternehmen keinen Informationsanspruch gegen die abhängige Gesellschaft.

Bei der Beurteilung des Umfangs der gesellschaftsrechtlichen Treuepflicht ist außerdem deren rechtsfunktionaler Anknüpfungspunkt zu beachten. Die gesellschaftsrechtliche Treuepflicht wurde als eine richterrechtliche Generalklausel zur Regulierung des Innenrechts der Verbände entwickelt[238]. Sie stützt sich nicht unwesentlich auf die Tatsache, dass sich die Beteiligten auf die Förderung eines gemeinsamen Gesellschaftszwecks geeinigt haben[239]. Mit dem Gesellschaftszweck wird eine überindividuelle Geschäftsgrundlage für das Zusammenwirken innerhalb der Aktiengesellschaft etabliert, an die sowohl die Organe der Gesell-

---

[235] Schneider/Burgard, FS Ulmer, 579, 598. Zöllner, ZHR 162 (1998), 235, 238 wirft zwar die Frage auf, ob sich aus Treuepflichten Informationspflichten entwickeln lassen, beantwortet diese aber nicht.

[236] BGHZ 127, 107, 111.

[237] In der Praxis ist eine willkürliche Ungleichbehandlung des herrschenden Unternehmens kaum vorstellbar.

[238] Zur Entwicklung des Treuepflichtgedankens im Aktienrecht Fillmann, Treuepflicht der Aktionäre, Seite 24 ff. Ausführlich zu den unterschiedlichen Ansätzen einer dogmatischen Begründung der gesellschaftsrechtlichen Treuepflicht Janke, Gesellschaftsrechtliche Treuepflicht, Seite 33 ff.

[239] Janke, Gesellschaftsrechtliche Treuepflicht, Seite 79.

schaft als auch deren Mitglieder gebunden sind[240]. Die Annahme eines Rechts-
verhältnisses der Mitglieder zueinander soll dazu dienen, durch die Treuepflichten einem Missbrauch der Mitgliedschaftsstellung Einhalt zu gebieten[241]. Das
Verfolgen von Sondervorteilen, also das Voranstellen der eigenen Interessen
zum Nachteil der Gesellschaft, stellt einen Verstoß gegen die immanente Bindung an das mitgliedschaftliche Gesamtinteresse dar. Und genau ein solcher
Verstoß liegt vor, wenn das herrschende Unternehmen ungeachtet der eigenen
Interessen von der abhängigen Gesellschaft Informationen zur Ausübung *seiner*
Konzernleitungsmacht verlangt.

Hinzu kommt schließlich: Ein Informationsanspruch des herrschenden Unternehmens aufgrund gesellschaftsrechtlicher Treuepflicht bedeutete, dass die
abhängige Gesellschaft auf die Interessen des herrschenden Unternehmens nicht
nur Rücksicht nehmen, sondern diesen sogar grundsätzlich Vorrang vor den eigenen unternehmerischen Interessen einräumen müsste. Der Vorstand der Tochtergesellschaft muss jedoch trotz faktischer Konzernierung nicht im Konzerninteresse handeln oder sich diesem unterordnen. Er bleibt vielmehr den Interessen
seiner Gesellschaft verpflichtet[242]. Die fortbestehende Entscheidungsautonomie
des Vorstands der abhängigen Gesellschaft spricht ebenfalls gegen die Ansicht
von *Schneider* und *Burgard*[243].

Dies bedeutet, dass der herrschenden Gesellschaft unter dem Gesichtspunkt
der gesellschaftsrechtlichen Treuepflicht kein umfassender und insbesondere
kein durchsetzbarer Informationsanspruch gegen die abhängige Gesellschaft zusteht. Daraus folgt jedoch nicht, dass der Vorstand der abhängigen Gesellschaft
nicht auf die Interessen des herrschenden Unternehmens an einer möglichst umfassenden Information Rücksicht nehmen darf. Im Gegenteil: Im Rahmen seiner
Leitungsmacht darf er die Informationsinteressen der Aktionäre berücksichtigen[244] und somit auch die des herrschenden Unternehmens. Verpflichtet ist er
dazu aber nicht.

8.   Sonderfall Einmann-Aktiengesellschaft

Zu klären bleibt die Frage, ob dem herrschenden Unternehmen allerdings nicht
dann ein Anspruch auf umfassende Information zusteht, wenn ihm 100% der
Anteile der Tochtergesellschaft gehören, d.h. eine Einmann-Aktiengesellschaft

---

240 In diesem Sinne Tröger, Treuepflicht im Konzernrecht, Seite 199.
241 Flume, Die Juristische Person, § 8 I, Seite 270.
242 Emmerich/Sonnenschein, Konzernrecht, § 25 III (Seite 385); Hoffmann-Becking, ZHR
     150 (1986), 570, 579; Krieger, in: Münchener Hdb. GesR. IV, § 69 Rn 24; Lutter, FS
     Peltzer, 241, 243.
243 So im Ergebnis auch Decher, ZHR 158 (1994), 473, 481, 483; Eckardt, in: Geß-
     ler/Hefermehl, § 131 Rn 148; Kort, ZGR 1987, 56, 58; Wilken, DB 2001, 2383, 2386.
244 Mertens, in: Köln. Komm. AktG, § 76 Rn 30.

besteht. In einer solchen Konstellation hat die Tochtergesellschaft zwar nicht ihre rechtliche, aber ihre wirtschaftliche Autonomie vollends eingebüßt. Ein Eigeninteresse der abhängigen Gesellschaft besteht nicht mehr. Vielmehr ist die Tochtergesellschaft - wie beim Abschluss eines Beherrschungsvertrages - nur noch eine wirtschaftliche unselbständige Abteilung des herrschenden Unternehmens[245]. Dies spricht dafür, die abhängige Gesellschaft wie das Tochterunternehmen innerhalb eines Vertragskonzerns zu behandeln. Folge dieser Betrachtungsweise könnte ein ungehinderter Informationsfluss von *unten* nach *oben* sein[246].

Gleichwohl besteht trotz ihrer 100%igen Beteiligung an der Tochtergesellschaft für die Muttergesellschaft - im Gegensatz zum Vertragskonzern - keine rechtliche Verpflichtung zum Verlustausgleich (§ 302 AktG). Wirtschaftlicher Misserfolg der Tochtergesellschaft wirkt sich gegebenenfalls nur als erhöhter Abschreibungsbedarf aus. Genauso wenig haben die Gläubiger der abhängigen Tochtergesellschaft einen Anspruch gegen das herrschende Unternehmen auf Sicherheitsleistung für ihre Forderungen gegen die Tochtergesellschaft bei Beendigung der faktischen Konzernierung (§ 303 Abs. 1 AktG). Die Stellung der Gläubiger im faktischen Konzern ist auch bei einer Einmann-Aktiengesellschaft nicht mit derjenigen im Vertragskonzern vergleichbar. Trotz der 100%igen Inhaberschaft bleibt es bei einem Schutzbedürfnis der Außenseiter. Diese Überlegungen sprechen gegen ein ungehindertes Zugriffsrecht der Muttergesellschaft auf Informationen aus der unternehmerischen Sphäre der Tochtergesellschaft und für die Anwendung der §§ 311 ff. AktG. Vor allem aber ist der Vorstand der Tochtergesellschaft - zumindest rechtlich betrachtet - nach wie vor nicht verpflichtet, den Weisungen des Vorstands der herrschenden Gesellschaft Folge zu leisten. Das herrschende Unternehmen verfügt schließlich auch in dieser Konstellation über keine rechtlich abgesicherte Leitungsmacht, sondern lediglich über die Befugnis zur Konzernleitung. Daraus folgt aber noch kein Anspruch auf umfassende Information.

Festzuhalten ist: Auch durch eine 100%ige Beteilung an der Tochtergesellschaft erlangt das herrschende Unternehmen - jedenfalls de jure - keinen Informationsanspruch. Weil es in dieser Konstellation jedoch an Minderheitsaktionären und somit an einer wirksamen Kontrolle fehlt, dürfte der Informationsfluss von *unten* nach *oben* faktisch allerdings grenzenlos sein.

---

[245]   Lutter, AG 1991, 249, 255.
[246]   In diesem Sinne Lutter, AG 1991, 249, 255; Lutter/Krieger, Rechte und Pflichten des Aufsichtsrats, § 6 Rn 235.

III. Ergebnis

Die trotz faktischer Konzernierung fortbestehende rechtliche Unabhängigkeit der abhängigen Gesellschaft widerspricht der Annahme eines umfassenden Informationsanspruchs des herrschenden Unternehmens. Die Geschäftsleitung der beherrschten Gesellschaft darf sich nach dem gesetzlichen Regelungssystem der Konzernführung durch die herrschende Gesellschaft sanktionslos entziehen. Dazu gehört die Weigerung, die Obergesellschaft regelmäßig und eingehend zu informieren[247]. Die Argumente der Befürworter eines umfassenden Auskunftsrechts der Obergesellschaft ändern bei genauerer Betrachtungsweise an diesem Ergebnis nichts. Das Interesse der herrschenden Gesellschaft an einem umfassenden Informationsanspruch zum Zwecke einheitlicher Konzernleitung ist zwar nachvollziehbar, aus diesem Interesse folgt aber kein Anspruch.

Das hier gefundene Ergebnis mag mit Blick auf den konzerninternen Informationsfluss unpraktikabel erscheinen. Es spiegelt aber die durch die §§ 311 ff. AktG geschaffene Rechtslage wider. Infolge der faktischen Konzernverbindung besteht keine gesetzliche Informationspflicht der Tochtergesellschaft gegenüber der herrschenden Gesellschaft zu Zwecken einheitlicher Konzernleitung[248], abgesehen von der Informationserteilung zwecks Konzernrechnungslegung (§ 294 Abs. 3 HGB) und dem Informationsanspruch in der Hauptversammlung (§ 131 Abs. 1 AktG).

§ 5 Die Berechtigung zur Information im faktischen Konzern

Eine Pflicht des Tochtervorstands zur Auskunft und Information des herrschenden Unternehmens besteht alledem nach nicht. Mit dieser Feststellung ist aber noch nicht die Frage beantwortet, ob der Vorstand der Tochtergesellschaft das herrschende Unternehmen freiwillig informieren darf. Festgestellt worden ist lediglich, dass der Vorstand der Tochtergesellschaft *nicht reden muss*. Eine ganz andere und davon strikt zu trennende Frage ist, ob er *reden darf*.

Hindernis für einen ungehinderten Informationsfluss zwischen dem abhängigen und dem herrschenden Unternehmen könnte im faktischen Konzern im Unterschied zum Vertragskonzern der Grundsatz der Vertraulichkeit (§ 93 Abs. 1 Satz 3 AktG) sein. Zum einen sieht das Gesetz in der faktischen Konzernverbindung sowohl für die Aktionäre als auch für die Gläubiger der abhängigen Toch-

---

[247] Lutter, Information und Vertraulichkeit, Seite 51, sieht in der Möglichkeit der Informationsverweigerung durch die abhängige Gesellschaft eine Grauzone, in der sich *„die Spannung zwischen Einheit und Vielfalt im Konzern nicht auflösen lässt"*. Noch in der Erstauflage (Seite 36) hielt Lutter jedes abhängige Unternehmen im Konzern zur vollen Information des Vorstands der Obergesellschaft für verpflichtet.

[248] So auch Wahlers, Konzernbildungskontrolle, Seite 69; Kort, ZGR 1987, 47, 72.

tergesellschaft keinen besonderen Schutz in Form eines Austritts- und Abfindungsrechts oder einer Mithaftung des herrschenden Unternehmens vor (§§ 303, 304, 305 AktG). Vor Schäden, die aus dem Bekanntwerden vertraulicher Angaben und Geheimnisse des abhängigen Unternehmens resultieren (§ 93 Abs. 1 Satz 3 AktG), sind diese nicht geschützt. Zum anderen beinhalten die §§ 311 ff. AktG keine generelle Pflicht des herrschenden Unternehmens zum Ausgleich von Verlusten und Schäden der abhängigen Gesellschaft (§ 302 AktG). Das Interesse der abhängigen Gesellschaft, sich vor Schäden zu schützen, die aus der Offenlegung vertraulicher Informationen resultieren, könnte dem Informationstransfer daher gleichfalls entgegenstehen.

I. Der Grundsatz der Vertraulichkeit als Grenze des Informationsflusses

1. Umfang der Schweigepflicht nach § 93 Abs. 1 Satz 3 AktG

Die Verschwiegenheitspflicht ist nach zutreffender Meinung Ausfluss der allen Vorstandsmitgliedern obliegenden Treue- und Sorgfaltspflicht gegenüber der Gesellschaft[249]. Der Vorstand einer Aktiengesellschaft hat über vertrauliche Angaben und Geheimnisse, die ihm durch seine Tätigkeit im Vorstand bekannt werden, namentlich über Betriebs- und Geschäftsgeheimnisse der Gesellschaft, Stillschweigen zu bewahren. Zu den Geheimnissen der Gesellschaft zählen objektiv geheimhaltungsbedürftige Tatsachen, die nicht allgemein bekannt sind und nach dem geäußerten oder dem mutmaßlichen Willen der Gesellschaft auch nicht offenkundig werden sollen[250], beispielsweise Herstellungsverfahren, Produktionsvorhaben, Kundenstamm, wesentliche Personalentscheidungen oder Finanzpläne[251].

Vertrauliche Angaben sind demgegenüber alle Informationen, die ein Vorstandsmitglied in dieser Eigenschaft, nicht notwendig durch eigene Tätigkeit, erlangt hat und deren Weitergabe für die Gesellschaft nachteilig sein kann[252]. Im Unterschied zu einem Geheimnis kann eine vertrauliche Angabe schon allgemein bekannt sein, die Gesellschaft an ihrer Nichterörterung aber gleichwohl

---

[249] Hefermehl/Spindler, in: Münch. Komm. AktG, § 93 Rn 43; Hopt, in: Großkomm. AktG, § 93 Rn 187; Wiesner, in: Münchener Hdb. GesR IV, § 25 Rn 37; a. A. Spieker, NJW 1965, 1937, der die Verschwiegenheitspflicht als unselbständige Nebenpflicht der allgemeinen Sorgfaltspflicht versteht; anders wiederum Mertens, in: Köln. Komm. AktG, § 93 Rn 75, der sowohl die Sorgfaltspflicht als auch die Treuepflicht als Grundlage der Verschwiegenheitspflicht sieht. Hüffer, § 93 Rn 6 hält die Frage nach dem Rechtsgrund angesichts der Regelung des § 93 Abs. 1 Satz 3 AktG für nicht weiterführend.

[250] Wiesner, in: Münchener Hdb. GesR IV, § 25 Rn 39.

[251] Hefermehl/Spindler, in: Münch. Komm. AktG, § 93 Rn 46; Hüffer, § 93 Rn 7; Mertens, in: Köln. Komm. AktG, § 116 Rn 44.

[252] Hüffer, § 93 Rn 7; Schneider/Schneider, AG 2005, 57, 60.

Interesse haben[253]. Unter diesen Begriff fallen sämtliche Tatsachen und Sachverhalte, an deren Geheimhaltung das Unternehmen ein objektives Interesse hat: Das Abstimmungsverhalten[254], der Verlauf einer Diskussion im Vorstand und Aufsichtsrat, Personalangelegenheiten und persönliche Daten von Kandidaten für ein Vorstands- oder Aufsichtsratsamt[255].

2. Keine absolute Grenze

Die Verschwiegenheitspflicht dient in erster Linie dem Schutz der Unternehmensinteressen der Gesellschaft. Diese erfordern in bestimmten Konstellationen, Informationen nicht zu verschweigen, sondern zu offenbaren: Sei es gegenüber einem Geschäftspartner, um auf bestimmten Märkten ein gemeinschaftliches Vorgehen zu koordinieren[256] oder gegenüber Rechtsanwälten, damit diese die Rechte der Gesellschaft wahrnehmen[257]. Der Vorstand muss entscheiden, ob im Einzelfall das Interesse an der Geheimhaltung der Informationen oder die aus ihrer Preisgabe erhofften Vorteile überwiegen[258]. Ergibt die Abwägung, dass den Unternehmensinteressen durch eine Offenbarung besser gedient ist, tritt die Schweigepflicht zurück[259]. § 93 Abs. 1 Satz 3 AktG stellt somit keine Vermutung für ein umfassendes absolutes Geheimhaltungsbedürfnis dar. Vielmehr sind die Interessen der Gesellschaft an der Geheimhaltung mit den unternehmerischen Interessen der Gesellschaft in Ausgleich zu bringen. Das unternehmerische Interesse stellt die immanente Grenze der Verschwiegenheitspflicht dar[260]. Da der Vorstand eigenverantwortlich zu entscheiden hat, ob ein Geheimhaltungsbedürfnis vorliegt, wird er als *„Herr der Gesellschaftsgeheimnisse"* bezeichnet[261].

Die Offenlegung vertraulicher Angaben und Geheimnisse kann im Einzelfall ausdrücklich im unternehmerischen Interesse der Tochtergesellschaft liegen. Bittet das herrschende Unternehmen um Auskünfte, auf die es keinen Anspruch hat, wird der Vorstand der Tochtergesellschaft bei seiner Entscheidung die Inte-

---

[253] Hefermehl/Spindler, in: Münch. Komm. AktG, § 93 Rn 49.

[254] BGHZ 64, 325, 332.

[255] Hefermehl/Spindler, in: Münch. Komm. AktG, § 93 Rn 49; Mertens, in: Köln. Komm. AktG, § 116 Rn 45; Wiesner, in: Münchener Hdb. GesR IV, § 25 Rn 40.

[256] Lutter, ZIP 1997, 613, 617.

[257] Hefermehl/Spindler, in: Münch. Komm. AktG, § 93 Rn 62.

[258] Hüffer, § 93 Rn 8.

[259] Hefermehl/Spindler, in: Münch. Komm. AktG, § 93 Rn 62; Hefermehl, in: Geßler/Hefermehl, § 93 Rn 21; Hopt, in: Großkomm. AktG, § 93 Rn 209.

[260] BGHZ 64, 325, 330; Hefermehl/Spindler, in: Münch. Komm. AktG, § 93 Rn 62; Hüffer, § 93 Rn 8; Mertens, in: Köln. Komm. AktG, § 93 Rn 82; Müller, NJW 2000, 3452, 3453, Spieker, NJW 1965, 1937, 1943; Wiesner, in: Münchener Hdb. GesR IV, § 25 Rn 40.

[261] BGHZ 64, 325, 329; Hefermehl/Spindler, in: Münch. Komm. AktG, § 93 Rn 48.

ressen des Konzerns mit denjenigen der eigenen Gesellschaft abwägen. Diese stehen sich nicht unversöhnlich gegenüber: Aus einem zentralen Einkauf im Konzern, einer rationellen Fertigungszusammenfassung oder einer zentralen Forschung und Entwicklung ergeben sich auch Vorteile und Synergieeffekte für die abhängigen Unternehmen[262]. Auch von einem funktionierenden Planungs-, Informations- und Kontrollsystem, das alle betrieblichen Aktivitäten erfasst und für die Entscheidungsträger relevante Informationen und Daten zeit- und bedarfsgerecht liefert, kann das Tochterunternehmen profitieren. Die Einrichtung eines konzernweiten, betriebswirtschaftlichen Anforderungen genügenden Controlling-Systems liegt ebenfalls im unternehmerischen Interesse der Tochtergesellschaft[263]. Und schließlich dürfte ein funktionierender Informationsaustausch von *unten* nach *oben* insgesamt die vertrauensvolle Zusammenarbeit zwischen den Gesellschaften des Unternehmensverbundes fördern und somit allen Beteiligten zugute kommen[264]. Die unternehmerische Perspektive der Tochtergesellschaft verlangt keine strikte Anwendung des Grundsatzes der Vertraulichkeit.

Für die Zulässigkeit der Durchbrechung der aktienrechtlichen Verschwiegenheitspflicht in der faktischen Konzernverbindung sprechen noch weitere Überlegungen: Der faktische Konzern wird - trotz des Trennungsprinzips - durch das Element der einheitlichen Leitung (§ 18 AktG) bestimmt[265]. Auch in der faktischen Konzernbeziehung ist die Ausübung von Leitungsmacht lediglich auf der Basis ausreichender Informationen über die Geschehnisse und Gegebenheiten in dem abhängigen Tochterunternehmen möglich. Ohne genaue Kenntnis der Vorgänge in der abhängigen Gesellschaft ist der Vorstand der Obergesellschaft nur eingeschränkt in der Lage, sachgerechte unternehmerische Entscheidungen im Hinblick auf die beherrschte Gesellschaft zu treffen. Wäre der Vorstand der abhängigen Tochtergesellschaft gleichwohl verpflichtet, dem herrschenden Unternehmen sämtliche Informationen, die nach § 93 Abs. 1 Satz 3 AktG grundsätzlich geheim zu halten sind, vorzuenthalten, käme der für eine sachgemäße Konzernleitung unerlässliche Informationsfluss praktisch zum Erliegen[266]. Ein solches Ergebnis wäre widersprüchlich: Darf das unternehmerische Entscheidungszentrum aus der Untergesellschaft in das herrschende Unternehmen verlagert werden, muss konsequenterweise auch eine so umfassende freiwillige Berichterstattung erlaubt sein, dass die Obergesellschaft ihre faktische Leitungsmacht ausüben kann[267]. Die rechtliche Zulässigkeit des faktischen Konzerns be-

262 Scheffler, AG 1991, 256, 258.
263 Lutter/Krieger, Rechte und Pflichten des Aufsichtsratsmitglieds, § 4 Rn 141; Theisen, Das Aufsichtsratsmitglied, Rn 533. Siehe allgemein zur Bedeutung eines Controlling Systems im Konzern, Scheffler, AG 1991, 256 ff.
264 Kropff, in: Münch. Komm. AktG, § 311 Rn 303.
265 Lutter, Information und Vertraulichkeit, Seite 152.
266 Hoffmann-Becking, FS Rowedder, 155, 167.
267 Hommelhoff/Timm, AG 1976, 330, 332.

inhaltet damit auch die Freizügigkeit des Informationsflusses von der Tochter-
gesellschaft zum herrschenden Unternehmen. Mit anderen Worten: Das organi-
sationsrechtliche Rechtsverhältnis bildet die Grundlage für die Weitergabe der
Informationen, die zur sachgemäßen Konzernleitung erforderlich sind. Dieses
Rechtsverhältnis überlagert die von § 93 Abs. 1 Satz 3 AktG an sich gebotene
Pflicht zur Verschwiegenheit[268].

Daraus folgt: Der Grundsatz der Vertraulichkeit steht dem Informationsfluss
im faktischen Konzern nicht als undurchlässige Schranke entgegen. Kommt der
Vorstand der abhängigen Gesellschaft aufgrund der Interessenabwägung zu dem
Ergebnis, dass die Weitergabe der verlangten vertraulichen Information an das
herrschende Unternehmen (auch) von Vorteil für die eigene Gesellschaft ist, ist
er befugt, jedoch nach wie vor nicht verpflichtet, diese an das herrschende Unternehmen herauszugeben[269]. Gelangt der Vorstand der Tochtergesellschaft hingegen zu der Beurteilung, dass die Information des herrschenden Unternehmens
nicht im Unternehmensinteresse seiner Gesellschaft liegt, sondern vielmehr das
Geheimhaltungsinteresse überwiegt, muss er die begehrte Auskunft verweigern.

---

[268] Singhof, ZGR 2001, 146, 159.

[269] Hoffmann-Becking, ZHR 159 (1995), 325, 337; ders., FS Rowedder, 155, 167;
Hommelhoff/Timm, AG 1976, 330, 332; Hopt, in: Großkomm. AktG, § 93 Rn 214;
Krieger, in: Münchener Hdb. GesR IV, § 69 Rn 23; ders., in: Lutter, Holding-Handbuch,
§ 6 Rn 23-24; Kohlenbach, Das Verhältnis der Aufsichtsräte im Aktienrechtskonzern,
Seite 147; Lutter, Information und Vertraulichkeit, Seite 151 f.; Menke, NZG 2004, 697,
700; Mertens, in: Köln. Komm. AktG, § 116 Rn 39; Singhof, ZGR 2001, 146, 160;
Schmidt-Aßmann/Ulmer, BB 1988, Beilage 13, Seite 1, 5; Theisen, Das Aufsichtsrats-
mitglied, Rn 769; Wahlers, Konzernbildungskontrolle, Seite 69; Wiesner, in: Münchener Hdb. GesR IV, § 25 Rn 38; Witte, Der Prüfungsbericht, Seite 169. In diesem Sinne
auch Barz, in: Großkomm. AktG, § 131 Anm. 27; Ebenroth, Das Auskunftsrecht des
Aktionärs, Seite 101; Duden, FS von Caemerer, 499, 504, 506; Hüffer, § 131 Rn 38;
Kropff, DB 1967, 2204; Seifert, AG 1967, 1, 3; Zöllner, in: Köln. Komm. AktG, § 131
Rn 69. Diese Autoren gehen zwar auf die Frage der Durchbrechung des aktienrechtlichen Vertraulichkeitsschutz nicht ausdrücklich ein, sondern erörtern vielmehr die Frage
der Anwendbarkeit des Nachauskunftsrechts (§ 131 Abs. 4 AktG) auf den faktischen
Konzern. Indem sich diese Stimmen aus der konzernrechtlichen Literatur jedoch für einen ungehinderten Informationsfluss zwischen den nicht vertraglich gebundenen Konzerngesellschaften aussprechen, gehen sie stillschweigend davon aus, dass diese Kommunikation von *unten* nach *oben* von den Beschränkungen des § 93 Abs. 1 Satz 3 AktG
befreit ist. Die Literatur verweist zum Nachweis des ungehinderten Informationsflusses
daher regelmäßig auf die genannten Autoren, obwohl diese sich letztendlich nur mittelbar mit der Frage der Vertraulichkeit befassen. Ausführlich zum Nachauskunftsanspruch
der außenstehenden Aktionäre unten Seiten 110 ff.

II. Das System des Nachteilsausgleichs als Grenze des konzerninternen Informationsflusses

Die Gesellschaftsinteressen des faktisch abhängigen Tochterunternehmens sollen nach der gesetzlichen Grundkonzeption durch die §§ 311 ff. AktG geschützt werden. Sinn und Zweck des § 311 AktG ist nach einhelliger Ansicht, die abhängige Gesellschaft im wirtschaftlichen Ergebnis so zu stellen, als wäre sie unabhängig[270]. Hierdurch soll der Konflikt zwischen dem Interesse des herrschenden Unternehmens auf der einen Seite und den Interessen der Minderheitsgesellschafter sowie der Gesellschaftsgläubiger auf der anderen Seite gelöst werden.

Nach § 311 Abs. 1 AktG ist eine nachteilige Einflussnahme des herrschenden Unternehmens auf die abhängige Aktiengesellschaft lediglich dann statthaft, wenn das herrschende Unternehmen den Nachteil bis zum Ende des laufenden Geschäftsjahres ausgleicht. Der Tochtervorstand darf die Eigeninteressen seiner Gesellschaft also nur dann hinter das Konzerninteresse zurückstellen, wenn die daraus resultierenden Nachteile wirtschaftlich ausgeglichen werden. Auch die Informationserteilung von *unten* nach *oben* steht damit unter dem Vorbehalt der Zulässigkeit der §§ 311 ff. AktG. Die Grenze des Informationsflusses wird im faktischen Konzern somit neben dem Grundsatz der Vertraulichkeit durch § 311 AktG gezogen. Damit stellt sich die Frage, wann sich die Informationserteilung von *unten* nach *oben* als nachteilig erweist.

1. Begriff des Nachteils

Der Begriff des Nachteils ist im Gesetz nicht näher definiert. Die Bestimmung des Inhalts des Nachteilsbegriffs hat daher von dem Regelungszweck der §§ 311 ff. AktG auszugehen. Dieser besteht darin, die Vermögensinteressen der abhängigen Gesellschaft und die daran anknüpfenden Interessen der außenstehenden Aktionäre und Gläubiger gegen eine Beeinträchtigung durch das herrschende Unternehmen zu schützen. Der Nachteil definiert sich allein aus der Sicht der abhängigen Gesellschaft. Ein Nachteil ist jede Minderung oder konkrete Gefährdung der Vermögens- oder Ertragslage der abhängigen Gesellschaft, soweit sie auf die Abhängigkeit zurückzuführen ist[271].

Dem Begriff des Nachteils ist eine Sorgfaltspflichtverletzung nach § 93 AktG immanent: Ein nachteiliger Charakter der Maßnahme entfällt, wenn auch ein ordentlicher und gewissenhafter Vorstand einer gedachten unabhängigen Gesell-

---

[270] Emmerich/Habersack, Konzernrecht, § 24 IV 1 (Seite 367); Habersack, in: Emmerich/Habersack, § 311 Rn 4; Koppensteiner, in: Köln. Komm. AktG, vor § 311 Rn 6, § 311 Rn 38.

[271] Emmerich/Habersack, Konzernrecht, § 25 II 1 (Seite 377); Hüffer, § 311 Rn 25; Krieger, in: Münchener Hdb. GesR IV, § 69 Rn 68; Kropff, in: Münch. Komm. AktG, § 311 Rn 138; Lutter, FS Peltzer, 241, 244.

schaft im Sinne des § 317 Abs. 2 AktG das fragliche Rechtsgeschäft oder die Maßnahme bei pflichtgemäßer Beurteilung als im Interesse seiner Gesellschaft liegend angesehen und sich ebenso verhalten hätte wie der Vorstand der abhängigen Gesellschaft[272]. Maßgeblich für das Vorliegen eines Nachteils ist also das fiktive Verhalten des Vorstands einer Gesellschaft, die zwar in keinem Abhängigkeitsverhältnis steht, aber im Übrigen unter den gleichen tatsächlichen (wirtschaftlichen[273]) und rechtlichen Bedingungen wie die abhängige Gesellschaft handelt[274]. Mit der Rechtsfigur des ordentlichen und gewissenhaften Geschäftsleiters bestimmt das Gesetz eine Idealperson, mit deren Hilfe der Inhalt des von den §§ 311 ff. AktG geschützten Eigeninteresses der abhängigen Gesellschaft zu definieren ist.

Stellt der Vorstand der abhängigen Gesellschaft einen nachteiligen Charakter der begehrten Maßnahme fest, hat er das herrschende Unternehmen auf den drohenden Nachteil hinzuweisen und sich dessen grundsätzliche Bereitschaft zum Nachteilsausgleich erklären zu lassen[275]. Bestreitet der Vorstand des herrschenden Unternehmens den Nachteil oder lässt er die grundsätzliche Ausgleichsbereitschaft vermissen, muss der Vorstand der Tochtergesellschaft die Vornahme der Maßnahme von vornherein ablehnen. Andernfalls macht er sich nach § 93 Abs. 2 AktG schadensersatzpflichtig[276]. Nichts anderes gilt, wenn dem Vorstand nach pflichtgemäßer Prüfung ein Ausgleich des Nachteils durch die herrschende

---

[272] Allgemeine Meinung siehe Habersack, in: Emmerich/Habersack, § 311 Rn 37, 40; Koppensteiner, in: Köln. Komm. AktG, § 311 Rn 36; Kropff, in: Münch. Komm. AktG, § 311 Rn 139 mit zahlreichen Nachweisen. Lediglich nach einer älteren Meinung ist der Maßstab des § 317 Abs. 2 AktG für die Nachteilsbestimmung irrelevant. Bereits jede Verschlechterung der Vermögens- und Ertragslage soll zu einem Nachteil führen. Ein Verstoß gegen die Sorgfaltspflicht eines ordentlichen Geschäftsführers in der als unabhängig gedachten Gesellschaft soll lediglich Einfluss auf die Schadensersatzhaftung nach § 317 Abs. 2 AktG haben, bei der Bestimmung des Nachteilsbegriff hingegen unberücksichtigt bleiben, siehe Godin/Wilhelmi, Aktienrecht, § 311 Rn 3; Kellmann, BB 1969, 1509, 1514 (Fußnote 69); ders., ZGR 1974, 220, 222; Würdinger, Aktienrecht, Seite 344.

[273] Deshalb kann eine enge wirtschaftliche Abhängigkeit der Tochtergesellschaft von dem herrschenden Unternehmen dazu führen, dass Veranlassungen der Obergesellschaft nicht als nachteilig qualifiziert werden können, weil auch der fiktive Vorstand einer rechtlich unabhängigen Gesellschaft, die sich ansonsten aber in der identischen wirtschaftlichen Situation befindet, bei pflichtgemäßen Verhalten nicht anders agiert hätte (vgl. Krieger, in: Münchener Hdb. GesR IV, § 69 Rn 68).

[274] Habersack, in: Emmerich/Habersack, § 311 Rn 41; Hüffer, § 311 Rn 27; Krieger, in: Münchener Hdb. GesR IV, § 69 Rn 68; Kropff, in: Münch. Komm. AktG, § 311 Rn 150.

[275] Kropff, in: Münch. Komm. AktG, § 311 Rn 336; Krieger, in: Münchener Hdb. GesR IV, § 69 Rn 24.

[276] Habersack, in: Emmerich/Habersack, § 311 Rn 78; Hüffer, § 311 Rn 48.

Gesellschaft zweifelhaft erscheint[277]. Besteht unter den genannten Gesichtspunkten keine Pflicht des Vorstands der Tochtergesellschaft, die Vornahme der veranlassten Maßnahme zu verweigern, darf er sie vornehmen. Hierzu ist er aber nach wie vor nicht verpflichtet, sondern hat vielmehr eigenverantwortlich zu prüfen, ob er die Maßnahme ausführen will oder nicht[278].

Maßgebend für die Feststellung, wie sich der ordentliche und gewissenhafte Vorstand einer unabhängigen Gesellschaft verhalten hätte, ist im System der §§ 311 ff. AktG der Zeitpunkt der Vornahme der Maßnahme, also die ex ante Betrachtungsweise. So bestimmt § 312 Abs. 3 Satz 1 Nr. 2 AktG, dass der Vorstand der abhängigen Gesellschaft in der Schlusserklärung des Abhängigkeitsberichts für die Beurteilung der Nachteiligkeit der Rechtsgeschäfte und Maßnahmen die Umstände zugrunde zu legen hat, *„die ihm in dem Zeitpunkt bekannt waren, in den das Rechtsgeschäft vorgenommen oder die Maßnahme getroffen oder unterlassen wurde".* Und § 313 Abs. 1 Satz 2 Nr. 2 AktG spricht hinsichtlich der Rechtsgeschäfte von einer Prüfung *„nach den Umständen, die im Zeitpunkt ihrer Vornahme bekannt waren".* Es sind also (nur) die Umstände zu berücksichtigen, die auch einem fiktiven pflichtgemäß handelnden Vorstand im Augenblick der Vornahme bekannt waren oder hätten bekannt sein müssen[279]. Nachträgliche, auch bei pflichtgemäßer Sorgfalt nicht vorauszusehende Folgen bleiben ebenso unberücksichtigt wie ein unerwartet günstiger Verlauf der Geschehnisse. Anders formuliert: Ein Risikogeschäft, das ein ordentlicher und gewissenhafter Geschäftsmann nicht vorgenommen hätte, verliert seinen nachteiligen Charakter nicht, auch wenn es wider Erwarten erfolgreich verläuft[280].

---

[277] Hoffmann-Becking, ZHR 150 (1986), 570, 579; Geßler, FS Westermann, 145, 156; Kropff, in: Münch. Komm. AktG, § 311 Rn 334.

[278] Altmeppen, ZIP 1996, 693, 694.

[279] Adler/Düring/Schmaltz, § 311 AktG Rn 42; Emmerich/Habersack, Konzernrecht, § 25 II 1 (Seite 377); Habersack, in: Emmerich/Habersack, § 311 Rn 44; Hüffer, § 311 Rn 28; Koppensteiner, in: Köln. Komm. AktG, § 311 Rn 36; Kropff, in: Münch. Komm. AktG, § 311 Rn 141; Krieger, in: Münchener Hdb. GesR IV, § 69 Rn 69; Neuhaus, DB 1970, 1913, 1917; Raiser, Kapitalgesellschaften, § 53 Rn 24; Kellmann, BB 1969, 1509, 1514; ders., ZGR 1974, 220, 221; Würdinger, in: Großkomm. AktG³, § 311 Anm. 6.

[280] Habersack, in: Emmerich/Habersack, § 311 Rn 44; Koppensteiner, in: Köln. Komm. AktG, § 311 Rn 38; Kropff, in: Münch. Komm. AktG, § 311 Rn 141. Aus diesem Grund kann selbst dann ein Nachteil vorliegen, wenn später kein Schaden eintritt (§ 317 Abs. 1 Satz 1 AktG). Umgekehrt ist ein im Zeitpunkt der Vornahme anscheinend lukratives Geschäft nicht nachteilig, auch wenn es sich aus unvorhergesehenen Gründen negativ entwickelt und zu einem finanziellen Schaden der Gesellschaft führt.

2. Praktische Schwierigkeiten der Nachteilsermittlung und -quantifizierung

Die Beantwortung der Frage, ob der ordentliche und gewissenhafte Vorstand einer fiktiven unabhängigen Gesellschaft die Maßnahme oder das Rechtsgeschäft vorgenommen hätte, bereitet in der Praxis erhebliche Schwierigkeiten[281]. Denn in einem wettbewerblich geprägten System werden unternehmerische Entscheidungen häufig in der bloßen Hoffnung auf eine bestimmte künftige Entwicklung getroffen und sind Ausfluss des unternehmerischen Ermessens. Demgemäß können nur solche vom herrschenden Unternehmen veranlassten Maßnahmen als nachteilig angesehen werden, bei denen eine ex ante Betrachtung ergibt, dass die Risiken gegenüber den Chancen bei dieser Maßnahme überwiegen und deshalb ein Ermessensfehlgebrauch vorliegt[282].

Gelangt der Vorstand des abhängigen Unternehmens zu der Einschätzung, dass die Maßnahme voraussichtlich nachteilige Auswirkungen auf die Vermögens- und Ertragslage seiner Gesellschaft hat, bedarf es des Ausgleichs. Der § 311 AktG verlangt die volle Kompensation der Nachteile, d.h. die abhängige Gesellschaft muss wirtschaftlich so gestellt werden, als sei sie unabhängig. Lassen sich die Nachteile für die abhängige Tochtergesellschaft nicht quantifizieren, ist die Veranlassung der herrschenden Gesellschaft grundsätzlich rechtswidrig[283]. Der Vorstand der abhängigen Gesellschaft darf der Veranlassung nicht Folge leisten; widrigenfalls macht er sich nach §§ 93, 117 AktG schadensersatzpflichtig.

Die Bemessung der Höhe des Nachteils stellt eine erhebliche Schwierigkeit im System des Nachteilsausgleichs dar: Zur Quantifizierung sind die tatsächlichen Auswirkungen der veranlassten Maßnahme mit den hypothetischen Auswirkungen der hypothetischen pflichtgemäßen Entscheidung des Vorstands einer fiktiven unabhängigen Gesellschaft zu vergleichen[284]. Anders ausgedrückt: Ein Nachteil im Sinne des § 311 AktG ist gegeben, wenn die in Folge des veranlassten Verhaltens eingetretene Vermögens- und Ertragslage der abhängigen Gesellschaft negativ von der hypothetischen Vermögens- und Ertragslage ab-

---

[281] Adler/Düring/Schmaltz, § 311 AktG Rn 56; Habersack, in: Emmerich/Habersack, § 311 Rn 57; Krieger, in: Münchener Hdb. GesR IV, § 69 Rn 72.

[282] Adler/Düring/Schmaltz, § 311 AktG Rn 56; Habersack, in: Emmerich/Habersack, § 311 Rn 57; Hüffer, § 311 Rn 34.

[283] Adler/Düring/Schmaltz, § 311 AktG Rn 59; Emmerich/Habersack, Konzernrecht, § 20 III (Seite 385); Hüffer, § 311 Rn 25; Koppensteiner, in: Köln. Komm. AktG, § 311 Rn 89; Krieger, in: Münchener Hdb. GesR IV, § 69 Rn 69.

[284] Krieger, in: Münchener Hdb. GesR IV, § 69 Rn 24; Koppensteiner, in: Köln. Komm. AktG, § 311 Rn 76 spricht davon, dass dieser Vergleich *„nicht ohne Willkür abgehen kann"*.

weicht, die sich bei fiktiver Unabhängigkeit der abhängigen Gesellschaft unter Beachtung der Sorgfaltsanforderungen des § 93 AktG ergibt.

Zusätzliche Schwierigkeiten treten auf, wenn sich keine Marktpreise[285] zum hypothetischen Vergleich heranziehen lassen, um die Angemessenheit der Entscheidung des Tochtervorstands zu beurteilen. Wegen des unternehmerischen Ermessensspielraums ist daher bei langfristig wirkenden Maßnahmen die Quantifizierbarkeit des Nachteils häufig nur mit erheblichen Schwierigkeiten möglich.

3. Zwischenergebnis

Für den Informationsfluss von der beherrschten Tochtergesellschaft nach *oben* bedeutet dies: Die Weitergabe vertraulicher und sensibler Informationen ist unter dem Blickwinkel des § 311 AktG lediglich dann unbeschränkt zulässig, wenn dem Tochterunternehmen aus dem Informationstransfer kein Nachteil droht. Andernfalls darf der Vorstand die herrschende Gesellschaft nur informieren, wenn der aus der Information entstehende Nachteil ausgleichsfähig ist und das herrschende Unternehmen diesen Ausgleich zugesichert hat.

4. Information als Nachteil

Im Rahmen der Nachteilsfeststellung kommt es maßgeblich darauf an, wie sich ein ordentlicher und gewissenhafter Geschäftsleiter der als unabhängig fingierten Tochtergesellschaft verhalten hätte. Die zu beantwortende Frage lautet mithin: Würde der ordentliche und gewissenhafte Vorstand einer fiktiven Gesellschaft das herrschende Unternehmen informieren?

Nachteile ergeben sich zumeist nicht unmittelbar aus der Information des herrschenden Unternehmens selbst, sondern vielmehr erst aus der zeitlich späteren konkreten Art der Verwendung[286]: Nutzt die herrschende Gesellschaft die Informationen zur Realisierung von Synergieeffekten, stellt die Weitergabe keinen Nachteil dar, weil die entsprechende Verwendung auch im unternehmerischen Eigeninteresse der abhängigen Gesellschaft liegt. Auch stellt es keinen

---

[285] Zur Bedeutung von Marktpreisen als Anhaltspunkt für die Feststellung einer Sorgfaltswidrigkeit Habersack, in: Emmerich/Habersack, § 311 Rn 55; Hüffer, § 311 Rn 31. Nach Koppensteiner, in: Köln. Komm. AktG, § 311 Rn 62 besteht *„der Marktpreis"* jedoch nur auf in der Realität kaum vorfindbaren Märkten.

[286] So auch Lutter, Information und Vertraulichkeit, Seite 152 (Fußnote 14). Anders allerdings Lutter auf Seite 50 (a.a.O.), wo er die Ansicht vertritt, dass mit der Weitergabe von Informationen stets ein Nachteil verbunden sei, sofern es sich um eine vertrauliche Information nach § 93 AktG handele. Auch Löbbe, Unternehmenskontrolle im Konzern, Seite 114, sieht nicht in der bloßen Information als solcher, sondern erst in der konkreten Verwendung durch die herrschende Gesellschaft einen Nachteil; zustimmend Krieger, in: Lutter, Holding-Handbuch, § 6 Rn 23-24.

Nachteil dar, wenn die herrschende Gesellschaft die Informationen zum Aufbau eines internen Informationssystems verwendet. Denn es ist im Interesse und zum Vorteil aller Konzernunternehmen, wenn die wirtschaftliche Entwicklung des Konzerns transparent ist und mögliche Schwachstellen zu erkennen sind. Lassen sich Vorteile zugunsten aller Gesellschaften doch nur im Rahmen eines funktionierenden Konzernverbundes erzielen und sich Reibungsverluste zum Nachteil sämtlicher Konzerngesellschaften damit verhindern. Verwendet der Vorstand des herrschenden Unternehmens die Informationen zu reinen Kontrollzwecken, beispielsweise zum Aufbau eines internen Risikofrüherkennungssystems nach Maßgabe der §§ 91 Abs. 2 AktG, 317 Abs. 4 HGB, erwächst der Tochtergesellschaft aus der Mitteilung gleichfalls kein Nachteil. Denn auch in diesem Fall ist keine Minderung oder konkrete Gefährdung der Vermögens- oder Ertragslage der abhängigen Gesellschaft zu befürchten.

Nutzt die herrschende Gesellschaft die weitergegebenen Informationen (Kundenlisten, Marktstrategie, Absatzpläne) hingegen dazu, um beispielsweise als direkter Wettbewerber des Tochterunternehmens auf dem relevanten Markt aufzutreten, entsteht diesem unzweifelhaft ein Nachteil. Nicht anders verhält es sich, wenn das herrschende Unternehmen die erlangten Informationen einer anderen Tochtergesellschaft weiterreicht, die in demselben Bereich unternehmerisch tätig ist. Einen Nachteil stellt es für das informierende Tochterunternehmen auch dar, wenn die Information des herrschenden Unternehmens letztlich dazu führt, dass dieses - sofern es sich um einen Stammhauskonzern handelt - das Geschäftsfeld der Tochtergesellschaft selbst übernimmt.

Die Frage, ob der Vorstand des abhängigen Unternehmens eine Pflichtverletzung begeht, wenn er dem Informationsbegehren der herrschenden Gesellschaft Folge leistet, wird man weder mit einem eindeutigen Nein noch mit einem eindeutigen Ja beantworten können. Vielmehr wird es auch bei sorgfältiger Abwägung in der Regel unmöglich sein, eine in der Zukunft liegende nachteilige Verwendung der Informationen durch das herrschende Unternehmen zu erkennen, sofern nicht besondere Anhaltspunkte für eine bestimmte Verwendung durch den Konzernvorstand vorliegen. Dies gilt umso mehr, wenn der Konzernvorstand die Information zunächst in einer vorteilhaften oder zumindest neutralen Weise nutzt, bevor er sich für eine nachteilige Verwendung entscheidet. Angesichts dieser prognostischen Unsicherheit hinsichtlich der zukünftigen Verwendung der Informationen durch die Obergesellschaft lässt sich in der Praxis eine Ermessensüberschreitung des Vorstandes der Tochtergesellschaft in den seltensten Fällen aus der ex ante Perspektive einwandfrei feststellen.

5. Lösungsansätze im Schrifttum

Die Literatur weist vor allem darauf hin, dass die herrschende Gesellschaft einen Ausgleich leisten müsse, sollte sich aus der Informationserteilung für die abhängige Gesellschaft ein Nachteil ergeben[287]. Der Vorstand der Tochtergesellschaft müsse bei einem Auskunftsbegehren des herrschenden Unternehmens stets prüfen, ob die gewünschte Information nachteilig und bejahendenfalls ausgleichsfähig sei[288].

Nach *Kropff* ist es für die abhängige Gesellschaft immer nachteilig, vertrauliche Informationen an das herrschende Unternehmen weiterzugeben[289]. Der abhängigen Gesellschaft sei deshalb ein Nachteilsausgleich zu gewähren. Dieser soll nach *Kohlenbach* darin bestehen, dass sich die herrschende Gesellschaft ihrerseits dazu verpflichtet, die abhängige Gesellschaft über bedeutsame Entwicklungen und wichtige Geschäftsführungsmaßnahmen in anderen Konzerngesellschaften zu informieren, soweit diese Auswirkungen auf die Tochtergesellschaft haben könnten[290]. Der erlittene Nachteil werde auf diese Weise kompensiert[291]. Nach Ansicht *Schneiders* und *Burgards* führe eine Informationsweitergabe nur in den seltensten Fällen zu einem nicht ausgleichsfähigen Nachteil[292].

Die Auffassungen *Kropffs* und *Kohlenbachs* leiden an der erforderlichen Differenzierung, in welcher Weise das herrschende Unternehmen die weitergegebenen vertraulichen Informationen konkret verwendet. Sie qualifizieren die Weitergabe per se als nachteilig. Es kommt aber, wie oben dargestellt, maßgeblich auf die konkrete Verwendung der Information durch das herrschende Unternehmen an. Aus den gleichen Überlegungen vermag auch die Einschätzung *Schneiders* und *Burgards* nicht zu überzeugen.

Demgegenüber schlägt *Löbbe*[293] vor, dass die herrschende Gesellschaft sich vertraglich verpflichten solle, die im Rahmen der Konzernkontrolle erlangten Informationen über die Unternehmensinterna der abhängigen Gesellschaft aus-

---

[287] Hoffmann-Becking, ZHR 159 (1995), 325, 327; Koppensteiner, in: Köln. Komm. AktG, § 311 Rn 147; Kropff, in: Münch. Komm. AktG, § 311 Rn 304; Lutter, Information und Vertraulichkeit, Seite 151 f.; Theisen, Das Aufsichtsratsmitglied, Rn 768; Reuter, ZHR 144 (1980), 493, 497; Semler, Leitung und Überwachung, Rn 305; Schneider, FS Kropff, 273, 281; Singhof, ZGR 2001, 146, 159.

[288] Lutter, Information und Vertraulichkeit, Seite 50; Singhof, ZGR 2001, 146, 159.

[289] Kropff, in: Münch. Komm. AktG, § 311 Rn 304; so auch Kohlenbach, Das Verhältnis der Aufsichtsräte im Aktiengesellschaftskonzern, Seite 203.

[290] Kohlenbach, Das Verhältnis der Aufsichtsräte im Aktiengesellschaftskonzern, Seite 203.

[291] In diesem Sinne auch Kropff, in: Münch. Komm. AktG, § 311 Rn 304, Theisen, Das Aufsichtsratsmitglied, Rn 768 nach denen, der Nachteilsausgleich in quantifizierbaren Vorteilen liegen könne, die beispielsweise mit der Einbeziehung des abhängigen Unternehmens in das Konzerninformationssystem verbunden seien.

[292] Schneider/Burgard, FS Ulmer, 579, 598.

[293] Löbbe, Unternehmenskontrolle im Konzern, Seite 115 ff.

schließlich zu Kontrollzwecken zu verwenden. Auf der Basis einer solchen abstrakten Vereinbarung mit der Tochtergesellschaft sei es der Obergesellschaft versagt, die Informationen zum Nachteil der abhängigen Gesellschaft zu benutzen, selbst wenn sie zum Nachteilsausgleich bereit sei[294]. Die herrschende Gesellschaft könne die im Rahmen der konzerninternen Kontrolle erlangten Informationen lediglich dann zum Nachteil der abhängigen Tochtergesellschaft verwenden, wenn der Tochtervorstand ihr dies ausdrücklich gestatte[295].

Für den Lösungsansatz *Löbbes* spricht auf den ersten Blick seine scheinbare Praktikabilität: Durch die Verpflichtung des Vorstands des herrschenden Unternehmens, die Informationen nicht zum Nachteil der abhängigen Gesellschaft zu verwenden, entfällt von vornherein der nachteilskonstituierende Sorgfaltspflichtenverstoß des Vorstands der beherrschten Gesellschaft. Liegt keine Pflichtverletzung und demzufolge auch kein Nachteil vor, stellt sich nicht mehr die Frage nach dessen Höhe. Ob die von *Löbbe* vorgeschlagene Vereinbarung allerdings die abhängige Tochtergesellschaft tatsächlich ausreichend vor einer nachteiligen Verwendung der weitergegebenen Informationen durch die Obergesellschaft schützt, erscheint zweifelhaft.

Die ersten Schwierigkeiten treten bereits bei der Feststellung auf, ob die Verwendung der Information nachteilig ist. Dies liegt an den unterschiedlichen Perspektiven der herrschenden und der abhängigen Gesellschaft: Die Obergesellschaft beurteilt die Frage, ob aus der Verwendung der Information ein Nachteil für die abhängige Tochtergesellschaft erwachsen kann, aus einer anderen Perspektive als die abhängige Gesellschaft selbst. Der Konzernvorstand berücksichtigt bei der Verwendung der Information übergeordnete unternehmerische Konzerninteressen, nicht ausschließlich die Interessen der Tochtergesellschaft. Dazu ist er auch nicht verpflichtet: Muss die herrschende Gesellschaft doch nicht im alleinigen Interesse der abhängigen Gesellschaft agieren[296]. Vielmehr darf auch im faktischen Konzern die veranlasste Maßnahme entsprechend § 308 Abs. 1 Satz 2 AktG lediglich im Interesse eines verbundenen Unternehmens erfolgen[297].

Der Vorstand einer abhängigen Aktiengesellschaft ist im Rahmen seiner Verantwortlichkeit nach §§ 76, 93 AktG demgegenüber einzig und allein den Unternehmensinteressen der eigenen Gesellschaft verpflichtet[298]. Er hat jede Maßnahme und Veranlassung des herrschenden Unternehmens auf ihre mögli-

[294] Löbbe, Unternehmenskontrolle im Konzern, Seite 116.
[295] Löbbe, Unternehmenskontrolle im Konzern, Seite 116.
[296] Kropff, in: Geßler/Hefermehl, § 311 Rn 32.
[297] Adler/Düring/Schmaltz, § 311 AktG Rn 60; Habersack, in: Emmerich/Habersack, § 311 Rn 60; Hüffer, § 311 Rn 43; Kropff in: Geßler/Hefermehl, § 311 Rn 34.
[298] Emmerich/Habersack, Konzernrecht, § 25 III (Seite 385); Hoffmann-Becking, ZHR 150 (1986), 570, 579; Krieger, in: Münchener Hdb. GesR IV, § 69 Rn 24; Lutter, FS Peltzer, 241, 243.

chen Auswirkungen auf die Vermögens- und Ertragslage seiner Gesellschaft sowie auf die Ausgleichsfähigkeit etwaiger Nachteile zu prüfen. Die Vorstände der herrschenden und der abhängigen Gesellschaft beurteilen den Nachteil einer Maßnahme also aus unterschiedlichen Blickwinkeln, d.h. aus teilweise entgegengesetzten unternehmerischen Interessenlagen. Aufgrund dieser unterschiedlichen Perspektiven können die Vorstände beider Gesellschaften zu konträren Einschätzungen gelangen: So sieht der Vorstand der herrschenden Muttergesellschaft beispielsweise keinen Nachteil darin, dass auch andere Konzerntöchter im Rahmen des konzerninternen Informationssystems auf die weitergegebenen Informationen zugreifen können. Der Vorstand der Tochtergesellschaft dagegen schätzt diesen Zugriff der anderen Tochtergesellschaften möglicherweise sehr wohl als nachteilig ein. Die abhängige Gesellschaft darf deshalb nicht darauf vertrauen, das herrschende Unternehmen werde die vertragliche Vereinbarung schon nicht missachten und die Informationen nicht zu ihrem Nachteil verwenden, weil sich der Begriff des Nachteils entsprechend dem Regelungszweck des § 311 AktG sachgerecht lediglich aus der Sicht der abhängigen Tochtergesellschaft bestimmen und beurteilen lässt[299].

Ungeklärt bleiben bei dem Vorschlag *Löbbes* die Folgen, wenn sich die herrschende Gesellschaft nicht an die vertragliche Vereinbarung hält und die Information - bewusst oder unbewusst - zum Nachteil der Tochtergesellschaft verwendet. Zwei Argumentationslinien sind denkbar: Zum einen könnte man sich auf den Standpunkt stellen, dass in diesem Fall eine Pflichtverletzung und mithin ein Nachteil vorliegt. Es ließe sich umgekehrt aber auch argumentieren, dass es an einem ausgleichspflichtigen Nachteil fehlt, weil die Weitergabe der Information im maßgeblichen ex ante Zeitpunkt aufgrund der vertraglichen Verpflichtung nicht nachteilig war. Letzteres Ergebnis lässt sich bei genauer Betrachtung nicht rechtfertigen. Das herrschende Unternehmen könnte die Information nämlich dann stets abredewidrig verwenden und im Falle der Entdeckung den Nachteilsausgleich immer mit dem Argument verweigern, dass im Zeitpunkt der Weitergabe keine Pflichtverletzung des Vorstands der Tochtergesellschaft vorgelegen habe.

Probleme treten selbst dann auf, wenn der Vorstand der Obergesellschaft - entsprechend dem Vorschlag *Löbbes* - vor einer aus seiner Sicht nachteiligen Verwendung der Information den Vorstand des beherrschten Unternehmens um Erlaubnis bittet. Die Schwierigkeit der Nachteilsfeststellung[300] wird nämlich dann schlicht von *unten* nach *oben* verlagert: Der Vorstand des herrschenden Unternehmens muss beurteilen, ob die Art der Informationsverwendung für die beherrschte Tochtergesellschaft nachteilig ist. Diese Verlagerung ist bereits mit

---

[299] Emmerich/Habersack, Konzernrecht, § 25 II (Seite 377); Hüffer, § 311 Rn 25; Krieger, in: Münchener Hdb. GesR IV, § 69 Rn 68; Kropff, in: Münch. Komm. AktG, § 311 Rn 138; Lutter, FS Peltzer, 241, 244.

[300] Hierauf weist Löbbe, Unternehmenskontrolle im Konzern, Seite 115 selbst hin.

der gesetzlichen Regelungssystematik der §§ 311 ff. AktG nicht vereinbar. Außerdem löst sie auch nicht die vorstehend schon erörterten Schwierigkeiten der unterschiedlichen Beurteilungsperspektiven der Vorstände der involvierten Konzerngesellschaften. Der Vorstand der abhängigen Gesellschaft kann und darf sich angesichts dieser Risiken nicht mit der bloßen vertraglichen Verpflichtung der herrschenden Gesellschaft begnügen, die Informationen nicht zum Nachteil des Tochterunternehmens zu verwenden.

6. Zeitpunkt der Nachteilsbestimmung

Wegen der vielfältigen Verwendungsmöglichkeiten der mitgeteilten Informationen ist es von der grundsätzlich maßgeblichen ex ante Sichtweise her äußerst schwierig, einen Nachteil festzustellen. Man begibt sich bei diesem Versuch auf unsicheres Terrain, weil sich die konkreten Auswirkungen der Information in der Zukunft nur in den seltensten Fällen hinreichend deutlich prognostizieren lassen. Dieses Problem lässt sich möglicherweise aber lösen, wenn man zur Bestimmung des Nachteils in Abweichung vom Grundsatz nicht auf den Zeitpunkt der Informationserteilung abstellt, sondern auf den der späteren konkreten Verwendung durch den Vorstand der herrschenden Gesellschaft und den Nachteil damit ex post ermittelt.

a) Garantieversprechen und nachträgliche Nachteilsfeststellung

Nach einer Ansicht[301] soll sich die herrschende Gesellschaft im Falle von ihr veranlasster konzerninterner Maßnahmen oder langfristiger Verträge (Sukzes-

---

[301] Adler/Düring/Schmaltz, § 311 AktG Rn 59; Emmerich/Habersack, Konzernrecht, § 25 III (Seite 386): „*Wenn das herrschende Unternehmen mit der Veranlassung die Verpflichtung übernimmt, etwaige künftige Nachteile der von ihm veranlassten Maßnahme auszugleichen*"; Koppensteiner, in: Köln. Komm. AktG, § 311 Rn 135; Krieger, in: Münchener Hdb. GesR IV, § 69 Rn 76; Kropff, in: Münch. Komm. AktG, § 311 Rn 241, 257; ders., DB 1967, 2204, 2207; ders., in: Geßler/Hefermehl, § 311 Rn 40, 117; Neuhaus, DB 1971, 1193, 1194; Tröger, Treuepflicht im Konzernrecht, Seite 187; Würdinger, in: Großkomm. AktG³, § 311 Anm. 14. Grundsätzlich befürwortend auch Strohn, Die Verfassung der Aktiengesellschaft im faktischen Konzern, Seite 88 ff. Allerdings unterscheidet Strohn (a.a.O.) danach, ob der abhängigen Gesellschaft infolge der strukturverändernden Maßnahme noch eine eigenständige Marktstellung verbleibt oder nicht. Nur im ersten Fall ließen sich die Kosten der Wiederherstellung der wirtschaftlichen Selbständigkeit quantifizieren, so dass ein Nachteilsausgleich durch die herrschende Gesellschaft möglich sei (dagegen Tröger (a.a.O.) Seite 187, Fußnote 90). Differenzierend Raiser, in: Kapitalgesellschaften, § 53 Rn 32: Bei nachteiligen Eingriffen in die Struktur der abhängigen Gesellschaft genüge die Verpflichtung zur Zahlung von Wiederaufbauhilfen nicht. Hingegen könne bei langfristig wirkenden Verträgen und schwer vorsehbaren Risiken eine Verpflichtung der herrschenden Gesellschaft ausreichen, alle mit dem Vertrag verbundenen Risiken abzudecken.

sivlieferungsverträge), bei denen im Zeitpunkt der Handlung noch nicht feststeht, ob, wann und wenn ja in welcher Höhe eine Beeinträchtigung der Vermögens- und Ertragslage der abhängigen Gesellschaft eintritt, dazu verpflichten, an der Feststellung der nachteiligen Auswirkungen der Maßnahme oder des Rechtsgeschäfts in jedem abgelaufenen Geschäftsjahr mitzuwirken und die Nachteile durch entsprechende Vorteile auszugleichen.

Diese Verpflichtung soll vor allem für solche Nachteile gelten, die auf konzerninternen Strukturmaßnahmen beruhen; beispielsweise der Ausgliederung bestimmter unternehmerischer Teilbereiche aus dem beherrschten Unternehmen, wie der Forschung, des Vertriebsapparats oder der kompletten Aufgabe von Unternehmensbereichen[302]. Die herrschende Gesellschaft solle garantieren, die sich bei Beendigung der faktischen Konzernbeziehung ergebenden Kosten der Wiederherstellung des in Frage stehenden Betriebsteils zu tragen. Voraussetzung dieser Ansicht ist, dass es sich um solche Nachteile handelt, die ihrer Natur nach einem nachträglichen Ausgleich zugänglich sind. Der Nachteil muss sich wenigstens aus der ex post Betrachtungsweise konkretisieren und quantifizieren lassen.

Teilweise findet sich in der Literatur[303] auch der Vorschlag, die herrschende Gesellschaft und das abhängige Unternehmen sollten einen Nachteilsausgleichsvertrag abschließen. Ein solcher Vertrag gewährte der abhängigen Gesellschaft bereits vor Ablauf des Geschäftsjahres einen unbedingten Anspruch auf Zahlung eines Ausgleichsbetrages. Sollte sich nach Abschluss eines entsprechenden Vertrages herausstellen - etwa bei Aufstellung des Jahresabschlusses durch die abhängige Gesellschaft -, dass ein grundsätzlich ausgleichspflichtiger Nachteil vorliege, so bestehe zu diesem Zeitpunkt bereits ein fristgemäß zu gewährender Ausgleichsanspruch im Sinne des § 311 Abs. 2 AktG. Ein Schadensersatzanspruch nach § 317 AktG entstehe somit nicht. Durch einen solchen Vertrag erübrige sich daher, jedes konzernveranlasste Rechtsgeschäft vor seiner Vornahme auf seine Nachteiligkeit hin zu prüfen.

b)   Würdigung

An der Zulässigkeit eines Nachteilsausgleichsvertrags bestehen Bedenken: Der Nachteilsausgleichsvertrag erfasst nach seiner Konzeption alle Nachteile, die aus der Einflussnahme durch das herrschende Unternehmen herrühren, also unabhängig davon, ob es sich um veranlasste Maßnahmen oder Rechtsgeschäfte handelt. Denn solche Verträge beinhalten nicht, welche nachteilige Veranlassung ausgeglichen werden soll[304]. Der Nachteilsausgleichsvertrag ist in seinen

---

[302]   Krieger, in: Münchener Hdb. GesR IV, § 69 Rn 76.

[303]   Adler/Düring/Schmaltz, § 311 AktG Rn 71; Luther/Happ, in: Formular Kommentar Aktienrecht, Form 2.204 (Seite 285 ff.) mit ausführlichen Anmerkungen.

[304]   Kropff, in: Münch. Komm. AktG, § 311 Rn 257.

Rechtsfolgen daher eher mit der Verlustdeckungspflicht nach § 302 AktG vergleichbar. Eine solche existiert aber lediglich im Vertragskonzern. Das Nachteilsausgleichsystem der §§ 311 ff. AktG basiert auf dem Prinzip des Einzelausgleichs[305]. Ein globaler Verlustausgleich ist ihnen fremd[306]. Der Nachteilsausgleichsvertrag widerspricht daher den Absichten des Gesetzes[307].

Im Unterschied zu einem Nachteilsausgleichsvertrag bestimmt eine Garantievereinbarung konkret, für welche Maßnahmen bzw. Rechtsgeschäfte schon jetzt ein zukünftiger Ausgleich versprochen wird. Bedenken gegen den Nachteilsausgleich mittels Garantievereinbarung werden deshalb auch nicht wegen des Verstoßes gegen das Prinzip des Einzelausgleichs geäußert, sondern deshalb, weil diese Art des Nachteilsausgleichs zu einer Abweichung von dem für die Nachteils- und Vorteilsberechnung grundsätzlich maßgeblichen Zeitpunkt der Vornahme des fraglichen Rechtsgeschäfts oder der Maßnahme führe. Denn die Ermittlung des auszugleichenden Nachteils erfolge erst aus der ex post Betrachtungsweise[308].

Dieser Einwand ist zwar richtig. Er führt aber nicht dazu, dass ein solches Garantieversprechen rechtlich unzulässig ist: Verpflichtet sich die herrschende Gesellschaft vertraglich gegenüber der Tochtergesellschaft dazu, sämtliche nachteiligen finanziellen Folgen aus der veranlassten Maßnahme uneingeschränkt zu tragen, hätte der zum Vergleich heranzuziehende ordentliche und gewissenhafte Vorstand einer unabhängigen fiktiven Gesellschaft die Maßnahme vornehmen dürfen, da diese nicht mit unkalkulierbaren wirtschaftlichen Risiken behaftet ist. Denn der Vorstand der abhängigen Gesellschaft geht angesichts der umfassenden Risikoübernahme kein höheres unternehmerisches Risiko ein als der Vorstand einer nicht faktisch konzernierten Gesellschaft. Die herrschende Gesellschaft nimmt der veranlassten Maßnahme oder dem Rechtsgeschäft durch den vorgesehenen Ausgleich aus der Sicht der abhängigen Gesell-

---

[305] Habersack, in: Emmerich/Habersack, § 311 Rn 9.

[306] Habersack, in: Emmerich/Habersack, § 311 Rn 53.

[307] Förschle/Kropp, in. Beck'scher Bilanzkommentar, § 289 HGB Rn 168; Kropff, in: Münch. Komm. AktG, § 311 Rn 257.

[308] Förschle/Kropp, in: Beck'scher Bilanzkommentar, § 289 HGB Rn 168; Lutter, FS Peltzer, 241, 253. Selbst Koppensteiner, in: Köln. Komm. AktG, § 311 Rn 136 als Befürworter einer entsprechenden Vorgehensweise weist auf diesen Punkt hin. Zu den rechtlichen Bedenken einer solchen Garantievereinbarung Hommelhoff, Konzernleitungspflicht, Seite 127 f., der vor allem bezweifelt, ob eine Garantievereinbarung, mit der die herrschende Gesellschaft sämtliche noch nicht absehbaren aus konzernintegrativen Maßnahmen resultierenden Risiken übernehmen soll, im Zeitpunkt der Vornahme der Handlung überhaupt so präzise formuliert werden könne, wie dies zur Streitvermeidung im Konfliktfall erforderlich sei. Hingegen ist der Abschluss von ausreichend präzisen Garantien bei Rechtsgeschäften, wie beispielsweise Sukzessivlieferungsverträgen zwischen der Muttergesellschaft und dem Tochterunternehmen, auch nach Ansicht Hommelhoffs (a.a.O.) möglich.

schaft den Charakter der pflichtwidrigen Beeinträchtigung oder Gefährdung ihrer Vermögens- und Ertragslage. Durch die umfassende Risikoübernahme seitens der herrschenden Gesellschaft wird das nachteilskonstitutive Risiko von vornherein, d.h. schon im Zeitpunkt der Vornahme der veranlassten Handlung, eliminiert. Hätte aber auch der fiktive Vorstand einer unabhängigen Gesellschaft die in Frage stehende Maßnahme vornehmen dürfen, liegt keine Pflichtverletzung vor. Überraschenderweise verstehen die Befürworter der soeben erörterten Lösung die vorgenommene Maßnahme gleichwohl - trotz der Garantievereinbarung - als Nachteil. Diese Beurteilung vermag nicht zu überzeugen.

III. Eigener Ansatz: Kein Nachteil bei Garantievereinbarung

Der Nachteil im Sinne des § 311 AktG muss seine Ursache stets in der Abhängigkeit von der herrschenden Gesellschaft haben; es fehlt an einem solchen, wenn ein ordentlicher und gewissenhafter Geschäftsmann einer fiktiven unabhängigen Gesellschaft sich ebenso verhalten hätte[309]. Eine solche Situation liegt bei Abschluss eines umfassenden Garantieversprechens vor: Nach *Koppensteiner* werden nämlich *„Bedingungen hergestellt, unter denen der sorgfältige Geschäftsleiter auch einer unabhängigen Gesellschaft die gewünschte Handlung vornehmen dürfte"*[310]. Wird durch eine vertragliche Vereinbarung aber *„das nachteilskonstitutive Element eliminiert"*[311] und somit auch dem ordentlichen und gewissenhaften Vorstand einer unabhängigen Gesellschaft erlaubt, sich in der gewünschten Weise zu verhalten[312], entfällt die nachteilsbegründende Pflichtverletzung des Vorstands der abhängigen Gesellschaft. Denn der Nachteil liegt im unübersehbaren Risiko der Maßnahme, nicht erst in seiner späteren Realisierung[313]. Ohne Pflichtverletzung ist jedoch nicht nachvollziehbar, warum nach Auffassung der Befürworter eines Garantieversprechens ein Nachteil aber nach wie vor bestehen soll. Nach allgemeiner Ansicht entsteht eine Pflicht der herrschenden Gesellschaft zum Nachteilsausgleich erst gar nicht, wenn es an einer Pflichtverletzung fehlt[314]. Sollen durch den Vergleich mit dem fiktiven

---

[309] Allgemeine Meinung: BGH, ZIP 1999, 708, 710; Adler/Düring/Schmaltz, § 311 AktG Rn 38; Emmerich/Habersack, Konzernrecht, § 25 II 1 (Seite 377); Habersack, in: Emmerich/Habersack, § 311 Rn 37, 40; Hüffer, § 311 Rn 27; Koppensteiner, in: Köln. Komm. AktG, § 311 Rn 36; Krieger, in: Münchener Hdb. GesR IV, § 69 Rn 68; Kropff, in: Münch. Komm. AktG, § 311 Rn 140; Raiser, in: Kapitalgesellschaften, § 53 Rn 30.

[310] Koppensteiner, in: Köln. Komm. AktG, § 311 Rn 136.

[311] Adler/Düring/Schmaltz, § 311 AktG Rn 59; Koppensteiner, in: Köln. Komm. AktG, § 311 Rn 136.

[312] Adler/Düring/Schmaltz, § 311 AktG Rn 59.

[313] Koppensteiner, in: Köln. Komm. AktG, § 311 Rn 136; Kropff, in: Münch. Komm. AktG, § 311 Rn 241.

[314] Emmerich/Habersack, Konzernrecht, § 25 II (Seite 377); Koppensteiner, in: Köln. Komm. AktG, § 311 Rn 36; Kropff, in: Münch. Komm. AktG, § 311 Rn 139 f.

Verhalten des ordentlichen und gewissenhaften Geschäftsleiters mit Blick auf § 317 Abs. 2 AktG doch gerade solche Maßnahmen von dem Nachteilsbegriff ausgenommen werden, die auch der ordentliche und gewissenhafte Geschäftsleiter eines fiktiven unabhängigen Unternehmens bei pflichtgemäßer Ermessensausübung hätte vornehmen dürfen. Wenn keine Pflichtverletzung des Vorstands der Tochtergesellschaft vorliegt, fehlt es nach den allgemeinen Grundsätzen des Nachteilsausgleichsystems der §§ 311 ff. AktG an einem Nachteil.

Dies bedeutet: Garantiert das herrschende Unternehmen, sämtliche aus der veranlassten Maßnahme resultierenden finanziellen nachteiligen Folgen uneingeschränkt zu übernehmen, fehlt es an einer Pflichtverletzung des Vorstands der abhängigen Gesellschaft. Und dies hat zur Folge, dass kein ausgleichspflichtiger Nachteil nach § 311 Abs. 1 AktG vorliegt, wenn der Tochtervorstand der gewünschten Maßnahme nachkommt. Dieses Ergebnis ergibt sich aus dem Nachteilsbegriff selbst[315].

Aus dem Gesagten folgt allerdings auch, dass eine Garantievereinbarung die nachteilsbegründende Pflichtverletzung des Tochtervorstands nicht immer eliminieren kann. Voraussetzung der Garantievereinbarung ist stets, dass sich die finanziellen Folgen der veranlassten Maßnahme oder des Rechtsgeschäfts zumindest aus der ex post Perspektive hinreichend konkretisieren und spezifizieren lassen. Oder anders formuliert: Nur ein quantifizierbarer Nachteil kann ausgeglichen werden. Steht also bereits im Zeitpunkt der Veranlassung fest, dass sich die finanziellen Folgen und Auswirkungen der Maßnahme weder jetzt noch nachträglich bestimmen lassen, kann die Pflichtverletzung des Vorstands der beherrschten Gesellschaft und somit der Nachteil nicht eliminiert werden. Solche Feststellungen sind keineswegs immer möglich, andererseits aber auch nicht immer auszuschließen. Es kommt entscheidend auf die Umstände des Einzelfalles an.

1. Konsequenzen für den konzerninternen Informationsfluss

Verpflichtet sich das herrschende Unternehmen, die gegebenenfalls nachteiligen Folgen der Verwendung der weitergegebenen konkreten Informationen festzustellen und negative finanzielle Folgen für das Tochterunternehmen auszugleichen, fehlt es an einem Nachteil. Der Vorstand der abhängigen Gesellschaft darf

---

[315] So auch Habersack, in: Emmerich/Habersack, § 311 Rn 66. Zum gleich gelagerten Problem des Ausgleichs eines nicht quantifizierbaren Nachteils durch einen ebensolchen Vorteil verneint auch Lutter, FS Peltzer, 241, 253 einen Nachteil. Die Frage nach der Höhe des Nachteilsausgleich stelle sich nicht mehr, so Lutter (a.a.O.), wenn für einen nicht berechenbaren Nachteil ein ebenfalls nicht quantifizierbarer Vorteil gewährt werde, weil es dann bereits an einem Nachteil fehle: Auch ein ordentlicher und gewissenhafter Geschäftsleiter einer fiktiven Gesellschaft hätte diesen Austausch vornehmen dürfen.

dann frei von den Beschränkungen des § 311 AktG vertrauliche Informationen nach *oben* geben und der des herrschenden Unternehmens ist seinerseits in der Verwendungsmöglichkeit der so erlangten Informationen frei. Er darf sie auch in einer finanziell für das Tochterunternehmen nachteiligen Art und Weise verwenden, ohne hierzu der Erlaubnis des Vorstands des beherrschten Unternehmens zu bedürfen. Die unternehmerischen Handlungsalternativen des Vorstands der herrschenden Gesellschaft und mithin des gesamten Konzerns werden im Falle des Abschlusses einer entsprechenden Garantievereinbarung nachhaltig erweitert.

Auf der anderen Seite werden auch die unternehmerischen und insbesondere finanziellen Interessen der abhängigen Gesellschaft durch eine solche Garantievereinbarung umfassend berücksichtigt. Der Tochtergesellschaft steht ein Anspruch auf uneingeschränkte Übernahme und Ausgleich sämtlicher sich aus der konkreten Informationserteilung ergebenden finanziellen Folgen gegenüber dem Mutterunternehmen zu. Dem denkbaren Einwand, der Vorstand der abhängigen Gesellschaft verlasse sich letztendlich nur auf eine vertragliche Vereinbarung, ist entgegenzuhalten: Das Risiko, dass eine vertragliche Vereinbarung nicht eingehalten wird, besteht in allen Rechtsbereichen und nicht lediglich im Rahmen faktischer Konzernverhältnisse und stellt daher von vornherein kein valides Argument dar.

Der Abschluss einer Garantievereinbarung führt jedoch nicht zu einem grenzenlos zulässigen Informationsfluss zwischen den Konzerngesellschaften. Der Schutz der abhängigen Gesellschaft und ihrer außenstehenden Aktionäre muss nach der gesetzgeberischen Intention durch Kontrolle der seitens des herrschenden Unternehmens veranlassten *„einzelnen Maßnahme"* erfolgen[316]. Die Tochtergesellschaft darf lediglich solche Informationen nach *oben* geben, bei denen zumindest aus der ex post Perspektive die Feststellung möglich ist, wie sich deren Verwendung durch das herrschende Unternehmen auf die Finanz- und Ertragslage der abhängigen Gesellschaft ausgewirkt hat. Lassen sich die Auswirkungen der erteilten Informationen wegen ihres Umfangs oder ihrer vielfältigen Verwendungsmöglichkeiten nicht isolieren und die finanziellen Folgen quantifizieren, scheidet der Abschluss einer Garantievereinbarung aus. Das Einzelausgleichssystem der §§ 311, 317 AktG stößt dann an seine immanenten Grenzen.

Verlangt das herrschende Unternehmen also beispielsweise Zugriff auf existenzwichtige Kundendaten der Tochtergesellschaft, um in dem Geschäftsbereich der Konzerntochter selbst eigene Produkte anzubieten, wird sich der gewünschte Informationstransfer nicht durch den Abschluss einer Garantievereinbarung legitimieren lassen[317]. Zu zahlreich sind die Verwendungsmöglichkeiten der begehr-

---

[316] Habersack, in: Emmerich/Habersack, § 311 Rn 3.
[317] Darüber hinaus stellt sich die Frage, auf die im Rahmen der vorliegenden Untersuchung allerdings nicht weiter eingegangen werden soll, ob die Weitergabe der personenbezogenen Daten der Kunden der Tochtergesellschaft datenschutzrechtlich überhaupt zuläs-

ten Informationen, so dass sich die finanziellen Auswirkungen für die Tochtergesellschaft selbst aus einer ex post Betrachtungsweise nicht konkret bestimmen lassen. Denkbar wäre zwar, die künftigen Umsatzdaten des herrschenden Unternehmens in dem betroffenen Geschäftsfeld mit denen der Tochtergesellschaft zu vergleichen. Die sich so ergebende (mögliche) Differenz im Verhältnis zur *informationslosen Zeit* kann jedoch allenfalls ein Anhaltspunkt für die Höhe der finanziellen Auswirkungen der Informationserteilung sein. Denn einerseits lässt eine solche Betrachtungsweise die allgemeine Marktentwicklung außer Acht, andererseits ist fraglich, welches Geschäftsfeld überhaupt zum hypothetischen Vergleich herangezogen werden soll. Und die Kompensation des gesamten (möglichen) Umsatzrückgangs bei der Tochtergesellschaft würde eine generelle Verlustdeckungspflicht (§ 302 AktG) darstellen, die es in der faktischen Konzernbeziehung gerade nicht gibt. Bestehen also zu große Unsicherheiten darüber, wie sich das Geschäft der Tochtergesellschaft nach der Informationserteilung entwickelt, scheidet der Abschluss einer Garantievereinbarung aus.

Anders ist die Situation zu bewerten, wenn die herrschende Gesellschaft lediglich Informationen aus einem bestimmten und abgrenzbaren Unternehmensbereich des Tochterunternehmens begehrt. Insoweit werden sich die bilanziellen Folgen der Informationserteilung spätestens aus der ex post Betrachtung hinreichend konkret bestimmen lassen. Der Abschluss einer Garantievereinbarung ist möglich. Demzufolge gilt: Die Praktibilität der hier vorgeschlagenen Garantievereinbarung für den konzerninternen Informationsfluss hängt maßgeblich von der Natur der in Frage stehenden Informationen der Tochtergesellschaft ab.

2. Ausgestaltung einer Garantievereinbarung

Der Vorstand der Tochtergesellschaft darf durch den Abschluss der Garantievereinbarung seine Entscheidungs- und Beurteilungskompetenz nicht verlieren[318]. Die nach *oben* mitgeteilten Informationen müssen ihm nach wie vor un-

---

sig wäre. Das Bundesdatenschutzgesetz (BDSG) gilt auch für die Erhebung, Verarbeitung und Nutzung personenbezogener Daten durch nicht-öffentliche Stellen, soweit sie Daten unter Einsatz von Datenverarbeitungsanlagen verarbeiten, nutzen oder dafür erheben oder die Daten in oder aus nicht automatisierten Dateien verarbeiten, nutzen oder dafür erheben (§ 1 Abs. 2 Nr. 3 BDSG). Die Erhebung, Verarbeitung und Nutzung personenbezogener Daten ist nur zulässig, soweit das BDSG oder eine andere Rechtsvorschrift dies erlaubt oder anordnet oder der Betroffene eingewilligt hat (§ 4 Abs. 1 BDSG).

[318] Siehe zu der konzernrechtlichen Zulässigkeit der Übertragung der gesamten Datenverarbeitung (EDV-Abteilung) von einem abhängigen Unternehmen auf ein konzernverbundenes Unternehmen, LG Darmstadt, AG 1987, 218 („*Opel Fall*"): Die Opel AG, 100% Tochter der General Motors Cooperation (GM), wird von dieser in faktischer Konzernherrschaft geführt. Der Vorstand der Opel AG beschloss auf Veranlassung von GM, die gesamte Datenerfassung und -verarbeitung auf eine weitere neu erworbene

eingeschränkt zur Verfügung stehen. Denn sie liefern ihm die Grundlagen für seine eigenen unternehmerischen Entscheidungen und dienen ihm als Instrument für Planung, Ausführung und Kontrolle seiner Geschäftspolitik[319]. Er muss die Informationen daher jederzeit zu einer ordnungsgemäßen Geschäftsführung seines eigenen Unternehmens heranziehen können. Ihm muss mit anderen Worten ein Zugriffsrecht zustehen[320]. Ansonsten ist er nicht mehr in der Lage, seine originären unternehmerischen Führungsaufgaben aus § 76 Abs. 1 AktG wahrzunehmen.

Die Informationen dürfen im Übrigen nicht ungesehen nach *oben* gelangen. Es darf zu keinem unkontrollierten Zugriff auf vertrauliche und geheime Informationen sowie Daten der Tochtergesellschaft kommen[321]. Der Vorstand muss konkret wissen, welche Informationen in den (konzernweiten) Informationsverbund fließen. Er muss trotz Abschluss einer Garantievereinbarung *„Herr der Geschäftsgeheimnisse"* bleiben. Zu Erreichung dieses Zwecks sollte die Garantievereinbarung das herrschende Unternehmen verpflichten, dem Tochtervor-

---

Tochtergesellschaft der Muttergesellschaft GM zu übertragen. Dadurch sollte die Datenerfassung und -verarbeitung im Konzern weltweit vereinheitlicht werden, was Rationalisierungserfolge in Höhe von 100 bis 200 Mio. Dollar jährlich versprach. Die Tochtergesellschaft übernahm neben der Datenverarbeitung auch 80 % des mit der EDV bislang befassten Personals der Opel AG. Die Arbeitnehmer im Aufsichtsrat der Opel AG klagten gegen die Ausgliederung und Übertragung der Datenverarbeitung. Das LG Darmstadt wies die Klage mit der Begründung ab, die Übertragung der EDV stelle keine rechtswidrige Geschäftsführungsmaßnahme dar. Auch ein Verstoß gegen § 311 AktG komme nicht in Betracht, da sich die Zusammenarbeit mit der Tochtergesellschaft für die Opel AG angesichts der konzernweiten Synergieeffekte lediglich als vorteilhaft erweise. Das OLG Frankfurt am Main (DB 1988, 435) und der Bundesgerichtshof (AG 1989, 89) haben die Klage an der fehlenden Aktivlegitimation der Aufsichtsratsmitglieder scheitern lassen. Die Besonderheit des Falls liegt darin, dass eine sichere Kontrolle der in die Computeranlagen eingegebenen Daten und Rechnungsmethoden der Opel AG nicht mehr möglich ist, weil die damit befassten Personen weder gesellschaftsrechtlich noch arbeitsrechtlich gegenüber der Opel AG weisungsgebunden sind. Nach Stein, ZGR 1988, 163, 178 führt die Übertragung der gesamten EDV auf ein anderes Konzernunternehmen ohne Beibehaltung einer eigenen EDV daher zu einer *„partiellen Selbstentmachtung"* des Vorstands. Mangels eigener Planungs- und Kontrollkapazitäten sei der Tochtervorstand nämlich nicht mehr in der Lage, die EDV so einzusetzen, dass sie ihm eine von Fremdinteressen freie Entscheidungsgrundlage liefere und ihm eine an objektiven Unternehmensinteressen ausgerichtete Urteilsbildung ermögliche. Siehe zu dem Fall auch Theisen, DB 1989, 311 ff.; zu den zivilprozessualen Problemen Raiser, AG 1989, 185 ff.

[319] Stein, ZGR 1988, 163, 176.
[320] In diesem Sinne auch Kropff, in: Münch. Komm. AktG, § 311 Rn 210 für den Fall, dass die Gesellschaft ihre Datenverarbeitung auf das herrschende Unternehmen ausgegliedert hat.
[321] Stein, ZGR 1988, 163, 176.

stand die Weiterleitung der Informationen an andere Tochtergesellschaften mitzuteilen[322].

Auch unter dem Blickwinkel der Quantifizierung des Ausgleichsanspruchs
muss der Tochtervorstand die konkrete Verwendung der Informationen durch
die herrschende Gesellschaft abfragen können. Auf diese Weise kann er eventuelle Nachteile der Verwendung für das eigene Unternehmen eigenständig prüfen. Durch die vertragliche Fixierung eines Überwachungsrechts zugunsten des
abhängigen Tochterunternehmens wird dem Umstand Rechnung getragen, dass
dessen Vorstand die Frage des Nachteilsausgleichs naturgemäß aus einer anderen Perspektive beurteilt als derjenige des herrschenden Unternehmens.

Schließlich sollte der Vorstand der herrschenden Gesellschaft verpflichtet
sein, dem Vorstand der abhängigen Gesellschaft alle ihm bekannten Umstände,
die für die Berechnung der Höhe der zu zahlenden Ausgleichssumme wesentlich
und erforderlich sind, mitzuteilen[323]. Dadurch lässt sich vermeiden, dass das
herrschende Unternehmen seinen besseren Wissensstand gegenüber der abhängigen Konzerntochter ausnutzt und dem abhängigen Unternehmen zu niedrig
bemessene Kompensationszahlungen anbietet. Ohnehin ist es aus der ex post
Betrachtungsweise bedeutend einfacher, die Folgen der Information zu beurteilen und deren finanziellen Auswirkungen zu beziffern, weil - anders als zum
Zeitpunkt der Information - keine prognostische und mithin unsichere Aussage
getroffen werden muss.

Selbst aus der ex post Sicht besteht in Ausnahmefällen allerdings die Gefahr,
dass sich trotz entsprechender Überwachungsmöglichkeiten des Tochtervorstands die Höhe der Garantiezahlung nicht exakt bestimmen lassen. Solche
Schwierigkeiten dürften vor allem dann auftreten, je länger die Verwendung der
Information durch das herrschende Unternehmen zeitlich zurückliegt und sich
deswegen nicht mehr genau ermitteln lässt, zu welchem Zweck die herrschende
Gesellschaft die Information verwendet hat. Um zu verhindern, dass sich die
Bestimmung der Höhe der Garantiesumme zum Schaden der abhängigen Gesellschaft zeitlich verzögert, sollte die Garantievereinbarung eine Regelung enthal
ten, dass beide Konzerngesellschaften sowohl an einem Stichtag während als

---

[322] Auf diesen Aspekt weist Stein, ZGR 1988, 163, 176 zutreffend hin.

[323] Für eine solche Informationspflicht der herrschenden Gesellschaft sprechen sich Krieger, in: Münchener Hdb. GesR IV, § 69 Rn 32; Kropff, in: Münch. Komm. AktG, § 311
Rn 343; ders., in: Geßler/Hefermehl, § 311 Rn 52; Schüler, Die Wissenszurechnung im
Konzern, Seite 185 aus. Differenzierend Koppensteiner, in: Köln. Komm. AktG, § 311
Rn 153, demzufolge eine Informationspflicht der herrschenden Gesellschaft lediglich
dann bestehe, wenn das bei der Konzernspitze vorhandene, bei der abhängigen Gesell-
schaft aber fehlende Wissen erforderlich sei, um eine Veranlassung hinsichtlich ihrer
Folgen beurteilen zu können. Weil in der Praxis in aller Regel ein nicht unerhebliches
Informationsgefälle zwischen dem Vorstand der herrschenden und dem des abhängigen
Unternehmens vorliegen dürfte, kommt dieser Einschränkung keine eigenständige Bedeutung zu.

auch zum Ende des Geschäftsjahres der Tochtergesellschaft überprüfen, ob der konzerninterne Informationstransfer zu wirtschaftlich nachteiligen Folgen geführt hat. Auch sollte die Garantievereinbarung vorsehen, dass im Fall des Scheiterns einer einvernehmlichen Bestimmung der Garantiesumme, zum Beispiel ein von dem Präsidenten der örtlichen Industrie und Handelskammer zu bestellender Wirtschaftsprüfer den Ausgleichsbetrag nach billigem Ermessen verbindlich bestimmt.

Der letzte zu beachtende Gesichtspunkt bei Abschluss einer Garantievereinbarung ist die Laufzeit: Die Vereinbarung sollte immer nur für das jeweilige Geschäftsjahr abgeschlossen werden, um zu verhindern, dass es zu einem irreversiblen Informationsfluss von *unten* nach *oben* kommt. Die abhängige Gesellschaft muss nämlich nach wie vor in der Lage sein, sich der einheitlichen Leitung durch das herrschende Unternehmen zu entziehen. Die Durchbrechung des Informationstransfers ist hierzu das geeignete Mittel[324]. Die Garantievereinbarung sollte aus diesem Grund mit einer Frist von 6 Monaten zum Ende des Geschäftsjahres der Tochtergesellschaft kündbar sein.

IV.   Ergebnis

Auch im faktischen Konzern ist der Grundsatz der Vertraulichkeit (§ 93 Abs. 1 Satz 3 AktG) keine undurchlässige Schranke des konzerninternen Informationsflusses. Kommt der Vorstand der abhängigen Gesellschaft nach pflichtgemäßer Ausübung seines unternehmerischen Ermessens zu der Entscheidung, dass die Information des herrschenden Unternehmens im Eigeninteresse seines Unternehmen liegt, ist er befugt, nicht aber verpflichtet, die gewünschte Information mitzuteilen.

Die Grenze des konzerninternen Informationsflusses wird hingegen grundsätzlich durch das System des Nachteilsausgleichs gezogen (§§ 311 ff. AktG). Ob die Information des herrschenden Unternehmens eine Pflichtverletzung des Vorstands der Tochtergesellschaft und mithin einen Nachteil darstellt, hängt von der konkreten Art der Verwendung der Information durch die Muttergesellschaft ab. Infolge der vielfältigen Verwendungsmöglichkeiten durch das herrschende Unternehmen ist die Feststellung des Nachteils im grundsätzlich maßgeblichen ex-ante Zeitpunkt mit erheblichen praktischen Schwierigkeiten behaftet. Im Unterschied zum Vertragskonzern lässt sich im faktischen Konzern deshalb ein ungehinderter und grenzenloser Informationsfluss nicht erzielen.

Durch den Abschluss einer Garantievereinbarung zwischen der herrschenden Gesellschaft und dem beherrschten Unternehmen lassen sich die Probleme der Nachteilsfeststellung und Quantifizierbarkeit der Informationserteilung jedoch

---

[324]   Buchner, ZfA 1981, 483, 497; Lutter, Information und Vertraulichkeit, Seite 51; so auch Witte, Der Prüfungsbericht, Seite 168.

unter bestimmten Voraussetzungen zumindest in Teilbereichen sachgerecht lösen. Das herrschende Unternehmen muss sich schon vor Mitteilung der konkreten Information verpflichten, sämtliche hieraus resultierenden negativen finanziellen Folgen für die Tochtergesellschaft zu tragen. Die nachteilsbegründende Pflichtverletzung des Tochtervorstands wird so bereits im Zeitpunkt der Information eliminiert. Voraussetzung ist immer, dass die bilanziellen Folgen der Informationserteilung für die abhängige Tochtergesellschaft zumindest aus der ex post Perspektive quantifizierbar sind. Der Vorstand der herrschenden Gesellschaft kann und darf sich dann über die Unternehmensinterna der abhängigen Tochtergesellschaft informieren und die erlangten Daten und Angaben nach seinem unternehmerischen Ermessen verwenden.

Auf Schwierigkeiten stößt der Informationsfluss von *unten* nach *oben* hingegen immer dann, wenn es zwischen den konzernierten Gesellschaften an einer Garantievereinbarung fehlt oder der Abschluss einer solchen nicht möglich ist. In diesem Fall steht dem herrschenden Unternehmen kein durchsetzbarer Informationsanspruch zu.

§ 6 Die Information des herrschenden Unternehmens mittels personeller Verflechtungen

I. Ausgangsüberlegungen

Die Leitungsstruktur deutscher Konzerne ist in der Praxis oft so, dass ein oder mehrere Vorstände der Konzernmutter zugleich auch Vorstände, sogar Vorstandsvorsitzende[325], in Tochtergesellschaften sind[326]. Beispielsweise wird das

---

[325] Kort, in: Großkomm. AktG, § 76 Rn 178. Ein Beispiel aus der Praxis ist Klaus Lederer, der sowohl Vorstandsvorsitzender der Babcock Borsig AG (Konzernmutter) als auch der Tochtergesellschaft, der Howaldtswerke - Deutsche Werft AG (HDW), war. Zu nennen ist auch Matthias Wolfgruber, der Mitglied des Vorstands der Altana AG und zugleich Vorstandsvorsitzender der Altana Chemie AG ist. Dasselbe gilt für Hans-Joachim Lohrisch, der Vorstand der Altana AG und Vorstandsvorsitzender der Altana Pharma AG ist. Ein weiteres Beispiel ist Ben Lipps, der im Vorstand der Fresenius AG sitzt und Vorstandsvorsitzender der Tochtergesellschaft Fresenius Medical Care AG ist. Gleich mehrfacher Vorstandsvorsitzender ist Hartmut Mehdorn: Er ist sowohl Vorstandsvorsitzender der Deutschen Bahn AG als auch der Konzerntöchter DB Fernverkehr AG, DB Regio AG, DB Station & Service AG, DB Netz AG und der Stinnes AG.

[326] Der German Code of Corporate Governance des Berliner Initiativkreises hatte im Interesse einer klaren Abgrenzung der Verantwortungsbereiche für den *Regelfall* den Verzicht auf personelle Verflechtungen zwischen dem Vorstand der Konzernmutter und den Leitungsorganen abhängiger Unternehmen empfohlen, soweit dem Aufsichtsräten der abhängigen Gesellschaften zugleich Mitglieder des Muttervorstandes angehören. Ebenfalls sollen Aufsichtsratmitglieder der Muttergesellschaft nicht gleichzeitig in den Auf-

Vorstandsmitglied für den Bereich Einkauf in der Obergesellschaft zugleich zum Vorstandsmitglied desselben Bereichs in der Tochtergesellschaft bestellt. Eine solche Konstellation setzt lediglich voraus, dass das herrschende Unternehmen dasselbe operative Geschäft betreibt wie die Tochtergesellschaft. Häufig anzutreffen sind solche Vorstandsdoppelmandate bei reinen Holdingkonstruktionen: Dem Vorstand der Muttergesellschaft, die selbst nicht operativ tätig ist, gehören die Vorstandsmitglieder der Tochtergesellschaften an, die als Produktions- oder Dienstleistungsunternehmen agieren[327].

Durch die Vorstandsdoppelmandate werden unterschiedliche Ziele verfolgt: Zum einen sollen die Bereichsgesellschaften an der Formulierung der Konzernziele möglichst unmittelbar beteiligt werden[328]. Zum anderen soll die Umsetzung der so formulierten Unternehmensziele in den Bereichsgesellschaften erleichtert werden. Der erste Aspekt steht vornehmlich bei personellen Verflechtungen von *unten* nach *oben* im Vordergrund. Vorliegend interessiert jedoch ein anderer Gesichtspunkt: Die Sicherung des Informationsflusses von der Tochtergesellschaft zum Mutterunternehmen.

Das Aktiengesetz enthält kein Verbot von Vorstandsdoppelmandaten[329]. Inkompatibilitäten sind im Aktienrecht in § 100 AktG geregelt. Darüber hinaus

---

sichtsräten der Tochterunternehmen sitzen (siehe DB 2000, 1573, 1580 (Ziffer VIII. 5)). Der German Corporate Governance Kodex spricht diesen Aspekt (noch) nicht an. Nach Ziffer 4.3.5 sollen allerdings Vorstandsmitglieder Aufsichtsratstätigkeiten außerhalb des *„Unternehmens"* nur mit Zustimmung des eigenen Aufsichtsrats übernehmen. Andere Regelungen widmen sich einer Reihe von möglicherweise auftretenden Interessenkonflikten (siehe Ziffern 4.3 und 5.5 mit dem Bemühen um Transparenz bei aufgetretenen Interessenkonflikten).

[327] Siehe zu diesem Organisationsmodell Kort, in: Großkomm. AktG, § 76 Rn 179. Klassisches Beispiel aus der Praxis für eine reine Holdingstruktur ist die Altana AG: Diese ist die strategische Management Holding der beiden operativen Unternehmensbereiche Altana Pharma AG und Altana Chemie AG. Auch das DAX-Unternehmen Metro AG ist eine strategische Management Holding.

[328] Hoffmann-Becking, ZHR 150 (1986), 570 ff. Ausführlich zu den Vorstandsdoppelmandaten und den damit verbundenen rechtlichen Problemen, Decher, Personelle Verflechtungen im Aktienkonzern. Allgemein zur Problematik der Doppelmandate auf Vorstands- und Aufsichtsratsebene, Aschenbeck, NZG 2000, 1015 ff.

[329] Hefermehl/Spindler, in: Münch. Komm. AktG, § 76 Rn 44; Hoffmann-Becking, ZHR 150 (1986), 570, 575; Hüffer, § 76 Rn 21; Kort, in: Großkomm. AktG, § 76 Rn 178; Mertens, in: Köln. Komm. AktG, § 76 Rn 112; Wiesner, in: Münchener Hdb. GesR IV, § 20 Rn 10; OLG Köln, WM 1993, 644, 649; LG Köln, AG 1992, 238, 240. Im Zusammenhang mit Doppelmandaten wird im konzernrechtlichen Schrifttum äußerst kontrovers die Frage diskutiert - auf die im Rahmen dieser Untersuchung allerdings nicht vertieft eingegangen werden soll -, ob bei einem Vorstandsdoppelmandat ein Stimmrechtsverbot gemäß § 34 BGB besteht, wenn im Rahmen der Vorstandssitzungen der Obergesellschaft Entscheidungen im Hinblick auf die Tochtergesellschaft getroffen werden. Das Stimmrechtsverbot soll, so die dahinter stehende Überlegung, mögliche Pflichten- und Interessenkollisionen des Doppelmandatsträgers vermeiden (in diesem Sinne Hoff-

gibt es keine Verbote. Voraussetzung für die Doppelfunktion ist lediglich, dass die Aufsichtsräte beider Aktiengesellschaften der Doppeltätigkeit gemäß § 88 Abs. 1 Satz 2 AktG zustimmen. Dies gilt auch für die Tätigkeit als Vorstandsmitglied in zwei Konzerngesellschaften[330].

Mitglieder der Geschäftsleitung der Obergesellschaft können auch zu Aufsichtsratsmitgliedern der abhängigen Gesellschaft bestellt werden[331]. Gesetzliche Normen stehen einer solchen personellen Verflechtung nicht entgegen: Die in § 100 Abs. 2 AktG normierten Inkompatibilitätsverbote greifen mangels Vergleichbarkeit nicht ein. § 105 AktG sieht die Inkompatibilität der Mitgliedschaft in Vorstand und Aufsichtsrat nur gesellschaftsweit, nicht aber konzernweit vor.

Und schließlich lässt sich eine personelle Verbindung zwischen der herrschenden und der abhängigen Gesellschaft durch die Wahrnehmung von Aufsichtsratsmandaten sowohl im Aufsichtsrat der Tochtergesellschaft als auch in dem der herrschenden Gesellschaft verwirklichen. Der Gesetzgeber hat durch § 100 Abs. 2 Satz 1 AktG zum Ausdruck gebracht, dass er die Wahrnehmung von mehreren Aufsichtsratsmandaten nicht nur anerkennt, sondern in Satz 2 der Norm sogar deutlich gemacht, dass er die Wahrnehmung von Aufsichtsratsmandaten in abhängigen Gesellschaften privilegiert.

Es stellt sich allerdings die Frage, ob die von der herrschenden Muttergesellschaft bestellten einzelnen Vorstandsmitglieder oder entsandten Aufsichtsratsmitglieder tatsächlich befugt sind, die Gremien *oben* eigenverantwortlich über die in ihrer jeweiligen Funktion erlangten Kenntnisse zu informieren. Anders formuliert: Kann sich das herrschende Unternehmen an *sein* Vorstands- oder Aufsichtsratsmitglied wenden, um von diesem vertrauliche Angaben und Geheimnisse der Tochtergesellschaft zu erfahren?

---

mann-Becking, ZHR 150 (1986), 570, 579 ff; zweifelnd Hüffer, § 76 Rn 21; ablehnend Kort, in: Großkomm. AktG, § 76 Rn 187; Säcker, ZHR 151 (1987), 59, 70; wohl auch Wiesner, in: Münchener Hdb. GesR IV, § 19 Rn 23, § 20 Rn 10; zurückhaltend, im Ergebnis aber offen lassend BGHZ 36, 296, 306). Gegen ein umfassendes Stimmrechtsverbot in Anlehnung an § 34 BGB spricht, dass es im deutschen Gesellschaftsrecht kein allgemeines Stimmverbot im Falle des Interessenkonfliktes gibt. Die §§ 136 AktG, 47 Abs. 4 GmbHG zeigen, dass lediglich in bestimmten Konfliktsituationen ein Stimmrechtsverbot eingreifen soll. Siehe zu alternativen Möglichkeiten, Interessenkonflikte bei Vorstandsdoppelmandaten zu begrenzen, Kort, in: Großkomm. AktG, § 76 Rn 182.

[330] Hopt, in: Großkomm. AktG, § 93 Rn 152; Kort, in: Großkomm. AktG, § 76 Rn 178.

[331] Kort, in: Großkomm. AktG, § 76 Rn 178, 190. Hommelhoff, ZGR 1996, 144, 162 hält die Konzernleitung sogar für verpflichtet, Leitungsmitglieder im Aufsichtsrat der Tochtergesellschaft zu platzieren. In diesem Sinne auch Kort (a.a.O.), allerdings lediglich zu Zwecken der Konzernkontrolle, nicht aber zur Konzernleitung. Aus der Praxis ist für dieses Modell personeller Verflechtung beispielhaft Hans-Joachim Körberer zu nennen, der, Vorstandsvorsitzender der Metro AG und zugleich Aufsichtsratsvorsitzender der Tochtergesellschaft Kaufhof Warenhaus AG ist. Ein weiteres Beispiel ist Michael Diekmann, der Vorstandsvorsitzender der Allianz SE (Societas Europaea) und zugleich Aufsichtsratsvorsitzender der 100% igen Tochtergesellschaft Dresdner Bank AG ist.

II. Die Rechtslage im Vertragskonzern

1. Die Information durch das Vorstandsmitglied der Tochtergesellschaft

Besetzen die eigenen Vorstände des herrschenden Unternehmens zugleich Vorstandsposten der abhängigen Gesellschaft, haben sie dadurch unmittelbaren Zugriff auf sämtliche unternehmensinterne Daten und vertrauliche Informationen aus ihrem Ressort. Auch müssen die anderen Vorstandsmitglieder sie zur Wahrung ihrer Leitungsverantwortung und Kontrollpflicht ständig und umfassend über die Geschehnisse aus deren Ressorts informieren. Dies gilt jedenfalls soweit, als es sich um bedeutende Angelegenheiten handelt[332].

Als Folge der doppelten Vorstandsstellung ist der Doppelvorstand sowohl dem Interesse der Obergesellschaft als auch demjenigen der Tochtergesellschaft verpflichtet. Er ist mit anderen Worten Diener *zweier Herren*. Deshalb stellt sich die Frage, welchem Unternehmensinteresse der Vorrang zukommt: Dem Interesse der Obergesellschaft oder dem unternehmerischen Interesse der abhängigen Gesellschaft?

Die herrschende Meinung[333] geht davon aus, dass der Vorrang stets vom jeweiligen Pflichtenkreis abhängig ist. Das Vorstandsmitglied muss sich also ausschließlich von den Interessen desjenigen Pflichtenkreises leiten lassen, in dem er gerade tätig ist. Dies bedeutet: In seiner Eigenschaft als Konzernvorstand ist der Doppelmandatsträger uneingeschränkt verpflichtet, das Unternehmensinteresse der Obergesellschaft wahrzunehmen. Als Vorstand der abhängigen Gesellschaft ist er dagegen wiederum ausschließlich deren Unternehmensinteressen verpflichtet. Diese Bindung könnte zur Folge haben, dass der Doppelvorstand dem Konzernvorstand nicht über Erkenntnisse in der abhängigen Gesellschaft berichten darf, die er in seiner Eigenschaft als deren Vorstand erlangt hat, weil er dem Tochterunternehmen gegenüber zur Verschwiegenheit verpflichtet ist.

Im Vertragskonzern muss das Interesse der Tochtergesellschaft jedoch, wie festgestellt[334], dem übergeordneten Konzerninteresse weichen. Die abhängige Gesellschaft muss sich den Interessen der herrschenden Gesellschaft unterordnen, weil sie durch den Beherrschungsvertrag ihre (wirtschaftliche) Autonomie verliert. Der (theoretische) Gegensatz zwischen dem Interesse des Tochterunternehmens und demjenigen des herrschenden Unternehmens wird durch die Aus-

---

[332] Hefermehl/Spindler, in: Münch. Komm. AktG, § 93 Rn 57; Mertens, in: Köln. Komm. AktG, § 77 Rn 20; Wiesner, in: Münchener Hdb. GesR IV, § 22 Rn 15.

[333] Hoffmann-Becking, ZHR 150 (1986), 570, 575; Kort, in: Großkomm. AktG, § 76 Rn 182, 189; BGH NJW 1980, 1629, 1630 (*„Schaffgotsch Entscheidung"*). Dieser Entscheidung ist der Grundsatz zu entnehmen, dass bei Doppelmandaten die Pflichterfüllung gegenüber der einen Gesellschaft niemals eine Pflichtverletzung gegenüber der anderen Gesellschaft rechtfertigt.

[334] Ausführlich zu diesem Themenkomplex oben Seiten 42 f.

richtung auf ein gemeinsames Konzerninteresse überwunden[335]. Mit anderen Worten: Der Doppelvorstand kann sich bei seiner Tätigkeit in beiden Vorständen gleichermaßen vom Konzerninteresse leiten lassen. Da allein dieses maßgeblich ist, gerät er in keine Interessen- und Pflichtenkollision. Für den Vertraulichkeitsschutz aus § 93 Abs. 1 Satz 3 AktG fehlt es demnach - zumindest was die Weitergabe von Informationen durch den Vorstand der abhängigen Gesellschaft angeht - an einer sachlichen Grundlage. Das Doppelvorstandsmitglied darf aus diesem Grund vertrauliche Informationen weitergeben[336].

Für die Richtigkeit dieser Überlegung lässt sich noch folgendes anführen: Auch wenn die konzernweite Reichweite des § 93 Abs. 1 Satz 3 AktG aus dem Gesetz selbst nicht ersichtlich ist, besteht gleichwohl Einigkeit darüber, dass Vorstandsmitglieder des herrschenden Unternehmens über Geheimnisse der Tochtergesellschaft und deren vertrauliche Angelegenheiten im gleichen Umfang Stillschweigen zu wahren haben, wie wenn es sich unmittelbar um Angelegenheiten der Gesellschaft selbst handelte[337]. Daraus folgt: Informiert der Doppelvorstand seine Vorstandskollegen der herrschenden Gesellschaft über Interna des Tochterunternehmens, besteht für diese eine Schweigepflicht. Die abhängige Tochtergesellschaft läuft also nicht Gefahr, dass ihre vertraulichen Angaben *oben* ausgeplaudert werden.

Eine Begrenzung der Informationsbefugnis des Vorstandsmitglieds besteht lediglich bei Abschluss eines Teilbeherrschungsvertrages: In diesem Fall ist das Vorstandsdoppelmitglied nur befugt, Informationen aus denjenigen Unternehmensbereichen nach *oben* zu geben, auf die sich auch das Weisungsrecht erstreckt. Seine Informationsbefugnis ist entsprechend dem Auskunftsanspruch des herrschenden Unternehmens gegenständlich beschränkt[338].

Und schließlich ist die generelle Zuständigkeitsordnung des Vorstands zu beachten: Entsprechend der gesetzlichen Konzeption der Gesamtgeschäftsführung (§ 77 Abs. 1 AktG) muss grundsätzlich der Gesamtvorstand der abhängigen Gesellschaft über die Weitergabe der vertraulichen Informationen entscheiden, sollte die Satzung keine Einzelgeschäftsführungsbefugnis bestimmen. Es liegt jedoch keine Verletzung von § 93 Abs. 1 Satz 3 AktG vor, wenn sich das Vorstandsmitglied nicht an diese Zuständigkeitsordnung hält und etwa den Aufsichtsrat der Obergesellschaft oder eines seiner Mitglieder eigenmächtig informiert[339].

---

[335]   Kort, in: Großkomm. AktG, § 76 Rn 189.

[336]   Hefermehl/Spindler, in: Münch. Komm. AktG, § 93 Rn 54; Hopt, in: Großkomm. AktG, § 93 Rn 214; Lutter, Information und Vertraulichkeit, Seiten 151 f.; a. A. soweit ersichtlich lediglich Seifert, AG 1967, 1, 2.

[337]   Hopt, in: Großkomm. AktG, § 93 Rn 197; Schneider/Schneider, AG 2005, 57, 60.

[338]   Siehe zum Umfang des Auskunftsrechts des herrschenden Unternehmens bei einem Teilbeherrschungsvertrag oben Seiten 43 ff.

[339]   Lutter, Information und Vertraulichkeit, Seite 152.

2. Die Information durch das Aufsichtsratsmitglied der Tochtergesellschaft

Der Aufsichtsrat hat die Geschäftsführung auf Rechtmäßigkeit[340], Ordnungsmäßigkeit, Wirtschaftlichkeit und Zweckmäßigkeit[341] zu überwachen (§ 111 AktG). Diese gesetzlichen Kontrollaufgaben kann der Aufsichtsrat nur erfüllen, wenn er - d.h. seine Mitglieder - umfassend über das Geschehen in der Gesellschaft informiert ist. Diese Information geschieht durch den Vorstand der Gesellschaft. Dieser hat dem Aufsichtsrat regelmäßig über die Geschäftspolitik, andere grundsätzliche Fragen der Unternehmensplanung, die Rentabilität der Gesellschaft und den Gang der Geschäfte zu berichten (§ 90 Abs. 1 AktG). Daneben bestehen Berichtspflichten aus wichtigem Anlass, insbesondere bei einem geschäftlichen Vorgang in einem verbundenen Unternehmen, der auf die Lage der Gesellschaft von erheblichem Einfluss sein kann (§ 90 Abs. 1 Satz 3 AktG). Darüber hinaus kann der Aufsichtsrat jederzeit einen Bericht über die Angelegenheiten der Gesellschaft verlangen (§ 90 Abs. 3 AktG).

Wegen dieser umfassenden Auskunftspflicht des Vorstandes gegenüber dem Aufsichtsrat und dessen sich daraus ergebender Kenntnis über die Lage der Gesellschaft liegt es aus Sicht des herrschenden Unternehmens nahe, sich die zur Konzernleitung relevanten Informationen der beherrschten Gesellschaft über die in deren Aufsichtsrat entsandten Mitglieder zu verschaffen. Dies vor allem deshalb, weil das herrschende Unternehmen in der Hauptversammlung der abhängigen Tochtergesellschaft über die erforderliche Stimmenmehrheit verfügt (§ 101 Abs. 1 Satz 1 AktG), um den Aufsichtsrat - zumindest was die Vertreter der Anteilseigner angeht - mit Personen seines Vertrauens zu besetzen.

Zweifel an der Tauglichkeit der Informationsquelle Aufsichtsratsmitglied rufen jedoch die §§ 116 AktG i. V. m. § 93 Abs. 1 Satz 3 AktG hervor: Danach sind Aufsichtsratsmitglieder grundsätzlich verpflichtet, über vertrauliche Angaben und Geheimnisse der Gesellschaft, die ihnen durch ihre Tätigkeit im Aufsichtsrat bekannt geworden sind, Stillschweigen zu bewahren[342]. Durch das

---

340 BGHZ 124, 111, 127.
341 BGHZ 114, 127, 129 f.
342 Die Regierungskommission „Corporate Governance" (Baums (Hrsg.), Bericht der Regierungskommission, Rn 66) hielt es für erforderlich, die Verschwiegenheitspflicht der Aufsichtsratsmitglieder effektiver als bislang zu gestalten. Sie empfahl, die Frage des Umgangs der Aufsichtsratsmitglieder mit Gesellschaftsgeheimnissen und vertraulichen Angaben, insbesondere im Hinblick auf die Mitwirkung von Mitarbeitern und beim Umgang mit der Presse, in dem deutschen Corporate Governance Kodex genauer zu regeln. Der Kodex ist dieser Empfehlung auch nach seiner Neufassung im Juni 2006 bislang nur sehr eingeschränkt gefolgt (siehe Ziffer 3.5). So wiederholt der Kodex in Ziffer 3.5 inhaltlich lediglich den Gesetzestext und weist zudem darauf hin, dass alle von Organmitgliedern eingeschalteten Mitarbeiter derselben Verschwiegenheitspflicht unterliegen.

TransPuG ist in § 116 Satz 2 AktG ausdrücklich normiert worden, dass Aufsichtsratsmitglieder auch zur Verschwiegenheit über erhaltene vertrauliche Berichte und Beratungen verpflichtet sind[343]. Die Verschwiegenheitspflicht ist für die Rechts- und Pflichtenstellung des Aufsichtrats von zentraler Bedeutung, bildet sie doch das Gegenstück zur umfassenden Informationspflicht des Vorstandes gegenüber dem Aufsichtsrat (§ 90 AktG) und stellt die Ergänzung seiner Einsichts- und Kontrollrechte nach § 111 Abs. 2 AktG dar. Zwischen Information und Vertraulichkeit besteht ein unlösbarer Zusammenhang[344].

Dementsprechend stellte sich die Frage, wer innerhalb der Gesellschaft darüber entscheidet, ob Informationen, Umstände und Daten vertraulicher Natur sind und auch so behandelt werden, der Aufsichtsrat oder der Vorstand? Die Entscheidung, eine unbekannte Tatsache geheim zu halten, muss der Vorstand der Gesellschaft anhand der objektiven Unternehmensinteressen treffen. Er entscheidet im Rahmen der laufenden Geschäftsführung (§ 77 AktG), ob eine Tatsache geheim gehalten werden muss oder nicht[345]. Der Aufsichtsrat muss sich an diese Entscheidung halten.

Die unberechtigte Offenbarung vertraulicher Angaben kann zu einem zivilrechtlichen Unterlassungs- oder Schadensersatzanspruch gegen das Aufsichtsratsmitglied führen (§§ 1004 BGB, 116, 93 Abs. 2 Satz 1, 117 AktG). Außerdem kann der Aufsichtsrat mit einfacher Mehrheit der abgegebenen Stimmen einen Antrag auf Abberufung dieses Aufsichtsratsmitglieds stellen (§ 103 Abs. 3 AktG)[346]. Und die Offenbarung eines Betriebs- oder Geschäftsgeheimnisses ist für das Aufsichtsratsmitglied strafbewehrt (§ 404 Abs. 1 Nr. 1 AktG)[347]. Kurz:

---

[343] Theisen, Grundsätze einer ordnungsgemäßen Information des Aufsichtsrats, Seite 58 hält diese neue Vorschrift für überflüssig, weil sie die Rechtslage nicht verändere.

[344] Seibert, ZIP 2001, 2192, 2195 zum Referentenentwurf des TransPuG (Begründung zu § 116 AktG).

[345] BGHZ 64, 325, 327; Hefermehl/Spindler, in: Münch. Komm. AktG, § 93 Rn 48; von Stebut, Geheimnisschutz und Verschwiegenheitspflicht im Aktienrecht, Seite 98. Auch der Referentenentwurf des TransPuG zeigt, dass der Vorstand die Qualifikationshoheit über die Einstufung als vertraulich hat, siehe Seibert, ZIP 2001, 2192, 2196. Im Grundsatz auch Mertens, in: Köln. Komm. AktG, § 116 Rn 46, der aber dem Aufsichtsrat in engen Grenzen einen gewissen unternehmerischen Beurteilungsspielraum zubilligen will.

[346] Dies setzt allerdings voraus, dass der Bruch der Verschwiegenheitspflicht als ein wichtiger Grund angesehen wird. Dies hängt maßgeblich von der Beurteilung des jeweiligen Einzelfalles ab; ob es sich beispielsweise um einen vorsätzlichen oder einen wiederholt fahrlässigen Verstoß gegen die Verschwiegenheitspflicht handelt (siehe hierzu Säcker, NJW 1986, 803, 810). Für die gerichtliche Abberufung ist das Amtsgericht am Gesellschaftssitz i. V. m. § 145 FGG zuständig.

[347] Siehe hierzu Traugott, BB 2001, 2277, 2279. Die Regierungskommission „Corporate Governance" (Baums (Hrsg.), Bericht der Regierungskommission, Rn 67) hatte eine Anhebung des Strafrahmens in § 404 AktG gefordert. Dabei sollte die Freiheitsstrafe bei unbefugter Offenbarung von Gesellschaftsgeheimnissen von einem auf zwei Jahre an-

Die unbefugte Weitergabe vertraulicher Informationen nach *oben* kann für die Aufsichtsratsmitglieder sowohl zivilrechtliche als auch - soweit es sich um Geschäftsgeheimnisse handelt - strafrechtliche Konsequenzen nach sich ziehen. Diese potentielle Gefahr bestünde allerdings nicht, wenn die grundsätzlich bestehende Schweigepflicht der Aufsichtsratsmitglieder nach §§ 116, 93 Abs. 1 Satz 3 AktG im Verhältnis zum herrschenden Unternehmen durchbrochen wäre[348]. Diese Frage ist umstritten.

a) Lockerung der Verschwiegenheitspflicht aus Konzerninteressen

Nach einer Meinung[349] dürfen die Aufsichtsratsmitglieder der beherrschten Gesellschaft vertrauliche Informationen an Organe der Obergesellschaft weitergeben, soweit dies dem Zweck der einheitlichen Leitung der Gesellschaft dient. Der Anspruch der Obergesellschaft auf einheitliche Leitung überlagere die Pflicht zur Verschwiegenheit. Zudem sei die Obergesellschaft zum Verlustausgleich (§ 302 AktG) verpflichtet, so dass die Information der Obergesellschaft die Tochtergesellschaft nicht benachteiligt. Deshalb verstoße ein Aufsichtsratsmitglied der Tochtergesellschaft nicht gegen seine Verschwiegenheitspflicht, wenn er das herrschende Unternehmen über Vorgänge im Tochteraufsichtsrat informiert[350].

---

gehoben werden, bei Handeln gegen Entgelt oder in Bereicherungs- oder Schädigungsabsicht von zwei auf drei Jahre. Die dadurch erhoffte größere Abschreckungswirkung sei erforderlich, weil in den erfassten Fällen nur eine geringe Aufklärungswahrscheinlichkeit bestehe. Eine Ausdehnung der Strafandrohung auf die unbefugte Offenlegung von vertraulichen Informationen wurde nicht gefordert, da *„Geschwätzigkeit zwar für bestimmte Berufstätigkeiten disqualifiziere, aber kein strafwürdiges Unrecht darstelle".* Diese Forderungen der Kommission sind durch das TransPuG zumindest für börsennotierte Gesellschaften umgesetzt worden.

[348] Eine analoge Anwendung des § 394 AktG auf den Informationsfluss zwischen Aufsichtsratsmitgliedern der abhängigen Gesellschaft und der dem herrschenden Unternehmen kommt nicht in Betracht. Die Norm ist eine spezielle Vorschrift, um Pflichtenkonflikte zu lösen, die sich aus der aktienrechtlichen Verschwiegenheitspflicht und der (öffentlich rechtlich) normierten Berichtpflicht des Mandatsträgers der öffentlichen Hand ergeben und einer Analogie aus diesem Grund nicht zugänglich.

[349] Dorlat, in: Arbeitshandbuch Aufsichtsratsmitglieder, § 13 Rn 46; Götz, ZGR 1998, 524, 535; Hoffmann-Becking, in: Münchener Hdb. GesR IV, § 33 Rn 35; Hommelhoff, ZGR 1996, 144, 162; Lutter/Krieger, Rechte und Pflichten des Aufsichtsrats, § 6 Rn 276; Marsch-Barner, in: Arbeitshandbuch Aufsichtsratsmitglieder, § 12 Rn 39; Mertens, in: Köln. Komm. AktG, § 116 Rn 39; Reuter, ZHR 144 (1980), 493, 498; Schiedermair/Kolb, in: Beck'sches Hdb. AG, § 7 Rn 267; Vetter, in: Hdb. börsennotierte AG, § 29 Rn 20.

[350] Hommelhoff, ZGR 1996, 144, 162.

b) Keine Lockerung der Verschwiegenheitspflicht aus Konzerninteressen

Vornehmlich *Schmidt-Aßmann* und *Ulmer*[351] halten das Aufsichtsratsmitglied hingegen zur Vertraulichkeit gegenüber dem herrschenden Unternehmen für verpflichtet. Es sei allein die Entscheidung des Vorstands der abhängigen Gesellschaft, ob das herrschende Unternehmen informiert werde oder nicht[352]. Die Disposition über vertrauliche Unternehmensinterna sei ausschließlich seine Sache. Unmittelbare Informationskanäle zwischen dem herrschenden Unternehmen und dem Aufsichtsrat der beherrschten Gesellschaft seien mit der Kompetenzverteilung des Aktienrechts unvereinbar. Würden dem herrschenden Unternehmen auf diesem Wege vertrauliche Angaben oder Geheimnisse der Tochtergesellschaft mitgeteilt, könnten sich die beteiligten Aufsichtsratsmitglieder nicht auf eine ungeschriebene Ausnahme von der Verschwiegenheitspflicht berufen[353]. Das Bestehen von Konzernbeziehungen berühre die aktienrechtlichen Geheimhaltungspflichten nicht.

Auch andere Stimmen[354] fordern die uneingeschränkte Verschwiegenheit von Aufsichtsratsmitgliedern verbundener Unternehmen. Selbst wenn diese schon über zahlreiche Vorgänge bei der abhängigen Gesellschaft unterrichtet seien, rechtfertige diese Kenntnis nicht die Weitergabe von Informationen. Denn bloße Kenntnis von Dingen, die der Verschwiegenheitspflicht unterlägen, begründe noch kein Recht, die eigene Verschwiegenheitspflicht zu missachten. Habe das herrschende Unternehmen daher Auskunftswünsche gegenüber dem abhängigen Unternehmen, müsse es diese nach Ansicht *Semlers*[355] in anderer Weise als über das von ihm benannte Aufsichtsratsmitglied durchsetzen.

Lutter[356] geht im Grundsatz ebenfalls davon aus, dass lediglich der Vorstand der Tochtergesellschaft befugt sei, der Obergesellschaft vertrauliche Informationen mitzuteilen. Der Aufsichtsrat dürfe die Obergesellschaft nur informieren, soweit es sich nicht um Geschäftsgeheimnisse der Tochtergesellschaft handele[357]. Allerdings stellt eine Missachtung dieser Zuständigkeitsverteilung nach seiner Ansicht keine Verletzung von § 93 Abs. 1 Satz 3 AktG dar.

---

351 So Schmidt-Aßmann/Ulmer, BB 1988, Beilage 13, Seite 1, 5.
352 Schmidt-Aßmann/Ulmer, BB 1988, Beilage 13, Seite 1, 5.
353 Schmidt-Aßmann/Ulmer, BB 1988, Beilage 13, Seite 1, 5.
354 Hoffmann/Preu, Das Aufsichtsratsmitglied, Rn 270 ohne jedoch zwischen dem Vertragskonzern und dem faktischen Konzern zu differenzieren; Semler, in: Münch. Komm. AktG, § 116 Rn 425.
355 Semler, in: Münch. Komm. AktG, § 116 Rn 425.
356 Lutter, FS Fischer, 419, 429 (Fußnote 24); ders., Information und Vertraulichkeit, Seite 152.
357 Lutter, FS Fischer, 419, 429 (Fußnote 24).

c) Stellungnahme

Gegen eine Lockerung der Verschwiegenheitspflicht spricht, dass auch im Vertragskonzern die Informationserteilung und Informationspolitik in erster Linie dem Vorstand der abhängigen Gesellschaft obliegt und nicht dem Aufsichtsrat. Der Aufsichtsrat ist reines Innenorgan der Gesellschaft; zuständig für die Vertretung der Gesellschaft ist hingegen einzig und allein der Vorstand (§ 78 Abs. 1 AktG). Die Weitergabe von Informationen gehört zur Leitung der Gesellschaft und untersteht daher der Zuständigkeit des Vorstands[358].

Trotz dieser Kompetenzverteilung ist die Verschwiegenheitspflicht des Aufsichtsrats gelockert: Der Vertraulichkeitsschutz erlangt im Vertragskonzern hinsichtlich konzerninterner Vorgänge grundsätzlich keine Geltung mehr, weil das herrschende Unternehmen das volle wirtschaftliche Risiko der Tochtergesellschaft trägt (§ 302 AktG)[359]. Der abhängigen Gesellschaft können aus der Weitergabe und vor allem der späteren Verwendung der Informationen durch das herrschende Unternehmen keine Schäden entstehen. Aus diesem Grund steht dem Vorstand der abhängigen Gesellschaft von vornherein nicht das Recht zu, gegenüber den Organen des herrschenden Unternehmens Informationen zurückzuhalten, sofern diese für eine einheitliche Leitung des Konzerns benötigt werden. Dies muss auch für die Information durch Aufsichtsratsmitglieder gelten; jedenfalls wenn die weitergegebenen Informationen in einem funktionalen Zusammenhang mit der Ausübung einheitlicher Leitung durch das herrschende Unternehmen stehen.

Hinzu kommt folgende Überlegung: Auch wenn das Gesetz keine Aussage zu der konzernweiten Reichweite der Verschwiegenheitspflicht nach §§ 116, 93 Abs. 1 Satz 3 AktG enthält, gilt die Verschwiegenheitspflicht der Aufsichtsräte der Muttergesellschaft - genauso wie diejenige der Vorstände[360] - auch mit Blick auf Geheimnisse der Tochtergesellschaft[361]. Dass der Gesetzeswortlaut nur die Geheimnisse und vertraulichen Angaben *der* Gesellschaft nennt, bedeutet keine

---

[358] Geßler, in: Geßler/Hefermehl, § 93 Rn 21; Lutter/Krieger, Rechte und Pflichten des Aufsichtsrats, Rn 278; Mertens, in: Köln. Komm. AktG, § 116 Rn 47; von Stebut, Geheimnisschutz und Verschwiegenheitspflicht im Aktienrecht, Seite 98 ff. mit zahlreichen Nachweisen. Eine Ausnahme komme lediglich in Notsituationen in Betracht; beispielsweise wenn die Informationspolitik des Vorstandes der Gesellschaft zum Nachteil gereiche.

[359] Näher zur Frage der Vertraulichkeit im Vertragskonzern oben Seiten 42 f.

[360] Hopt, in: Großkomm. AktG, § 93 Rn 197; Schneider/Schneider, AG 2005, 57, 60.

[361] Hoffmann/Preu, Der Aufsichtsrat, Rn 268; Lutter/Krieger, Rechte und Pflichten des Aufsichtsrates, Rn 275; Marsch-Barner, in: Arbeitshandbuch Aufsichtsratsmitglieder, § 12 Rn 22; Mertens, in: Köln. Komm. AktG, § 116 Rn 48; Theisen, Das Aufsichtsratsmitglied, Rn 921; Reuter, ZHR 144 (1980), 493, 498; Semler, in: Münch. Komm. AktG, § 116 Rn 424; Vetter, in: Hdb. börsennotierte AG, § 29 Rn 20.

Einschränkung[362]. Selbst wenn die in Frage stehende Information also kein Geheimnis der Muttergesellschaft, sondern lediglich eines der abhängigen Gesellschaft sein sollte, besteht für das abhängige Unternehmen keine Schutzlücke. Der Aufsichtsrat der Muttergesellschaft muss auch diese Geheimnisse wahren.

Auch der Aspekt des Interessenkonflikts steht der Weitergabe von Informationen nicht entgegen: Zwar besteht für den Aufsichtsrat bzw. Vorstand des herrschenden Unternehmens die Verpflichtung zur Verfolgung der Interessen des herrschenden Unternehmens, für das Aufsichtsratsmitglied der Tochtergesellschaft dagegen die Pflicht zur Verfolgung deren Interessen. Da im Vertragskonzern jedoch die Interessen des herrschenden Unternehmens und diejenigen der abhängigen Tochtergesellschaft auf dasselbe übergeordnete Konzerninteresse ausgerichtet sind, entfällt die Pflichtenkollision[363].

Und schließlich sprechen auch praktische Erwägungen für eine Informationsbefugnis des einzelnen Aufsichtsratsmitglieds und somit für eine Durchbrechung der Verschwiegenheitspflicht: Sitzt ein Vorstand des herrschenden Unternehmens im Aufsichtsrat des abhängigen Tochterunternehmens und wird von dem Vorstand der Tochtergesellschaft entsprechend den gesetzlichen Bestimmungen über die Lage und Entwicklung des Unternehmens umfassend informiert (§ 90 AktG), dürfte er nach Ansicht von *Schmidt-Aßmann* und *Ulmer* die so erlangten Informationen nicht nach *oben* weiterreichen. Vielmehr müsste er zunächst in seiner Funktion als Vorstand des herrschenden Unternehmens die entsprechende Information vom Vorstand der Tochtergesellschaft verlangen (§ 308 AktG), obwohl ihm die in Frage stehende Information durch seine Doppelfunktion schon längst bekannt ist. Eine solche Vorgehensweise ist höchst unpraktikabel. In der Praxis dürfte sich eine solche doch sehr gekünstelt wirkende Trennung deshalb auch nicht durchsetzen[364].

Zu beachten hat das Aufsichtsratsmitglied allerdings den Umfang der Leitungsmacht des herrschenden Unternehmens. Ist diese nicht umfassend, sondern durch einen Teilbeherrschungsvertrag beschränkt, erstreckt sich auch die Informationsbefugnis des Aufsichtsratsmitglieds nur auf diejenigen Unternehmensbereiche der Tochtergesellschaft, die dem Weisungsrecht der Muttergesellschaft unterliegen. Das Aufsichtsratsmitglied darf das herrschende Unternehmen unter Umständen nicht über alle vertraulichen Angelegenheiten informieren, von denen es *unten* Kenntnis erlangt.

Festzuhalten ist: Die Weitergabe vertraulicher Informationen durch ein Aufsichtsratsmitglied der Tochtergesellschaft scheitert im Vertragskonzern nicht am

---

[362] Zutreffend Marsch-Barner, in: Arbeitshandbuch Aufsichtsratsmitglieder, § 12 Rn 22.
[363] Kort, in: Großkomm. AktG, § 76 Rn 191.
[364] Nach Mertens, in: Köln. Komm. AktG, § 116 Rn 39 ist die Forderung, die Information des herrschenden Unternehmens habe allein von Vorstand zu Vorstand und niemals über den Aufsichtsrat zu laufen, so *„lebensfremd"*, dass man aus ihr kein Rechtsgebot machen solle.

Grundsatz der Vertraulichkeit (§ 93 Abs. 1 Satz 3 AktG). Das Aufsichtsratsmitglied der abhängigen Gesellschaft darf das herrschende Unternehmen über die ihm in seiner Doppelfunktion bekannt gewordenen Geschehnisse und vertraulichen Angelegenheiten der Tochtergesellschaft informieren. Es darf als Informationsquelle fungieren.

III. Die Rechtslage im faktischen Konzern

Gerade im faktischen Konzern ist der Vorstand der Obergesellschaft mangels eines umfassenden Auskunftsanspruchs gegenüber der abhängigen Gesellschaft auf die freiwillige Weitergabe von Informationen angewiesen. Aus diesem Grund sucht das herrschende Unternehmen nach alternativen Möglichkeiten, eine Informationsversorgung von *unten* nach *oben* aufzubauen[365]. Der typische Weg der Informationsbeschaffung führt über die personelle Einflussnahme auf die abhängige Gesellschaft, und zwar durch die Bestellung von nahe stehenden Aufsichtsrats- und Vorstandsmitgliedern in die Gremien der Tochtergesellschaft[366].

1. Die Information durch das Vorstandsmitglied der Tochtergesellschaft

Mit der bloßen Besetzung der Vorstandsposten durch eigene Vertrauenspersonen ist aus Sicht der Muttergesellschaft für einen Informationsfluss von *unten* nach *oben* noch nichts gewonnen. Vielmehr kommt es darauf an, ob diese in ih-

---

[365] Mit den Kommunikations- und Informationswegen im faktischen Unternehmensverbund befasst sich die empirische Untersuchung von Ekkenga/Weinbrenner/Schütz, Der Konzern 2005, 261 ff. Demnach gehen 90% der befragten Rechtsanwälte davon aus, dass Vorstandsmitglieder von Mutterunternehmen weitere Mandate in Konzerngesellschaften wahrnehmen würden.

[366] Bis zur der Entscheidung des II. Zivilsenats des Bundesgerichtshofs in Sachen *„Bremer Vulkan"* vom 17. September 2001 (BGHZ 149, 10, 15 ff.) war fraglich, ob das Bestehen eines Vorstandsdoppelmandats per se zu einem qualifiziert faktischem Konzernverhältnis führt. Dies wurde vom überwiegenden Teil des Schrifttums verneint (Hefermehl/Spindler, in: Münch. Komm. AktG, § 76 Rn 44; Hüffer § 76 Rn 21; Kort, in: Großkomm. AktG, § 76 Rn 180; Mertens, in: Köln. Komm. AktG, § 76 Rn 112 (lediglich ein mögliches Indiz); Wiesner, in: Münchener Hdb. GesR IV, § 20 Rn 10; a. A. Säcker, ZHR 151 (1986), 59, 71. Die erstgenannte Ansicht verdient Zustimmung. Das bloße Vorstandsdoppelmandat führt nicht zwingend zu einem Zustand, bei dem die Tochtergesellschaft nur noch wie eine Betriebsabteilung der Muttergesellschaft geführt wird. Maßgeblich ist vielmehr, wie intensiv die Muttergesellschaft das abhängige Unternehmen tatsächlich leitet. Diese Frage ist nicht bereits mit der bloßen Bestellung von Doppelvorständen beantwortet. Nachdem der Bundesgerichtshof das Rechtsinstitut des qualifiziert faktischen GmbH-Konzern aufgegeben hat, weist diese Streitfrage auch für den Aktienkonzern keine Relevanz mehr auf (vgl. nur Fleischer, in: Hdb. des Vorstandrechts, § 18 Rn 135; Hüffer, § 76 Rn 21).

rer Eigenschaft als Vorstandsmitglieder der abhängigen Gesellschaft die Obergesellschaft unmittelbar mit vertraulichen Angaben bzw. Geheimnissen aus der Sphäre der Tochtergesellschaft informieren dürfen. Mit anderen Worten: Kann sich der Vorstand des herrschenden Unternehmens zur Informationsbeschaffung direkt an *sein* Vorstandsmitglied wenden und den (Gesamt-)Vorstand übergehen?

Auch in der faktischen Konzernverbindung ist der Doppelvorstand einerseits dem Interesse der herrschenden Gesellschaft und andererseits dem der abhängigen Gesellschaft verpflichtet. Berücksichtigt das Doppelorgan allein die Interessen der Obergesellschaft, müsste es die *unten* erlangten Kenntnisse über die Lage und Geschehnisse in der beherrschten Gesellschaft *oben* mitteilen. Es würde dann einseitig den Interessen des herrschenden Unternehmens den Vorrang geben, obwohl es als Vorstand des abhängigen Unternehmens ausschließlich dessen Geheimhaltungsinteressen verpflichtet ist. Anders als im Vertragskonzern findet in der faktischen Konzernverbindung kein zwingender Gleichlauf der unternehmerischen Interessen statt. Im Gegenteil: Der Vorstand des abhängigen Unternehmens hat seine Gesellschaft nach wie vor eigenverantwortlich zu führen. Er hat ausschließlich die spezifischen Interessen *seines* Unternehmens zu berücksichtigen und darf keine Maßnahmen ergreifen, die diesem Unternehmensinteresse zuwiderlaufen[367]. Laufen die unternehmerischen Interessen der Tochtergesellschaft und die des Mutterunternehmens also nicht auf dasselbe, nämlich auf das Konzerninteresse hinaus, besteht ein Interessenkonflikt.

Für die Informationsquelle Doppelvorstand ergibt sich daraus folgendes: Hat der Gesamtvorstand der abhängigen Gesellschaft beschlossen, bestimmte Informationen aufgrund eigener unternehmerischer Interessen nicht weiterzuleiten oder kommt es einem Informationsbegehren von *oben* schlicht nicht nach, darf sich das Doppelvorstandsmitglied über diese Entscheidung nicht eigenmächtig hinwegsetzen. Es darf dem herrschenden Unternehmen die zuvor verweigerte Information nicht mitteilen[368]. Ansonsten verletzt es bewusst seine Verschwiegenheitspflicht (§ 93 Abs. 1 Satz 3 AktG).

Verpflichtet sich das herrschende Unternehmen indessen dazu, sämtliche aus der Verwendung der Information resultierenden negativen finanziellen Folgen

---

[367] Geßler, FS Westermann, 145, 156; Habersack, in: Emmerich/Habersack, § 311 Rn 77; Hefermehl/Spindler, in: Münch. Komm. AktG, § 93 Rn 54; Hoffmann-Becking, ZHR 150 (1986), 570, 579; Hopt, in: Großkomm. AktG, § 93 Rn 152; Hüffer, § 311 Rn 48; Krieger, in: Münchener Hdb. GesR IV, § 69 Rn 25; Wiesner, in: Münchener Hdb. GesR IV, § 19 Rn 23.
[368] So auch Singhof, ZGR 2001, 147, 161; a. A. Aschenbeck, NZG 2000, 1015, 1021, derzufolge der Doppelvorstand in beiden Unternehmen die zur sachgerechten Entscheidung notwendigen Informationen aus dem jeweils anderen Bereich ohne Beschränkung weitergeben dürfe.

der abhängigen Gesellschaft zu tragen[369], schützt diese Verpflichtung das abhängige Unternehmen ausreichend, weil diesem dann kein Nachteil im Sinne von § 311 AktG droht. Auch in diesem Fall ist gemäß der aktienrechtlichen Kompetenzordnung zwar grundsätzlich allein der Gesamtvorstand zur Information berufen. Teilt das Doppelvorstandsmitglied die gewünschte Information allerdings dem Vorstand der Konzernobergesellschaft bereits vorab mit, begründet dies keine Verletzung der Schweigepflicht[370].

2. Die Information durch das Aufsichtsratsmitglied der Tochtergesellschaft

Bleibt die Frage zu klären, ob eine Informationsversorgung des herrschenden Unternehmens in der faktischen Konzernverbindung durch die Bestellung von Doppelaufsichtsräten erreicht werden kann. Aus dem Gesichtspunkt der Zulässigkeit des faktischen Konzerns könnten sich Ausnahmen für die Mitglieder des Aufsichtsrates der abhängigen Gesellschaft hinsichtlich der grundsätzlich bestehenden Verschwiegenheitspflicht ergeben.

a) Befürworter einer Durchbrechung der Verschwiegenheitspflicht

Nach einer Ansicht ist die Pflicht zur Verschwiegenheit für die Aufsichtsratsmitglieder der abhängigen Gesellschaft auch im faktischen Konzern nicht absolut[371]. Die Aufsichtsratsmitglieder dürften über vertrauliche Informationen und Geschehnisse aus dem Bereich der Tochtergesellschaft berichten, soweit dies für das Konzerninteresse „erforderlich" sei[372]. Begründet wird diese Befugnis zur Information mit dem Argument, dass das Gesetz die Ausübung einheitlicher Konzernleitung auch im faktischen Konzern zulasse[373].

---

[369] Ausführlich zur Ausgestaltung einer Garantievereinbarung zwischen dem herrschenden und beherrschten Unternehmen oben Seiten 87 f.

[370] Lutter, Information und Vertraulichkeit, Seite 152, demzufolge der Vorstand die Information erteilen darf, wenn der damit verbundene Nachteil der abhängigen Gesellschaft ausgleichsfähig ist und ausgeglichen wird.

[371] Dorlat, in: Arbeitshandbuch Aufsichtsratsmitglieder, § 13 Rn 46; Hoffmann-Becking, in: Münchener Hdb. GesR IV, § 33 Rn 35; Hommelhoff, ZGR 1996, 144, 162; Lutter/Krieger, Rechte und Pflichten des Aufsichtsrats, § 6 Rn 276; Marsch-Barner, in: Arbeitshandbuch Aufsichtsratsmitglieder, § 12 Rn 40; Mertens, in: Köln. Komm. AktG, § 116 Rn 39; K. Mertens, AG 1997, 541, 543; Reuter, ZHR 144 (1980), 493, 498; Schiedermair/Kolb, in: Beck'sches Hdb. AG, § 7 Rn 267; Vetter, in: Hdb. börsennotierte AG, § 29 Rn 20.

[372] Marsch-Barner, in: Arbeitshandbuch Aufsichtsratsmitglieder, § 12 Rn 40.

[373] Mertens, in: Köln. Komm. AktG, § 116 Rn 39.

b)   Gegner einer Durchbrechung der Verschwiegenheitspflicht

Die Gegner dieser Ansicht[374] verneinen demgegenüber eine Befugnis der Aufsichtsratsmitglieder, das herrschende Unternehmen eigenmächtig zu informieren. Die Information des herrschenden Unternehmens dürfe lediglich mit Zustimmung des Vorstandes der Tochtergesellschaft erfolgen. Dies sei Folge des fehlenden Auskunftsanspruchs der herrschenden Gesellschaft gegen die Tochtergesellschaft. Eine Ausnahme gelte lediglich für die Fälle, in denen das herrschende Unternehmen einen Anspruch auf Information habe[375].

Zur Begründung dieses Verbots der Information wird gemeinhin das Prinzip des Nachteilsausgleichs nach § 311 AktG herangezogen: Gemäß der aktienrechtlichen Kompetenzordnung habe allein der Vorstand darüber zu entscheiden, ob er einer Veranlassung der herrschenden Gesellschaft Folge leisten wolle oder nicht. Er habe zu prüfen, ob damit ein Nachteil verbunden sei, welcher ausgleichspflichtig sei und gegebenenfalls der Berichtspflicht nach § 312 AktG unterliege[376]. Das gleiche gelte auch für die Weitergabe vertraulicher Informationen. Dürften Aufsichtsratsmitglieder von sich aus den Informationsfluss zur Konzernobergesellschaft steuern, könnte der Vorstand der abhängigen Gesellschaft schon mangels Kenntnis von Inhalt und Ausmaß der preisgegebenen Informationen seinen gesetzlichen Prüfungspflichten aus § 311 AktG nicht nachkommen. Eine unautorisierte und eigenmächtige Weitergabe vertraulicher Unternehmensinterna durch die Aufsichtratsmitglieder der abhängigen Gesellschaft - sprich: *hinter ihrem Rücken* - sei demnach unzulässig.

c)   Würdigung

Die Mitteilung von Informationen ist ein wesentliches Element der Leitung der Gesellschaft und unterliegt der Zuständigkeit des Vorstands. Als Folge seiner Leitungsfunktion darf lediglich er über die Weitergabe von Geheimnissen an Dritte befinden. Den Aufsichtsratsmitgliedern der abhängigen Gesellschaft ist es grundsätzlich nicht erlaubt, eine eigene Informationspolitik zu betreiben.

In der Praxis besteht gleichwohl ein nicht zu leugnendes Spannungsverhältnis zwischen dem Informationsbedürfnis des herrschenden Unternehmens und der Vertraulichkeitsverpflichtung der Aufsichtsratsmitglieder der abhängigen

---

[374]   Götz, ZGR 1998, 524, 537; Hoffmann/Preu, Das Aufsichtsratsmitglied, Rn 270; Kort, in: Großkomm. AktG, § 76 Rn 191; Kropff, in: Münch. Komm. AktG, § 311 Rn 301; Schmidt-Aßmann/Ulmer, BB 1988, Beilage 13, Seite 1, 5; Semler, in: Münch. Komm. AktG, § 116 Rn 425.

[375]   Kropff, in: Münch. Komm. AktG, § 311 Rn 301.

[376]   Habersack, in: Emmerich/Habersack, § 311 Rn 78; Hüffer, § 311 Rn 48; Krieger, in: Münchener Hdb. GesR IV, § 69 Rn 24.

Tochtergesellschaft. Man wird der Einschätzung *Mertens*[377] zustimmen müssen, dass ein Informationsfluss zwischen dem Aufsichtsrat der abhängigen Gesellschaft und der herrschenden Muttergesellschaft angesichts der tatsächlichen Machtverhältnisse grundsätzlich nicht ausgeschlossen bzw. verhindert werden kann[378]. Dies gilt insbesondere dann, wenn sich der Informationsfluss durch Doppelmandate im Aufsichtsrat der Untergesellschaft und im Vorstand der herrschenden Gesellschaft überschneidet.

Auch dürfte der Vorstand der Tochtergesellschaft in bestimmten Konstellationen mit der schnellen und informellen Weiterleitung von Informationen, beispielsweise den Ergebnissen der Aufsichtsratssitzungen, an die Obergesellschaft einverstanden sein[379]. Vor allem dann, wenn der Vorstand des Tochterunternehmens die Informationen ohnehin von sich aus an die Obergesellschaft weitergegeben will. Hier wird der Vorstand der abhängigen Gesellschaft zwischen seinen gesetzlichen Pflichten, den autonomen Eigeninteressen seiner Gesellschaft und den möglichen Vorteilen aus einer vertrauensvollen und insbesondere unkomplizierten Zusammenarbeit mit der Obergesellschaft abzuwägen haben. Weiß der Vorstand von einer entsprechenden Praxis seiner Aufsichtsratsmitglieder und geht er dagegen gleichwohl nicht vor, wird hierin zumindest eine konkludente Ermächtigung zur Information liegen.

Eine solche Praxis birgt nicht unerhebliche Gefahren und Risiken für den Vorstand der abhängigen Gesellschaft: Er beraubt sich seiner maßgeblichen Befugnis, eigenverantwortlich darüber zu entscheiden, ob er Informationen offen legt oder nicht. Auch läuft er Gefahr, dass durch eine von ihm nicht kontrollierte Weitergabe auch solche Informationen nach *oben* gelangen, die für die Untergesellschaft einen potentiellen Nachteil darstellen. Das Tolerieren eines solchen Informationsflusses kann für den Vorstand daher eine Schadensersatzpflicht begründen (§§ 317 Abs. 3, 93 Abs. 2 Satz 1 AktG). Aus diesem Grund hat der Vorstand ein vitales Interesse daran, dass der Aufsichtsrat - wenn überhaupt - lediglich solche Informationen mitteilt, die entweder keinen Nachteil für die Gesellschaft in sich bergen, oder bei denen sich das herrschende Unternehmen bereits vorab dazu verpflichtet hat, sämtliche aus ihrer Verwendung resultierende nachteiligen Folgen zu tragen.

Im Ergebnis spricht die gesetzlich normierte Kompetenzordnung des § 311 AktG gegen eine Informationsbefugnis des Aufsichtsrats. Anders als im Vertragskonzern verbleibt diese im faktischen Konzern ausschließlich beim Vorstand der Tochtergesellschaft. Er darf die Information letztlich untersagen, wenn diese nicht im Interesse der abhängigen Gesellschaft liegt. Eine ungehinderte Information durch den Aufsichtsrat kommt deshalb selbst dann nicht in Be-

---

[377] Mertens, in: Köln. Komm. AktG, § 116 Rn 39.
[378] So weist Götz, ZGR 1998, 524, 537 darauf hin, dass zwar eine Pflicht zur Beachtung der Vertraulichkeit bestehe, die *„Realität bisweilen aber andere Wege gehe"*.
[379] Hierauf weist Kropff, in: Münch. Komm. AktG, § 311 Rn 301 zutreffend hin.

tracht, wenn eine solche im Zusammenhang mit der Ausübung einheitlicher Leitungsmacht durch das herrschende Unternehmen steht. Teilt ein Aufsichtsratsmitglied dem herrschenden Unternehmen eigenmächtig vertrauliche Informationen mit, verstößt es damit gegen §§ 116, 93 Abs. 1 Satz 3 AktG.

IV. Ergebnis

Die Information des herrschenden Unternehmens mittels personeller Verflechtung ist im Vertragskonzern grundsätzlich uneingeschränkt zulässig. Sowohl das Doppelvorstandsmitglied als auch das Doppelaufsichtsratsmitglied darf das herrschende Unternehmen mit vertraulichen Informationen im Sinne von § 93 Abs. 1 Satz 3 AktG versorgen, die ihm in seiner jeweiligen Tätigkeit *unten* bekannt geworden ist. Eine Ausnahme besteht lediglich insoweit, als ein Teilbeherrschungsvertrag das Weisungsrecht des herrschenden Unternehmens beschränkt. Dann ist die Informationsbefugnis der Doppelorganmitglieder auf vertrauliche Angaben und Geheimnisse aus diesen Unternehmensbereichen begrenzt.

Im faktischen Konzern dürfen Doppelorganmitglieder nur eingeschränkt als Informationsquelle fungieren. Der Doppelvorstand darf das herrschende Unternehmen über die ihm *unten* bekannt gewordenen vertraulichen Informationen lediglich dann eigenmächtig in Kenntnis setzen, wenn sich das herrschende Unternehmen mittels einer Garantievereinbarung dazu verpflichtet hat, sämtliche aus der Verwendung der Information resultierenden negativen Folgen zu tragen. Ansonsten obliegt die Entscheidung über die Information ausschließlich dem Gesamtvorstand der abhängigen Tochtergesellschaft.

Die Aufsichtsratsmitglieder der abhängigen Gesellschaft stellen im faktischen Konzern ebenfalls keine erschöpfende Informationsquelle dar. Denn die Befugnis zur Weitergabe von vertraulichen Informationen liegt ausschließlich beim Vorstand des Tochterunternehmens. In der Praxis wird der unkontrollierte und unautorisierte *Informationsfluss* auch in der faktischen Konzernbeziehung gleichwohl umso intensiver sein, je mehr Organe des herrschenden Unternehmens im Vorstand und Aufsichtsrat der abhängigen Gesellschaft vertreten sind.

§ 7 Rechtsfolgen der Informationserteilung für die außenstehenden Aktionäre

Nach den vorstehenden Ausführungen hat das herrschende Unternehmen im Vertragskonzern einen Anspruch auf umfassende Information gegen die abhängige Gesellschaft und kann sich selbst in der bloß faktischen Konzernverbindung bei Abschluss einer Garantievereinbarung einen ungehinderten Informationsfluss von *unten* nach *oben* sichern. Das herrschende Unternehmen wird dementsprechend das ganze Geschäftsjahr über mit den wesentlichen Kennziffern des abhängigen Unternehmens sowie allen sonstigen relevanten vertraulichen Unternehmensinterna versorgt. Der in § 131 Abs. 4 Satz 1 AktG normierte Auskunftsanspruch könnte das Informationsverhalten des Vorstandes der Tochtergesellschaft jedoch wesentlich beeinflussen.

Ist einem Aktionär *„wegen seiner Eigenschaft als Aktionär"* eine Auskunft außerhalb der Hauptversammlung gegeben worden, kann jeder andere Aktionär nach § 131 Abs. 4 Satz 1 AktG verlangen, dass ihm die Auskunft ebenfalls erteilt wird. Anders als das allgemeine Auskunftsrecht gemäß § 131 Abs. 1 AktG besteht das Nachauskunftsrecht des § 131 Abs. 4 Satz 1 AktG dem Gesetzeswortlaut auch dann, wenn die begehrte Auskunft zur sachgemäßen Beurteilung des Gegenstandes der Tagesordnung nicht erforderlich ist[380]. Ausgehend von dem Gesetzeswortlaut stellt sich die Frage, ob den außenstehenden Aktionären des abhängigen Unternehmens in der Hauptversammlung auf Verlangen alles mitgeteilt werden muss, was die abhängige Tochtergesellschaft dem herrschenden Unternehmen im Laufe des Geschäftsjahres an Auskünften erteilt hat. Bestünde ein derartiges Auskunftsrecht, so hätte § 131 Abs. 4 Satz 1 AktG erhebliche Auswirkungen auf den konzerninternen Informationsfluss. Sämtliche konzerninternen Informationen, die das abhängige Tochterunternehmen während des Geschäftsjahres an die herrschende Gesellschaft übermittelt, müssten in der Hauptversammlung veröffentlich werden. Es liegt auf der Hand, dass die abhängige Gesellschaft in diesem Fall mit der Information des herrschenden Unternehmens äußerst zurückhaltend sein dürfte.

Nach herrschender Meinung[381] enthält § 131 Abs. 4 Satz 3 AktG auf die aufgeworfene Frage keine Antwort: Einen Umkehrschluss dahingehend, dass sämtliche dem herrschenden Unternehmen in anderem Zusammenhang als dem der Konzernrechnungslegung erteilten Informationen vom Nachauskunftsrecht der übrigen Aktionäre erfasst werden und in der Hauptversammlung der Tochtergesellschaft offen gelegt werden müssen, lässt die Norm von ihrer Entstehungsgeschichte her nicht zu[382]. Die Frage ist vielmehr anhand anderer Kriterien zu beantworten. Die Antwort könnte von der Ausgestaltung der Unternehmensverbindung abhängen.

---

[380] Siehe hierzu im Einzelnen unten Seite 235 f.
[381] Decher, ZHR 158 (1994), 473, 486; ders., in: Großkomm. AktG, § 131 Rn 354; Habersack/Verse, AG 2003, 300, 306; Habersack, in: Emmerich/Habersack, § 312 Rn 5; Hoffmann-Becking, FS Rowedder, 155, 169; Hüffer, § 131 Rn 39; Löbbe, Unternehmenskontrolle im Konzern, Seite 124; Kubis, in: Münch. Komm. AktG, § 131 Rn 140; Koppensteiner, in: Köln. Komm. AktG, § 312 Rn 19; Kropff, in: Münch. Komm. AktG, § 311 Rn 306; Semler, Leitung und Überwachung, Rn 311.
[382] Befürworter eines solchen Umkehrschlusses sind Heidel, in: Anwaltskommentar Aktienrecht, § 131 AktG Rn 77 und Schneider, FS Lutter, 1193, 1201.

I. Nachauskunftsrecht im Vertragskonzern

Nach allgemeiner Ansicht[383] lösen Auskünfte der Tochtergesellschaft an das herrschende Unternehmen im Vertragskonzern grundsätzlich keinen Anspruch der außenstehenden Aktionäre auf Nachauskunft aus: Derartige Informationen werden dem herrschenden Unternehmen in Ausübung der aus dem Unternehmensvertrag folgenden Konzernleitungsmacht erteilt und nicht in seiner Eigenschaft als Aktionär. Und das Auskunftsrecht des herrschenden Unternehmens ist - wie festgestellt - Bestandteil dieser aus § 308 Abs. 1 AktG folgenden Konzernleitungsmacht. Wegen dieses besonderen Rechts und der besonderen Pflichtenstellung des herrschenden Unternehmens (§ 302 AktG) bedarf es keiner Gleichbehandlung der außenstehenden Aktionäre. Die unternehmensvertragliche Verbindung selbst - und nicht die Aktionärseigenschaft - bietet einen hinreichenden Grund für ein Informationsprivileg des herrschenden Unternehmens[384].

Neben diesen dogmatischen Gründen sprechen aber auch rein praktische Überlegungen für die privilegierte Information der Muttergesellschaft: Das herrschende Unternehmen kann seiner Verpflichtung aus dem Unternehmensvertrag zur ordnungsgemäßen Leitung der abhängigen Gesellschaft nur nachkommen, wenn es ausführlich und umfassend über deren Geschehnisse informiert ist. Müsste das herrschende Unternehmen nunmehr aber all diese Informationen mit der Öffentlichkeit der Hauptversammlung teilen, würde der Informationsfluss zum Erliegen kommen und die Ausübung von Konzernleitungsmacht nahezu unmöglich. Denn weder die abhängige Tochtergesellschaft noch das herrschende Unternehmen wollen, dass Unternehmensinterna in der Öffentlichkeit bekannt werden.

---

[383] Barz, in: Großkomm. AktG³, § 131 Anm. 27; Butzke, in: Obermüller/Werner/Winden, Rn G 87 (Seite 262); Decher, in: Großkomm. AktG, § 131 Rn 347; ders., ZHR 158 (1994), 473, 480; Duden, FS von Caemmerer, 499, 504; Ebenroth, Das Auskunftsrecht des Aktionärs, Seite 100; Eckardt, in: Geßler/Hefermehl, § 131 Rn 147; Emmerich, in: Emmerich/Habersack, § 308 Rn 39; Habersack/Verse, AG 2003, 300, 305; Heidel, in: Anwaltkommentar Aktienrecht, § 131 AktG Rn 76; Hüffer, § 131 Rn 38; Kubis, in: Münch. Komm. AktG, § 131 Rn 141; Schneider, FS Lutter, 1193, 1201; F. J. Semler, in: Münchener Hdb. GesR IV, § 37 Rn 19; Seifert, AG 1967, 1, 3; Zöllner, in: Köln. Komm. AktG, § 131 Rn 66. Siehe hierzu auch die Entscheidung des LG München vom 4. September 1997, AG 1999, 138 („Vereinte Versicherungs AG"). Das Gericht hat einen Nachauskunftsanspruch des Antragstellers mit der Begründung verneint, die Vereinte Versicherungs AG habe die Information an die CFSB Crédit Suisse First Boston auf Weisung nach § 308 AktG erteilt, so dass diese daher nicht als Information im Sinne von § 131 Abs. 4 AktG gelte.

[384] Umstritten ist allerdings die Frage, ob ein Nachauskunftsrecht der übrigen Aktionäre besteht, wenn die abhängige Tochtergesellschaft dem herrschenden Unternehmen Informationen erteilt, die der Veräußerung der Aktien des abhängigen Unternehmens dienen. Zu dieser Thematik ausführlich unten Seiten 221 ff.

II.   Nachauskunftsrecht im faktischen Konzern

Schwieriger gestaltet sich die Rechtslage im faktischen Konzern. Der Einfluss der herrschenden Gesellschaft beruht auf ihrer Stellung als Mehrheitsaktionärin des abhängigen Tochterunternehmens. Die Verwaltung der abhängigen Gesellschaft wird der herrschenden Gesellschaft daher auch im faktischen Konzern - selbst in Ermangelung eines entsprechenden Anspruchs aus § 308 AktG - in der Regel mehr Informationen außerhalb der Hauptversammlung zu kommen lassen (müssen) als den übrigen Aktionären. Dies gilt erst recht, wenn sich die beherrschte Gesellschaft aufgrund einer Garantieerklärung des herrschenden Unternehmens zur Information verpflichtet hat. Bei einer wörtlichen Auslegung des § 131 Abs. 4 AktG wären die Voraussetzungen des Nachauskunftsanspruchs erfüllt: Auskünfte an einen Aktionär *„wegen seiner Eigenschaft als Aktionär"*. Eine solche Sichtweise blendet jedoch aus, dass es sich bei der auskunftsbegehrenden Aktionärin um die herrschende Gesellschaft handelt. Grundlage der Information könnte deshalb auch im faktischen Konzern letzten Endes die konzernleitende Funktion der Muttergesellschaft sein.

1.   Gegner eines Nachauskunftsrechts

Die überwiegende Ansicht im konzernrechtlichen Schrifttum[385] sowie Teile der Rechtsprechung[386] verneinen ein Nachauskunftsrecht der außenstehenden Akti-

---

[385]   Barz, in: Großkomm. AktG³, § 131 Anm. 27; Butzke, in: Obermüller/Werner/Winden, Rn G 87 (Seite 262); Decher, in: Großkomm. AktG, § 131 Rn 348; ders., ZHR 158 (1994), 473, 485; Duden, FS von Caemmerer, 499, 506, Ebenroth, Das Auskunftsrecht des Aktionärs, Seite 101; Götz, ZGR 1998, 525, 527; Habersack, in: Emmerich/Habersack, § 312 Rn 5; Habersack/Verse, AG 2003, 300, 306; Henn, AG 1985, 240, 244; Hoffmann-Becking, FS Rowedder, 155, 167; Hommelhoff/Timm, AG 1976, 330, 332; Hopt, in: Großkomm. AktG, § 93 Rn 214; Hüffer, § 131 Rn 38; Kohlenbach, Das Verhältnis der Aufsichtsräte im Aktiengesellschaftskonzern, Seite 148; Krieger, in: Münchener Hdb. GesR. IV, § 69 Rn 23; ders., in: Lutter, Holding-Handbuch, § 6 Rn 32; Kropff, in: Münch. Komm. AktG, § 311 Rn 306; ders., DB 1967, 2204, 2205; Kubis, in: Münch. Komm. AktG, § 131 Rn 142; Löbbe, Unternehmenskontrolle im Konzern, Seite 127; Menke, NZG 2004, 697, 700; Nirk, in: Hdb. der Aktiengesellschaft, Teil I, Rn 1230; Roschmann/Frey, AG 1996, 449, 454; Seifert, AG 1967, 1, 3; F. J. Semler, in: Münchener Hdb. GesR IV, § 37 Rn 19; Semler, Leitung und Überwachung, Rn 310; Werner, AG 1967, 122, 123; Wilken, DB 2001, 2383, 2386; Zöllner, in: Köln. Komm. AktG, § 131 Rn 69.

[386]   Das LG Düsseldorf hat in seinem Beschluss vom 25. März 1992 ein Nachauskunftsrecht der außenstehenden Aktionäre verneint (AG 1992, 461, *„Feldmühle Nobel AG"*). Der Großaktionär erhalte die Information nicht wegen seiner Eigenschaft als Aktionär, sondern wegen seiner Eigenschaft als konzernleitendes Unternehmen. Die Verweigerung der Auskünfte an andere Aktionäre widerspreche daher nicht dem Gleichbehandlungsgrundsatz der Aktionäre. Dies wird von dem LG Düsseldorf jedoch lediglich im Rah-

onäre der abhängigen Gesellschaft hinsichtlich sämtlicher Informationen, die die abhängige Gesellschaft dem herrschenden Unternehmen zum Zwecke einheitlicher Konzernleitung erteilt. Begründet wird dies mit der Erwägung, dass die einheitliche Konzernleitung im faktischen Konzern erlaubt, zumindest aber geduldet sei. Das herrschende Unternehmen erhalte die Information daher infolge seiner Sonderstellung als wirtschaftliche Führungsspitze des Konzerns. Einheitliche Konzernleitung sei wie im Vertragskonzern nur bei einem ungehinderten Informationsfluss von *unten* nach *oben* möglich. Die Verweigerung der Auskünfte an andere Aktionäre widerspreche schließlich auch nicht dem Gleichbehandlungsgrundsatz, weil die Funktionsfähigkeit des faktischen Konzerns einen ausreichenden Sachgrund für eine bevorzugte Information des herrschenden Unternehmens darstelle[387].

2. Befürworter eines Nachauskunftsrechts

Ein nicht unwesentlicher Teil der Literatur befürwortet demgegenüber ein Nachauskunftsrecht[388]. Fehle es an einem vertraglichen Verhältnis zwischen der herrschenden Gesellschaft und dem abhängigen Unternehmen erhielte die Muttergesellschaft die Informationen letztendlich nur aufgrund ihrer Aktionärsstellung und diese seien damit ausschließlich beteiligungsvermittelt[389]. Die Eigenschaft als herrschendes Unternehmen besitze in rechtlicher Hinsicht keine Relevanz. Außerdem nehme das Gesetz den faktischen Konzern lediglich hin[390], erkenne

---

[387] men eines obiter dictums ausgeführt. Vorab hatte das Gericht nämlich einen Auskunftsanspruch des Aktionärs bereits deshalb verneint, weil der (zukünftige) Mehrheitsaktionär im Zeitpunkt der Informationserteilung noch gar nicht Aktionär der abhängigen Gesellschaft gewesen sei. Es habe daher bereits tatbestandlich an den Voraussetzungen für einen Anspruch nach § 131 Abs. 4 AktG gefehlt.
Siehe lediglich Decher, ZHR 158 (1994), 473, 484.

[388] Eckardt, in: Geßler/Hefermehl, § 131 Rn 148; Heidel, in: Anwaltskommentar Aktienrecht, § 131 AktG Rn 76; Kort, ZGR 1987, 47, 60; Schneider, FS Lutter, 1193, 1201; Schneider/Burgard, FS Ulmer, 579, 599; Strohn, Die Verfassung im faktischen Konzern, Seite 190 ff.; in diesem Sinne auch Koppensteiner, in: Köln. Komm. AktG², § 312 Rn 5. Heute tritt Koppensteiner, in: Köln. Komm. AktG, § 312 Rn 8 dafür ein, das Auskunftsrecht nach § 131 Abs. 4 AktG als Ausprägung des allgemeinen Gleichheitsgrundsatzes aufzufassen, der sachliche Differenzierung gestatte. Das Abhängigkeitsverhältnis der §§ 311 ff. AktG sei *„Ausdruck einer rechtlichen Sonderbeziehung"*, die es der abhängigen Gesellschaft erlaube, wenn auch mit Einschränkungen, das herrschende Unternehmen in ihrem eigenen Interesse mit Informationen zu versorgen. Die Offenlegung der Informationen aufgrund des Nachauskunftsrechts gegenüber den anderen Aktionären in der Hauptversammlung wäre, so Koppensteiner, *„dysfunktional"*.

[389] So Heidel, in: Anwaltskommentar Aktienrecht, § 131 AktG Rn 76; Koppensteiner, in: Köln. Komm. AktG², § 312 Rn 5.

[390] Eckardt, in: Geßler/Hefermehl, § 131 Rn 148; Strohn, Die Verfassung im faktischen Konzern, Seite 191.

ihn aber nicht an, so dass eine ausreichende Information nicht erforderlich sei. § 131 Abs. 4 AktG verhindere daher keinen erforderlichen Informationsfluss, ein solcher sei schlicht nicht nötig[391].

Eine differenzierte Auffassung vertritt das LG Frankfurt am Main in einer aktuellen Entscheidung: Ein Auskunftsverweigerungsrecht und damit die Nichtanwendung des § 131 Abs. 4 AktG sei sachlich lediglich dann gerechtfertigt, wenn die Informationen der faktisch herrschenden Gesellschaft zur Ausübung der Leitungsmacht dienen sollen[392].

3. Würdigung der vertretenen Ansichten

Den Befürwortern eines Nachauskunftsrechts ist zuzugestehen, dass der Wortlaut des § 131 Abs. 4 Satz 1 AktG für sie und gegen die herrschende Meinung spricht. Auch beruht die Leitungsmacht des herrschenden Unternehmens in Ermangelung eines Beherrschungsvertrages allein auf seiner Aktionärseigenschaft, die noch kein Recht auf bevorzugte Information gibt. Die von den Befürwortern eines Nachauskunftsrechts beklagte *„Flucht aus dem Wortlaut der Vorschrift"*[393] lässt sich gleichwohl rechtfertigen:

Das herrschende Unternehmen erhält die Informationen seitens der abhängigen Tochtergesellschaft zum Zwecke einheitlicher Konzernleitung[394]. Diese wäre gefährdet, wenn die Tochtergesellschaft die Informationen in ihrer Hauptversammlung wiederholen müsste. Der Vorstand des herrschenden Unternehmens muss seine Entscheidungen gerade auch auf nicht für die Öffentlichkeit bestimmte Informationen stützen können[395]. Es genügt nicht, Informationen bevorzugt lediglich im Bereich der Konzernrechnungslegung weitergeben zu dürfen. Auch Interna, jenseits des in den Abschlüssen und Berichten Auszuweisenden, sind für die sachgerechte Erfüllung der Führungsaufgaben des herrschenden Unternehmens notwendig[396]. Wer ein Auskunftsrecht der außenstehenden Aktionäre bejaht, nimmt nicht nur die faktische Veröffentlichung konzerninterner Vorgänge in Kauf, sondern erschwert oder macht in letzter Konsequenz sogar eine einheitliche Leitung unmöglich[397].

---

[391] Koppensteiner, in: Köln. Komm. AktG², § 312 Rn 5.

[392] In seinem Urteil vom 21. Februar 2006 hat das LG Frankfurt am Main, AG 2007, 48, 50 die Anwendung des § 131 Abs. 4 AktG mit der Begründung bejaht, die beklagte Gesellschaft habe nicht dargetan, dass die erteilten Informationen im sachlichen Zusammenhang mit der Ausübung von Leitungsmacht durch den herrschenden Aktionär gestanden hätten.

[393] So Schneider, FS Lutter, 1193, 1201.

[394] Hierauf weist Semler, Leitung und Überwachung, Rn 310 zutreffend hin.

[395] Kropff, in: Münch. Komm. AktG, § 311 Rn 306.

[396] So auch Duden, FS von Caemmerer, 499, 506.

[397] Kubis, in: Münch. Komm. AktG, § 131 Rn 142; Kropff, DB 1967, 2204, 2205.

Weil faktische Konzerne aber nicht verboten sind, die Einwirkung auf andere Unternehmen im Rahmen des § 311 AktG vielmehr ausdrücklich gesetzlich legitimiert ist, wäre es ungereimt, wenn die zum Zwecke einheitlicher Leitung gegebenen Informationen zur Auskunftserteilung führen würden[398]. Wenn das unternehmerische Entscheidungszentrum aus der abhängigen Untergesellschaft in die herrschende Obergesellschaft verlagert werden darf, muss konsequenterweise auch eine so umfassende Berichterstattung von *unten* nach *oben* erlaubt sein, dass die Obergesellschaft ihre faktische Leitungsmacht ausüben kann[399].

Und schließlich lässt sich auch aus dem Blickwinkel der Gleichbehandlung[400] ein Nachauskunftsrecht nicht herleiten: Zwar ist es zutreffend, dass § 131 Abs. 4 AktG nach seinem Sinn und Zweck nichts anderes ist als eine besondere Ausprägung des allgemeinen Gleichheitsgrundsatzes[401] und ein Informationsmonopol von Aktionären verhindern soll[402]. Auch setzt die Konzernzugehörigkeit als solche den aktienrechtlichen Gleichbehandlungsgrundsatz des § 53a AktG nicht per se und generell außer Kraft[403]. Vielmehr findet dieser auch im Konzern Anwendung. Das aktienrechtliche Gleichbehandlungsgebot gilt, wie in § 53a AktG ausdrücklich bestimmt, jedoch nur „*unter gleichen Voraussetzungen*". Ein Verstoß gegen den Gleichbehandlungsgrundsatz liegt also dann nicht vor, wenn ein sachlicher Grund für die Ungleichbehandlung existiert[404].

Es ist allgemein anerkannt, dass die Konzernverbindung der Aktiengesellschaft nach der besonderen Lage des Einzelfalles einen Sachgrund für die Vornahme von Differenzierungen darstellen kann[405]. Bei Ausübung einheitlicher Konzernleitung hat das herrschende Unternehmen gemäß §§ 311 ff. AktG besondere Rechte und Pflichten gegenüber der abhängigen Gesellschaft: Das herrschende Unternehmen ist nur dann berechtigt, nachteilige Maßnahmen zu veran-

---

[398] In diesem Sinne u. a. Hoffmann-Becking, FS Rowedder, 155, 167; Hüffer, § 131 Rn 38; Zöllner, in: Köln. Komm. AktG, § 131 Rn 69. Diesen Aspekt übersieht das LG Frankfurt am Main in seiner Entscheidung vom 22. Februar 2006 (AG 2007, 48, 50).

[399] Hommelhoff/Timm, AG 1976, 330, 332.

[400] Heidel, in: Anwaltskommentar Aktienrecht, § 131 AktG Rn 76 sieht die Ungleichbehandlung darin, dass das herrschende Unternehmen die fraglichen Informationen zeitlich vor den außenstehenden Aktionären erhält; d.h. vor der Hauptversammlung. Dies ist jedoch keine Besonderheit des konzerninternen Informationsflusses, sondern die Grundkonstellation des Nachauskunftsbegehrens nach § 131 Abs. 4 AktG.

[401] Vgl. Begr. RegE. zu § 131 bei Kropff, Aktiengesetz, 1965, Seite 187; Decher, ZHR 158 (1994), 473, 484; Hoffmann-Becking, FS Rowedder, 155, 159.

[402] Hüffer, § 131 Rn 36.

[403] Bungeroth, in: Münch. Komm. AktG, § 53a Rn 23; Lutter/Zöllner, in: Köln. Komm. AktG², § 53a Rn 50; Zöllner, in: Köln. Komm. AktG, § 243 Rn 163.

[404] Bungeroth, in: Münch. Komm. AktG, § 53a Rn 12; Hüffer, § 53a Rn 8; Lutter/Zöllner, in: Köln. Komm. AktG², § 53a Rn 13.

[405] So Bungeroth, in: Münch. Komm. AktG, § 53a Rn 24; Lutter/Zöllner in: Köln. Komm. AktG², § 53a Rn 50; Zöllner, in: Köln. Komm. AktG, § 243 Rn 165.

lassen, wenn es einen Nachteilsausgleich leistet. Zum Schutz der außenstehenden Aktionäre hat der Gesetzgeber den Nachteilsausgleich des § 311 AktG, den Abhängigkeitsbericht des § 312 AktG, das Recht der Sonderprüfung gemäß § 315 AktG und die mit diesen Vorschriften korrespondierende Haftung der Organe der herrschenden und der abhängigen Gesellschaft vorgesehen (§§ 317, 318 AktG). Diese Vorschriften stellen ein Regulierungssystem dar, das die abhängige Gesellschaft samt ihren Minderheitsgesellschaftern und Gläubigern gegen substantielle Beeinträchtigungen in der Ausübung faktischer Konzernleitungsmacht des herrschenden Unternehmens schützt[406]. Dieses durch das Beherrschungsverhältnis begründete Sonderrechtsverhältnis und Schutzsystem überlagert die (normale) Beziehung zwischen Aktionär und Gesellschaft und stellt einen ausreichenden Sachgrund im Sinne des § 53a AktG dar, der die bevorzugte Information der Obergesellschaft rechtfertigt.

III. Nachauskunftsrecht bei Information von Doppelorganmitgliedern

Organmitglieder der abhängigen Gesellschaft, die zugleich Organmitglieder der herrschenden Gesellschaft sind, erhalten im Rahmen von Vorstands- und Aufsichtsratssitzungen vertrauliche Informationen. Dieser Informationstransfer erfolgt außerhalb der Hauptversammlung. Weil sie zugleich den Mehrheitsaktionär, das herrschende Unternehmen, repräsentieren, könnte der Schutzzweck des § 131 Abs. 4 AktG bei strenger Anwendung der Norm die Offenlegung der so erlangten Informationen gegenüber den anderen Aktionären in der nächsten Hauptversammlung der Tochtergesellschaft erfordern.

1. Information von Aufsichtsratsdoppelmitgliedern

Erstreckt sich das Nachauskunftsrecht der außenstehenden Aktionäre auch auf Aufsichtsratsdoppelmitglieder, ist eine sinnvolle Mitgliedschaft eines Repräsentanten des herrschenden Unternehmens in dem Aufsichtsrat der Tochtergesellschaft unmöglich: Sämtliche vertraulichen und geheimen Informationen müssten gegenüber der Hauptversammlung offen gelegt werden. Ein solches Ergebnis widerspricht der Regelung des § 100 Abs. 2 AktG, der Personalunionen ausdrücklich zulässt. In der Regierungsbegründung zu § 131 AktG hat der Gesetzgeber klar gestellt, dass Auskünfte an ein Aufsichtsratsmitglied der eigenen Gesellschaft nicht die Rechtsfolgen des § 131 Abs. 4 AktG auslösen[407]. Für Auskünfte, die einem Repräsentanten der herrschenden Gesellschaft im Aufsichtsrat der beherrschten Gesellschaft erteilt werden und somit mittelbar einem (herr-

---

[406] Kubis, in: Münch. Komm. AktG, § 131 Rn 142.

[407] Vgl. Begr. RegE. zu § 131 bei Kropff, Aktiengesetz, 1965, Seite 187. Zustimmend aus dem Schrifttum Ebenroth, Das Auskunftsrecht des Aktionärs, Seite 100; Eckardt, in: Geßler/Hefermehl, § 131 Rn 142; Kubis, in: Münch. Komm. AktG, § 131 Rn 130.

schenden) Aktionär, gilt nach allgemeiner Ansicht[408] nichts Gegenteiliges: Denn der Vorstand der abhängigen Gesellschaft erfüllt lediglich seine organschaftlichen Informationspflichten gegenüber dem Kontrollgremium Aufsichtsrat (§ 90 AktG). Das Aufsichtsratsmitglied erlangt die Auskunft mithin nicht wegen „*seiner Eigenschaft als Aktionär*", sondern vielmehr als Organ der beherrschten Gesellschaft. Diese Auskünfte fallen dementsprechend nicht unter den Anwendungsbereich des § 131 Abs. 4 AktG.

Nach *Kubis*[409] soll allerdings die Information eines einzelnen Aufsichtsratsmitglieds, also nicht des gesamten Organs, ein Nachauskunftsrecht der übrigen Aktionäre auslösen, sollte das Aufsichtsratsmitglied zugleich Aktionär bzw. Repräsentant des Aktionärs der herrschenden Gesellschaft sein. Ausgangspunkt dieser Differenzierung ist die Überlegung, dass es keinen individuellen Informationsanspruch eines einzelnen Aufsichtsratsmitglieds gegenüber dem Vorstand gibt[410]. Zugunsten des fragenden Aktionärs soll in einem solchen Fall privilegierter Information daher widerleglich vermutet werden, dass diese individuelle Information des Aufsichtsratsmitglieds „*wegen seiner Aktionärseigenschaft*" erfolgt sei[411]. Auch *Strohn*[412] schlägt angesichts der grundsätzlichen Beweislast des Minderheitsaktionärs für das Vorliegen der Voraussetzungen des Nachauskunftsrechts vor, bei individuellen Auskünften an Aufsichtsratsmitglieder, von der Vermutung auszugehen, dass ungleich informiert werden sollte und dem Aufsichtsratsmitglied die Information in seiner Eigenschaft als Vertreter des herrschenden Unternehmens erteilt wurde. Dies bedeutete: Erlangt das vom herrschenden Unternehmen entsandte Aufsichtsratsmitglied und damit mittelbar das herrschende Unternehmen selbst bevorzugt Informationen von dem Vor-

---

[408] Decher, in: Großkomm. AktG, § 131 Rn 346; ders., ZHR 158 (1994), 473, 479; Ebenroth, Das Auskunftsrecht des Aktionärs, Seite 100; Eckardt, in: Geßler/Hefermehl, § 131 Rn 142; Hüffer, § 131 Rn 37; Zöllner, in: Köln. Komm. AktG, § 131 Rn 64. Nach Seifert, AG 1967, 1, 2 soll ein Nachauskunftsrecht der übrigen Aktionäre bestehen, wenn das Aufsichtsratsmitglied Dinge erfährt, die im Grunde den Großaktionär angehen und nicht den Aufsichtsrat selbst. Dann habe das Aufsichtsratsmitglied die Auskunft in seiner Eigenschaft als Aktionär erhalten. Anhand welcher Kriterien die Abgrenzung erfolgen soll, führt Seifert nicht aus.

[409] Kubis, in: Münch. Komm. AktG, § 131 Rn 131; Strohn, Die Verfassung im faktischen Konzern, Seite 162.

[410] Zustimmend Ebenroth, Das Auskunftsrecht des Aktionärs, Seite 100; Zöllner, in: Köln. Komm. AktG, § 131 Rn 64. Kubis, in: Münch. Komm. AktG, § 131 Fußnote 259 meint allerdings, dass beide daraus gegenteilige Schlussfolgerungen ziehen würden. Diese Annahme ist falsch: Sowohl Ebenroth als auch Zöllner (beide a.a.O.) weisen darauf hin, dass die bevorzugte Information eines einzelnen Aufsichtsratsmitglieds nicht für die Vermutung spricht, die Auskunft sei in der Eigenschaft als Aktionär erlangt worden.

[411] Kubis, in: Münch. Komm. AktG, § 131 Rn 131.

[412] Strohn, Die Verfassung im faktischen Konzern, Seite 162.

stand der Tochtergesellschaft, führt dies zu einem Nachauskunftsrecht der außenstehenden Aktionäre.

Dieses Ergebnis vermag nicht zu überzeugen. Die bloße Erteilung einer Auskunft an ein Aufsichtsratsmitglied begründet noch keine widerlegbare Vermutung dafür, dass es diese Auskunft als Aktionär erhalten hat[413]. Dies schon allein deshalb nicht, weil das Aufsichtsratsmitglied angesichts seiner möglichen persönlichen Haftung ein ureigenes Interesse daran hat, über die zur angemessenen Wahrnehmung seiner Kontrollaufgaben erforderlichen Informationen zu verfügen. Und vor allem steht diese Ansicht nicht in Einklang mit dem im Rahmen des § 131 Abs. 4 AktG geltenden Grundsatz, wonach ausschließlich der fragende Aktionär darzulegen hat, dass die Voraussetzungen des Nachauskunftsrechts vorliegen[414]. Die widerlegbare Vermutung läuft auf eine Umkehr der Beweislast contra legem hinaus.

2.   Information von Vorstandsdoppelmitgliedern

Das Nachauskunftsrecht der übrigen Aktionäre könnte schließlich dann bestehen, wenn ein Vorstandsmitglied der herrschenden Gesellschaft zugleich im Vorstand des abhängigen Unternehmens sitzt. Alle Informationen, die der Betreffende als Vorstandsmitglied der abhängigen Gesellschaft erfährt, könnte er in „*seiner Eigenschaft als Aktionär*" des herrschenden Unternehmens erlangen[415]. Dies gilt für weitergegebene Informationen durch untergeordnete Abteilungen wie aber auch für Informationen durch andere Vorstandsmitglieder.

Auch das Vorstandsdoppelmitglied erlangt die in Frage stehenden Informationen jedoch nicht „*wegen seiner Eigenschaft als Aktionär*", sondern einzig und allein wegen seiner Organstellung. Das einzelne Vorstandsmitglied ist gegenüber dem Gesamtvorstand zur Auskunft über bedeutende Angelegenheiten in seinem Ressort verpflichtet, unabhängig davon, ob dem jeweiligen Organ Repräsentanten des herrschenden Unternehmens angehören oder nicht[416]. Für eine Gleichbehandlung der übrigen Aktionäre ist beim Bestehen rechtlicher Auskunftspflichten kein Raum. Auch bei Auskünften gegenüber einem Doppelvorstand findet § 131 Abs. 4 AktG keine Anwendung. Dies gilt sowohl im Vertragskonzern als auch in der faktischen Konzernverbindung[417].

---

[413]   Ebenroth, Das Auskunftsrecht des Aktionärs, Seite 100; Zöllner, in: Köln. Komm. AktG, § 131 Rn 64.

[414]   Siehe BayObLG, NJW-RR 2002, 1558, 1559; so auch Eckardt, in: Geßler/Hefermehl, § 131 Rn 152; Hoffmann-Becking, FS Rowedder, 155, 160; Hüffer, § 131 Rn 41.

[415]   In diesem Sinne Seifert, AG 1967, 1, 2.

[416]   Mertens, in: Köln. Komm. AktG, § 77 Rn 20; Wiesner, in: Münchener Hdb. GesR IV, § 22 Rn 15.

[417]   Decher, in: Großkomm. AktG, § 131 Rn 346; ders., ZHR 158 (1994), 473, 479; Hüffer, § 131 Rn 37.

IV. Informationsquelle Abhängigkeitsbericht

Der Vorstand einer faktisch konzernierten Gesellschaft muss in den ersten drei Monaten eines Geschäftsjahres einen Bericht über die Beziehungen der Gesellschaft zu verbundenen Unternehmen aufstellen. In diesem Abhängigkeitsbericht (§ 312 AktG) sind alle Rechtsgeschäfte aufzuführen, welche die Gesellschaft im vergangenen Geschäftsjahr mit dem herrschenden Unternehmen oder einem mit ihm verbundenen Unternehmen oder auf Veranlassung oder im Interesse dieser Unternehmen vorgenommen hat[418]. Der Bericht soll maßgeblich die Beurteilung ermöglichen, ob nachteilige Maßnahmen veranlasst und die Nachteile gegebenenfalls ordnungsgemäß ausgeglichen wurden[419]. Informiert das Tochterunternehmen die herrschende Muttergesellschaft über Unternehmensinterna, müssen diese im Abhängigkeitsbericht vermerkt werden, sofern es sich nicht um Geheimnisse handelt, deren Erteilung gesetzlich vorgeschrieben ist[420].

Der Abhängigkeitsbericht ist gleichzeitig mit dem Jahresabschluss und dem Lagebericht dem Abschlussprüfer vorzulegen, der den Bericht nach Maßgabe des § 313 AktG zu prüfen hat. Der Abhängigkeitsbericht und der Prüfungsbericht des Abschlussprüfers sind sodann dem Aufsichtsrat der Gesellschaft zur Prüfung vorzulegen (§ 314 AktG). Der Aufsichtsrat hat die Hauptversammlung über seine Prüfung des Abhängigkeitsberichts zu informieren (§ 171 Abs. 2 Satz 1 AktG). Darüber hinaus ist die Schlusserklärung des Vorstandes zum Abhängigkeitsbericht in den Lagebericht aufzunehmen (§ 312 Abs. 3 Satz 3 AktG). Jeder Aktionär kann den Lagebericht (§ 289 HGB) in der Hauptversammlung einsehen und eine Abschrift von ihm verlangen (§ 175 Abs. 2 AktG). Das gleiche gilt für den Bericht des Aufsichtsrats. Beide Berichte sind zum Handelsregister einzureichen (§ 325 HGB). Davon abgesehen wird der Abhängigkeitsbericht nicht publiziert[421]. Er wird in seiner Gesamtheit weder im Bundesanzeiger veröffentlicht noch zum Handelsregister eingereicht. Selbst die Satzung der Gesellschaft kann eine Offenlegung des Abhängigkeitsberichts nicht anordnen (§ 23 Abs. 5 AktG)[422].

---

[418] Vgl. statt aller Hüffer, § 312 Rn 12.

[419] Krieger, in: Münchener Hdb. GesR IV, § 69 Rn 87.

[420] Koppensteiner, in: Köln. Komm. AktG, § 312 Rn 48; Krieger, in: Münchener Hdb. GesR IV, § 69 Rn 23; Semler, Leitung und Überwachung, Rn 309; Singhof, ZGR 2001, 146, 159; Theisen, Das Aufsichtsratsmitglied, Rn 769; Witte, Der Prüfungsbericht, Seite 169.

[421] Einhellige Meinung vgl. statt aller Habersack, in: Emmerich/Habersack, § 312 Rn 4. Rechtspolitische Kritik äußert Schneider, FS Lutter, 1193, 1198: Der Gesetzgeber habe mit dem Gesetz zur Kontrolle und Transparenz im Unternehmensbereich (KonTraG) die Gelegenheit verpasst, ein Einsichtsrecht der außenstehenden Aktionäre in den Abhängigkeitsbereich zu normieren.

[422] Habersack, in: Emmerich/Habersack, § 312 Rn 4; Krieger, in: Münchener Hdb. GesR IV, § 69 Rn 78; Kropff, in: Münch. Komm. AktG, § 312 Rn 10.

Dass der Abhängigkeitsbericht nicht insgesamt offen gelegt wird, beruht auf einer gesetzgeberischen Ermessensentscheidung: Die Geheimhaltungsinteressen der beteiligten Gesellschaften sprächen gegen eine solche Offenlegung. Der Bericht müsse interne Vorgänge des Konzerns erörtern und bewerten und müsse daher vertraulich bleiben, weil sonst nicht mit der erforderlichen Offenheit über Geschäfte berichtet würde, deren Bekanntwerden geeignet sei, der Gesellschaft einen Nachteil zuzufügen[423]. Auch wenn die Überzeugungskraft dieser Argumentation umstritten ist[424], hat sich der 59. Deutsche Juristentag für die Beibehaltung der derzeitigen Regelung entschieden[425].

Ungeachtet der fehlenden Publizität des Abhängigkeitsberichts stellt sich gleichwohl die Frage, ob die außenstehenden Aktionäre der faktisch konzernierten Gesellschaft nicht mittels ihres Auskunftsrechts (§ 131 Abs. 1 AktG) in Erfahrung bringen können, welche konzerninternen Geschäfte und Maßnahmen in dem Bericht aufgeführt sind und somit schließlich auch, welche Informationen die Tochtergesellschaft dem herrschenden Unternehmen auf dessen Veranlassung im abgelaufenen Geschäftsjahr erteilt hat. Das Verhältnis des Abhängigkeitsberichts zum Auskunftsanspruch des Aktionärs wird unterschiedlich beurteilt.

---

[423]   Begr. RegE. bei Kropff, Aktiengesetz, 1965, Seite 411.

[424]   Kritisch Koppensteiner, in: Köln. Komm. AktG, § 312 Rn 4; ders., FS Steindorff, 79, 109. Eine Offenlegung des Abhängigkeitsberichts befürworten auch Krause, AG 1996, 209, 212 und Peltzer, AG 1997, 145, 151.

[425]   Sitzungsbericht des 59. Deutschen Juristentag (1992), R 191 f; ebenso Gutachten Hommelhoff, G 59; Referat Hoffmann-Becking, Sitzungsbericht R 8, 19 f. Siehe zum Ganzen auch Hüffer, § 312 Rn 38; Kropff, in: Münch. Komm. AktG, § 312 Rn 20; Koppensteiner, in: Köln. Komm. AktG, § 312 Rn 4; Schneider, FS Lutter, 1193, 1198; K. Schmidt, JZ 1992, 856, 859, 862. Gleichwohl wird nach wie vor nach Wegen zu einer (zumindest) begrenzten Publizität des Abhängigkeitsberichts gesucht: Zöllner, FS Kropff, 333, 339 hat das Einsichtsrecht eines von der Minderheit gewählten Treuhänders vorgeschlagen, dem es dann unter Wahrung grundsätzlicher Verschwiegenheitspflicht obliegen soll, die außenstehenden Aktionäre über die für sie relevante verbundsrechtliche Lage zu informieren. Die Regierungskommission Corporate Governance hat demgegenüber vorgeschlagen, den Abhängigkeitsbericht und den dazugehörigen Prüfungsbericht des Abschlussprüfers bei Insolvenz der abhängigen Gesellschaft vorzulegen (Baums (Hrsg.), Bericht der Regierungskommission Corporate Governance, 2001, Rn 180). Die Offenlegungspflicht solle sich hierbei auf die Abhängigkeits- und Prüfungsberichte der letzten fünf Jahre vor Insolvenzeintritt erstrecken. Diesen Vorschlag begrüßt Habersack, in: Emmerich/Habersack, § 312 Rn 4 (Fußnote 10), der allerdings schon de lege lata davon ausgeht, dass der Insolvenzverwalter über den Abhängigkeitsbericht verfügen kann (so auch Kropff, in: Münch. Komm. AktG, § 312 Rn 11). Der ähnlich gelagerte Vorschlag der Regierungskommission Corporate Governance (Rn 296), die Prüfungsberichte über die Abschlussprüfung (§ 321 HGB) der letzten drei Jahre vor Insolvenzeintritt offen zu legen, ist vom Gesetzgeber im Bilanzrechtsreformgesetz aufgegriffen und in § 321a Abs. 1 Satz 1 HGB kodifiziert worden.

1. Meinungsstand zum Verhältnis von § 131 AktG zu § 312 AktG

Nach Auffassung des Kammergerichts[426] und des OLG Frankfurt am Main[427] ist der Regelung des § 312 AktG eine generelle Begrenzung des Auskunftsrechts des Aktionärs dahin zu entnehmen, dass es sich nicht auf die in den Abhängigkeitsbericht aufzunehmenden Einzelheiten erstreckt. Da der Abhängigkeitsbericht vertraulich zu behandeln sei, spreche dies von vornherein gegen die Annahme, der Gesetzgeber habe gleichwohl eine Erörterung eines vom Abschlussprüfer und vom Aufsichtsrat unbeanstandet gebliebenen Abhängigkeitsberichts in der Hauptversammlung und ein Auskunfts- und Informationsrecht der außenstehenden Aktionäre über den Inhalt des Abhängigkeitsberichts in Erwägung gezogen[428]. Vielmehr habe der Gesetzgeber mit dem besonderen Prüfverfahren des Abhängigkeitsberichts durch den Abschlussprüfer und den Aufsichtsrat Regelungen geschaffen (§§ 313 - 315 AktG), die das allgemeine Auskunfts- und Informationsrecht der außenstehenden Aktionäre über die Einhaltung des Benachteiligungsverbots ersetzen würden. Dies sei die einzige Form von Publizität, die dem außenstehenden Aktionär für Vorgänge des § 312 AktG zustehe.

Die Entscheidungen des Kammergerichts und des OLG Frankfurt am Main werden von der übrigen Rechtsprechung[429] und der Literatur[430] durchgängig abgelehnt. Die Verpflichtung zur Erstellung des Abhängigkeitsberichts lasse das allgemeine Auskunftsrecht des Aktionärs unberührt. Aus § 312 AktG könne nicht gefolgert werden, der Aktionär brauche über Einzelheiten von Rechtsgeschäften, die die Gesellschaft mit verbundenen Unternehmen getätigt habe, nicht informiert zu werden. Denn ein Bericht, der dem Aktionär nicht zugänglich gemacht werde, könne sein Auskunftsrecht nicht ersetzen oder begrenzen. Gerade

---

[426] KG Berlin, AG 1973, 25, 27.
[427] OLG Frankfurt am Main, NJW-RR 2003, 473, 474. Das Landgericht Frankfurt am Main hatte demgegenüber als Vorinstanz 9 Jahre früher dem Informationserzwingungsantrag (§ 132 AktG) des außenstehenden Aktionärs statt gegeben, mit dem dieser Auskunft begehrte, welchen Betrag die abhängige Gesellschaft für eine Konzernumlage im Geschäftsjahr an das herrschende Unternehmen entrichten musste (DB 1993, 2371).
[428] OLG Frankfurt am Main, NJW-RR 2003, 473, 474.
[429] OLG Stuttgart, NZG 2004, 966, 968; OLG Düsseldorf, DB 1991, 2532, 2533; LG Frankfurt am Main, DB 1993, 2371; OLG Karlsruhe, AG 1973, 28, 29.
[430] Barz, FS Möhring, 153, 162; Bunte, AG 1974, 374 f.; Burgard, Die Offenlegung von Beteiligungen, Abhängigkeits- und Konzernlagen bei der Aktiengesellschaft, Seite 79; Decher, ZHR 158 (1994), 473, 492; Eckardt, in: Geßler/Hefermehl, § 131 Rn 130; Habersack, in: Emmerich/Habersack, § 312 Rn 5; (ausführlich) Habersack/Verse, AG 2003, 300 f.; Hüffer, § 312 Rn 39; Koppensteiner, in: Köln. Komm. AktG, § 312 Rn 6; Krieger, in: Münchener Hdb. GesR IV, § 69 Rn 78; Kropff, in: Münch. Komm. AktG, § 312 Rn 16; Meilicke/Heidel, DStR 1992, 113, 115; Schneider, FS Lutter, 1193, 1198; Strohn, Die Verfassung des Aktiengesellschaft im faktischen Konzern, Seite 145; Zöllner, in: Köln. Komm. AktG, § 131 Rn 30. Soweit ersichtlich stimmt nur Semler, Leitung und Überwachung, Rn 309 der Entscheidung des Kammergerichts zu.

weil dem Aktionär der Bericht nicht offen gelegt werde, müsse er im Rahmen des § 131 AktG auskunftsberechtigt sein[431]. Denn der Abhängigkeitsbericht solle nur ein zusätzliches Kontrollinstrument sein, nicht aber andere Kontrollinstrumente beschränken[432].

2. Stellungnahme

Ob Aktionäre Auskunft über im Abhängigkeitsbericht enthaltenen Angaben verlangen dürfen, ist in § 312 AktG weder ausdrücklich geregelt noch findet sich in der Gesetzesbegründung ein Hinweis. Bei Beantwortung der Frage ist vom Regelungszweck des § 312 AktG auszugehen.

Der Gesetzgeber wollte mit den Regelungen über den Abhängigkeitsbericht den Aktionärsschutz verbessern. Die Aktionäre sollten durch die in dem Abhängigkeitsbericht enthaltenen Informationen in die Lage versetzt werden, von ihrer nach §§ 317 Abs. 4, 318 Abs. 4 AktG (jeweils i.V.m. § 309 Abs. 4 AktG) bestehenden Möglichkeit zur Geltendmachung von Schadensersatzansprüchen gegen das herrschende Unternehmen oder die Organe der verbundenen Unternehmen auch tatsächlich Gebrauch machen zu können[433]. In der Erkenntnis, dass das Sonderprüfungsrecht nach § 315 Satz 1 Nr. 1 - 3 AktG in der Praxis häufig leer läuft, hat der Gesetzgeber durch das KonTraG[434] Satz 2 eingeführt: Danach kann eine qualifizierte Minderheit von Aktionären auch dann eine Sonderprüfung verlangen, wenn weder der Abschlussprüfer noch der Aufsichtsrat Einwendungen gegen den Abhängigkeitsbericht erheben. Dazu müssen die Aktionäre allerdings Tatsachen vortragen, die den Verdacht einer pflichtwidrigen Nachteilszufügung rechtfertigen. Das ist ohne Kenntnis der fraglichen Rechts- und Geschäftsbeziehungen zwischen den verbundenen Unternehmen praktisch nicht möglich[435]. Dies bedeutet: Die Einschränkung des Auskunftsrecht des Aktionärs beschränkt nicht nur die Möglichkeit zur hinreichenden Darlegung des Verdachts; sie verhindert vielmehr bereits das Entstehen eines solchen Verdachts und die Verfolgung von Ersatzansprüchen nach §§ 317, 318 AktG. Die gesetzgeberischen Intentionen werden mit anderen Worten konterkariert.

Auch unter einem weiteren Blickwinkel vermag die Auffassung des Kammergerichts und des OLG Frankfurt am Main nicht zu überzeugen: Da der Ab-

---

[431] Kropff, in: Münch. Komm. AktG, § 312 Rn 16.
[432] Meilicke/Heidel, DStR 1992, 113, 115.
[433] Begr. RegE. bei Kropff, Aktiengesetz, 1965, Seite 230; BGHZ 135, 107, 109.
[434] Gesetz zur Kontrolle und Transparenz im Unternehmensbereich vom 27. April 1998, BGBl. I 1998, 786 ff.
[435] OLG Stuttgart, NZG 2004, 966, 968; Habersack/Verse, AG 2003, 300, 304; Koppensteiner, in: Köln. Komm. AktG, § 312 Rn 2. Bunte, AG 1974, 374, 376 formuliert treffend: *„Wer nichts weiß und nichts erfahren darf, kann auch keine dahingehende Maßnahmen ergreifen".*

hängigkeitsbericht nur im faktischen Konzern, nicht aber im Vertragskonzern aufzustellen ist (§ 312 Abs. 1 Satz 1 AktG), könnten Aktionäre lediglich in der vertraglichen Konzernverbindung nach Rechtsgeschäften mit dem herrschenden Unternehmen fragen (§ 131 Abs. 1 Satz 2 AktG). Bei der schwächeren Form der Konzernbindung, in der die außenstehenden Aktionäre nicht durch eine Garantiedividende (§ 304 AktG) geschützt sind und insofern grundsätzlich ein weitergehendes Informationsbedürfnis besteht, würde das Gesetz Auskunftsrechte hingegen versagen. Dieses Ergebnis kann nicht richtig sein[436]. Dies bedeutet: In Übereinstimmung mit der herrschenden Meinung wird das Auskunftsrecht des Aktionärs nicht durch die Vorschrift über den Abhängigkeitsbericht verdrängt. Vielmehr kann der Aktionär in der Hauptversammlung auch Auskunft über im Abhängigkeitsbericht enthaltene Informationen verlangen.

3. Praktische Relevanz der Informationsquelle Abhängigkeitsbericht

Ist das Tochterunternehmen bei einer Weitergabe von Informationen nach *oben* demnach verpflichtet, im Abhängigkeitsbericht darüber zu berichten, und erstreckt sich das Auskunftsrecht der Aktionäre auch auf diesen, liegt die Annahme nahe, dass sich zumindest im faktischen Konzern die Aktionäre letztendlich doch über den konzerninternen Informationsfluss informieren können. Bei genauerer Betrachtungsweise erweist sich diese Überlegung als unzutreffend.

Der Vorstand der Tochtergesellschaft darf die Auskunft über vertrauliche Angaben nach Maßgabe des § 131 Abs. 3 Satz 1 Nr. 1 AktG verweigern. Denn die mit der Auskunfterteilung in der Hauptversammlung einhergehende Publizität ist generell geeignet, der Tochtergesellschaft einen nicht unerheblichen Nachteil zuzufügen[437]. Die Anwendung des § 131 Abs. 1 AktG neben den §§ 312 ff. AktG führt im Ergebnis also lediglich dazu, dass allein nicht geheimhaltungsbedürftige Informationen aus dem Abhängigkeitsbericht mitgeteilt werden müssen. Die tatsächlich interessierenden Informationen dürften in der Regel jedoch geheimhaltungsbedürftig sein und bleiben den Aktionären unbekannt. Der praktische Nutzen der so zu erlangenden Informationen ist folglich beschränkt.

---

[436] So auch Barz, FS Möhring, 153, 164; Eckardt, in: Geßler/Hefermehl, § 131 Rn 130; Habersack/Verse, AG 2003, 300, 303. Das OLG Frankfurt am Main, NJW-RR, 473, 474 sieht hierin allerdings keinen Wertungswiderspruch, weil die Interessenlage im faktischen Konzern eine andere sei als im Vertragskonzern. Diese Feststellung ist für sich genommen zwar richtig, begründet aber nicht, warum die Informationsrechte der Aktionäre im faktischen Konzern deshalb beschränkt sein sollen.

[437] Burgard, Die Offenlegung von Beteiligungen, Abhängigkeits- und Konzernlagen bei der Aktiengesellschaft, Seite 79; Eckardt, in: Geßler/Hefermehl, § 131 Rn 131; Habersack/Verse, AG 2003, 300, 304; Kropff, in: Münch. Komm. AktG, § 312 Rn 17, demzufolge das Bestehen eines Auskunftsverweigerungsrecht der Wertung des Gesetzgebers entspreche, den Abhängigkeitsbericht gerade nicht offen zu legen.

V. Information der außenstehenden Aktionäre bei Bilanzierung nach IFRS

Nach dem Gesagten können Aktionäre des Tochterunternehmens in der Hauptversammlung durch ihr Nachauskunftsrecht (§ 131 Abs. 4 AktG) nicht in Erfahrung bringen, mit welchen Informationen ihre (abhängige) Gesellschaft das herrschende Unternehmen im Laufe des zurückliegenden Geschäftsjahres versorgt hat. Es stellt sich allerdings die Frage, ob dieses Ergebnis auch für solche Tochtergesellschaften gilt, die ihren Einzelabschluss nach den Rechnungslegungsvorschriften IAS/IFRS aufstellen[438].

Hintergrund ist folgende Überlegung: Nach IAS 24 ist sowohl über tatsächliche Geschäftsvorfälle mit *„nahe stehenden Unternehmen und Personen"* (*related party transactions*) als auch über die bloße Existenz solcher Beziehungen (*related party relationships*) im Jahresabschluss zu berichten. In der Praxis findet sich zumeist im Anhang zum Jahresabschluss ein separater Abschnitt, der häufig mit *„Beziehungen zu nahe stehenden Unternehmen und Personen"* überschrieben ist[439]. Angaben über Beziehungen des Bericht erstattenden Unternehmens zu anderen nahe stehenden Unternehmen und Personen werden für erforderlich gehalten, weil die Möglichkeit besteht, dass nahe stehende Unternehmen und Personen Geschäfte tätigen, die fremde Dritte nicht eingehen bzw. in anderer Höhe abwickeln würden. Daher können solche Geschäfte Auswirkungen auf die Vermögens-, Finanz- und Ertragslage des berichtpflichtigen Unternehmens haben. Der Bericht nach IAS 24 unterscheidet sich damit in drei grundsätzlichen Punkten vom Abhängigkeitsbericht (§ 312 AktG). Erstens: Die Offenlegung des Berichts nach IAS erfolgt gegenüber jedermann, also nicht nur gegenüber dem beschränkten Adressatenkreis Aufsichtsrat. Zweitens: Es ist nicht nur über Beziehungen zu anderen nahe stehenden Unternehmen zu berichten, sondern auch zu nahe stehenden natürlichen Personen. Und schließlich drittens: Die Berichts-

---

[438] Nach § 315a Abs. 1 HGB ist die Bilanzierung nach IAS/IFRS lediglich für kapitalmarktorientierte Unternehmen verpflichtend und das auch nur für ihre Konzernrechnungslegung, nicht aber für ihren jeweiligen Einzelabschluss (Hierzu oben Seite 21). Ist das Tochterunternehmen wiederum selbst Mutterunternehmen eines Teilkonzerns und zudem börsennotiert, erwächst ihm aus § 315a Abs. 1 HGB nur die Verpflichtung zur Bilanzierung seines (Teil-) Konzernabschlusses nach IAS/IFRS, nicht aber seines Jahresabschlusses. Ein Beispiel aus der Praxis ist hierfür die Allianz Lebensversicherungs AG: Sie ist die börsennotierte Tochtergesellschaft der börsennotierten Muttergesellschaft Allianz SE (Societas Europaea). Allerdings müssen nach §§ 62 Abs. 1 Satz 1, Alt. 1, 77 Börsenordnung FWB alle Gesellschaften, deren Aktien zum Handel im Teilbereich des amtlichen oder des geregelten Marktes mit weiteren Zulassungsfolgepflichten (Prime Standard) zugelassen sind, auch ihren Einzelabschluss nach den Rechnungslegungsgrundsätzen IFRS aufstellen.

[439] Siehe Heuser/Theile, IAS/IFRS-Handbuch, Rn 2403; Hoffmann, in: IAS/IFRS-Kommentar, § 30 Rn 45.

pflicht nach IAS 24 besteht unabhängig davon, ob es sich um eine vertragliche oder faktische Konzernbeziehung handelt.

Es ergibt sich von selbst, dass es sich bei der Muttergesellschaft aus der Perspektive der abhängigen Tochtergesellschaft um ein nahe stehendes Unternehmen im Sinne des IAS 24 handelt[440]. Aus diesem Grund könnte die bilanzierende Tochtergesellschaft über die weitergegebenen Informationen in ihrem Jahresabschluss zu berichten haben[441]. Sollte dies der Fall sein, wäre es unverständlich, wenn der Vorstand der Tochtergesellschaft seinen Aktionären in der Hauptversammlung dann aber gleichwohl die Antwort auf ihre Fragen bzw. ihre Nachauskunftsbegehren verweigern dürfte. Schließlich würden die Aktionäre - eine entsprechende Berichtspflicht unterstellt - die Informationen ohnehin dem Anhang des Jahresabschlusses entnehmen können[442].

IAS 24 sieht keine spezielle Angabepflicht für Informationen vor, die nahe stehenden Unternehmen mitgeteilt wurden. Diese Pflicht könnte sich jedoch daraus ergeben, dass gemäß IAS 24.20 zu den berichtspflichtigen Geschäftsvorfällen ("transactions") beispielsweise auch die Übertragung von Forschungs- und Entwicklungsergebnissen zählt. Als Beispiele der Berichtspflicht nennt IAS 24 außerdem den Abbruch von Einkaufsbeziehungen zu einem Handelspartner nach Übergang der Mehrheit an einer Schwestergesellschaft, die im gleichen Geschäftsfeld wie der früherer Handelspartner tätig ist, auf das Mutterunternehmen oder die Anweisung an ein neu erworbenes Tochterunternehmen, sich in Zukunft jeglicher Forschung und Entwicklung zu enthalten, die von dem Mutterunternehmen allein wahrgenommen werden (IAS 24.7). Vor diesem Regelungshintergrund könnte es sich auch bei konzernintern mitgeteilten Informationen um mitteilungspflichtige Angaben handeln. Ob diese Annahme tragfähig ist, erscheint zweifelhaft.

---

[440] Heuser/Theile, IAS/IFRS-Handbuch, Rn 2383; Hoffmann, in: IAS/IFRS-Kommentar, § 30 Rn 12; Lück/Hayn, in: Baetge/Dörner, IAS 24 Rn 24.

[441] Die Pflicht nach IAS 24 4 entfällt für die Tochtergesellschaft, wenn sie vollständig im Besitz eines Mutterunternehmens ist, dass selbst einen Konzernabschluss erstellt (IAS 24 (a)). Im Umkehrschluss unterliegen daher alle nicht hundertprozentigen Tochtergesellschaften in ihrem Einzelabschluss den Angabepflichten zu Transaktionen zwischen nahe stehenden Unternehmen und Personen. Demgegenüber fällt eine Berichterstattung im Konzernabschluss weg, soweit die Geschäftsvorfälle zwischen den Konzernunternehmen im Zuge der Konsolidierung eliminiert werden. Nur Unternehmen, die nicht in den Konzernabschluss einbezogen werden, sind aus Sicht der Konzernmutter also Gegenstand der Berichterstattung (Marten, IRZ 2006, 49, 52).

[442] Sofern es sich bei der Tochtergesellschaft um eine große Kapitalgesellschaft handelt (§ 267 Abs. 3 HGB), kann diese für Publizitätszwecke im elektronischen Bundesanzeiger statt eines HGB Abschlusses einen IFRS - Einzelabschluss offen legen (§ 325 Abs. 2a Satz 1 HGB). Davon unberührt bleibt die Pflicht, beim Registergericht einen nach den Vorgaben des HGB aufgestellten Einzelabschluss einzureichen (§ 325 Abs. 1 Satz 1 HGB).

IAS 24 basiert auf dem Prinzip der Offenlegung (*„disclosure"*). Der Regelungs-inhalt von IAS 24 besteht darin, die bilanziellen Auswirkungen von *„related party transactions"* offen zu legen und transparenter zu gestalten. Für Transak-tionen zwischen der berichtenden Gesellschaft und nahe stehenden Unterneh-men können nämlich Preise festgelegt werden, die von jenen Preisen abweichen, wie sie zwischen voneinander unabhängigen Gesellschaften vereinbart werden. Durch die Angabe des Umfangs dieser Geschäfte soll dem Abschlussadressaten ein den tatsächlichen Verhältnissen entsprechendes Bild der Vermögens-, Fi-nanz- und Ertragslage vermittelt und eine Vergleichbarkeit der Transaktionen mit jenen aus den Vorjahren ermöglicht werden. Das berichtende Unternehmen hat aus diesem Grund entweder Mengeneinheiten - sofern das Geschäft unent-geltlich erfolgt - oder Geldeinheiten anzugeben, die den Geschäftsvorgang aus-machen[443]. Auch sollen die Vertragsbedingungen einschließlich der gegebenen Sicherheiten angegeben werden.

Angaben sind jedoch nur soweit erforderlich, als aus ihnen mögliche Aus-wirkungen auf den Inhalt des Jahresabschlusses abgeleitet werden können[444]. Und genau diese Voraussetzungen erfüllt der Tatbestand des konzerninternen Informationsflusses nicht ohne weiteres. Denn dieser hat zumindest keine direk-ten Auswirkungen auf die Vermögens-, Finanz- und Ertragslage der Tochterge-sellschaft. Zum Verständnis des Jahresabschluss sind diese Angaben für einen Dritten nicht erforderlich, jedenfalls nicht zwingend.

Aber selbst wenn man den Standpunkt vertritt, der Begriff *„Geschäftsvorfäl-le zwischen nahe stehenden Unternehmen und Personen"* greife weit und wolle den Austausch jeder Art von Sach- und Dienstleistungen zwischen den als *„re-lated"* definierten Teilnehmern abdecken[445], bestehen durchgreifende Bedenken, ob über die nach *oben* gegebenen Informationen zu berichten ist. Denn IAS 24 verfolgt nicht das Ziel, Geschäftsgeheimnisse offen zu legen[446]. Genau diese Ge-fahr besteht aber, sollte sich die Berichtspflicht auch auf die konzernintern kommunizierten vertraulichen Informationen erstrecken, handelt es sich bei die-sen doch in aller Regel gerade um Geschäftsgeheimnisse im Sinne von § 93 Abs. 1 Satz 3 AktG. Selbst wenn man also für eine weite Auslegung des IAS 24 eintritt, führt dies nicht zur Berichtspflicht über konzernintern nach *oben* gege-bene Informationen.

---

[443] Lück/Hayn, in: Baetge/Dörner, IAS 24 Rn 63; Wolff/Hamminger, in: Beck'sches IFRS-Hdb., § 20 Rn 23.
[444] *„Necessary for an understanding of the potential effect of the relationship on the finan-cial statements".*
[445] In diesem Sinne Niehus, WPg 2003, 521, 524.
[446] Hoffmann, in: IAS/IFRS-Kommentar, § 30 Rn 18.

VI. Ergebnis

Die einem herrschenden Unternehmen sowohl im Vertragskonzern als auch im faktischen Konzern zu Zwecken der Konzernleitung außerhalb der Hauptversammlung erteilten Auskünfte erhält dieses nicht in *„seiner Eigenschaft als Aktionär"*, sondern im Rahmen der besonderen Konzernrechtsbeziehung. Die weitergegebenen Informationen unterliegen deshalb nicht dem Nachauskunftsrecht der übrigen Aktionäre (§ 131 Abs. 4 AktG). Aufgrund der konzernrechtlichen Sonderbeziehung liegt auch kein Verstoß gegen den aktienrechtlichen Gleichbehandlungsgrundsatz vor (§ 53a AktG).

Erlangen Organmitglieder der abhängigen Gesellschaft, die zugleich Organmitglieder des herrschenden Unternehmens sind, im Rahmen von Vorstands- und Aufsichtsratssitzungen Informationen, entsteht kein Nachauskunftsrecht der außenstehenden Aktionäre. Denn in beiden Fällen erhalten die Doppelorganmitglieder die Information nicht in ihrer Eigenschaft als Repräsentanten des herrschenden Unternehmens und damit in ihrer Eigenschaft als Aktionär, sondern als Organ der abhängigen Tochtergesellschaft.

Im faktischen Konzern stellt der Abhängigkeitsbericht (§ 312 AktG) keine Informationsquelle für die außenstehenden Aktionäre dar. Zwar muss in diesem über die konzernintern mitgeteilten Informationen berichtet werden und das Auskunftsrecht der Aktionäre erstreckt sich grundsätzlich auch auf diesen Bericht. Der Vorstand des Tochterunternehmens darf jedoch die Offenlegung vertraulicher Angaben und von Geheimnissen in der Hauptversammlung unter Berufung auf § 131 Abs. 3 Satz 1 Nr. 3 AktG verweigern.

Aus der Bilanzierung der Tochtergesellschaft nach IAS/IFRS folgt keine Verpflichtung, im Anhang zum Jahresabschluss über die dem herrschenden Unternehmen mitgeteilten Informationen zu berichten. Die Berichtspflicht nach IAS 24 erstreckt sich nicht auf den konzerninternen Informationsfluss.

Sowohl im faktischen wie im vertraglich begründeten Konzernverhältnis entzieht sich der konzerninterne Informationsfluss von *unten* nach *oben* der Kenntnisnahme der außenstehenden Aktionäre der Tochtergesellschaft.

§ 8 Die Information des herrschenden Unternehmens im Lichte des Deutschen Corporate Governance Kodex

Nach § 161 AktG haben Vorstand und Aufsichtsrat einer börsennotierten Gesellschaft im Sinne von § 3 Abs. 2 AktG jährlich zu erklären, dass den Empfehlungen (Soll-Bestimmungen) des Deutschen Corporate Governance Kodex[447] entsprochen wurde und wird, bzw. welche Empfehlungen nicht angewendet

---

[447] Nachfolgend als „DCGK" oder „Kodex" abgekürzt.

wurden oder werden. Gibt die börsennotierte Tochtergesellschaft außerhalb der Hauptversammlung Informationen an das herrschende Konzernunternehmen weiter, die den außenstehenden Aktionären der Tochtergesellschaft sowie dem Kapitalmarkt und seinen Teilnehmern unbekannt bleiben, stellt sich die Frage, ob dieser Informationstransfer im Einklang mit den Regelungen des DCKG steht. Stellt die Vermeidung ungerechtfertigter Informationsasymmetrien zwischen den Teilnehmern des Kapitalmarkts doch gerade einen wichtigen Bestandteil guter Corporate Governance dar[448].

I. Regelungen zum Informationstransfer im DCGK

Der DCKG behandelt die Weitergabe von Informationen durch eine börsennotierte Aktiengesellschaft in verschiedenen Einzelregelungen: In Ziffer 6.3 Satz 1 gibt der Kodex geltendes Gesetzesrecht wieder, nämlich den Grundsatz der informationellen Gleichbehandlung der Aktionäre, wie er sich im Grunde schon aus § 53a AktG ergibt. Gleichbehandlung bedeutet konkret, dass jeder Aktionär unabhängig vom Umfang seines Aktienbesitzes, wie auch von anderen in seiner Person liegenden Gründen, die gleichen Informationen von der Gesellschaft erhält oder zumindest erhalten kann. Weil es sich lediglich um einen Hinweis auf geltendes Gesetzesrecht handelt und nicht um eine eigenständige Soll-Bestimmung, muss eine Abweichung von diesem Grundsatz in der Entsprechenserklärung nach § 161 AktG nicht offen gelegt werden. Für die vorliegend interessierende Frage hat die Regelung daher keine Relevanz.

Von Interesse ist allein die in Ziffer 6. 3 Satz 2 des Kodex enthaltene Soll-Bestimmung: *„Die Gesellschaft soll den Aktionären unverzüglich neue Tatsachen, die Finanzanalysten und vergleichbaren Adressaten mitgeteilt worden sind, zur Verfügung stellen".*

II. Anwendung der Ziffer 6.3 Satz 2 DCGK auf die Information des herrschenden Unternehmens

Ob die in Ziffer 6.3 Satz 2 des Kodex enthaltene Empfehlung auch für die konzernintern von *unten* nach *oben* kommunizierten Informationen gilt, ist - soweit ersichtlich - im rechtswissenschaftlichen Schrifttum bislang nicht untersucht worden. Auch enthält weder der Kodex selbst noch der Bericht der Regierungskommission Corporate Governance eine Aussage zu dieser Frage.

Sollte die börsennotierte Tochtergesellschaft diese denkbare Verpflichtung des Kodex nicht erfüllen wollen, müsste sie in der Entsprechenserklärung nach § 161 AktG ausdrücklich darauf hinweisen, dass der Empfehlung 6.3 des Kodex nicht gefolgt wird. Das abhängige Tochterunternehmen müsste also öffentlich-

---

[448] v. Werder, in: Kodex-Kommentar, Ziffer 6.3 Rn 1224.

keitswirksam erklären, dass es das herrschende Unternehmen gegenüber den außenstehenden Aktionären und dem Kapitalmarkt informatorisch privilegiert. Die praktische Bedeutung der aufgeworfenen Frage liegt auf der Hand.

1. Regelungsinhalt der Ziffer 6.3 Satz 2 DCGK

Die Empfehlung in Ziffer 6.3 Satz 2 geht auf eine Anregung der Regierungskommission Corporate Governance zurück. Diese hatte vorgeschlagen, folgende Formulierung in den Kodex aufzunehmen: *„Die Aktionäre erhalten Zugang zu sämtlichen Informationen, die Finanzanalysten und vergleichbaren Adressaten mitgeteilt wurden"*[449]. Der Kodex greift diese Anregung erkennbar auf, formuliert die Empfehlung allerdings schärfer, weil die Aktionäre nicht lediglich *„Zugang erhalten"* sollen, sondern ihnen die an Finanzanalysten und vergleichbare Adressaten weitergegebenen Informationen vielmehr unverzüglich *„zur Verfügung gestellt"* werden müssen.

Weil die Tatsachen *„unverzüglich"* nach der Information der Finanzanalysten und somit ohne schuldhaftes Zögern (§ 121 BGB) zu veröffentlichen sind, dürften zwischen der Unterrichtung der Analysten und derjenigen der Aktionäre im Regelfall allenfalls wenige Stunden liegen[450]. Eine *Karenzzeit* für Reaktionen auf die erhaltenen Informationen sollen die beteiligten Finanzanalysten dem Sinn und Zweck der Empfehlung nach also nicht erhalten. Anders als im Rahmen von § 131 Abs. 4 AktG darf die Gesellschaft zur Information der Aktionäre nicht erst die nächste Hauptversammlung abwarten. Aus dem Sinn und Zweck der Empfehlung folgt schließlich, dass die Aktiengesellschaft von sich aus die Informationen, die sie bislang nur an Analysten und vergleichbare Adressaten weitergegeben hat, mittels geeigneter Kommunikationsmittel den Aktionären zugänglich machen muss. Zu denken ist hierbei vor allem an eine Veröffentlichung auf der Investor-Relations-Seite des Internetauftritts der Gesellschaft[451].

Gegenüber § 131 Abs. 4 AktG ist das in zweifacher Hinsicht eine bedeutsame Erweiterung der Auskunftspflicht. Erstens reicht im Rahmen des § 131 Abs. 4 AktG die bloße Frage, ob einem anderem Aktionär außerhalb der Hauptver-

---

[449]   Baums (Hrsg.), Bericht der Regierungskommission Corporate Governance, 2001, Rn 143 (= BT-Drucks. 14/7515, Seite 75, Rn 143).

[450]   Anders Göhner/Zipfel, in: German Corporate Governance Kodex, G 4.6 (Seite 199), die in Anlehnung an die Regulation FD (*„Fair Disclosure"*) der amerikanischen SEC (Stock Exchange Commission) danach differenzieren wollen, ob die Informationsweitergabe absichtlich oder nicht absichtlich erfolgte. Im Falle der absichtlichen Weitergabe solle die Veröffentlichung zeitgleich erfolgen, im Falle der nicht beabsichtigten selektiven Weitergabe innerhalb einer 24-Stundenfrist.

[451]   So v. Werder, in: Kodex-Kommentar, Ziffer 6.3 Rn 1231, der überdies die Live-Übertragung wichtiger Analysten- und Pressekonferenzen im Internet als Veröffentlichungsmöglichkeit vorschlägt, soweit der entsprechende Aufwand wirtschaftlich vertretbar erscheint.

sammlung Informationen erteilt wurden und um welche Auskünfte es sich im Einzelnen handelt, nach herrschender, wenn auch nicht unbestrittener Ansicht[452] nicht aus, um eine Auskunftspflicht der Gesellschaft auszulösen. Und zweitens wird durch die Informationserteilung an eine Rating-Agentur oder einen Finanzanalysten kein Nachauskunftsanspruch begründet, weil hier keine Weitergabe von Informationen an einen Aktionär *„wegen seiner Eigenschaft"* als Aktionär vorliegt[453].

2. Eigenständige praktische Bedeutung der Empfehlung

Auch wenn Analysten in der Regel keine Aktionäre der Tochtergesellschaft sind, dürfen ihnen wegen der insiderrechtlichen Bestimmungen gleichwohl keine Informationsvorsprünge verschafft werden. Die Befugnis zur selektiven Weitergabe von Informationen an Finanzanalysten wird nicht lediglich durch das Verschwiegenheitsgebot des § 93 Abs. 1 Satz 3 AktG begrenzt, sondern vor allem durch das insiderrechtliche Weitergabeverbot des § 14 Abs. 1 Nr. 2 WpHG[454], sowie die kapitalmarktrechtliche Publizitätspflicht des § 15 Abs. 1 WpHG. Sobald die einem Analysten gegebene Information Ad-hoc-Relevanz aufweist, muss sie schon aufgrund der gesetzlichen Bestimmungen und nicht lediglich wegen der in Ziffer 6.3 Satz 2 des Kodex enthaltenen Empfehlung unverzüglich veröffentlicht werden[455]. Die Nichtveröffentlichung der Insiderinformation stellt also einen Verstoß gegen eine gesetzliche Pflicht und nicht lediglich eine in der Entsprechenserklärung nach § 161 AktG offen zu legende Abweichung von einer Soll-Bestimmung des Kodex dar.

Eigenständige Bedeutung hat die Empfehlung in Ziffer 6.3 Satz 2 des Kodex mithin nur, wenn man einer im Schrifttum vertretenen Ansicht folgt[456], wonach der Begriff *„neue Tatsache"* deutlich weiter zu fassen ist als derjenige der publizitätspflichtigen Insiderinformation im Sinne des § 15 Abs. 1 Satz 1 WpHG[457]. An Finanzanalysten gegebene Informationen müssten unter Zugrundelegung dieser Auffassung und bei Beachtung der Kodexempfehlungen demnach auch dann veröffentlicht werden, wenn es sich bei ihnen um keine zu veröffentlichenden Insiderinformationen handelt. Mit Blick auf das Regelungsziel der Empfehlung Ziffer 6.3 Satz 2 des Kodex, Informationsasymmetrien und Informations-

---

[452] Decher, in: Großkomm. AktG, § 131 Rn 360; Eckardt, in: Geßler/Hefermehl, § 131 Rn 152; Hoffmann-Becking, FS Rowedder, 155, 160; Hüffer, § 131 Rn 41. Zu den Voraussetzungen des Nachauskunftsrechts im Einzelnen unten Seiten 235 ff.

[453] Franken/Heinsius, FS Budde, 213, 221; Grüner, NZG 2000, 770, 778.

[454] Zur Weitergabe an Analysten Assmann, AG 1997, 50, 57 (noch zur alten Rechtslage).

[455] Zutreffend Strieder, Kommentar DCGK, Seite 133.

[456] v. Werder, in: Kodex-Kommentar, Ziffer 6.3 Rn 1229; zustimmend Strieder, Kommentar DCGK, Seite 133.

[457] Näher zum Begriff der publizitätspflichtigen Insiderinformation unten Seiten 162 f.

vorsprünge zu verhindern, ist ein weites Verständnis des Begriffs *„neue Tatsachen"* angezeigt.

Bejahte man demnach die Anwendbarkeit der in Ziffer 6.3 Satz 2 des Kodex enthaltenen Empfehlung auf den konzerninternen Informationsfluss, ständen der konzerninternen Weitergabe von Informationen von *unten* nach *oben* grundsätzlich keine unüberwindbaren Hindernisse entgegen. An die Konzernobergesellschaft kommunizierte Informationen müssten aber unverzüglich den anderen Aktionären auf der Homepage der börsennotierten Tochtergesellschaft zur Verfügung gestellt werden, selbst wenn diese keine Ad-hoc-Relevanz aufweisen. Zumindest der börsennotierten Konzerntochter würde es daher im Ergebnis nichts nutzen, dass sich ihr Vorstand in der Hauptversammlung unangenehmen Aktionärsfragen zum konzerninternen Informationsfluss grundsätzlich entziehen kann.

3.   Herrschendes Unternehmen als *„vergleichbarer Adressat"*

Der Kodex empfiehlt eine Veröffentlichung nach dem Wortlaut der Ziffer 6. 3 Satz 2 lediglich dann, wenn die selektive Informationsweitergabe an Finanzanalysten und *„vergleichbare Adressaten"* erfolgt ist. Weil es sich bei dem herrschenden Unternehmen um keinen Finanzanalysten handelt, müsste es - sollte Ziffer 6.3 Satz 2 des Kodex Anwendung finden - unter den Begriff *„vergleichbare Adressaten"* fallen.

a)   Auslegung nach dem Wortlaut

Bezugspunkt des Begriffs *„vergleichbarer Adressat"* sind nach dem Wortlaut des Satzes 2 der Ziffer 6.3 des Kodex die Finanzanalysten. Dies sind - angelehnt an die Standesrichtlinien der Deutschen Vereinigung für Finanzanalyse und Asset Management (DVFA)[458] - Personen, die aufgrund allgemein verfügbarer Informationen und spezieller Vorkenntnisse eine Beurteilung und Bewertung von Wertpapieren von Unternehmen und deren Derivaten in der Form von zumeist schriftlichen Analysen vornehmen und deren Arbeitsergebnisse privaten und institutionellen Anlegern sowie Kundenberatern, Vermögensverwaltern und Portfoliomanagern in Kapitalgesellschaften als Grundlage für Anlageentscheidungen dienen[459]. Damit vergleichbar sind Fondsmanager, Wirtschaftsjournalisten, Rating-Agenturen und sonstige Personen oder Institutionen, die von der börsennotierten Gesellschaft nicht wegen öffentlich-rechtlicher Verpflichtungen, sondern zur Pflege ihrer Marktbeziehungen mit Informationen versorgt werden. Nicht erfasst sein sollen demgegenüber Personen, die hinsichtlich der an sie wei-

---

[458]   Diese sind im Internet unter www.dvfa.de abrufbar.

[459]   Göhner/Zipfel, in: Deutscher Corporate Governance Kodex, G. 4.5 (Seite 198); v. Werder, in: Kodex-Kommentar, Ziffer 6.3 Rn 1230.

tergegeben Informationen zur Vertraulichkeit verpflichtet sind, wie beispielsweise Rechtsanwälte, Steuerberater, Wirtschaftsprüfer oder Investmentban-
ker[460].

Der Kreis der *„vergleichbaren Adressaten"* erfasst somit Personen, die eine
Bewertung der Wertpapiere börsennotierter Gesellschaften vornehmen und aus
diesem Grund selektiv Informationen erhalten. Im Gegensatz zu diesen erhält
die herrschende Gesellschaft die Informationen nicht, um eine kapitalmarktrechtlich relevante Bewertung des Tochterunternehmens vorzunehmen. Vor allem aber gibt die börsennotierte Tochtergesellschaft die Informationen nicht
deshalb nach *oben*, damit der Vorstand der Muttergesellschaft diese in der Folge
dem Kapitalmarkt und seinen Teilnehmern präsentiert. Diese sollen gerade ausschließlich zu konzerninternen Zwecken verwendet werden. Die Konzernobergesellschaft fällt daher bei wörtlicher Auslegung nicht unter den Kreis der mit
den Finanzanalysten vergleichbaren Adressaten.

b)   Auslegung nach dem Schutzzweck

Bei einer wertenden, am Schutzzweck orientierten Auslegung könnte der sachliche Anwendungsbereich der Soll-Bestimmung in Ziffer 6.3 Satz 2 des Kodex
aber weiter zu ziehen sein.

aa)   Regelungsziel der Empfehlung

Erklärtes Ziel der Kodex Kommission war es, mit der Veröffentlichungspflicht
Informationsasymmetrien am Kapitalmarkt zu beseitigen[461]. Dass durch die Information des herrschenden Unternehmens genau solche unerwünschten Informationsasymmetrien entstehen, lässt sich nicht bestreiten: Die Konzernobergesellschaft erhält Informationen, welche die anderen Aktionäre und Anleger
(noch) nicht erhalten. Sie kann darauf reagieren, während die anderen Aktionäre
und Anleger es (noch) nicht können. Gerade vor dem Hintergrund der immer
noch zu beachtenden kapitalmarktschädlichen Informationsasymmetrien hat die
Regierungskommission Corporate Governance die Gleichbehandlung aller Aktionäre in der börsennotierten Aktiengesellschaft angemahnt[462]. Sinn und Zweck
der Empfehlung der Ziffer 6.3 könnten also dafür sprechen, dass sie letztendlich
auch auf die Weitergabe von Informationen durch börsennotierte Gesellschaften
an das herrschende Konzernunternehmen Anwendung findet.

---

[460]   Göhner/Zipfel, in: Deutscher Corporate Governance Kodex, G. 4.5 (Seite 199).
[461]   Baums (Hrsg.), Bericht der Regierungskommission Corporate Governance, 2001,
          Rn 143.
[462]   Baums (Hrsg.), Bericht der Regierungskommission Corporate Governance, 2001,
          Rn 143.

bb) Grund des Informationstransfers im Konzern

Durch das im Kodex normierte Veröffentlichungsgebot soll verhindert werden, dass Analysten den Börsenkurs der Gesellschaft durch Kauf- und Verkaufsempfehlungen mittelbar beeinflussen und sich hierbei auf Interna stützen, die dem normalen Aktionär und der Öffentlichkeit nicht bekannt sind. Die Empfehlung will erreichen, dass börsennotierte Gesellschaften der Öffentlichkeit und den *einfachen* Aktionären ihre Unternehmens- und Geschäftspolitik in der gleichen Weise darstellen wie gegenüber Finanzanalysten. Vor allem internationale Rating-Agenturen erhalten von börsennotierten Unternehmen zahlreiche detaillierte und teilweise auch vertrauliche Informationen zu einzelnen Bilanzposten sowie zu dem aktuellen Geschäftsverlauf, die dem normalen Aktionär vorenthalten werden[463]. Die internationalen Rating-Agenturen[464] erhalten diese Informationen vornehmlich zur positiven Bewertung der Gesellschaft: Ohne die Bonitätsbewertungen der Rating-Agenturen ist sowohl die Eigen- als auch Fremdkapitalaufnahme am Kapitalmarkt kaum möglich; eine negative Beurteilung kann zu einer Verteuerung der Eigenkapitalbeschaffung führen.

Das Verhältnis zwischen der Tochtergesellschaft und dem herrschenden Unternehmen ist hingegen ein völliges anderes als das zwischen der (Tochter-) Gesellschaft und der Gruppe von Finanzanalysten und vergleichbaren Akteuren des Kapitalmarkts. Das herrschende Mutterunternehmen erlangt die Informationen von der abhängigen Gesellschaft grundsätzlich zum Zwecke einheitlicher Konzernleitung, Planung, Koordination und Kontrolle. Grund für den Informationstransfer ist nicht, dass das herrschende Konzernunternehmen diese Informationen für Anlageentscheidungen aufbereitet. Ferner soll das herrschende Unternehmen mittels der von *unten* erlangten Informationen auch keine Bonitätsprüfung zugunsten des Tochterunternehmens vornehmen. Insoweit besteht eine Parallele zu § 131 Abs. 4 AktG: Genauso wenig wie das herrschende Unternehmen die Informationen *„wegen seiner Eigenschaft als Aktionär"* erhält, erlangt es die Informationen als Finanzanalyst oder vergleichbarer Akteur des Kapitalmarkts im Sinne der Ziffer 6. 3 Satz 2 des Kodex.

cc) Rechtsgrundlage des konzerninternen Informationtransfers

Schließlich unterscheidet sich auch die rechtliche Grundlage der Informationserteilung im Konzern von der, die im Fokus der Ziffer 6.3 Satz 2 des Kodex steht: Im Vertragskonzern erfolgt die Information des herrschenden Unternehmens wegen dessen Auskunftsanspruchs. Grund für die selektive Informationserteilung ist die durch den Beherrschungsvertrag begründete konzernrechtliche Son-

---

[463] Franken/Heinsius, FS Budde, 213, 221; Grüner, NZG 2000, 770, 778; Wilde, ZGR 1998, 423, 460.

[464] Die international bedeutendsten sind Moody's Investor Services und Standard & Poor's.

derbeziehung. Fehlt es an einem Beherrschungsvertrag, erfolgt der Informationstransfer zwar auf freiwilliger Basis, seinen Ursprung findet er gleichwohl in der
faktischen Konzernverbindung. Insbesondere erfolgt die Information des herrschenden Unternehmens nicht zur Pflege der Kapitalmarktbeziehungen. Im Unterschied dazu haben weder die Finanzanalysten noch Rating-Agenturen oder
vergleichbare Adressaten einen Anspruch auf Weitergabe von Informationen,
auch wenn sie in der Praxis solche Informationen aufgrund ihrer Marktposition
erhalten[465]. Die Informationserteilung an das herrschende Unternehmen ist also
sowohl vom Zweck als auch von der Rechtsgrundlage her nicht mit derjenigen
an *„vergleichbare Adressaten"* gleichzusetzen.

III. Ergebnis

Die Erteilung von Informationen innerhalb der Konzernhierarchie erscheint nur
auf den ersten Blick als ein möglicher Verstoß gegen das Empfehlungsgebot der
Ziffer 6.3 Satz 2 des DCGK. Das Informationsgefälle zwischen der herrschenden Gesellschaft und den übrigen Aktionären der börsennotierten Tochtergesellschaft verstößt im Ergebnis nicht gegen den Kodex. Dieser akzeptiert den a-
symmetrischen Informationsfluss innerhalb des Konzerns. Dementsprechend
besteht auch keine Verpflichtung der börsennotierten Tochtergesellschaft, auf
diesen konzerninternen privilegierten Informationstransfer in der Entsprechenserklärung nach § 161 AktG hinzuweisen.

---

[465] Verweigerte Informationen können in der Praxis zu einem schlechteren Rating führen,
da die Agenturen in diesem Fall aufgrund der unsicheren Tatsachenbasis von einem
Worst Case Szenario ausgehen; so die Einschätzung bei Franken/Heinsius, FS Budde,
213, 221; Grüner, NZG 2000, 770, 778; Wilde, ZGR 1998, 423, 460.

2. TEIL: DIE INFORMATION DES HERRSCHENDEN UNTERNEHMENS IM KA-
PITALMARKTRECHT

§ 9 Die Weitergabe von Insiderinformationen an das herrschende Unternehmen

I. Problemstellung

Die Information des herrschenden Unternehmens durch das beherrschte Unternehmen ist im Anwendungsbereich des WpHG unter dem zusätzlichen Blickwinkel des § 14 Abs. 1 Nr. 2 WpHG zu beurteilen. Die Vorschrift verbietet, einem anderen eine Insiderinformation *„unbefugt"* mitzuteilen oder zugänglich zu machen.

Angesichts des umfassenden Informationsaustauschs zwischen den einzelnen Konzernunternehmen stellt sich die Frage, in welcher Form dieses kapitalmarktrechtliche Weitergabeverbot den konzerninternen Informationsfluss von *unten* nach *oben* tangiert. Hierbei ist zwischen zwei Grundkonstellationen zu differenzieren. Einmal: Die Tochtergesellschaft ist börsennotiert und gibt an das herrschende Unternehmen eine Insiderinformation über Umstände weiter, die ihren Ursprung in ihrem Tätigkeits- und Geschäftsbereich hat. Unerheblich ist hierbei, ob das herrschende Unternehmen selbst börsennotiert ist oder nicht[466]. Und zum anderen: Die Tochtergesellschaft ist nicht börsennotiert und leitet eine Insiderinformation über Umstände an das herrschende börsennotierte Mutterunternehmen weiter, die im Falle ihres Bekanntwerdens geeignet sind, den Börsen- oder Marktpreis der Aktien des herrschenden Unternehmens erheblich zu beeinflussen[467]. Ausgehend von diesen beiden denkbaren Konstellationen wird nachfolgend untersucht, ob das in § 14 Abs. 1 Nr. 2 WpHG verankerte Verbot der *„unbefugten Weitergabe von Insiderinformationen"* Auswirkungen auf den konzerninternen Informationsfluss börsennotierter Aktiengesellschaften hat.

---

[466] Bekannte Beispiele für die Konstellation, dass sowohl die beherrschte Tochtergesellschaft als auch das Konzernunternehmen börsennotiert sind, waren die Deutsche Telekom und ihre Tochtergesellschaft T-Online und sind die Commerzbank AG und ihre Tochtergesellschaft comdirekt AG sowie schließlich die Allianz Lebensversicherungs AG und die herrschende Allianz SE (Societas Europaea).

[467] Die Information der börsennotierten Metro AG durch ihre nicht börsennotierten Tochtergesellschaften ist ein Beispiel für diese Konstellation. Gleiches gilt für die TUI AG als Mutterunternehmen des TUI Konzerns im Verhältnis zur Tochtergesellschaft Hapag-Llyod AG.

II. Die Insiderhandlung nach § 14 Abs. 1 Nr. 2 WpHG

1. Der Begriff der Insiderinformation

Durch das Anlegerschutzverbesserungsgesetz vom 29. Oktober 2004[468] ist an die Stelle der früheren Insidertatsache der wesentlich weitergehende Begriff der Insiderinformation getreten. § 13 Abs. 1 WpHG definiert den Begriff der Insiderinformation als konkrete Information über nicht öffentlich bekannte Umstände, die sich auf einen oder mehrere Emittenten von Insiderpapieren oder auf die Insiderpapiere[469] selbst beziehen und geeignet sind, im Falle ihres öffentlichen Bekanntwerdens den Börsen- oder Marktpreis der Insiderpapiere erheblich zu beeinflussen. Nach der Gesetzesbegründung sind Insiderinformationen *„präzise Informationen"*[470]. Damit sind Umstände und Ereignisse gemeint, die bereits existieren bzw. eingetreten sind oder bei denen man vernünftigerweise damit rechnen kann, dass sie in Zukunft existieren bzw. eintreten[471]. Als Folge dieser geänderten Terminologie erfasst der Begriff der Insiderinformation, anders als das frühere Recht[472], nunmehr auch nachprüfbare Werturteile, Empfehlungen und Prognosen, so etwa die interne Unternehmensplanung bei Kursrelevanz[473]. Unter diesen Begriff fallen nun auch Informationen über Strategien, Konzepte, vorbereitende Maßnahmen sowie Entwicklungs- und Forschungsergebnisse, sofern deren Umsetzung unmittelbar bevorsteht bzw. die Planung nur einen kurzen

---

[468] Das Anlegerschutzverbesserungsgesetz (AnSVG) wurde am 29. Oktober 2004, BGBl I, 2630 ff. verkündet.

[469] Nach § 12 WpHG n. F. sind Insiderpapiere Finanzinstrumente, die (1) an einer inländischen Börse zum Handel zugelassen oder in den geregelten Markt oder den Freiverkehr einbezogen sind, die (2) in einem anderen Mitgliedsstaat der EU oder in einem anderen Vertragsstaat des Abkommens über den Europäischen Wirtschaftsraum zum Handel an einem organisierten Markt zugelassen sind oder (3) deren Preis unmittelbar oder mittelbar von Finanzinstrumenten nach (1) oder (2) abhängt. Es genügt, dass der Antrag auf Zulassung oder Einbeziehung gestellt oder öffentlich angekündigt ist. Finanzinstrumente sind nach § 2 Abs. 2b WpHG n. F. neben Wertpapieren auch Geldmarktinstrumente, Derivate und Rechte auf Zeichnung von Wertpapieren. Erfasst werden damit auch Zins- und Devisenswaps sowie Swaps auf Aktien- oder Aktienindexbasis (equity swaps), Kauf- und Verkaufsoptionen auf die beiden vorgenannten Kategorien einschließlich gleichwertiger Instrumente mit Barzahlung und Warenderivate.

[470] Begr. RegE BT-Drucks. 15/3174, Seite 33.

[471] In diesem Sinne Bürgers, BKR 2004, 424; Tollkühn, ZIP 2004, 2215 unter Verweis auf Artikel 1 Abs. 1 der Richtlinie 2003/6/EG des Europäischen Parlaments und des Rates vom 28. Januar 2003 über Insider-Geschäfte und Marktmanipulation (Marktmissbrauch), ABlEU Nr. L 96 vom 12. April 2003, Seite 16 (*„EU-Marktmissbrauchsrichtlinie"*).

[472] Vgl. statt aller Assmann, in: Assmann/Schneider³, § 13 WpHG Rn 33 ff.

[473] Bürgers, BKR 2004, 424; Spindler, NJW 2004, 3449, 3450.

Zeitraum erfasst[474]. Bloße Gerüchte ohne Tatsachenkern werden hingegen auch nach der Neufassung des § 13 WpHG nicht unter den Begriff der Insiderinformation subsumiert[475]. Ob die Information geeignet ist, den Börsen- oder Marktpreis der Insiderpapiere erheblich zu beeinflussen, bestimmt sich nach neuem Recht, ebenso wie nach bisheriger Rechtslage, aus der Sicht eines verständigen Aktionärs, der die Insiderinformation bei seiner Anlageentscheidung berücksichtigen würde (§ 13 Abs. 1 Satz 2 WpHG)[476].

2. Die Insiderinformation im Konzern

Fraglich ist, ob eine Insiderinformation auch dann vorliegen kann, wenn die Umstände und Ereignisse, auf die sie sich bezieht, außerhalb des Unternehmensbereichs des Emittenten liegen. Mit anderen Worten: Liegt auch dann eine Insiderinformation vor, wenn es sich um kursrelevante Umstände aus der unternehmerischen Sphäre der Tochtergesellschaft handelt.

Nach überzeugender Ansicht ist diese Frage zu bejahen[477]. Dies ergibt sich bereits aus einem Vergleich des Wortlauts des § 13 Abs. 1 WpHG mit dem des § 15 Abs. 1 WpHG: Die Insiderinformation muss im Unterschied zur ad hoc

---

[474] Brandi/Süßmann, AG 2004, 642, 643.

[475] Siehe Begr. RegE BT-Drucks. 15/3174 zu § 13 Abs. 1 Satz 3, Seite 34: „*Satz 3 stellt klar, dass eine Insiderinformation auch dann vorliegt, wenn sie sich auf einen Umstand oder ein Ereignis in der Zukunft bezieht, sofern dessen Eintritt hinreichend wahrscheinlich ist. Hierzu ist ein bloßes Gerücht nicht ausreichend"*. Diese gesetzgeberische Wertung ist richtig (so zutreffend Bürgers, BKR 2004, 424, 425; Cahn, Der Konzern 2005, 5, 7; Spindler, NJW 2004, 3449, 3450). Ansonsten hätten es Dritte in der Hand, durch das Streuen unfundierter Gerüchte beispielsweise Fusionsgespräche vorzeitig zum Scheitern zu bringen. Der Emittent müsste das Gerücht nämlich dann als Ad-hoc-Mitteilung nach § 15 Abs. 1 Satz 1 WpHG veröffentlichen (Möllers, WM 2005, 1393, 1397; Simon, Der Konzern 2005, 13, 21; a. A. Kuthe, ZIP 2004, 883, 885).

[476] Der Gesetzgeber hat sich wegen der Unvorhersehbarkeit von Marktvolatilitäten gegen die Einführung (Fixierung) von (starren) Marktschwellen zur Festlegung der Kurserheblichkeit ausgesprochen. Der Emittent ist im Gegenteil nach wie vor auf eine wertende Einzelfallentscheidung angewiesen. Kritisch hierzu Spindler, NJW 2004, 3449, 3451, demzufolge verobjektivierte starre Marktgrenzen ein Mehr an Rechtssicherheit geboten hätten. Unter Geltung der alten Gesetzeslage hatte sich die wohl überwiegende Lehre dafür ausgesprochen, das schon damals existierende Tatbestandsmerkmal der Erheblichkeit im Sinne des § 13 Abs. 1 WpHG a. F. mittels fester Grenzwerte (5% Kursschwankung) auszufüllen. Andere Stimmen sprachen sich gegen solche festen Grenzwerte aus. Sie fragten danach, ob ein vernünftig handelnder Anleger in Kenntnis der Insidertatsache eine Kapitalmarkttransaktion vornehmen würde (beispielsweise Cahn, ZHR 162 (1998), 1, 16 f.; Singhof, ZGR 2001, 147, 152). Kritisch zu diesem Ansatz und mit umfangreichen Nachweisen zu beiden Ansichten Assmann, in: Assmann/Schneider³, § 13 WpHG Rn 70 ff.

[477] Assmann, in: Assmann/Schneider, § 13 WpHG Rn 44; noch zur alten Rechtslage Schneider, FS Wiedemann, 1255, 1260; Singhof, ZGR 2001, 147, 152.

publizitätspflichtigen Tatsache nicht „ *im Tätigkeitsbereich des Emittenten* " eingetreten sein[478]. Aus diesem Grund können auch Informationen über Vorgänge
bei verbundenen Unternehmen - unabhängig davon, ob diese selbst börsennotiert
sind oder nicht - Insiderinformationen darstellen, sollten sie Einfluss auf die
wirtschaftliche Lage des börsennotierten Mutterunternehmens haben[479]. Als Beispiel ist der Fall zu nennen, dass die selbst nicht börsennotierte Tochtergesellschaft ein Medikament gegen Aids entwickelt[480]. Es steht außer Frage, dass eine
entsprechende Entdeckung bzw. Entwicklung massiven Einfluss auf den Kurs
der Aktie des börsennotierten Mutterunternehmens hätte. Das Gleiche gilt, wenn
die Tochtergesellschaft das herrschende börsennotierte Unternehmen darüber
informiert, dass sich bei ihr ein schwerer Unfall in der Produktion ereignet hat
und infolgedessen mit gravierenden Umweltschäden zu rechnen ist. Ferner: Die
börsennotierte Tochtergesellschaft informiert das herrschende Unternehmen
vorab über ein noch nicht bekannt gewordenes bevorstehendes Übernahmeange-
bot oder eine Pakethandelsofferte eines dritten Unternehmens[481]. Oder: Das
herrschende Unternehmen hat beschlossen, seinen Aktienanteil an der börsennotierten Tochtergesellschaft aufzustocken oder herunterzufahren[482].

In vielen Fällen des konzerninternen Informationstransfers von stellt sich die
Frage nach dessen insiderrechtlicher Zulässigkeit überhaupt nicht, weil es sich
bei der fraglichen Information nicht um eine Insiderinformation im Sinne des
§ 13 Abs. 1 WpHG handelt. Zahlreiche Informationen, die innerhalb der Konzernbeziehung von *unten* nach *oben* kommuniziert werden, enthalten zwar ohne
Zweifel vertrauliche Angaben und vielleicht sogar Geheimnisse der abhängigen
Gesellschaft (§ 93 Abs. 1 Satz 3 AktG); dies bedeutet allerdings nicht, dass diese Informationen deshalb auch zwangsläufig insiderrechtlich relevant sein müssen[483]. So sind beispielsweise Angaben über das Konzern-Controlling oder das

---

478 Nach der Neufassung des § 15 WpHG durch das AnSVG gibt es publizitätspflichtige
    Umstände, die nicht im Tätigkeitsbereich des Emittenten eingetreten sein müssen. Siehe
    hierzu im Einzelnen unten Seiten 162 f.

479 Schneider, FS Wiedemann, 1255, 1260; Singhof, ZGR 2001, 147, 152.

480 Beispiel nach Götz, DB 1995, 1949, 1952.

481 Ob eine solche Insiderinformation zugleich auch als Ad-hoc-publizitätspflichtige Tatsa-
    che nach § 15 Abs. 1 WpHG zu qualifizieren ist und dementsprechend als Ad-hoc-
    Mitteilung zu veröffentlichen ist und wird auf den Seiten 176 ff. behandelt.

482 Weil eine solche Insiderinformation wesensnotwendig von *oben* nach *unten* fließt, spielt
    sie für die vorliegende Untersuchung ansonsten keine Rolle.

483 Hierauf weisen zutreffend Lutter/Krieger, Rechte und Pflichten des Aufsichtsrats, Rn
    289 hin. Allerdings gehen sie davon aus (a.a.O. Rn 295), dass jede Insiderinformation
    zugleich auch ein Geheimnis im Sinne des § 93 Abs. 1 Satz 3 AktG sei. Diese Prämisse
    begegnet Bedenken. Körber, in: Hdb. des Vorstandrechts, § 10 Rn 6 weist zu Recht dar-
    auf hin, dass gegenüber einer pauschalen Gleichsetzung von Insiderinformation und Ge-
    schäftsgeheimnis Vorsicht geboten ist. Der Begriff Geschäftsgeheimnis kann im Einzel-
    fall sowohl weiter als auch enger sein als derjenige der Insiderinformation.

konzernweite Risikofrüherkennungssystem[484] zwar grundsätzlich vertrauliche Informationen nach Maßgabe des Aktienrechts, jedoch nicht solche, die ein verständiger Anleger bei seiner Investitionsentscheidung berücksichtigen würde. Insiderrechtlich ist es genau so wenig zu beanstanden, wenn sonstige Daten des Tagesgeschäfts der Tochtergesellschaft wie beispielsweise die Auslastung einer Produktionslinie, die Entwicklung und Implementierung eines gemeinsamen EDV-Systems, Lieferverträge oder Angaben zum Kundenstamm innerhalb der Konzernbeziehung übermittelt werden. Sind doch auch diese Informationen im Allgemeinen nicht geeignet, den Börsen- oder Marktpreis der Aktien der Tochter- oder Muttergesellschaft erheblich zu beeinflussen. Das Weitergabeverbot des § 14 Abs. 1 Nr. 2 WpHG stellt aus diesem Grund in vielen Fällen kein generelles Hindernis für den ungehinderten konzerninternen Informationsaustausch dar. Nur sofern es sich bei der weiterzugebenden Information (ausnahmsweise) um eine Insiderinformation handelt, kann der konzerninterne Informationsfluss durch das kapitalmarktrechtliche Weitergabeverbot berührt sein.

3. Der Begriff der Weitergabe

Nach § 14 Abs. 1 Nr. 2 WpHG ist sowohl das Mitteilen als auch das Zugänglichmachen von Insiderinformationen untersagt. Jedermann, der gleichwie Kenntnis von einer Insiderinformation erlangt, ist nach neuer Rechtslage Adressat des insiderrechtlichen Weitergabeverbots. Auf die frühere Differenzierung zwischen Primärinsider und Sekundärinsider kommt es nicht mehr an[485]. Auch Sekundärinsidern ist es nunmehr verboten, Insiderinformationen weiter zugeben.

Im Konzern führt die Ausweitung des personellen Anwendungsbereichs des kapitalmarktrechtlichen Weitergabeverbots im Verhältnis zur alten Rechtslage zu keinen wesentlichen Veränderungen. Schon bislang waren Organmitglieder eines mit dem Emittenten verbundenen Unternehmens als Primärinsider im Sinne des § 13 Abs. 1 Nr. 1 WpHG a. F. dem Weitergabeverbot des § 14 Abs. 1 Nr. 2 WpHG a. F. unterworfen. Auch bloße Mitarbeiter eines Tochterunternehmens konnten Primärinsider sein, sofern sie bestimmungsgemäß in den Besitz von Insidertatsachen gelangt waren (§ 13 Abs. 1 Nr. 3 WpHG a. F.)[486]. Für Organmit-

---

[484] Siehe § 91 Abs. 2 AktG i. V. m. § 317 Abs. 4 HGB.

[485] Nach früherer Rechtslage richtete sich das Weitergabeverbot nur an so genannte Primärinsider (§ 13 WpHG a. F.). Dem Sekundärinsider war bloß der Handel mit Insiderpapieren verboten (§ 14 Abs. 2 WpHG a. F.). Diese Differenzierung bleibt nach neuer Rechtslage lediglich hinsichtlich der Strafbarkeit aufrechterhalten, weil Sekundärinsider mit einem Bußgeld gemäß § 39 Abs. 2 Nr. 3 WpHG belegt, während Primärinsider nach § 38 Abs. 1 Nr. 2a) 2. Halbsatz, 39 Abs. 2 Nr. 3 WpHG bestraft werden.

[486] Zum Begriff des Insiders im Konzern nach alter Gesetzeslage: Assmann, in: Hdb. der Konzernfinanzierung, § 12 Rn 12.11; Hopt, in: Hommelhoff (Hrsg.), Konzernrecht und Kapitalmarktrecht, Seite 56; Schneider, FS Wiedemann, 1253, 1258.

glieder der abhängigen Gesellschaft hat sich durch das In-Kraft-Treten des AnSVG also nichts geändert. Für den konzerninternen Informationsfluss hat die gesetzliche Neuregelung lediglich zur Folge, dass nunmehr sämtliche Mitarbeiter des Tochterunternehmens dem Weitergabeverbot des § 14 Abs. 1 Nr. 2 WpHG unterliegen und dies nach wie vor ohne Rücksicht auf die Rechtsform des verbundenen Unternehmens.

Mitteilung im Sinne des § 14 Abs. 1 Nr. 2 WpHG bedeutet die unmittelbare Weitergabe[487]. Die Insiderinformation muss willentlich Gegenstand einer Information an einen oder mehrere Dritte sein. Auf die Art und das Medium der Informationsvermittlung kommt es bei dieser Tatbestandsalternative nicht an[488]. Die Insiderinformation muss insbesondere nicht als solche kenntlich gemacht oder von dem Dritten als solche erkannt werden[489]. Zugänglich gemacht wird einem anderen eine Insiderinformation dann, wenn der Insider[490] die Voraussetzungen dafür schafft, dass einem anderen die Kenntnisnahme der Insiderinformation möglich wird; er sich diese also selbst beschaffen kann. Die Begründung des Gesetzesentwurfs zum zweiten Finanzmarktförderungsgesetz nennt als Beispiel für diese Tatbestandsalternative, dass der Insider dem Dritten ein Kennwort mitteilt, aufgrund dessen sich dieser selbst Zugang zu elektronisch gespeicherten Informationen verschaffen kann[491]. Die Begehungsalternative des Zugänglichmachens setzt damit anders als die Alternative des Mitteilens keine aktive Kommunikation der Insiderinformation voraus[492].

Verboten ist nur die vorsätzlich unbefugte Weitergabe von Insiderinformationen, Fahrlässigkeit wird nicht bestraft. Bei der Tatbestandsalternative des Mitteilens muss der Täter einem anderen bewusst und willentlich Kenntnis von der Insiderinformation verschafft haben. § 14 Abs. 1 Nr. 2 WpHG zweite Alternative, das Zugänglichmachen, setzt in subjektiver Hinsicht lediglich voraus, dass der Inhaber der Insiderinformation entweder weiß, dass der Dritte sich die Kenntnis von der Insiderinformation verschaffen wird, oder dass er mit diesem Ablauf zumindest rechnen muss und ihn billigend in Kauf nimmt[493]. Für die vorliegend interessierende konzerninterne Weitergabe von Insiderinformationen

---

[487] So die BaFin in ihrem Emittentenleitfaden vom 15. Juli 2005 (III. 2.2.2.1 Mitteilen oder zugänglich machen von Insiderinformationen, Seite 31).

[488] Begr. RegE 2. FFG, BT-Drucks. 12/6679, Seite 47.

[489] Vgl. statt aller Assmann, in: Assmann/Schneider, § 14 WpHG Rn 65.

[490] Sofern nachfolgend der Begriff „Insider" verwendet wird, erfolgt dies im untechnischen Sinne. Gemeint ist damit lediglich eine Person, die über Insiderinformationen verfügt.

[491] Begr. RegE 2. FFG, BT-Drucks. 12/6679, Seite 48; Hopt, in: Bankrechtshdb., § 107 Rn 38; Schäfer, in: Schäfer, § 14 WpHG Rn 16. Auch die BaFin führt in ihrem Emittentenleitfaden vom 15. Juli 2005 (III. 2.2.2.1 Mitteilen und zugänglich machen von Insiderinformationen, Seite 31) dieses Fallbeispiel an.

[492] Siehe hierzu auch von Falkenhausen/Widder, BB 2004, 165, 166.

[493] Zu den Fragen des subjektiven Tatbestandes Assmann, in: Assmann/Schneider, § 14 WpHG Rn 114 ff.; Schwark, in: Schwark KMRK, § 14 WpHG Rn 48.

von *unten* nach *oben* spielt das Erfordernis des Vorsatzes allerdings keine Rolle, weil die Information des herrschenden Unternehmens durch die Tochtergesellschaft im Regelfall willentlich erfolgt.

III. Der Begriff der Befugnis

Die Weitergabe einer Insiderinformation an Dritte stellt nur dann einen Verstoß gegen § 14 Abs. 1 Nr. 2 WpHG dar, wenn sie *„unbefugt"* erfolgt. Das Gesetz definiert diesen Begriff nicht. Es schweigt insbesondere zu der Frage, ob und unter welchen Voraussetzungen die Weitergabe von Insiderinformationen von der Tochtergesellschaft an das herrschende Unternehmen *„unbefugt"* ist. Die Reichweite des insiderrechtlichen Verbotstatbestandes hängt mithin maßgeblich davon ab, wie der Begriff *„unbefugt"* auszulegen ist.

1. Kein allgemeines Verbrechensmerkmal

Aus dem Wortlaut des § 14 Abs. 1 Nr. 2 WpHG lässt sich nach wie vor nicht entnehmen, ob es sich bei dem Begriff *„unbefugt"* um ein allgemeines Verbrechensmerkmal oder um ein Tatbestandsmerkmal handelt. Versteht man den Begriff als ein allgemeines Verbrechensmerkmal, wie etwa in den vergleichbaren Straftatbeständen des § 203 Abs. 1 StGB oder des § 404 Abs. 1 AktG, würde die bloße Weitergabe der Insiderinformation bereits zur Verwirklichung des Tatbestandes des § 14 Abs. 1 Nr. 2 WpHG führen. Eine Strafbarkeit entfiele lediglich dann, wenn Rechtfertigungsgründe für die Weitergabe vorlägen. Qualifiziert man den Begriff *„unbefugt"* demgegenüber aber als ein Tatbestandsmerkmal, ist der Tatbestand des § 14 Abs. 1 Nr. 2 WpHG überhaupt erst dann erfüllt, wenn die Weitergabe der Insiderinformation ohne entsprechende Befugnis erfolgt.

In der Literatur besteht Einigkeit[494] dahingehend, dass der Begriff *„unbefugt"* tatbestandsbegrenzende Funktion hat. Würde es sich bei dem Merkmal *„unbefugt"* um ein allgemeines Verbrechensmerkmal handeln, so hätte es nahe gelegen, dies dann auch in den beiden anderen Insiderverboten des § 14 WpHG entsprechend hervorzuheben. Der Gesetzgeber hat dies jedoch unterlassen. Dies führt zu dem Schluss, dass dem Merkmal *„unbefugt"*, wie in den Fällen des §§ 107a Abs. 1, 132 StGB, tatbestandsbeschränkende Bedeutung zukommt[495].

---

[494] Assmann, in: Assmann/Schneider, § 14 WpHG Rn 72; Benner-Heinacher, DB 1995, 765, 766; Caspari, ZGR 1994, 530, 545; Dreyling, Insiderrecht, Rn 125 (Seite 35); Götz, DB 1994, 1949; Kümpel, Bank- und Kapitalmarktrecht, Rn 16.189; Schäfer, in: Schäfer, § 14 WpHG Rn 19; Schmidt-Diemitz, DB 1996, 1809, 1810; Schneider, FS Wiedemann, 1253, 1261; Singhof, ZGR 2001, 146, 152; Süßmann, AG 1999, 162, 163.
[495] In diesem Sinne Götz, DB 1994, 1949.

2. Auslegung des Tatbestandsmerkmals „unbefugt" anhand der gesetzgeberischen Ziele

Angesichts des wenig aussagekräftigen Gesetzeswortlauts und fehlender systematischer Anhaltspunkte muss bei der Auslegung vorrangig auf die mit dem Weitergabeverbot nach § 14 Abs. 1 Nr. 2 WpHG verfolgten gesetzgeberischen Ziele abgestellt werden. Diese sind zweifacher Natur.

Ausweislich der Gesetzesbegründung[496] sowie den Gründen der den deutschen Vorschriften zugrunde liegenden EG-Insiderrichtlinie[497] soll das Verbot des Insiderhandels (§§ 12 ff. WpHG) in erster Linie die Funktionsfähigkeit des (deutschen) Kapitalmarktrechts sichern. Die berechtigte Erwartung der Kapitalmarktteilnehmer, von den Emittenten börsennotierter Wertpapiere grundsätzlich in gleichem Maße mit Informationen versorgt zu werden („informationelle Gleichbehandlung der Kapitalmarktteilnehmer") soll geschützt werden. Ein für Wertpapiergeschäfte relevanter Informationsvorsprung darf von Insidern nicht selektiv ausgenutzt werden[498].

Der Zweck des kapitalmarktrechtlichen Weitergabeverbots besteht ferner darin, die Zahl möglicher Insider im Interesse eines effektiven Insiderschutzes präventiv auf ein Minimum zu beschränken[499]. Je mehr Personen nämlich Insiderwissen haben, umso mehr besteht das Risiko, dass diese ihren Informationsvorsprung in verbotener Weise ausnutzen[500]. Dies bedeutet allerdings nicht, dass deshalb jede Weitergabe einer Insiderinformation automatisch unter den Tatbestand des § 14 Abs. 1 Nr. 2 WpHG zu subsumieren wäre. Im Gegenteil: Die Weitergabe einer Insiderinformation soll lediglich dann „unbefugt" sein, wenn die konkrete Gefahr des Missbrauchs in Form eines Insidergeschäfts droht. Anders formuliert: Aufgabe des Tatbestandsmerkmals „unbefugt" ist es, die Grenze zwischen erlaubter und grundsätzlich verbotener Mitteilung einer

---

[496] Begr. RegE 2. FFG, BT-Drucks. 12/6679, Seite 47; ebenso Begr. RegE AnSVG, BT-Drucks. 15/3174, Seite 26 (Zielsetzung).

[497] Richtlinie des Rates vom 13. November 1989 zur Koordinierung der Vorschriften betreffend Insider-Geschäfte (89/592 EWG), ABlEG Nr. L 334, vom 18. November 1989, Seite 30 ff. Diese Richtlinie ist durch die Richtlinie 2003/6/EG des Europäischen Parlaments und des Rates vom 28. Januar 2003 über Insider-Geschäfte und Marktmanipulation (Marktmissbrauch), ABlEU Nr. L 96 vom 12. April 2003, Seite 16 („EU-Marktmissbrauchsrichtlinie") ersetzt worden (Art. 20).

[498] Begr. RegE 2. FFG, BT-Drucks. 12/6679, Seite 34. Auch die große Kammer des EuGH hat in ihrem Urteil vom 22. November 2005 („Knut Grongaard, Allan Bang") hervorgehoben, dass Art. 3 lit a) der Insiderrichtlinie maßgeblich bezweckt, dass Vertrauen der Anleger zu erhalten, dass sie gleichgestellt und gegen die unrechtmäßige Verwendung einer Insiderinformation geschützt sind (NJW 2005, 133, 135).

[499] Assmann, in: Assmann/Schneider, § 14 WpHG Rn 73.

[500] In diesem Sinne auch Kümpel, Bank- und Kapitalmarktrecht, 16.182.

Insiderinformation zu ziehen, nicht aber, sämtliche Fälle der Informationsweitergabe tatbestandlich zu erfassen.

Im Rahmen der Auslegung des Begriffs „*unbefugt*" sind auch die berechtigten Interessen der durch das kapitalmarktrechtliche Weitergabeverbot betroffenen Institutionen und Berufe zu berücksichtigen[501]. Heißt es in Art. 3 lit. a) der EU-Markmissbrauchsrichtlinie[502] doch wie folgt:

> „*Die Mitgliedstaaten untersagen den Personen, die dem Verbot nach Artikel 2 unterliegen,*
>
> *a)   Insiderinformation an Dritte weiterzugeben, soweit dies nicht im normalen Rahmen der Ausübung ihrer Arbeit oder ihres Berufes oder der Erfüllung ihrer Aufgaben geschieht*".

Der deutsche Gesetzgeber hat die Formulierung „*im normalen Rahmen der Ausübung ihrer Arbeit oder ihres Berufs oder in Erfüllung ihrer Aufgaben*" in § 14 Abs. 1 Nr. 2 WpHG in dem Begriff „*unbefugt*" zusammengefasst. Unter Verweis auf die - inzwischen aufgehobene - EG-Richtlinie betreffend Insidergeschäfte vom 13. November 1989[503] führt die Gesetzesbegründung zum zweiten Finanzmarktförderungsgesetz aus[504], dass ein unbefugtes Mitteilen oder Zugänglichmachen dann nicht vorliegen soll, „*wenn die Tatsache im normalen Rahmen der Berufs- und Geschäftsausübungstätigkeit weitergegeben wird*". Positiv formuliert: Jedermann darf Insiderinformationen befugt weitergeben, sofern die Weitergabe im normalen Rahmen der Berufs- oder Geschäftsausübung erfolgt. Das kapitalmarktrechtliche Weitergabeverbot des § 14 Abs. 1 Nr. 2 WpHG will also die berufliche Tätigkeit des Emittenten weder behindern noch originär unternehmerisch bedingte Sachentscheidungen unterbinden. Kurz: Das zweite gesetzgeberische Ziel des insiderrechtlichen Weitergabeverbots besteht darin, die Berufsausübung des Emittenten nicht unverhältnismäßig zu erschweren.

Diese Feststellung hilft bei der Auslegung des Tatbestandsmerkmals „*unbefugt*" jedoch nur bedingt weiter. Stellt sich doch bei richtlinienkonformer Auslegung der Vorschrift die Frage, wann eine solche betrieblich notwendige Weitergabe von Insiderinformationen vorliegt.

---

[501]   Hopt, in: Bankrechtshdb., § 107 Rn 39; Süßmann, AG 1999, 162, 163.

[502]   Richtlinie 2003/6/EG des Europäischen Parlaments und des Rates vom 28. Januar 2003 über Insider-Geschäfte und Marktmanipulation (Marktmissbrauch), ABlEU Nr. L 96 vom 12. April 2003, Seite 16. Die frühere Insider-Richtlinie (89/592 EWG) enthielt in Art. 3 lit a) eine fast wortwörtlich identische Regelung.

[503]   Richtlinie des Rates vom 13. November 1989 zur Koordinierung der Vorschriften betreffend Insider-Geschäfte (89/592 EWG), ABlEG Nr. L 334, vom 18. November 1989, Seite 32.

[504]   Begr. RegE 2. FFG, BT-Drucks. 12/6679, Seite 47.

3. Differenzierung zwischen betriebsinterner und betriebsexterner Weitergabe

Angesichts der Vielzahl denkbarer Konstellationen, in denen es zur berufsbedingten Weitergabe von Insiderinformationen kommt und der Schwierigkeit, eine allgemeingültige Formel zur Konkretisierung des Begriffs *„unbefugt"* zu finden, differenziert das Schrifttum zwischen der Weitergabe von Insiderinformationen im Rahmen des innerbetrieblichen Informationsflusses und der Weitergabe von Insiderinformationen an Betriebsexterne[505]. Innerhalb dieser beiden Fallgruppen wird eine einzelfallorientierte Abwägung der widerstreitenden gesetzgeberischen Ziele vorgenommen, um zu entscheiden, was eine normativ verstanden normale aufgaben-, tätigkeits- oder berufsbedingte Weitergabe ist[506]: Auf der einen Seite das berufsbedingte Interesse an der Weitergabe der Information, auf der anderen Seite das Insiderhandelsverbot. Einigkeit besteht dahingehend, dass der innerbetriebliche Informationsfluss die größeren Freiräume genießt[507].

Fraglich ist, welcher dieser beiden Fallgruppen die Weitergabe von Insiderinformationen innerhalb einer Konzernverbindung zuzuordnen ist. Da es sich bei den konzernverbundenen Gesellschaften trotz der Konzernierung weiterhin um rechtlich selbständige Unternehmen handelt (§§ 17 Abs. 1, 18 Abs. 2 AktG), also gerade nicht nur um unselbständige Teile des Konzerns als eines einheitlichen Rechtssubjekts[508], liegt die Überlegung nahe, die konzerninterne Informationserteilung als Weitergabe an Betriebsexterne zu qualifizieren.

Nach vorherrschender Ansicht im Schrifttum sind auf die konzerninterne Weitergabe von Insiderinformationen jedoch die gleichen Grundsätze anzuwen-

---

505   Assmann, in: Assmann/Schneider, § 14 WpHG Rn 79; Götz, DB 1994, 1949; Schäfer, in: Schäfer, § 14 WpHG Rn 22; ders., in: Hdb. börsennotierte AG, § 13 Rn 61; Schneider, FS Wiedemann, 1255, 1262; Schneider/Singhof, FS Kraft, 585, 591; Schwark, in: Schwark KMRK, § 14 WpHG Rn 32.

506   So auch Assmann, in: Assmann/Schneider, § 14 WpHG Rn 73; Assmann, AG 1997, 50, 55; Caspari, ZGR 1994, 530, 545; von Falkenhausen/Widder, BB 2004, 165, 166; Schäfer, in: Schäfer, § 14 WpHG Rn 21.

507   Assmann, in: Assmann/Schneider, § 14 WpHG Rn 89; Kümpel, Bank- und Kapitalmarktrecht, Rn 16.194; Lenenbach, Kapital- und Börsenrecht, Rn 10.54; Schneider/Singhof, FS Kraft, 585, 591; von Falkenhausen/Widder, BB 2004, 165, 166; a. A. Schwark, in: Schwark KMRK, § 14 WpHG Rn 32, der auf beide Konstellationen die gleichen Grundsätze anwenden will.

508   Dass die Konzerngesellschaften rechtlich selbständig sind, entspricht heute einhelliger Meinung. Die von der Gegenansicht vertretene Einheitstheorie, derzufolge der Konzern eigenständiges Rechtssubjekt sei und die verbundenen Unternehmen nur unselbständige Teile eines einheitlichen Organismus seien (oder zumindest sein könnten), hat sich nicht durchgesetzt. Siehe zum Ganzen Emmerich/Habersack, Konzernrecht, § 4 II (Seite 50) mit rechtspolitischem Ausblick, ob der Konzern zukünftig nicht nur wirtschaftlich, sondern auch rechtlich als Einheit zu verstehen ist.

den wie auf den Informationsfluss innerhalb eines Unternehmens[509]. Begründet wird diese Sichtweise mit der Erwägung, es sei nicht die Aufgabe des Kapitalmarktrechts, das gesellschaftsrechtlich vermittelte Zusammenwirken einer Gruppe von Unternehmen in einer bestimmten Weise zu reglementieren[510]. Als Folge dieser eher pragmatischen Betrachtungsweise verliert die rechtliche Selbständigkeit der Konzernunternehmen insiderrechtlich an Bedeutung.

Diese insiderrechtliche Durchbrechung der aktienrechtlichen Trennungstheorie ist gerechtfertigt. Die Ausübung der Konzernleitungsmacht erfordert den Zugang der Organe der höheren Hierarchieebene zu den erforderlichen Entscheidungsgrundlagen. Dies bedarf funktionierender Kommunikationsstrukturen und der Notwendigkeit, die für die Verfolgung der Unternehmens- und Konzerninteressen erforderlichen Insiderinformationen weiterzugeben[511]. Nur so kann das Mutterunternehmen seiner ihm obliegenden rechtlichen und wirtschaftlichen Verantwortung im Konzern gerecht werden. Denn die Berechtigung des herrschenden Unternehmens, auf die Geschicke der Tochterunternehmen Einfluss zu nehmen, wirft immer wieder die Frage auf, ob es bei den rechtlichen Konsequenzen der Trennung in selbständige Konzerngesellschaften bleibt, oder ob sie nicht gegebenenfalls zu relativieren ist[512]. Dies bedeutet: Auf die Weitergabe von Insiderinformationen durch die beherrschte Tochtergesellschaft an das herrschende Unternehmen sind die gleichen Grundsätze anzuwenden wie auf den innerbetrieblichen Informationstransfer. In einem weiteren Schritt ist deshalb danach zu fragen, unter welchen Voraussetzungen die innerbetriebliche Informationsweitergabe als *befugt* zu qualifizieren ist. Im Anschluss daran stellt sich die Frage, welche Konsequenzen sich daraus für den konzerninternen Informationsfluss ergeben.

4. Konkretisierung des Begriffs „*unbefugt*" bei der innerbetrieblichen Informationsweitergabe

Der Anwendungsbereich des § 14 Abs. 1 Nr 2 WpHG hängt, wie festgestellt, sowohl nach der EU-Marktmissbrauchsrichtlinie als auch der Gesetzesbegrün-

---

[509] Assmann, in: Assmann/Schneider, § 14 WpHG Rn 94; Assmann, in: Hdb. Konzernfinanzierung, § 12 Rn 12.25; Hopt, in: Bankrechtshdb., § 107 Rn 40; ders., in: Hommelhoff (Hrsg.), Konzernrecht und Kapitalmarktrecht, Seite 57; Schäfer, in: Schäfer, § 14 WpHG Rn 43; ders., in: Hdb. börsennotierte AG, § 13 Rn 62; Schneider, FS Wiedemann, 1253, 1265; Schwark, in: Schwark KMRK, § 14 WpHG Rn 38; Singhof, ZGR 2001, 146, 162; Süßmann, AG 1999, 162, 171; Ziemons, AG 1999, 492, 499.

[510] Assmann, in: Hdb. der Konzernfinanzierung, § 12 Rn 12.25: „*Insbesondere ist es nicht Aufgabe des Insiderrechts, Informationsweitergaben in unterschiedlichen Konzernierungsformen zu privilegieren oder zu benachteiligen*". So auch Schwark, in: Schwark KMRK, § 14 WpHG Rn 38; Singhof, ZGR 2001, 146, 163.

[511] In diesem Sinne Assmann, in: Assmann/Schneider, § 14 WpHG Rn 94.

[512] So auch Bork, ZGR 1994, 273, 244.

dung maßgeblich davon ab, wann von einer normalen aufgaben-, tätigkeits- oder berufsbedingten Weitergabe einer Insiderinformation gesprochen werden kann. Entscheidend ist nicht, ob eine Informationsweitergabe üblich ist bzw. bis zum Inkrafttreten des WpHG war, sondern ob sie notwendig ist, um dem Kenntnisträger eine ordnungsgemäße (*"normale"*) Ausübung seines Berufes und ordnungsgemäße Wahrnehmung der Interessen seines Unternehmens zu ermöglichen[513]. Auch das frühere Bundesaufsichtsamt für den Wertpapierhandel[514] und die Deutsche Börse AG haben in ihrem Leitfaden zur Behandlung kursbeeinflussender Tatsachen die Ansicht vertreten, die Weitergabe (von damals noch Insidertatsachen) sei zulässig (und damit befugt), wenn *"die Tatsache im normalen Rahmen der Berufs- und Geschäftsführungstätigkeit weitergegeben (würde) bzw. wenn die Weitergabe aus betrieblichen oder rechtlichen Gründen erforderlich sei"*[515]. Der Gesetzgeber hat auch nach der Neufassung des Wertapierhandelsgesetz durch das AnSVG an dem Erfordernis der bestimmungsgemäßen Kenntniserlangung festgehalten, wie die unveränderte Definition des Berufsinsiders in § 38 Abs. 1 Nr. 2c) WpHG belegt. Gleiches folgt aus § 15b Abs. 1 Satz 1 WpHG, wonach nur solche Personen in das Insiderverzeichnis aufzunehmen sind, die bestimmungsgemäß Zugang zu Insiderinformationen haben[516].

Jedoch scheinen Art. 3 Abs. 2a der Durchführungsrichtlinie[517] und § 7 Nr. 1 WpAIV eine engere Definition des Begriffs *"unbefugt"* nahe zu legen. Muss der Emittent doch Vorkehrungen dahingehend treffen, dass andere Personen als solche, deren Zugang zu Insiderinformationen für die Wahrnehmung ihrer Aufgaben bei dem Emittenten *"unerlässlich"* ist, keinen Zugang zu der Information erlangen. Ob durch diese Formulierung allerdings tatsächlich eine engere Definition des Begriffs *"unbefugt"* bezweckt ist, erscheint zweifelhaft. Zunächst legt die englische Übersetzung (*"who require it for the exercise of their functions"*) eine entsprechende Annahme nicht zwangsläufig nahe[518]. Auch ergeben sich weder aus der EU-Marktmissbrauchsrichtlinie noch aus der deutschen Gesetzesbegründung und den Gesetzesmaterialien zum AnSVG, geschweige denn aus

---

513   Schwark, in: Schwark KMRK, § 14 WpHG Rn 32.
514   Seit dem 1. Mai 2002 abgelöst durch die Bundesanstalt für Finanzdienstleistungsaufsicht (BaFin).
515   Bundesaufsichtsamt für den Wertpapierhandel/Deutsche Börse, Insiderhandelsverbote und Ad-hoc-Publizität nach dem Wertpapierhandelsgesetz, Seite 21 (noch zur alten Rechtslage). In dem Emittentenleitfaden der BaFin vom 15. Juli 2005 findet sich keine Stellungnahme zum Tatbestandsmerkmal *"unbefugt"*.
516   Die Gesetzesbegründung BT-Drucks. 15/3174 (Seite 36) versteht darunter Personen, die *"entsprechend der ihnen zugewiesenen professionellen Aufgaben bestimmungsgemäß Zugang zu Insiderinformationen haben"*.
517   Richtlinie 2003/124 EG vom 22. Dezember 2003 zur Durchführung der Richtlinie 2003/6/EG ABl Nr. L 339 (*"Marktmissbrauchsrichtlinie"*).
518   Darauf weisen Brandi/Süßmann, AG 2004, 642, 647 und diesen folgend Assmann, in: Assmann/Schneider, § 14 WpHG Rn 89 zutreffend hin.

dem Emittentenleitfaden der BaFin, irgendwelche Anhaltspunkte für die Vermutung, die bisherige Definition des Begriffs „*unbefugt*" solle nach neuer Rechtslage enger zu fassen sein als bisher. Vielmehr bleibt es dabei, dass die Weitergabe der Insiderinformation nach wie vor gerechtfertigt ist, wenn sie „*im normalen Rahmen ihrer Arbeit oder ihres Berufes oder in Erfüllung ihrer Aufgaben geschieht*".

Die Rechtsprechung hat bislang nicht entschieden, wo die Grenzlinie zwischen einer befugten und einer unbefugten Weitergabe von Insiderinformationen zu ziehen ist. Hingegen finden sich im Schrifttum verschiedene Ansätze zur Konkretisierung des Begriffs „*unbefugt*". Da das Tatbestandsmerkmal durch das AnSVG keine Änderungen erfahren hat, haben die zur bisherigen Rechtslage vertretenen Meinungen ihre Gültigkeit behalten. Nachfolgend soll dementsprechend untersucht werden, ob diese Ansätze in befriedigender Weise zu einer Konkretisierung des Tatbestandsmerkmals beitragen.

a) Weitergabe der Insiderinformation zwingend erforderlich

Weitgehende Einigkeit besteht im Schrifttum[519] dahingehend, dass eine Beschränkung der Befugnis zur Weitergabe auf solche Informationen, deren Weitergabe zwingend erforderlich erscheint[520], kein sachgerechtes Kriterium der Abgrenzung darstellt. Als Folge einer solchen Beschränkung würden auch Vor-

---

[519] Assmann, in: Assmann/Schneider, § 14 WpHG Rn 74; Assmann, AG 1997, 50, 55; Götz, DB 1995, 1949, 1950; Hopt, in: Bankrechtshdb., § 106 Rn 40; Kümpel, Bank- und Kapitalmarktrecht, Rn 19.192; Schwark, in: Schwark KMRK, § 14 WpHG Rn 33; Schmidt-Diemitz, DB 1996, 1809, 1810; Süßmann, AG 1999, 162, 163; Ziemons, AG 1999, 162, 163.

[520] So ursprünglich Assmann, AG 1994, 237, 247. Jedoch hat die große Kammer des EuGH in ihrem Urteil vom 22. November 2005 („*Knut Grongaard, Allan Bang*") entschieden, dass die Weitergabe einer Insiderinformation lediglich dann gerechtfertigt sei, wenn die Weitergabe für die Ausübung einer Arbeit oder eines Berufs oder für die Erfüllung einer Aufgabe „*unerlässlich*" sei und den Grundsatz der Verhältnismäßigkeit beachte (NJW 2006, 133, 135). Der EuGH hat in diesem Urteil ausdrücklich hervorgehoben, dass die Ausnahmen vom grundsätzlichen Verbot der Weitergabe der Insiderinformationen eng auszulegen seien. Der Entscheidung lag zugrunde, dass der Arbeitnehmervertreter im Verwaltungsrat des dänischen Finanzinstituts RealDanmark, Herr Grongaard, dem Gewerkschaftsvorsitzenden des Finanzforbunds, Herrn Bang, Insiderinformationen über die geplante Fusion mit der Danske Bank mitteilte. Der Gewerkschaftsvorsitzende gab diese Informationen an seine Mitarbeiter weiter, von denen einer die Informationen zu Insidergeschäften nutzte. Das dänische Gericht hatte dem EuGH die Fragen zur Entscheidung vorgelegt, ob zum einen die Informationsweitergabe durch den Arbeitnehmervertreter und zum anderen diejenige durch den Gewerkschaftsvorsitzendem „*unbefugt*" im Sinne von Art 3 lit. a) der Insiderrichtlinie sei. Inwieweit diese Entscheidung Auswirkungen für die Auslegung des Begriffs „*unbefugt*" haben wird, bleibt abzuwarten.

gänge vom kapitalmarktrechtlichen Weitergabeverbot erfasst, in denen die Mitteilung einer Insiderinformation zur ordnungsgemäßen Wahrnehmung des Berufes zwar keine unabdingbare Voraussetzung, aber sachlich gerechtfertigt ist[521]. Die unternehmerische Tätigkeit des Emittenten erführe dadurch eine unverhältnismäßige Einschränkung. Eine effiziente und schnelle Bearbeitung betrieblicher Vorgänge innerhalb der insiderrechtlichen Vorgaben ist unverzichtbar.

b) Geheimhaltungsverpflichtung des Informationsempfängers

Götz[522] orientiert sich bei der Prüfung der Frage, ob die Weitergabe einer Insiderinformation befugt oder *„unbefugt"* geschieht, an zwei Kriterien: Zum einen müssten mit Blick auf eine ordnungsgemäße Aufgabenerfüllung vernünftige Gründe für eine Weitergabe sprechen. Zum anderen müsse der Informationsempfänger neben der aus § 14 Abs. 1 Nr. 2 WpHG folgenden Geheimhaltungsverpflichtung einer ausdrücklichen - gesetzlichen oder vertraglichen - Verschwiegenheitsverpflichtung unterliegen. Fehlt es an einem der beiden Kriterien, liegt nach Ansicht von *Götz* eine kapitalmarktrechtlich *„unbefugte"* Weitergabe vor[523].

Für die Konkretisierung des Begriffs *„unbefugt"* kann es nicht darauf ankommen, ob der Informationsempfänger einer besonderen gesetzlichen oder vertraglichen Verschwiegenheitspflicht unterliegt oder nicht. Für diesen Ansatz findet sich weder in der aufgehobenen EG-Insiderrechtslinie noch in der Gesetzesbegründung, geschweige denn im Wortlaut der Norm selbst, irgendeine Grundlage. Darüber hinaus ist es auch fraglich, ob eine vertragliche Verschwiegenheitspflicht überhaupt zusätzlich Gewähr dafür böte, den Missbrauch von Insiderinformationen zu verhindern. *Götz* übersieht, dass dem Informationsempfänger durch § 14 Abs. 1 Nr. 2 WpHG bereits Grenzen hinsichtlich der Weitergabe der Insiderinformationen gesetzt sind. Schon nach alter Rechtslage wurde der, dem die (damalige) Insidertatsache berufsbezogen offenbart wurde, dadurch selbst zum Primärinsider (§ 13 Abs. 1 Nr. 3 WpHG a. F.) und durfte die Insidertatsache lediglich insoweit weitergeben, als dies im Rahmen seiner *„normalen Berufs- und Geschäftsausübungstätigkeit"* erforderlich war. Aus § 14 Abs. 1 Nr.

---

[521] Der börsennotierten Aktiengesellschaft wäre es beispielsweise untersagt, den Rat eines externen Rechtsberaters heranzuziehen und diesen zur Aufgabenerfüllung eine Insiderinformation mitzuteilen, weil bei einer eigenen Rechtsabteilung der externe Rat lediglich nützlich, nicht aber erforderlich sei.

[522] Götz, DB 1995, 1949, 1950. Schäfer, in: Schäfer, § 14 WpHG Rn 23 will im Rahmen einer Interessenabwägung berücksichtigen, ob der Empfänger der Information einer gesetzlichen oder vertraglichen Verschwiegenheitspflicht unterliegt.

[523] Götz, DB 1995, 1949, 1950.

2 WpHG a. F. folgte für ihn eine (gesetzliche) Geheimhaltungsverpflichtung. Auf eine weitere Verschwiegenheitspflicht kam es nicht an[524].

Nach dem In-Kraft-Treten des AnSVG gilt diese Begründung erst recht: Ist die personelle Beschränkung des insiderrechtlichen Weitergabeverbots auf Primärinsider doch entfallen, so dass nunmehr jedermann dem Verbotstatbestand des § 14 Abs. 1 Nr. 2 WpHG unterliegt. Dadurch ist sichergestellt, dass jeder Informationsempfänger die Insiderinformation seinerseits nicht *„unbefugt"* weitergeben darf[525].

c) Weitergabe der Information gesetzlich geboten

Gewichtige Stimmen im rechtswissenschaftlichen Schrifttum[526] stehen schließlich auf dem Standpunkt, dass die Weitergabe von Informationen stets dann befugt sei, wenn die Informationserteilung aufgrund einer gesetzlichen Pflicht erfolge. Die gesetzlichen Mitteilungspflichten würden sich gegenüber dem allgemeinen kapitalmarktrechtlichen Weitergabeverbot durchsetzen. Für die unternehmensinterne Informationsweitergabe bedeute das: Jedes Vorstandsmitglied dürfe jedem anderen Vorstandsmitglied Insiderinformationen mitteilen[527]. Auch die Weitergabe von Insiderinformationen durch den Vorstand an den Aufsichtsrat im Rahmen der gesetzlichen Berichtspflichten (§§ 90, 170 AktG) sei nicht zu beanstanden[528]. Das Gleiche gelte für die Information des Aufsichtsrats nach

---

[524] Assmann, AG 1997, 50, 55; ders., in: Hdb. der Konzernfinanzierung, § 12 Rn 12.33; von Falkenhausen/Widder, BB 2004, 165, 167; Schäfer, in: Schäfer, § 14 WpHG Rn 20; Schmidt-Diemitz, DB 1996, 1809, 1810; Schwark, in: Schwark KMRK, § 14 WpHG Rn 32; Ziegler, DStR 2000, 249, 253; Ziemons, AG 1999, 492, 497 alle noch zur alten Rechtslage.

[525] Zur neuen Rechtslage Assmann, in: Assmann/Schneider, § 14 WpHG Rn 75; Leuering, NZG 2005, 12, 15; von Falkenhausen/Widder, BB 2005, 225; 226. Die BaFin weist in ihrem Emittentenleitfaden vom 15. Juli 2005 (III. 2.2.2.1 Mitteilen oder zugänglich machen von Insiderinformationen, Seite 31) ausdrücklich darauf hin, dass es für die Frage der befugten Weitergabe von Insiderinformationen nicht darauf ankomme, ob der Empfänger einem gesetzlichen oder vertraglichen Verschwiegenheitsgebot unterliege.

[326] Assmann, in: Assmann/Schneider, § 14 WpHG Rn 80; Kümpel, Bank- und Kapitalmarktrecht, Rn 16.191; Schwark, in: Schwark KMRK, § 14 WpHG Rn 33; Süßmann, AG 1999, 162, 164.

[527] Assmann, in: Assmann/Schneider, § 14 WpHG Rn 80; Claussen, Insiderhandelsverbote, Rn 43; Schneider/Singhof, FS Kraft, 585, 591; Süßmann, AG 1999, 162, 164.

[528] Assmann, in: Assmann/Schneider, § 14 WpHG Rn 80; Claussen, Insiderhandelsverbote, Rn 43; Dreyling, Insiderrecht, Rn 126 (Seite 36); Götz, DB 1995, 1949; Schäfer, in: Hdb. börsennotierte AG, § 13 Rn 61; Schwark, in: Schwark KMRK, § 14 WpHG, Rn 33. Enger Schneider/Singhof, FS Kraft, 585, 591 nach deren Ansicht die Weitergabe von Insidertatsachen zwischen Vorstand und Aufsichtsrat nicht allein deswegen kapitalmarktrechtlich befugt sei, weil sie gesellschaftsrechtlich zulässig sei. Es sei vielmehr konkret zu prüfen, ob die Weitergabe der Information tatsächlich in einem sachlichen

§ 111 Abs. 2 AktG. Und schließlich sei die unternehmensinterne Weitergabe von Insiderinformation auch dann befugt, wenn es um die Erfüllung gesetzlicher Unterrichtungspflichten des Arbeitgebers gegenüber dem Betriebsrat über Beschäftigungsverhältnisse und bestimmte Vorhaben sowie Betriebsänderungen nach §§ 80 Abs. 2, 90, 92, 111 BetrVG gehe[529].

d)   Würdigung

Der letztgenannten Ansicht ist insoweit beizupflichten, dass die Informationsweitergabe insiderrechtlich dann nicht zu beanstanden ist, wenn sie von Gesetzes wegen vorgeschrieben ist. Schließlich sollen durch die kapitalmarktrechtlichen Regelungen nicht die bewährten und ausbalancierten gesetzlichen Unterrichtungs- und Informationspflichten verdrängt werden.

Trotz der unbestrittenen Richtigkeit dieses Ansatzes muss die Informationsweitergabe darüber hinaus auch dann zulässig sein, wenn keine gesetzliche Pflicht zur Information besteht. Andernfalls würde der innerbetriebliche (und damit auch der konzerninterne) Informationsfluss zu starren Regeln unterworfen. Entscheidend muss die grundsätzliche Überlegung sein, das verantwortungsvolle unternehmerische Tätigwerden durch das insiderrechtliche Weitergabeverbot ausweislich der Gesetzesbegründung[530] nicht unverhältnismäßig einzuschränken. Der Unternehmensleitung kommt im Rahmen der betrieblichen Aufbau- und Ablauforganisation ein weiter Ermessensspielraum zu[531]. Durch das kapitalmarktrechtliche Weitergabeverbot soll vorrangig der Gefahr des Insiderhandels begegnet werden. Die unternehmerische Tätigkeit des Emittenten soll durch dieses Verbot hingegen nicht beeinträchtigt werden. Dies könnte aber geschehen, wollte man die Weitergabe von Insiderinformationen lediglich bei einem gesetzlichen Gebot zur Weitergabe als befugt ansehen. Das Tatbestandsmerkmal „unbefugt" darf daher nicht zu eng ausgelegt werden.

Dies bedeutet: Die Weitergabe von Insiderinformationen ist insiderrechtlich auch dann zulässig *(befugt)*, wenn zwar kein gesetzliches Gebot zur Weitergabe besteht, im Rahmen der innerbetrieblichen Abläufe aber vernünftige und sinnvolle, die Weitergabe legitimierende Gründe vorliegen. Jede andere Betrachtung

---

Zusammenhang mit den Aufsichts- und Überwachungsfunktionen des Aufsichtsrats stehe. Allerdings räumen Schneider/Singhof (a.a.O.) ein, dass sich in der Regel immer eine Begründung dafür finde, warum die Information für die Überwachung erforderlich sei.

[529]   Schwark, in: Schwark KMRK, § 14 Rn 32 und Assmann, in: Assmann/Schneider, § 14 WpHG Rn 81 mit weiteren Beispielen, bei denen die Informationsweitergabe gesetzlich geboten ist und sich gegenüber dem kapitalmarktrechtlichen Weitergabeverbot durchsetzt.

[530]   Begr. RegE 2. FFG, BT-Drucks. 12/6679, Seite 47.

[531]   Bundesaufsichtsamt für den Wertpapierhandel/Deutsche Börse, Insiderhandelsverbote und Ad-hoc-Publizität nach dem Wertpapierhandelsgesetz, Seite 21,: „*Der Umfang der betrieblichen Gründe ist weit auszulegen*".

hätte zur Folge, dass sowohl die innerbetrieblichen als auch die konzerninternen Arbeitsabläufe übermäßig gehemmt und reguliert würden. Dass auch außerhalb der gesetzlich normierten Fälle der Informationsweitergabe ein insiderrechtlich nicht zu beanstandender unternehmensinterner Informationsfluss existieren muss, räumen letzten Endes selbst die Autoren ein, die auf die gesetzliche Verpflichtung zur Information abstellen[532].

Jedoch ist unverkennbar, dass es bei der Weitergabe von Insiderinformationen jenseits der gesetzlich normierten Fälle eine problematische Grauzone gibt. Denn es muss immer geprüft werden, ob vernünftige berufliche Gründe vorliegen, die die Weitergabe der Insiderinformation erfordern. Der praktische Nachteil dieser Sichtweise liegt darin, dass zur Beurteilung, ob die Interessen des insiderrechtlichen Weitergabeverbots mit denen der betrieblichen (konzernrechtlichen) Erwägungen in Einklang stehen, in einem hohen Maße auf die Umstände des Einzelfalles abgestellt werden muss. Um zu verhindern, dass unternehmerische Entscheidungen durch die insiderrechtliche Frage nach den kapitalmarktrechtlichen Befugnissen übermäßig verkompliziert werden, sollte im Zweifelsfall ein praxisgerechter Maßstab angelegt werden[533]. Die Weitergabe der Insiderinformation muss aber trotz dieses praxisnahen Maßstabs immer dann unterbleiben, wenn sie die konkrete Gefahr des Missbrauchs, also des Insiderhandels, begründet. Trotz dieser praktischen Schwierigkeiten für den Rechtsanwender stellt diese einzelfallbezogene Sichtweise die einzig adäquate Möglichkeit dar, die in Betracht kommenden heterogenen Fälle der innerbetrieblichen Informationsweitergabe sachgerecht zu lösen[534].

Als Zwischenergebnis ist festzuhalten: Die innerbetriebliche Informationsweitergabe ist kapitalmarktrechtlich dann zulässig und mithin *befugt,* wenn sie auf einer gesetzlichen Grundlage erfolgt. Daneben ist die Weitergabe auch dann befugt, wenn sie zur Gewährleistung ordnungsgemäßer betrieblicher Abläufe förderlich sowie sinnvoll ist und die Gefahr möglicher Insiderverstöße sich dadurch nicht offenkundig erhöht.

IV. Konsequenzen für den konzerninternen Informationsfluss

Im Vertragskonzern steht dem herrschenden Unternehmen, wie im ersten Teil dieser Untersuchung festgestellt[535], ein umfassender Auskunfts- und Informationsanspruch gegen das Tochterunternehmen zu. Dieser aus § 308 AktG folgen-

---

[532] Assmann, in: Assmann/Schneider, § 14 WpHG Rn 89.

[533] So Assmann, in: Assmann/Schneider, § 14 WpHG Rn 79; noch zur alten Rechtslage Kümpel, Bank- und Kapitalmarktrecht, Rn 16.192; Lenenbach, Kapital- und Börsenrecht, Rn 10.54; Schwark, in: Schwark KMRK, § 14 Rn 33; Süßmann, AG 1999, 162, 163.

[534] Zutreffend Schwark, in: Schwark KMRK, § 14 WpHG Rn 12.

[535] Vgl. dazu näher oben Seiten 39 ff.

de Informationsanspruch legitimiert die Weitergabe von Insiderinformationen durch das Tochterunternehmen an die herrschende Muttergesellschaft in kapitalmarktrechtlicher Hinsicht.

Der konzernrechtliche Informations- und Auskunftsanspruch impliziert jedoch nicht, dass jede konzerninterne Weitergabe von Insiderinformationen *befugt* im Sinne des § 14 Abs. 1 Nr. 2 WpHG ist. Eine solche konzernrechtliche Privilegierung sieht das Insiderrecht nicht vor. Vielmehr ist die Weitergabe von Insiderinformationen an das herrschende Unternehmen lediglich dann insiderrechtlich *befugt*, wie ein funktionaler Zusammenhang zur Ausübung des Leitungs- und Weisungsrechts besteht[536].

Im Unterschied zum Vertragskonzern steht dem herrschenden Unternehmen in der faktischen Konzernverbindung kein umfassender Informationsanspruch gegen die Tochtergesellschaft zu. Die innerbetriebliche Weitergabe von Insiderinformationen ist, wie festgestellt, kapitalmarktrechtlich jedoch auch dann statthaft, wenn sie zur Wahrnehmung berechtigter betrieblicher Interessen sinnvoll und erforderlich ist. Da auf die konzerninterne Weitergabe von Insiderinformationen die gleichen Grundsätze Anwendung finden wie auf den innerbetrieblichen Informationsfluss, stellt sich dementsprechend die Frage, wann innerhalb der Konzernbeziehung zur Weitergabe legitimierende Interessen vorliegen.

In Betracht kommen sowohl die Interessen der beherrschten Gesellschaft als auch die des Informationsempfängers, also des herrschenden Unternehmens, und schließlich auch die des Konzerns. In der Literatur wird - sofern sich Stellungnahmen finden - vor allem gefragt, ob die Weitergabe im Interesse des Konzerns liegt[537]. Die Richtigkeit dieser Annahme bedarf der Überprüfung.

1.   Auf welche betrieblichen Interessen ist abzustellen?

Nach den Vorgaben der EU-Marktmissbrauchsrichtlinie sind die Mitgliedstaaten verpflichtet, den Personen, die über eine Insiderinformation verfügen, die Weitergabe zu untersagen, sofern dies nicht in Ausübung *„ihrer"* Arbeit oder *„ihres"* Berufes oder in Erfüllung *„ihrer"* Aufgaben geschieht. Der Wortlaut der Richtlinie ist eindeutig: Abzustellen ist darauf, ob der Insider selbst sein Insiderwissen weitergeben muss, um Arbeit, Beruf oder Aufgaben ausüben zu können. Nur wenn der Insider in normaler Ausübung dieser Tätigkeiten die Insiderinformation weitergibt, handelt es sich um eine befugte Weitergabe. Jede andere Auslegung würde den eindeutigen Wortlaut der europarechtlichen Vor-

---

[536]   Assmann, in: Hdb. der Konzernfinanzierung, Rn 12.18 formuliert (noch zur alten Rechtslage) treffend: *„Ein genereller Konzernvorbehalt, der jegliche Weitergabe von Insidertatsachen im Konzern gestattet und die Verwendung derselben erlauben würde, besteht nicht"*.

[537]   Assmann, in: Assmann/Schneider, § 14 WpHG Rn 94; Singhof, ZGR 2001, 146, 162.

gaben missachten. Sollte es nämlich auf die Interessen des Informationsempfängers ankommen, müsste es anstatt „ihrer" „deren" heißen.

Unabhängig von dem Wortlaut der Norm spricht auch folgende Überlegung für das gefundene Ergebnis: Wäre bei dem Merkmal „unbefugt" auf den Dritten abzustellen, gäbe es eine schier unüberschaubare Anzahl denkbar Konstellationen, in denen dieser die fragliche Information zur Ausübung seiner Tätigkeiten benötigen könnte[538].

Zu beachten ist aber, dass die Weitergabe von Insiderinformationen gleichwohl nur in dem Umfang befugt ist, als (auch) der Empfänger diese seinerseits wiederum zur sachgemäßen Wahrnehmung seiner Aufgabe, seiner Tätigkeit oder seines Berufes benötigt[539]. Eine andere Betrachtungsweise würde der ratio legis des § 14 Abs. 1 Nr. 2 WpHG widersprechen, den Kreis der Personen, die Kenntnis von einer Insiderinformation haben, möglichst klein zu halten. Die Zulässigkeit der Weitergabe der Insiderinformation orientiert sich dennoch vorrangig an den unternehmerischen Interessen des Kenntnisträgers, nicht an denen des Empfängers.

2. Zur Weitergabe legitimierende Konzerninteressen

Überträgt man diese Erwägungen auf die interessierende Frage nach der Befugnis zur Weitergabe von Insiderinformationen im Konzern von *unten* nach *oben*, wäre darauf abzustellen, ob die Weitergabe der Insiderinformationen für die ordnungsgemäßen Geschäftsabläufe der Tochtergesellschaft erforderlich ist. Die Weitergabe von Insiderinformationen wäre lediglich dann zulässig, wie die Tochtergesellschaft diese zur Erfüllung ihrer beruflichen Aufgaben benötigt. Die Interessen des herrschenden Unternehmens spielten genauso wie die des Konzerns keine Rolle.

Diese Betrachtungsweise wird der besonderen Interessenlage im Konzern nicht gerecht. Sie blendet aus, dass das herrschende Unternehmen bestimmte Informationen gerade deshalb braucht, um die Konzernleitung auch im Interesse der beherrschten Gesellschaft sachgerecht auszuüben. Stellt man einzig und allein auf die unternehmerischen Interessen der Tochtergesellschaft ab, würde das Kapitalmarktrecht die Leitung des Konzerns erheblich erschweren. Insiderinformationen dürften innerhalb der Konzernbeziehung nur in einem sehr eingeschränkten Umfang weitergegeben werden. Es ist aber nicht das gesetzgeberi-

---

[538] In diesem Sinne Hasselbach, NZG 2004, 1087, 1091; Schwark, in: Schwark KMRK, § 14 WpHG Rn 32; auch Assmann, in: Assmann/Schneider, § 14 WpHG Rn 79 anders hingegen in Rn 84 und 96, wonach die Weitergabe der Information an Dritte dann befugt sein soll, wenn Letztere diese zur normalen Ausübung ihrer Arbeit oder ihres Berufes oder zur Erfüllung ihrer Aufgaben benötigen; auch auf die Interessen des Informationsempfängers abstellend Roschmann/Frey, AG 1996, 449, 453.

[539] Insoweit zutreffend Assmann, in: Assmann/Schneider, § 14 WpHG Rn 96.

sche Ziel des kapitalmarktrechtlichen Weitergabeverbots, die unternehmerisch bedingten Abläufe in einer Unternehmensgruppe zu reglementieren. Im Gegenteil: Die Berufsausübung des Emittenten soll gerade nicht unverhältnismäßig erschwert werden. Maßstab für die Beurteilung der Frage, ob die Weitergabe der Insiderinformation *befugt* ist, muss in Übereinstimmung mit dieser gesetzgeberischen Intention deshalb sein, ob die Weitergabe im Konzerninteresse erfolgt. Abzustellen ist also weder allein auf die Interessen der beherrschten Gesellschaft noch auf die des herrschenden Mutterunternehmens. Erforderlich ist vielmehr eine konzerndimensionale Betrachtungsweise. Es ist stets differenziert zu prüfen, ob die Weitergabe von Insiderinformationen zur Wahrnehmung berechtigter Interessen des Konzerns erforderlich ist[540].

Legt man diesen Maßstab an die konzerninterne Weitergabe von Insiderinformationen, lassen sich verschiedene Zwecke und berechtigte Interessen definieren, deren Verfolgung die Weitergabe insiderrechtlich legitimieren:

a) Konzernleitung

Dem herrschenden Unternehmen dürfen zunächst alle Insiderinformationen mitgeteilt werden, die der Erfüllung der Aufgabe Konzernleitung, d.h. der Konzernplanung- und Organisation, dienen[541]. Hierzu zählen etwa die Produktionskennzahlen, Forschungs- und Entwicklungsergebnisse der Tochtergesellschaft[542] oder Informationen hinsichtlich der Absatzmengen und Umsatzerlöse der Tochtergesellschaft. Kurz: Alle Informationen, die dem dauerhaften wirtschaftlichen Erfolg des Konzerns und der Festlegung sowie der Durchsetzung der Konzernziele dienen.

b) Konzernstrategie

Darüber hinaus beschränkt das insiderrechtliche Weitergabeverbot auch nicht die Offenlegung solcher Insiderinformationen, die das herrschende Unterneh-

---

[540]   Schneider, FS Wiedemann, 1255, 1265; Schwark, in: Schwark KMRK, § 14 WpHG Rn 38; Singhof, ZGR 2001, 146, 162.

[541]   Assmann, in: Assmann/Schneider, § 14 WpHG Rn 95; Hopt, in: Hommelhoff (Hrsg.), Konzernrecht und Kapitalmarktrecht, Seite 57; ders., in: Bankrechtshdb., § 107 Rn 40; Menke, NZG 2004, 697, 701; Roschmann/Frey, AG 1996, 449, 453; Semler/Spindler, in: Münch. Komm. AktG, Vor. § 76 Rn 177; Schneider, FS Wiedemann, 1255, 1268; Schwark, in: Schwark KMRK, § 14 WpHG Rn 38; Süßmann, AG 1999, 162, 171; Ziemons, AG 1999, 492, 499; in diesem Sinne auch Bundesaufsichtsamt für den Wertpapierhandel/Deutsche Börse, Insiderhandelsverbote und Ad-hoc-Publizität nach dem Wertpapierhandelsgesetz, Seite 21, wonach der Informationsaustausch innerhalb eines faktischen Konzerns aus betrieblichen Gründen zulässig ist (noch zur alten Rechtslage).

[542]   Semler/Spindler, in: Münch. Komm. AktG, Vor. § 76 Rn 177; Schneider, FS Wiedemann, 1255, 1268.

men für die Umsetzung einer einheitlichen Konzernstrategie benötigt[543]. Dazu gehören beispielsweise vertrauliche Verhandlungsergebnisse[544] der Tochtergesellschaft über einen Beteiligungserwerb, einen gewonnenen Großauftrag oder die Schließung wesentlicher Betriebe. Zur Konzernstrategie gehören auch Informationen aus dem finanziellen Bereich der Tochtergesellschaft: Umsatz pro Mitarbeiter, Relation zwischen Umsatz und Ertrag, Angaben zur Kostenstruktur und Kennzahlen über Investitions- und Deinvestitionsentscheidungen und den Verschuldensgrad. Auch die Weitergabe von Informationen zur Erarbeitung von Entwicklungs- und Forschungsvorhaben ist kapitalmarktrechtlich *befugt*[545]. Das gleiche gilt für Insiderinformationen im Zusammenhang mit der Aufbauorganisation des Konzerns und strategischen Geschäftsfeldern, in denen der Konzern mit seinen Gesellschaften tätig sein will.

c) Konzernkontrolle

Aus kapitalmarktrechtlicher Perspektive ist es ferner nicht zu beanstanden, wenn die Tochtergesellschaft dem herrschenden Unternehmen Informationen mitteilt, die der Konzernüberwachung dienen[546]. Zu denken ist etwa an Informationen im Zusammenhang mit dem konzernweiten Risikofrüherkennungssystem (§ 91 Abs. 2 AktG i.V.m. § 317 Abs. 4 HGB). Auch der Transfer von Informationen zur Überwachung der Geschäfts- und Ergebnisentwicklung des Tochterunternehmens hinsichtlich der vorgegebenen Ziele, Soll- und Plandaten im Rahmen des Konzerncontrollings sind insiderrechtlich befugt.

Jedoch dürfte es im Regelfall so sein, dass es sich bei den in Frage stehenden Informationen um gar keine Insiderinformationen handelt und das kapitalmarktrechtliche Weitergabeverbot dem Informationsfluss daher ohnehin nicht entgegensteht.

d) Konzerninterne Arbeitsteilung

Auch bestehen aus insiderrechtlicher Sichtweise keine Bedenken gegen einen Informationstransfer zur konzerninternen Arbeitsteilung[547]. Schließlich begrenzt § 14 Abs. 1 Nr. 2 WpHG auch nicht die Mitteilung von Informationen zur Be-

---

[543] Assmann, in: Assmann/Schneider, § 14 WpHG Rn 95; Schwark, in: Schwark KMRK, § 14 WpHG Rn 38.

[544] Semler/Spindler, in: Münch. Komm. AktG, Vor. § 76 Rn 177; Schneider, FS Wiedemann, 1255, 1268.

[545] Singhof, ZGR 2001, 146, 163.

[546] Schäfer, in: Hdb. börsennotierte AG, § 13 Rn 62; Schneider, FS Wiedemann, 1255, 1268.

[547] Assmann, in: Assmann/Schneider, § 14 WpHG Rn 95; Schäfer, in: Hdb. börsennotierte AG, § 13 Rn 62.

setzung von Führungspositionen im Konzern. Allerdings werden auch diese Informationen im Regelfall kein insiderrechtliches Potential aufweisen und daher von vornherein nicht als Insiderinformation zu qualifizieren sein[548].

3. Personelle Grenzen des insiderrechtlichen Informationsflusses

Bei der Weitergabe von Insiderinformationen wächst die Gefahr des Missbrauchs von Insiderwissen proportional mit der Zahl der Informationsempfänger[549]. Oder anders formuliert: Je größer die Zahl der Informationsempfänger ist, umso größer ist die Gefahr des Missbrauchs der Insiderinformation. Dementsprechend ist auch in der Konzernbeziehung jeweils konkret zu prüfen, ob die Weitergabe der Insiderinformation tatsächlich in einem funktionalen Zusammenhang mit der sachgemäßen einheitlichen Konzernleitung steht. Personell unbeschränkt zulässig ist die Informationsweitergabe auch in der Konzernbeziehung nicht. Damit ist die Frage aufgeworfen, ob Vorstandsdoppelmandatsträger oder in den Aufsichtsrat der beherrschten Tochtergesellschaft entsandte Mandatsträger des herrschenden Unternehmens kapitalmarktrechtlich *befugt* sind, die in ihrer Tätigkeit *unten* erlangten Insiderinformationen nach *oben* zu geben.

a)   Vorstandsdoppelmitglieder

Bei Vorstandsdoppelmitgliedern bereitet die Beantwortung der Frage nach deren kapitalmarktrechtlichen Weitergabebefugnissen weder im Vertragskonzern noch in der faktischen Konzernbeziehung größere Schwierigkeiten, ergibt sich die Antwort doch schon aus den vorstehenden Überlegungen:

Die Informationsweitergabe durch Doppelvorstandsmitglieder geschieht im Vertragskonzern nicht *„unbefugt"*, wenn sie der Erfüllung der Aufgabe *Konzernleitung*, d. h. also der Konzernplanung und -organisation sowie der Konzernkontrolle dient. Soweit dieser funktionale Sachzusammenhang existiert, ist der Informationstransfer durch § 308 AktG kapitalmarktrechtlich legitimiert[550].

Im faktischen Konzern hat der Tochtervorstand darüber zu befinden, ob die Information des herrschenden Unternehmens zu Zwecken der Konzernleitung, Umsetzung der Konzernstrategie oder aus sonstigen konzernrechtlichen Gründen erforderlich ist[551]. Unter Zugrundelegung der vorstehend dargelegten Auf-

---

[548]   So schon zutreffend zur alten Rechtslage Assmann, WM 1996, 1337, 1349.

[549]   Caspari, ZGR 1994, 530, 545; Claussen, Insiderhandelsverbot, Rn 42; Kümpel, Bank- und Kapitalmarktrecht, Rn 16.182; Süßmann, AG 1999, 162, 163.

[550]   Im Ergebnis auch Singhof, ZGR 2001, 146, 162 allerdings ohne die vorliegende Differenzierung.

[551]   Geßler, in: Geßler/Hefermehl, § 93 Rn 21; Lutter/Krieger, Rechte und Pflichten des Aufsichtsrats, Rn 278; Mertens, in: Köln. Komm. AktG, § 116 Rn 47; von Stebut, Ge-

fassung, wonach die Weitergabe von Insiderinformationen kapitalmarktrechtlich stets dann *befugt* ist, sofern sie der Erfüllung konzerninterner Aufgaben dient, folgt daraus: Bejaht der Gesamtvorstand des Tochterunternehmens das Vorliegen sinnvoller konzerninterner Gründe, ist die Informationsoffenlegung kapitalmarktrechtlich nicht zu beanstanden. Auch das Vorstandsdoppelmitglied darf seinen Vorstandskollegen *oben* dann die von *unten* stammende Insiderinformation mitteilen. Liegen hingegen keine die Weitergabe legitimierende Gründe vor und/oder verneint der Gesamtvorstand die Notwendigkeit der Weitergabe, muss die Information durch das Vorstandsdoppelmitglied unterbleiben.

b)   Aufsichtsratsdoppelmitglieder

Das Aufsichtsratsmitglied ist einerseits zur Verschwiegenheit gegenüber der Tochtergesellschaft (§§ 116 Satz 1, 93 Abs. 1 Satz 3 AktG), andererseits aber auch zur Treuepflicht gegenüber dem herrschenden Unternehmen verpflichtet. Eine Treuepflichtverletzung gegenüber dem herrschenden Unternehmen kommt in Betracht, wenn es entgegen einer entsprechenden Verpflichtung *unten* erfahrene Insiderinformationen *oben* nicht mitteilt. Diese Verpflichtung könnte daraus resultieren, dass dem herrschenden Unternehmen das insiderrechtliche Wissen *seines* Aufsichtsratsmitglieds bei der Tochtergesellschaft zugerechnet wird. In diesem Fall könnte sich das herrschende Unternehmen Dritten gegenüber unter Umständen schadensersatzpflichtig machen; beispielsweise wenn die Konzernobergesellschaft ein drittes Unternehmen dazu veranlasst, mit der Tochtergesellschaft Lieferverträge abzuschließen, letztere wegen baldiger Insolvenz ihre vertraglichen Pflichten aber nicht (mehr) erfüllen kann. Kannte der Doppelmandatsträger bereits bei Abschluss des Vertrages die schlechte wirtschaftliche Lage der Tochtergesellschaft, könnte die Wissenszurechnung zu einem Schadensersatzanspruch der dritten Gesellschaft gegen das herrschende Unternehmen führen[552].

Eine solche insiderrechtliche Wissenszurechnung lehnt das Schrifttum jedoch zutreffend ab[553]. Denn das von dem herrschenden Unternehmen entsandte Auf-

---

heimnisschutz und Verschwiegenheitspflicht im Aktienrecht, Seite 98 ff. mit zahlreichen Nachweisen.

[552]   Lutter, ZHR 145 (1981), 224, 231 bildet den Fall, dass ein Vorstandsmitglied der Hausbank im Aufsichtsrat eines Unternehmens vertreten ist und dort erfährt, dass die Anlageabteilung seines Instituts auf Grund zu positiver Einschätzungen die Aktien des Unternehmens zum Kauf empfiehlt. Lutter (a.a.O.) untersucht die Frage, ob das Aufsichtsratsmitglied der Bank aufgrund seiner erlangten Kenntnisse verpflichtet ist, das Unternehmen vor Fehlanalysen seiner eigenen Bank zu schützen.

[553]   Assmann, WM 1996, 1337, 1349; Bork, ZGR 1994, 237, 253 (Fußnote 57); Lutter, ZHR 145 (1981), 224, 251; Schäfer, in: Hdb. börsennotierte AG, § 13 Rn 64; ders., in: Schäfer, § 14 WpHG Rn 42; Schwark, in: Schwark KMRK, § 14 WpHG Rn 46; Tippach, Das Insider Handelsverbot und die besonderen Rechtspflichten der Banken, Seite, 192.

sichtsratsmitglied ist nicht Vertreter des Unternehmens im Organ der abhängigen Gesellschaft, sondern vielmehr selbstverantwortlicher Inhaber eines freien Mandats mit den aus dieser Stellung folgenden organschaftlichen Treue- und Verhaltenspflichten gegenüber der beherrschten Gesellschaft[554]. Dies bedeutet: Insiderinformationen, die ein Aufsichtsratsmitglied des herrschenden Unternehmens im Kontrollgremium des Tochterunternehmens erfährt, sind dem herrschenden Unternehmen nicht als eigenes Wissen zuzurechnen und aus diesem Grund auch nicht als Wissen des herrschenden Unternehmens zu behandeln. Dass herrschende Unternehmen kann sich Dritten gegenüber wegen des insiderrechtlichen Sonderwissens des von ihm entsandten Aufsichtsratsmitglieds auch nicht schadensersatzpflichtig machen und letzterer begeht demzufolge keine Treuepflichtverletzung, wenn er die *unten* erlangte Information *oben* nicht mitteilt[555].

Davon zu trennen ist die Frage, ob das Aufsichtsratsmitglied *befugt* ist, Insiderinformationen *oben* mitzuteilen. Ihre Beantwortung hängt davon ab, ob die Information des herrschenden Unternehmens zur Erfüllung der Aufgaben des Aufsichtsrats erforderlich ist.

Nach der gesetzlichen Kompetenzordnung ist nicht der Aufsichtsrat für die Informationspolitik des Unternehmens verantwortlich, sondern der Vorstand[556]. Die Information des herrschenden Unternehmens gehört aus diesem Grund weder zu den gesetzlichen noch zu den konzerninternen Aufgaben des einzelnen Aufsichtsratsmitglieds, so dass die Information dementsprechend auch kapitalmarktrechtlich nicht zulässig ist[557]. Vertreter des herrschenden Unternehmens im

---

Allgemein zur Wissenszurechnung im Konzern Bork, ZGR 1994, 237 ff.; Drexl, ZHR 161 (1997), 491 ff. und ausführlich Schüler, Die Wissenszurechnung im Konzern.

[554] Semler, in: Münch. Komm. AktG, § 100 Rn 186; Schwark, in: Schwark KMRK, § 14 WpHG Rn 46; Tippach, Das Insider Handelsverbot und die besonderen Rechtspflichten der Banken, Seite 192.

[555] Schäfer, in: Schäfer, § 14 WpHG Rn 42; Schwark, in: Schwark KMRK, § 14 WpHG Rn 46.

[556] Lutter/Krieger, DB 1995, 257, 259: „*Für den Aufsichtsrat und seine Mitglieder bedeutet das, dass sie mit der Informationspolitik im Unternehmen nichs zu tun haben*".

[557] Assmann, in: Assmann/Schneider, § 14 WpHG Rn 98; Assmann, WM 1996, 1337, 1349; ders., AG 1997, 50, 57; Schäfer, in: Hdb. börsennotierten AG, § 13 Rn 64; ders., in: Schäfer, § 14 WpHG Rn 42; Tippach, Das Insider Handelsverbot und besondere Rechtspflichten der Banken, Seite 193. Im Ergebnis verneint auch Schwark, in: Schwark KMRK, § 14 WpHG Rn 46 eine Weitergabebefugnis. Er verneint diese Befugnis jedoch mit der Begründung, dass eine Informationsweitergabe der Treue- und Verschwiegenheitspflicht des Aufsichtsratsmitglieds zuwiderlaufen würde. Differenzierend Semler, in: Münch. Komm. AktG, § 116 Rn 451, der sich grundsätzlich gegen eine Weitergabebefugnis des Aufsichtsrats ausspricht, sie allerdings insoweit zulassen will, sofern die Information des herrschenden Unternehmens erforderlich sei. Wann dies der Fall sein soll, legt Semler (a.a.O.) nicht dar. Ohne jede Begründung spricht sich Marsch-Barner, in: Arbeitshandbuch für Aufsichtsratsmitglieder, § 12 Rn 198 für ein kapitalmarktrechtli-

Aufsichtsrat der beherrschten Tochtergesellschaft sind mithin nicht *befugt*, Insiderinformationen an dieses weiterzuleiten. Für diese Lösung spricht neben der gesetzlichen Kompetenzverteilung auch der gesetzliche Zweck des kapitalmarktrechtlichen Weitergabeverbots: Den Kreis von Insidern auf das Notwendigste zu beschränken, um so möglichen Verstößen vorzubeugen.

Dieses Ergebnis gilt sowohl für den faktischen Konzern als auch für den Vertragskonzern. Zwar steht im Vertragskonzern der Grundsatz der Vertraulichkeit der Weitergabe von Informationen und Geheimnissen durch den Aufsichtsrat an das herrschende Unternehmen nach der hier vertretenen Ansicht nicht entgegen[558]. Für die Frage nach der insiderrechtlichen Informationsbefugnis kommt es hierauf aber nicht an[559]. Denn die Weitergabe von Insiderinformationen ist kapitalmarktrechtlich nicht schon allein deswegen *befugt*, weil sie gesellschaftsrechtlich zulässig ist. Entscheidend ist unter dem kapitalmarktrechtlichen Blickwinkel lediglich, ob die Weitergabe der in Frage stehenden Insiderinformation in einem sachlichen Zusammenhang mit den Aufgaben des Aufsichtsrats steht und es zu deren Erfüllung erforderlich ist, dass der Aufsichtsrat das herrschende Unternehmen informiert. Und dies ist - wie gesehen - gerade nicht der Fall. Daraus folgt: Die kapitalmarktrechtlichen und gesellschaftsrechtlichen Grenzen der Informationsbefugnis von Aufsichtsratsdoppelmitgliedern verlaufen nicht gleich.

V. Ergebnis

Der konzerninterne Informationsfluss wird in vielen Fällen von dem kapitalmarktrechtlichen Weitergabeverbot des § 14 Abs. 1 Nr. 2 WpHG nicht berührt, weil es sich bei der fraglichen Information nicht um eine Insiderinformation handelt, sondern lediglich um vertrauliche Angaben oder ein Geheimnis der abhängigen Gesellschaft (§ 93 Abs. 1 Satz 3 AktG). Handelt es sich jedoch um eine Insiderinformation, ist die konzerninterne Weitergabe von *unten* nach *oben* zulässig, sofern die Weitergabe zur Erfüllung der Konzernleitung, der Konzernplanung und Kontrolle geboten und erforderlich ist. Unerheblich ist es, ob es sich um einen Vertragskonzern oder eine faktische Konzernverbindung handelt, das beherrschte Unternehmen also einer konzerninternen Auskunftspflicht unter-

---

ches Weitergaberecht des Aufsichtsratsvorsitzenden aus. Eine solche Privilegierung des Aufsichtsratsvorsitzenden ist nicht zu rechtfertigen.

558 Siehe hierzu im Einzelnen oben Seiten 96 ff.

559 a. A. Lutter/Krieger, Rechte und Pflichten des Aufsichtsrats, § 6 Rn 295 (noch zur alten Rechtslage): Nach ihrer Ansicht darf das Aufsichtsratsmitglied sämtliche Insiderinformationen weitergeben, soweit dies mit dem Grundsatz der Verschwiegenheitspflicht in Einklang stehe. Dies deshalb, weil nach Auffassung Lutters und Kriegers (a.a.O.) Insidertatsachen stets als Geheimnisse im Sinne des § 93 Abs. 1 Satz 3 AktG einzustufen seien.

liegt oder nicht. Entscheidend für die kapitalmarktrechtliche Weitergabebefugnis ist in beiden Fällen vielmehr der funktionelle Sachzusammenhang zur Konzernleitung. Deshalb hindert das insiderrechtliche Weitergabeverbot auch die sachgemäße Konzernleitung nicht.

Die Weitergabe von Insiderinformationen durch einen Vorstandsdoppelmandatsträger ist infolgedessen dann *befugt*, wenn vernünftige und sachliche Gründe im Konzerninteresse vorliegen. Dies gilt sowohl für den Vertragskonzern als auch für den faktischen Konzern. Das kapitalmarktrechtliche Weitergabeverbot begrenzt die Möglichkeit des Vorstandsdoppelmitglieds als konzerninterne Informationsquelle zu wirken.

Das Aufsichtsratsmitglied ist aus insiderrechtlicher Hinsicht von vornherein daran gehindert, *unten* erfahrene Informationen *oben* mitzuteilen. Denn die Information des herrschenden Unternehmens gehört nicht zu den gesetzlich normierten Aufgaben des Aufsichtsrats, sondern obliegt ausschließlich dem Vorstand der Tochtergesellschaft.

§ 10 Insiderinformationen und Ad-hoc-Publizität im Konzern

Nach § 15 Abs. 1 Satz 1 WpHG muss der Emittent von Finanzinstrumenten, die zum Handel an einem inländischen organisierten Markt zugelassen sind oder für die er eine solche Zulassung beantragt hat, Insiderinformationen, die ihn unmittelbar betreffen, unverzüglich veröffentlichen. Auf einen Konzern findet die Vorschrift - jedenfalls direkt - keine Anwendung, weil der Konzern kein Emittent im Sinne des Wertpapierhandelsgesetzes ist, er ist als bloße Unternehmensgruppe nicht rechtsfähig[560].

Relevant wird die kapitalmarktrechtliche Publizität im Konzern jedoch in drei Konstellationen: Fällt eine Insiderinformation nach § 13 Abs. 1 WpHG bei der beherrschten Tochtergesellschaft an, die keine Emittentin von Finanzinstrumenten ist und dem Anwendungsbereich des WpHG nicht unterliegt, stellt sich die Frage, ob das börsennotierte herrschende Unternehmen diese Insiderinformation nach § 15 Abs. 1 Satz 1 WpHG veröffentlichen muss? Und: Was passiert, wenn zwar die Tochtergesellschaft börsennotiert ist, nicht aber auch das herrschende Unternehmen? Muss dann ausschließlich die Tochtergesellschaft oder gegebenenfalls auch das herrschende Unternehmen eine Ad-hoc-Mitteilung nach § 15 WpHG veröffentlichen? Und schließlich: Müssen sowohl das herrschende Unternehmen als auch die Tochtergesellschaft eine Ad-hoc-Mitteilung veröffentlichen, sollten beide Emittenten von Finanzinstrumenten sein und eine Insiderinformation sie jeweils unmittelbar betreffen?

---

560 Geibel, in: Schäfer, § 15 WpHG Rn 87; Wölk, AG 1997, 73, 77 (noch zur alten Rechtslage).

Zur Beantwortung dieser Fragen bedarf es zunächst der Klärung, wann überhaupt eine Pflicht zur Veröffentlichung einer Insiderinformation nach § 15 Abs. 1 Satz 1 WpHG vorliegt.

I. Ausweitung der Publizitätspflicht durch die Neufassung des § 15 Abs. 1 Satz 1 WpHG

Das Anlegerschutzverbesserungsgesetz hat die Ad-hoc-Publizität im Vergleich zur alten Rechtslage maßgeblich erweitert: Bis zum In-Kraft-Treten des Anlegerschutzverbesserungsgesetzes mussten nur solche (damaligen) Insidertatsachen veröffentlicht werden, die im Tätigkeitsbereich des Emittenten eingetreten und wegen *„ihrer Auswirkungen auf die Vermögens- und Finanzlage oder auf den allgemeinen Geschäftsverlauf des Emittenten"* [561] geeignet waren, den Börsenpreis der zugelassenen Wertpapiere *„erheblich zu beeinflussen"* (§ 15 Abs. 1 Satz 1 WpHG a. F.). Dieses Tatbestandsmerkmal ist durch die Gesetzesänderung weggefallen[562]. Als Folge der Neufassung des § 15 WpHG muss der Emittent grundsätzlich jede Insiderinformation als Ad-hoc-Mitteilung veröffentlichen[563]. Eingeschränkt wird das Erfordernis der Publizität lediglich dadurch, dass die Insiderinformation den Emittenten *„unmittelbar"* betreffen muss. Der Begriff der Unmittelbarkeit wird durch § 15 Abs. 1 Satz 2 WpHG beispielhaft konkretisiert[564]: Eine Insiderinformation betrifft den Emittenten demnach *„ins-*

---

[561]   Bei Auslegung der Begriffe *„Vermögens- und Finanzlage"* sowie *„allgemeiner Geschäftsverlauf"* konnte auf Vorschriften aus dem Bilanzrecht zurückgegriffen werden (Beschlussempfehlung und Bericht des Finanzausschusses, BT-Drucks. 12/7918, Seite 96). Die Veröffentlichungspflicht nach § 15 WpHG a. F. unterlagen zumindest alle Tatsachen, die nach den Grundsätzen ordnungsgemäßer Buchführung (§ 264 Abs. 2 Satz 1 HGB) einen Buchungsvorgang für den handelsrechtlichen Jahresabschluss oder nach den Grundsätzen ordnungsgemäßer Berichterstattung eine Angabepflicht im Lagebericht (§ 289 HGB) verursachten, soweit sie geeignet waren, den Börsenkurs zu beeinflussen. Näher zu den Schwierigkeiten der Auslegung dieser kapitalmarktrechtlichen Begriffe nach alter Rechtslage Fürhoff/Wölk, WM 1997, 449, 452; Wölk, AG 1997, 73, 78.

[562]   Siehe Seite 34 RegBegrE BT-Drucks. 15/3174: *„Darüber hinaus entfällt in der Neufassung das Kausalitätserfordernis zwischen den Auswirkungen auf die Vermögenslage und den Geschäftsverlauf einerseits und der Eignung zur erheblichen Kursbeeinflussung andererseits, da die Voraussetzungen für das Vorliegen einer Insiderinformation bereits in § 13 Abs. 1 abschließend geregelt sind".*

[563]   Assmann, in: Assmann/Schneider, § 15 WpHG Rn 52; Brandi/Süßmann, AG 2004, 643, 648; Bürgers, BKR 2004, 424, 426; Cahn, Der Konzern 2005, 5, 6; Dreyling, Der Konzern 2005, 1, 3; Fürhoff, AG 2003, 80; Holzborn/Israel, WM 2004, 1948, 1952; Kuthe ZIP 2004, 883, 885; Möllers, ZBB 2003, 390, 392; S. Schneider, NZG 2005, 702, 707; Simon, Der Konzern 2005, 13, 14; Spindler, NJW 2004, 3449, 3451; Tollkühn, ZIP 2004, 2215; Ziemons, NZG 2004, 537, 541.

[564]   Tollkühn, ZIP 2004, 2215, 2216 weist zutreffend darauf hin, dass § 15 Abs. 1 Satz 2 WpHG keine abschließende Legaldefinition des Begriffs *„Unmittelbarkeit"* enthält.

besondere" dann „*unmittelbar*", wenn sie sich auf Umstände bezieht, die „*in seinem Tätigkeitsbereich*" eingetreten sind. Nach dem Wortlaut des § 15 Abs. 1 WpHG können deshalb auch Insiderinformationen, die außerhalb des Tätigkeitsbereichs des Emittenten eingetreten sind, ihn „*unmittelbar*" betreffen[565].

Von der Veröffentlichungspflicht ausgeklammert sind nach wie vor die Insiderinformationen, die den Emittenten bloß mittelbar berühren. Für die Ad-hoc-Publizität ist es daher auch nach neuer Rechtslage nicht ausreichend, dass der Sachverhalt im Falle seines Bekanntwerdens den Kurs der Wertpapiere lediglich erheblich zu beeinflussen geeignet ist, wie es die Legaldefinition der Insiderinformation in § 13 Abs. 1 WpHG genügen lässt. Vielmehr muss die Insiderinformation einen Emittentenbezug aufweisen[566].

Unklar ist, ob eine „*unmittelbare*" Betroffenheit des Emittenten bereits dann vorliegt, wenn ein Ereignis bei einem mit dem Emittenten konzernverbundenen Unternehmen eintritt, das sich zugleich auch auf die wirtschaftliche Situation des Emittenten selbst auswirkt. Der Wortlaut des § 15 Abs. 1 Satz 1 WpHG gibt keinen Aufschluss zu der Frage, ob ein „*unmittelbares*" Betroffensein des Emittenten auch durch Umstände bei Konzerngesellschaften begründet sein kann.

1. Unmittelbare Betroffenheit nach alter Rechtslage

Nach bisheriger Rechtslage musste das börsennotierte herrschende Unternehmen Insidertatsachen, die ihren Ursprung im Geschäftsbereich der Tochtergesellschaft hatten, dann ad hoc veröffentlichen, wenn diese von Relevanz für den Konzernabschluss waren (§ 290 Abs. 1 HGB)[567]. Zur Bestimmung des Umfangs der kapitalmarktrechtlichen Publizitätspflicht war nach allgemeiner Ansicht im Schrifttum[568] eine konzernweite Sichtweise erforderlich.

---

[565] Durch diese Ausweitung des sachlichen Anwendungsbereiches des § 15 WpHG will der Gesetzgeber vermeiden, dass es überhaupt zu Verstößen gegen das Insiderhandelsverbot kommt. Sind Insiderinformationen erst öffentlich bekannt gemacht, können sie nicht mehr für Insidergeschäfte missbraucht werden. So heißt es auf Seite 34 Begr. RegE BT-Drucks. 15/3174: „*Mit der Regelung des Satzes 1 soll bestmögliche Markttransparenz gewährleistet, Insiderhandel weitgehend eingeschränkt und die Integrität der Finanzmärkte gefördert werden*".

[566] Das Tatbestandsmerkmal „*unmittelbar*" dient der Klarstellung, dass der Emittent durch die Regelungen zur Ad-hoc-Publizität nicht verpflichtet ist, allgemeine Marktdaten wie Arbeitslosenzahlen, die Ölpreisentwicklungen (Ziemons, NZG 2004, 537, 541) oder Änderungen der Gesetzeslage (Kuthe, ZIP 2004, 883, 885), die zwar ein insiderrechtliches Potential aufweisen, aber keine spezifische Beziehung zu seiner unternehmerischen Sphäre haben, zu veröffentlichen. Dies entspricht der bisherigen Rechtslage (Vgl. statt aller Kümpel/Assmann, in: Assmann/Schneider³, § 15 WpHG Rn 45).

[567] Siehe zu den Aufstellungsvoraussetzungen eines Konzernabschlusses oben Seite 17.

[568] Burgard, ZHR 162 (1998), 51, 59 (Fußnote 40); Cahn, ZHR 162 (1998), 1, 31; Dreyling, Insiderrecht, Rn 389 (Seite 113); Fischer zu Cramburg, in: Anwaltkommentar AktG,

Begründet wurde diese Erweiterung der kapitalmarktrechtlichen Publizitäts-pflicht mit der Überlegung, dass die finanzielle Verflechtung der Konzernunter-nehmen und der konzerninterne Leistungsaustausch zu Vermögens-, Kapital- und Ergebnisverlagerungen zwischen den einzelnen Konzernunternehmen führt und die Jahresabschlüsse der einzelnen Konzernunternehmen daher häufig nur ein unvollkommenes Bild der jeweiligen Unternehmen wiedergeben. Der Kon-zernabschluss zeigt die Finanz-, Vermögens- und Ertragslage des Konzerns hin-gegen nach Eliminierung dieser konzerninternen Vorgänge: Der Konzern wird im Konzernabschluss so dargestellt, als bilde er ein wirtschaftlich einheitliches Unternehmen[569]. Aus diesem Grund ist der Konzernabschluss für die kapital-marktrechtliche Beurteilung des Gesamtkonzerns und mittelbar auch für die Einschätzung der Konzernobergesellschaft und der abhängigen Konzernunter-nehmen maßgeblich[570].

Wäre das börsennotierte herrschende Unternehmen lediglich verpflichtet, solche Unternehmensereignisse ad hoc nach § 15 Abs. 1 Satz 1 WpHG a. F. zu publizieren, die einen Buchungsvorgang in seinem eigenen handelsrechtlichen Einzelabschluss erfordert bzw. eine angabepflichtige Tatsache im Lagebericht betroffen hätten, hätte die Ad-hoc-Publizitätspflicht ihr Ziel verfehlt, den Kapi-talmarkt umfassend über die Verhältnisse bei dem Emittenten zu informieren. Aus diesem Grund erstreckte sich das Tatbestandsmerkmal *„im Tätigkeitsbe-reich des Emittenten"* auch auf Sachverhalte bei Tochtergesellschaften.

Umstritten war nach bisheriger Rechtslage lediglich, ob der *„Tätigkeitsbe-reich des Emittenten"* auch solche Tochtergesellschaften erfasste, die nicht in den Konsolidierungsbereich der herrschenden Konzernmutter einzubeziehen waren (Konsolidierungsverbot nach § 295 HGB)[571] oder nicht einbezogen wer-den brauchten (Konsolidierungswahlrecht nach § 296 HGB).

Nach herrschender[572] - wenn auch umstrittener[573] - Ansicht war als Grenze des Tatbestandsmerkmals *„im Tätigkeitsbereich des Emittenten"* der zu konso-lidierende Kreis verbunder Unternehmen anzusehen.

---

[569] § 14 WpHG Rn 6; Fürhoff/Wölk, WM 1997, 449, 451; Gehrt, Die neue Ad-hoc-Publizität, Seite 142; Geibel, in: Schäfer, § 15 WpHG Rn 45; Götz, DB 1995, 1949, 1952; Hopt, in: Bankrechtshdb., § 107 Rn 55; ders., in: Hommelhoff (Hrsg.), Konzern-recht und Kapitalmarktrecht, Seite 59; von Klitzing, Ad-hoc-Publizität, Seite 109; Küm-pel/Assmann, in: Assmann/Schneider³, § 15 WpHG Rn 44; Schäfer, in: Hdb. börsenno-tierte AG, § 14 Rn 32; Schwark, FS Bezzenberger, 771, 774; Singhof, ZGR 2001, 146, 164; Wölk, AG 1997, 73, 77; Zimmer, in: Schwark KMRK, § 15 WpHG Rn 54.

[570] Busse von Colbe, in: Münchner Kommentar HGB, vor § 290 Rn 38.

[571] Kümpel/Assmann, in: Assmann/Schneider³, § 15 WpHG Rn 44.

[572] § 295 HGB wurde durch das Bilanzrechtsreformgesetz aufgehoben.

[572] Fischer zu Cramburg, in: Anwaltskommentar AktG, § 14 WpHG Rn 7; Hopt, in Bankrechtshdb., § 107 Rn 55; ders., in: Hommelhoff (Hrsg.), Konzernrecht und Kapi-talmarktrecht, Seite 59; Kümpel/Assmann, in: Assmann/Schneider³, § 15 WpHG Rn 44; Peltzer, ZIP 1994, 746, 750; Wölk, AG 1997, 73, 77.

2. Unmittelbare Betroffenheit nach neuer Rechtslage

Bei § 15 Abs. 1 Satz 2 WpHG handelt es sich nach neuer Rechtslage lediglich um ein Regelbeispiel der kapitalmarktrechtlichen Publizitätspflicht[574]. In allen Fällen, in denen bereits nach alter Rechtslage eine konzernweite Publizitätspflicht bestand, existiert diese nach In-Kraft-Treten des AnSVG fort.

Darüber hinaus können nach neuer Rechtslage aber auch solche Insiderinformationen zu einer Ad-hoc-Publizität führen, die außerhalb des (konzerndimensionalen) Tätigkeitsbereichs der Muttergesellschaft liegen, sofern sie ein entsprechendes Kursbeeinflussungspotential aufweisen. Dies bedeutet im Vergleich zur bisherigen Rechtslage: Auch Insiderinformationen, die in Gemeinschaftsunternehmen (§ 310 HGB) oder assoziierten Unternehmen (§ 311 HGB) anfallen, unterliegen der Publizitätspflicht[575]. Unklar ist allerdings, wann von einer konzernexternen, aber gleichwohl unmittelbaren Betroffenheit des herrschenden Unternehmens auszugehen ist. Weder in der Gesetzesbegründung noch in dem Emittentenleitfaden der BaFin findet sich ein konkretes Beispiel für eine solche konzerndimensionale Betroffenheit.

Orientieren muss man sich dementsprechend an den allgemeinen Beispielen der Gesetzesbegründung für externe Umstände, die dem Unmittelbarkeitserfordernis des § 15 Abs. 1 Satz 1 WpHG genügen. *„Unmittelbar"* relevante Insiderinformationen im Sinne des § 15 Abs. 1 WpHG können ausweislich der Gesetzesbegründung[576] die Übermittlung eines Übernahmeangebots nach §§ 29 ff. WpÜG durch eine andere Gesellschaft oder die Herabstufung durch eine Rating - Agentur[577] sein, eine den Emittenten betreffende Entscheidung einer Kartellbehörde, die Zustellung einer Klageschrift oder einer Gerichtsentscheidung[578] sowie Veränderungen der Anteilseignerstruktur[579]. Dies bedeutet: Entscheidet sich beispielsweise der Minderheitsaktionär der Tochtergesellschaft zur Veräußerung seiner Beteiligung, erfolgt diese Entscheidung weder im Tätigkeitsbereich der Muttergesellschaft noch in dem der Tochtergesellschaft. Gleichwohl muss das herrschende Unternehmen diese Entscheidung ad hoc veröffentlichen,

---

[573] Nach Gehrt, Die neue Ad-hoc-Publizität, Seite 142; Geibel, in: Schäfer, § 15 WpHG Rn 45; von Klitzing, Ad-hoc-Publizität, Seite 109; Singhof, ZGR 2001, 146, 164; Zimmer, in: Schwark KMRK, § 15 WpHG Rn 55 sollten auch Umstände, die bei nicht konsolidierten Tochtergesellschaften eintreten, von der Publizitätspflicht. erfasst werden.

[574] Brandi/Süßmann, AG 2004, 642, 649; Dreyling, Der Konzern 2005, 1, 3.

[575] a. A. wohl Assmann, in: Assmann/Schneider, § 15 WpHG Rn 72, demzufolge lediglich Ereignisse bei voll konsolidierten Tochtergesellschaften eine Ad-hoc-Publizitätspflicht des Mutterunternehmens auslösen.

[576] Begr. RegE BT-Drucks. 15/3174, Seite 35.

[577] Bei Rating-Agenturen ist aber fraglich, ob das Rating überhaupt eine Insiderinformation darstellt, weil dieses der Öffentlichkeit in der Regel bekannt gemacht wird.

[578] Simon, Der Konzern 2005, 13, 16.

[579] Dreyling, Der Konzern 2005, 1, 3; Simon, Der Konzern 2005, 13, 16.

wenn sie geeignet ist, seine wirtschaftliche Lage und damit das Kursniveau seiner Aktien zu beeinflussen (§ 13 Abs. 1 Satz 1 WpHG). Maßgeblich für die Einstufung konzernexterner Umstände als Fälle unmittelbarer Betroffenheit ist immer das Kursbeeinflusspotential der fraglichen Insiderinformation. Eine generelle Einschränkung auf existentielle wirtschaftliche Schwierigkeiten von Konzerngesellschaften oder gar auf Insolvenzverfahren ist nicht angezeigt[580].

II.   Lediglich das herrschende Unternehmen ist börsennotiert

Dem herrschenden Unternehmen dürfen nicht weitergehende Publizitätspflichten auferlegt werden, ohne ihm zugleich auch korrespondierende Rechte einzuräumen, um diese kapitalmarktrechtliche und somit öffentlich-rechtliche Pflicht
zu erfüllen. Überraschenderweise enthält das durch das AnSVG geänderte
Wertpapierhandelsgesetz aber nach wie vor keine Vorschrift, die dem herrschenden Mutterunternehmen einen kapitalmarktrechtlichen Informationsanspruch, ähnlich der handelsrechtlichen Bestimmung des § 294 Abs. 3 HGB, gegen die Tochtergesellschaft gewährt.

In der Literatur gibt es lediglich vereinzelt Stellungnahmen, die sich der
Schwierigkeit der Informationsbeschaffung durch das herrschende Unternehmen
widmen[581]. Überwiegend hat die Literatur die Publizitätspflicht des herrschenden Unternehmens konzerndimensional ausgeweitet, ohne zugleich eine Lösung
aufzuzeigen, wie diese weit reichende Publizitätspflicht durch das herrschende
Konzernunternehmen erfüllt werden soll. Ganz offensichtlich wird die Kenntnis
und Zugriffsmöglichkeit der herrschenden Konzernmutter auf Insiderinformationen, die ihren Ursprung bei der abhängigen Tochtergesellschaft haben, stillschweigend vorausgesetzt. *Götz*[582] ist sogar der Ansicht, die Konzernmutter
„müsse" in Folge einer ordnungsgemäßen Organisation Kenntnis von Tatsachen
(nunmehr Umstand) haben, die im Tätigkeitsbereich der Tochtergesellschaft eintreten. Woher diese Kenntnis allerdings stammen soll, lässt *Götz* offen.

---

[580]   So aber Simon, Der Konzern 2005, 13, 17. Diese Beschränkung ebenfalls ablehnend
        Spindler/Speier, BB 2005, 2031, 2033; im Ergebnis auch Assmann, in: Ass-
        mann/Schneider, § 15 WpHG Rn 58.
[581]   Nach Geibel, in: Schäfer, § 15 WpHG Rn 45 komme es bei der Auslegung des Tatbe-
        standsmerkmals *„im Tätigkeitsbereich des Emittenten"* darauf an, wie weit das Mutter-
        unternehmen maßgeblichen Einfluss auf die Geschäftspolitik des Tochterunternehmens
        ausüben und auf dessen Informationen zugreifen könne. Zimmer, in: Schwark KMRK,
        § 15 WpHG Rn 55 stellt nach bisheriger Rechtslage darauf ab, ob das herrschende Kon-
        zernunternehmen maßgeblichen Einfluss auf die unternehmerische Tätigkeit der Toch-
        tergesellschaft besitzt. Sofern es an der Möglichkeit der tatsächlichen Einflussnahme
        fehle, solle dies bei der Beurteilung des Kriteriums der Unverzüglichkeit berücksichtigt
        werden. So stelle die fehlende Veröffentlichung der Ad-hoc-Mitteilung bei einem
        schuldlosen Informationsdefizit kein schuldhaftes Zögern dar.
[582]   Götz, DB 1995, 1949, 1953.

1. Informationsbeschaffung im Vertragskonzern

Im Vertragskonzern begründet der fehlende insiderrechtliche Informationsanspruch des herrschenden Unternehmens auch nach neuer Rechtslage keine Schwierigkeiten: Steht dem herrschenden Unternehmen doch sein aus der Konzernleitungsmacht (§ 308 AktG) folgender umfassender Informationsanspruch gegen die Tochtergesellschaft zu, der auch die Mitteilung von Insiderinformationen beinhaltet. Das herrschende Konzernunternehmen kann sich die zu veröffentlichenden Informationen ohne rechtliche Hindernisse beschaffen[583].

2. Informationsbeschaffung im faktischen Konzern

Anders ist die Situation im faktischen Konzern: Hier besteht kein gesetzlicher Informationsanspruch[584] des herrschenden Unternehmens gegen das Tochterunternehmen, schon gar nicht auf Insiderinformationen. Zwar dürfte es richtig sein, dass das herrschende Unternehmen die relevanten Insiderinformationen in der Praxis regelmäßig erhält. Diese *übliche* Kenntnis kann allerdings die weitergehende kapitalmarktrechtliche Publizitätspflicht des herrschenden Unternehmens nicht rechtfertigen: Denn handhabbare Organisationsstrukturen und die durchsetzbare rechtliche Möglichkeit der Informationsbeschaffung ergeben sich daraus nicht. Um das Spannungsverhältnis zwischen der geforderten konzernweiten Ad-hoc-Publizität und den mangelnden gesetzlichen Möglichkeiten zur Beschaffung der Insiderinformationen zu lösen, bieten sich verschiedene Ansätze an.

a) Restriktive Auslegung des Begriffs „unmittelbar"

Die skizzierten Schwierigkeiten ließen sich durch eine restriktive Auslegung des Begriffs „unmittelbar" lösen. Lediglich solche Insiderinformationen wären dann „unmittelbar", die aus der ureigenen unternehmerischen Sphäre der börsennotierten Muttergesellschaft selbst stammen. Ereignisse bei Tochtergesellschaften wären von der Veröffentlichung ausgeschlossen.

Eine solche Beschränkung der Publizitätspflicht liegt aber nicht im Sinne des Insiderrechts: Es soll umfassend über die konzernrechtliche Lage beim Emittenten berichtet werden, damit die Marktteilnehmer frühzeitig über marktrelevante Informationen verfügen, um sachgerechte Anlageentscheidungen zu treffen[585]. Die kapitalmarktrechtliche Transparenz würde nicht hergestellt, könnte das herrschende Unternehmen in der faktischen Konzernbeziehung sämtliche Insiderinformationen aus dem Bereich der Tochterunternehmen dem Kapitalmarkt und

---

583   Darauf weisen auch zutreffend Spindler/Speier, BB 2005, 2031, 2032 hin.

584   Abgesehen von denen für die Aufstellung des Konzernabschlusses nach § 294 Abs. 3 HGB erforderlichen.

585   Begr. RegE BT-Drucks. 15/3174, Seite 34.

seinen Teilnehmern vorenthalten. Nach neuem Recht ist der Emittent auch dann *„unmittelbar"* betroffen, wenn sich die Insiderinformation auf Ereignisse bezieht, die außerhalb seines Tätigkeitsbereichs eingetreten sind. Mit Blick auf die Schutzrichtung des Insiderrechts lässt sich eine solche restriktive Auslegung des Tatbestandsmerkmals *„unmittelbar"* de lege lata nicht begründen[586].

b) Kriterium der Personalunion

Spindler/Speier[587] beschränken die konzernweite Publizitätspflicht auf die Fälle, in denen sich das herrschende Unternehmen die nötigen Informationen ohne rechtliche Hindernisse beschaffen kann. Das soll insbesondere dann der Fall sein, wenn zwischen den Organmitgliedern der Konzerngesellschaften eine Personalunion bestehe. Dadurch könnten die publizitätspflichtigen Insiderinformationen von *unten* nach *oben* fließen.

Richtig ist an diesem Lösungsansatz die Ausgangsüberlegung: Die konzernweite Publizitätspflicht ist lediglich insoweit gerechtfertigt, wie das herrschende Unternehmen sich die relevanten Insiderinformationen beschaffen kann. Dessen ungeachtet lässt sich durch das Kriterium der Personalunion die Schwierigkeit der konzernweiten Publizitätspflicht nicht überzeugend lösen. Stößt dieser Lösungsvorschlag doch von vornherein auf Schwierigkeiten, wenn es an einer personellen Verflechtung zwischen dem herrschenden publizitätspflichtigen und dem abhängigen Unternehmen, in dessen Sphäre die Insiderinformation ihren Ursprung hat, fehlt. Denkt man den Vorschlag von *Spindler/Speier* folgerichtig weiter, wäre die Muttergesellschaft in einem solchen Fall nicht veröffentlichungspflichtig. Die kapitalmarktrechtliche Publizitätspflicht endete also stets dort, wo es an einer personellen Verflechtung fehlt. Die daraus resultierenden Konsequenzen der mangelhaften kapitalmarktrechtlichen Transparenz gingen ausschließlich zu Lasten des Kapitalmarkts.

Und schließlich gilt: Selbst bei einer Personalunion ist dem herrschenden Unternehmen die Insiderinformation nicht zwangsläufig bekannt. Nach der aktienrechtlichen Kompetenzordnung hat schließlich der Gesamtvorstand des Tochterunternehmens darüber zu befinden, ob eine Information mitgeteilt wird oder nicht[588]. Diese Entscheidung bindet auch das Doppelvorstandsmitglied. Die Informationsquelle Personalunion garantiert daher nicht in jedem Fall, dass die relevante Insiderinformation *oben* auch tatsächlich bekannt ist.

---

[586] Aus der Literatur spricht sich - soweit ersichtlich - lediglich Tippach, Das Insider-Handelsverbot und die besonderen Rechtspflichten der Banken, Seite 146 (allerdings noch zur alten Rechtslage) für eine restriktive Auslegung des Tatbestandsmerkmals aus. Für eine andere Auslegung sei der Wortlaut des § 15 WpHG a. F. nach Ansicht Tippachs (a.a.O.) zu ungenau und zu eng gefasst.
[587] Spindler/Speier, BB 2005, 2031, 2032.
[588] Siehe hierzu im Einzelnen oben Seite 154.

c) Insiderrechtlicher Informationsanspruch des herrschenden Unternehmens

Schneider[589] spricht sich schließlich für einen kapitalmarktrechtlichen Informations- und Auskunftsanspruch der herrschenden Gesellschaft gegen das Tochterunternehmen auf Mitteilung der nach § 15 Abs. 1 Satz 1 WpHG zu veröffentlichenden Insiderinformationen aus[590]. Dieser Anspruch der herrschenden Gesellschaft solle sich hierbei aus einer Gesamtanalogie zu §§ 294 Abs. 3 Satz 2 HGB, 10a Abs. 9 KWG ergeben[591]. Auch *Singhof*[592] hält das abhängige Tochterunternehmen für verpflichtet, der Konzernobergesellschaft diejenigen Informationen zu erteilen, die sie zur Erfüllung ihrer aus § 15 Abs. 1 WpHG resultierenden kapitalmarktrechtlichen Publizitätspflicht benötigt.

An der Notwendigkeit eines solchen kapitalmarktrechtlichen Informationsanspruchs bestehen im Grundsatz keine Zweifel. Es ist andernfalls nicht plausibel zu erklären, wie man den Umfang der Veröffentlichungspflicht für das herrschende Konzernunternehmen einerseits konzerndimensional ausweiten darf, ohne ihm aber andererseits die erforderlichen rechtlichen Instrumentarien an die Hand zu geben, diese Veröffentlichungspflicht auch zu erfüllen. Versagt man dem herrschenden Unternehmen einen Anspruch auf Informationsbeschaffung bei gleichzeitiger konzernweiter Publizitätspflicht, verpflichtet man es im Ergebnis zur Erfüllung einer zumindest rechtlich unmöglichen Leistung. Schon diese Überlegung verlangt einen insiderrechtlichen Informationsanspruch.

Zudem muss § 37b WpHG berücksichtigt werden: Danach ist der Emittent von Finanzinstrumenten einem Dritten zum Ersatz des Schadens[593] verpflichtet, den dieser durch die Unterlassung des Emittenten erleidet, unverzüglich eine Insiderinformation zu veröffentlichen. Gewährt man in der faktischen Konzernbeziehung der herrschenden Gesellschaft keinen insiderrechtlichen Informationsanspruch, nimmt man letztlich billigend in Kauf, dass sich der Emittent wegen unterlassener Veröffentlichung einer Ad-hoc-Mitteilung nach § 37b WpHG schadensersatzpflichtig macht. Dieses Risiko droht vor allem deshalb, weil der Emittent den Beweis mangelnden Verschuldens im Sinne von Vorsatz oder gro-

---

[589] Schneider, FS Brandner, 565, 573; Schneider/Burgard, FS Ulmer, 579, 597 f. (noch zur alten Rechtslage).

[590] Siehe näher zur Herleitung des Anspruchs und dem Ausgangspunkt der Überlegungen Schneiders oben Seite 48.

[591] Schneider, FS Brandner, 565, 573; Schneider/Burgard, FS Ulmer, 579, 597 f. (noch zur alten Rechtslage).

[592] Singhof, ZGR 2001, 147, 164 (noch zur alten Rechtslage).

[593] Erfasst werden die in § 37b Abs. 1 Nr. und 2 WpHG genannten Schäden. Zur Frage der Haftung wegen Verstoßes gegen die Ad-hoc-Publizitätspflichten nach dem AnSVG, siehe Nietsch, BB 2005, 785 f.

ber Fahrlässigkeit anzutreten hat (§§ 37b Abs. 2, 37c Abs. 2 WpHG)[594]. Das herrschende Unternehmen wird nur unter bestimmten (engen) Voraussetzungen in der Lage sein, den Verschuldensvorwurf zu entkräften[595].

Auch wenn das praktische Informationsbedürfnis des herrschenden Unternehmens offenkundig ist, vermögen die Lösungsvorschläge *Singhofs* und *Schneiders* nicht zu überzeugen: *Singhof* kann schon deshalb nicht gefolgt werden, weil er keine Rechtsgrundlage benennt, aus der sich eine Informationspflicht des beherrschten Unternehmens ergeben soll.

Aber auch die von *Schneider* verfochtene Gesamtanalogie ruft Zweifel hervor: Ziel des § 10a Abs. 9 KWG ist es, die sich aus dem Verbund von Mutter- und Tochterunternehmen ergebenden bankenwirtschaftlichen Risiken zu erfassen und einer Mehrfachbelegung der Eigenmittel sowie dem Aufbau so genannter Kreditpyramiden entgegenzuwirken. Die Vorschrift verpflichtet die gruppenangehörigen Unternehmen deshalb dazu, die für die Zusammenfassung der Eigenmitteln erforderlichen Angaben dem übergeordneten Unternehmen zu übermitteln, damit dieses die für die Konsolidierung der Eigenmittel erforderlichen Angaben monatlich der BaFin und der Deutschen Bundesbank mitteilen kann (§§ 10a Abs. 8 Satz 3 i.V.m. § 10 Abs. 1 Satz 4 KWG). § 10a Abs. 9 KWG will verhindern, dass in einer Institutsgruppe insgesamt (Kredit) Risiken übernommen werden, die gegen die eigenmittelabhängigen Begrenzungsregeln der Institutsaufsicht verstoßen[596].

Dies bedeutet: Bei § 10a Abs. 9 KWG handelt es sich um eine spezielle Regelung des aufsichtsrechtlichen Zusammenfassungsverfahrens der Eigenmittel einer Instituts- oder Finanzholdinggruppe. Eine Ausnahmevorschrift ist einer Analogie aber grundsätzlich nicht zugänglich[597]. Der Schluss von § 10a Abs. 9 KWG auf einen umfassenden kapitalmarktrechtlichen Informationsanspruch des herrschenden Unternehmens ist ein unzulässiger Analogieschluss vom Besonderen auf das Allgemeine. Gegen eine analoge Anwendung des § 10a Abs. 9 KWG bestehen deshalb methodische Bedenken.

Zudem ist § 10a KWG im Ganzen zu sehen: Der Gesetzgeber hat in § 10a Abs. 8 Satz 2 KWG klargestellt, dass dem übergeordneten Unternehmen zur Sicherstellung der Informationsbeschaffung innerhalb der Gruppe grundsätzlich keine besonderen Befugnisse zustehen. Vielmehr darf das übergeordnete Unternehmen auf die gruppenangehörigen Unternehmen nur dann einwirken, soweit das allgemeine Gesellschaftsrecht einer solchen Einwirkung nicht entgegensteht. Ein umfassender Informationsanspruch wird dem übergeordneten Unternehmen

---

[594] Kümpel, in: Bank- und Kapitalmarktrecht, Rn 16.336; Zimmer, in: Schwark KMRK, §§ 37b, 37c WpHG, Rn 62.

[595] Zweifelnd Spindler/Speier, BB 2005, 2031, 2035.

[596] Kokemoor, in: Beck/Samm, KWG, § 10a Rn 18.

[597] Larenz, Methodenlehre, Seite 355.

mithin nicht gewährt. Für eine analoge Anwendung des § 10a Abs. 9 KWG fehlt es demnach an der dogmatischen Grundlage.

Eine denkbare rechtliche Grundlage eines kapitalmarktrechtlichen Informationsanspruchs des herrschenden Unternehmens könnte sich aber aus der analogen Anwendung von § 294 Abs. 3 Satz 2 HGB ergeben.

3. Eigener Ansatz: Analoge Anwendung von § 294 Abs. 3 Satz 2 HGB

a) Regelungslücke

Die analoge Anwendung von § 294 Abs. 3 Satz 2 HGB setzt zunächst voraus, dass die Vorschriften des WpHG hinsichtlich der Informationsbeschaffung eine planwidrige Regelungslücke enthalten.

Ein Informationsanspruch des herrschenden Unternehmens folgt aus den §§ 15 ff. WpHG nicht. Jedoch kann das Vorliegen einer ausfüllungsbedürftigen Regelungslücke erst dann bejaht werden, wenn diese gesetzgeberische Lücke nicht im gesetzgeberischen Plan liegt, also nicht bewusst gelassen worden ist.

Durch das AnSVG vom 28. Oktober 2004[598] ist die kapitalmarktrechtliche Publizitätspflicht neu geregelt worden. Dem Gesetzgeber war bei Erlass des Gesetzes § 294 Abs. 3 Satz 2 HGB bekannt. Dies spricht dafür, dass der Gesetzgeber im Wertpapierhandelsgesetz eine entsprechende Vorschrift normiert hätte, wenn er dies für geboten gehalten hätte. Eine planwidrige Regelungslücke fehlte dann.

Diesem Gedanken begegnen allerdings Bedenken: Der deutsche Gesetzgeber hat mit dem AnSVG die EU-Marktmissbrauchsrichtlinie[599] umgesetzt. Durch die Umsetzung sollte das Insiderrecht, das Recht der Ad-hoc-Publizität und die Regelungen zu Marktmanipulationen modernisiert und vereinheitlicht werden. Der deutsche Gesetzgeber stand bei der Umsetzung der Richtlinie unter erheblichem Zeitdruck: Die Umsetzung der EU-Marktmissbrauchsrichtlinie in nationales Recht musste bis zum 12. Oktober 2004 abgeschlossen sein[600]. Verkündet wurde das AnSVG aber erst nach diesem Zeitpunkt, nämlich am 29. Oktober 2004[601]. Die Annahme liegt daher nahe, dass sich der Gesetzgeber aus Zeitgründen im Rahmen des Gesetzgebungsverfahrens nicht mit allen Problemen und Schwierigkeiten beschäftigt hat bzw. beschäftigten konnte, welche die praktische An-

---

[598]   BGBl I 2004, Seiten 2630 ff.

[599]   Richtlinie 2003/6/EG des Europäischen Parlaments und des Rates vom 28. Januar 2003 über Insider-Geschäfte und Marktmanipulation („*Marktmissbrauchsrichtlinie*"), ABlEU Nr. L 96 vom 12. April 2003, Seite 16.

[600]   Artikel 18 Abs. 1 der Richtlinie 2003/6/EG des Europäischen Parlaments und des Rates vom 28. Januar 2003 über Insider-Geschäfte und Marktmanipulation („*Marktmissbrauchsrichtlinie*").

[601]   BGBl I 2004, Seiten 2630 ff.

wendung der von der EU-Marktmissbrauchsrichtlinie vorgegebenen Regelungen mit sich bringt.

Auch aus den Gesetzesmaterialien ergibt sich nicht, dass der Gesetzgeber das Problem der Informationsbeschaffung im Zusammenhang mit der Ad-hoc-Publizität bedacht hat. Überlegungen zu dieser Frage hätten aber mehr als nahe gelegen, weil er die Publizitätspflicht ja gleichzeitig ausgeweitet hat. Die Pflicht zur Veröffentlichung von Ad-hoc-Mitteilungen hängt eng mit den Möglichkeiten ihrer Beschaffung zusammen. Deshalb ist der Schluss erlaubt, dass der Gesetzgeber das Problem der Informationsbeschaffung schlicht übersehen hat.

Möglicherweise könnte der sich aus dem Regelungszusammenhang ergebende gesetzgeberische Gesamtplan aber gegen das Vorliegen einer Regelungslücke sprechen. So ist *Windbichler*[602] der Ansicht, die §§ 294 Abs. 3, 296 Abs. 1 Nr. 2 HGB, 10a Abs. 8, 10 Abs. 1 Satz 4 KWG belegten, dass es, abgesehen von diesen Ansprüchen, keinen rechtlich gesicherten Informationstransfer von *unten* nach *oben* gebe. Es handele sich um abschließende Regelungen, die zeigten, dass der Gesetzgeber ansonsten einen rechtlich gesicherten Informationsfluss zwischen beherrschter und herrschender Gesellschaft nicht voraussetzte[603].

Diese Argumentation greift jedoch nicht. Denn schon der konzernrechtliche Informationsanspruch des herrschenden Unternehmens aus § 308 AktG widerlegt die Annahme, bei den §§ 294 Abs. 3, 296 Abs. 1 Nr. 2 HGB, 10a Abs. 8, 10 Abs. 1 Satz 4 KWG handele es sich um abschließende Regelungen des konzerninternen Informationsflusses. Richtig ist vielmehr, dass auch außerhalb des Anwendungsbereichs dieser Vorschriften ein Anspruch auf Information von *unten* nach *oben* besteht. Auch geht der Gesetzgeber, wie festgestellt, sowohl im Zusammenhang mit der Auskunftspflicht nach § 131 Abs. 1 Satz 2 AktG als auch den Berichtspflichten nach § 90 Abs. 1 Satz 2 AktG implizit davon aus, dass sich das herrschende Unternehmen die zur Erfüllung dieser gesetzlichen Pflichten erforderlichen Informationen *unten* beschaffen kann.

Und außerdem lässt sich durch eine solche Argumentation nicht das in Frage stehende Informationsproblem der herrschenden Gesellschaft angemessen lösen. Im Gegenteil: Den Vorstand der herrschenden Gesellschaft lediglich darauf zu verweisen, dass er sich um die Beschaffung der erforderlichen Informationen *„bemühen müsse"*[604] ist nicht zielführend, um eine größtmögliche kapitalmarktrechtliche Transparenz von Insiderinformationen zu erreichen. Eine effiziente Erfüllung der Ad-hoc-Publizität lässt sich nur verwirklichen, wenn sich das herrschende Unternehmen die relevanten Insiderinformationen bei der Tochtergesellschaft beschaffen kann. Sinn und Zweck der konzerndimensionalen Publizitätspflicht wären andernfalls in Frage gestellt.

---

[602] Windbichler, in: Hdb. Corporate Governance, 605, 615.
[603] Windbichler, in: Hdb. Corporate Governance, 605, 615.
[604] Windbichler, in: Hdb. Corporate Governance, 605, 615.

Die Normierung eines Informationsanspruchs des herrschenden Unternehmens stellt eine nach dem Gesamtzusammenhang des Gesetzes zu erwartende Regelung dar[605]. Der Gesetzgeber hat einen Informationsanspruch des herrschenden Unternehmens nicht bewusst ungeregelt gelassen. Eine Regelungslücke liegt vor.

b)   Vergleichbare Interessenlage

Die analoge Anwendung des § 294 Abs. 3 Satz 2 HGB setzt im Übrigen voraus, dass beide Tatbestände infolge ihrer Ähnlichkeit gleich zu bewerten sind; also dass der im Gesetz nicht ausdrücklich geregelte Sachverhalt ein solcher ist, auf den das gesetzlich normierte Prinzip ebenfalls zutrifft[606]. An diese positive Feststellung hat sich die negative Feststellung anzuschließen, dass die verbleibenden Unterschiede nicht von solcher Art sind, dass sie die gesetzliche Wertung ausschließen[607].

aa)   Interessenlage bei § 294 Abs. 3 Satz 2 HGB

Der Zweck der Konzernrechnungslegung nach §§ 290 ff. HGB besteht darin, ein den tatsächlichen Verhältnissen entsprechendes Bild der Vermögens-, Finanz- und Ertragslage des Konzerns zu vermitteln (§ 297 Abs. 2 Satz 2 HGB). Der Gesetzgeber hat den Konzernabschluss als Informationsinstrument kodifiziert[608], weil die Aussagekraft der Einzelabschlüsse der Konzernmutter und der Tochtergesellschaften durch die Konzernwirkungen sehr eingeschränkt ist[609]. Der Konzernabschluss erfüllt für die Gläubiger und Aktionäre, aber auch für Lieferanten, Arbeitnehmer und die sonstige Öffentlichkeit eine wichtige Informationsfunktion[610].

§ 294 Abs. 3 Satz 2 HGB verschafft der Konzernobergesellschaft einen Anspruch auf Erteilung aller Aufklärungen und Nachweise, die zur Aufstellung eines Konzernabschlusses erforderlich sind. Dieser ist nur dann vollständig und aussagekräftig, wenn dem Mutterunternehmen alle Angaben seitens der Tochtergesellschaften zur Verfügung stehen. Kurz: Tochterunternehmen müssen dem herrschenden Unternehmen die Informationen zur Erfüllung einer gesetzlichen Publizitätspflicht mitteilen.

---

605   Larenz, Methodenlehre der Rechtswissenschaft, Seite 381

606   Larenz, Methodenlehre der Rechtswissenschaft, Seite 381.

607   Larenz, Methodenlehre der Rechtswissenschaft, Seite 382.

608   Adler/Düring/Schmaltz, vor §§ 290-315 HGB Rn 15, § 297 HGB Rn 27 (*„Dominanz der Informationsfunktion"*); Busse von Colbe, in: Münch. Komm. HGB, vor § 290 Rn 23.

609   Siehe zur Bedeutung des Konzernabschluss oben Seite 160.

610   Busse von Colbe, in: Münch. Komm. HGB, vor § 290 Rn 23.

bb) Vergleichbarkeit mit der Interessenlage bei § 15 Abs. 1 WpHG

Aufgabe der Ad-hoc-Publizität ist es gleichfalls, für ein Maximum an Transparenz zu sorgen. Ad-hoc-Mitteilungen sollen den Kapitalmarktteilnehmern zwischen den Stichtagen der handelsrechtlichen Regelpublizität den schnellen Zugriff auf Informationen über wichtige Unternehmensereignisse ermöglichen[611]. Damit soll gewährleistet werden, dass sich im Wirkungsfeld der Marktkräfte der richtige Börsenkurs für ein Finanzinstrument entwickelt. Diese kapitalmarktrechtlichen Regelungsziele werden in dem Gesetzesentwurf zum AnSVG, auch wenn sie nicht neu sind[612], noch einmal ausdrücklich betont[613]. Die gesetzgeberischen Ziele der Konzernrechnungslegung und der Ad-hoc-Publizität sind also vergleichbar: Sie dienen der Erhöhung der Transparenz über unternehmensinterne Vorgänge aus Gründen des Gläubiger- und des Gesellschafterschutzes.

Es sind schließlich auch keine Unterschiede zu erkennen, die derart bedeutsam wären, dass sie eine rechtliche Gleichbehandlung des geregelten und des ungeregelten Sachverhalts ausschlössen. Denn die beiden Regelungsbereiche stehen nicht in der Weise in Beziehung zueinander, dass der eine Bereich einen höheren, die Gewährung weitergehender Rechte rechtfertigenden Stellenwert hat als der andere Bereich. Im Gegenteil: Die kapitalmarktrechtliche Publizitätspflicht soll die handelsrechtliche Publizität der Rechnungslegung anerkanntermaßen ergänzen[614]. Kursrelevante ad-hoc-publizitätspflichtige Umstände sollen nicht bis zur Offenlegung von Jahresabschluss und Lagebericht geheim gehalten werden. Diese Ergänzungsfunktion der Ad-hoc-Publizität wird in den Gesetzesmaterialien zu § 44 BörsG a. F., der Vorgängerregelung des heutigen § 15 WpHG, ausdrücklich erwähnt[615]. Der Zweck der Ad-hoc-Publizitätspflicht erfordert deshalb in gleichem Maße einen Informationsanspruch des herrschenden Unternehmens wie derjenige der Konzernrechnungslegung. Geht es doch in beiden Fällen um eine gesetzliche Pflicht, die ohne einen entsprechenden Auskunftsanspruch nicht zu erfüllen ist.

Der denkbare Einwand, es stelle einen Widerspruch dar, dem herrschenden Unternehmen in der faktischen Konzernbeziehung einen Informationsanspruch zum Zwecke einheitlicher Konzernleitung aus § 294 Abs. 3 HGB analog zu versagen, im Rahmen der kapitalmarktrechtlichen Veröffentlichungspflichten aber zu gewähren, hat nur auf den ersten Blick Gewicht. Dieser Einwand verfängt

---

[611] Fürhoff/Wölk, WM 1997, 449, 450.
[612] Vgl. zur Entstehungsgeschichte des § 15 WpHG statt aller Kümpel/Assmann, in: Assmann/Schneider³, § 15 WpHG Rn 8 ff.
[613] BT-Drucks. 15/3174, Seite 26 (Zielsetzung).
[614] Assmann, in: Assmann/Schneider, § 15 WpHG Rn 2; Geibel, in: Schäfer, § 15 WpHG Rn 6; Wölk, AG 1997, 73, 76; Zimmer, in: Schwark KMRK, § 15 WpHG Rn 12.
[615] Begr. RegE Börsenzulassungsgesetz, BT-Drucks. 10/4286, Seite 16.

nämlich deshalb nicht, weil es sich bei der kapitalmarktrechtlichen Veröffentlichungspflicht um eine gesetzliche Pflicht handelt, die es für die Obergesellschaft zur erfüllen gilt. Hingegen ist das herrschende Unternehmen gesetzlich nicht gehalten, innerhalb der faktischen Konzernbeziehung einheitliche Leitungsmacht auszuüben[616].

cc) Schlussfolgerung: Insiderrechtlicher Informationsanspruch

Die bei der kapitalmarktrechtlichen Publizitätspflicht und der konzernrechtlichen Bilanzpflicht bestehende Interessenlage ist vergleichbar. § 294 Abs. 3 Satz 2 HGB ist daher auf die konzerninterne Informationsbeschaffung entsprechend anwendbar. Dem herrschenden Unternehmen steht analog § 294 Abs. 3 HGB ein insiderrechtlicher Informationsanspruch gegen das Tochterunternehmen zu[617].

Daraus folgt: Genauso wie die Konzernobergesellschaft nach § 294 Abs. 3 Satz 2 HGB von jedem Tochterunternehmen alle Aufklärungen und Nachweise verlangen kann, die zur Aufstellung des Konzernabschlusses erforderlich sind, darf die herrschende börsennotierte Aktiengesellschaft die Informationen erfragen, die sie zur Erfüllung der kapitalmarktrechtlichen Veröffentlichungspflichten nach § 15 Abs. 1 WpHG benötigt[618]. Die Tochtergesellschaft muss sämtliche in ihrem Tätigkeitsbereich eintretenden Insiderinformationen zwecks Veröffentlichung nach § 15 WpHG dem herrschenden börsennotierten Mutterunternehmen mitteilen. Die Information der Konzernmutter zwecks Erfüllung der kapitalmarktrechtlichen Publizitätspflicht erfolgt hierbei *befugt* im Sine des § 14 Abs. 1 Nr. 2 WpHG[619].

III. Lediglich die Tochtergesellschaft ist börsennotiert

1. Publizitätspflichtiges Ereignis tritt bei der Tochtergesellschaft ein

In diesem Fall obliegt dem herrschenden Unternehmen keine Publizitätspflicht. Denn Normadressat nach § 15 Abs. 1 Satz 1 WpHG sind nur die Emittenten von Finanzinstrumenten. Tritt also *„im Tätigkeitsbereich"* der Tochtergesellschaft

---

[616] Siehe zur Frage der Konzernleitungspflicht im faktischen Konzern oben Seiten 52 ff.

[617] So im Ergebnis auch Schneider, FS Brandner, 565, 573; Schneider/Burgard, FS Ulmer, 579, 597; Singhof, ZGR, 2001, 147, 164; Kropff, in: Münch. Komm. AktG, § 311 Rn 299.

[618] In diesem Sinne auch Kropff, in: Münch. Komm. AktG, § 311 Rn 299, demzufolge der herrschenden Gesellschaft im faktischen Konzern ein Anspruch zur Erfüllung gesetzlicher Pflichten zusteht. Dies gelte insbesondere für die Erfüllung gesetzlicher Publizitätspflichten der Muttergesellschaft.

[619] Schneider, FS Wiedemann, 1255, 1268; Semler/Spindler, in: Münch. Komm. AktG, vor § 76 Rn 177; Singhof, ZGR 2001, 146, 164.

und damit „*unmittelbar*" eine Insiderinformation ein, muss lediglich sie die Veröffentlichungspflichten nach § 15 Abs. 1 WpHG erfüllen[620]. Mangels eigener kapitalmarktrechtlicher Publizitätspflicht steht der herrschenden Konzernmutter dementsprechend auch kein insiderrechtlicher Informationsanspruch analog § 294 Abs. 3 Satz 2 HGB gegen die Tochtergesellschaft zu.

Sollte der Vorstand der Tochtergesellschaft die Insiderinformationen allerdings zwecks konzerninterner Abstimmung der zu veröffentlichenden Ad-hoc-Mitteilung auf freiwilliger Basis mitteilen, ist eine solche Vorgehensweise nicht zu beanstanden[621]. Der Informationstransfer erfolgt auch in diesem Fall in den zulässigen Grenzen des § 14 Abs. 1 Nr. 2 WpHG.

2. Publizitätspflichtiges Ereignis tritt bei dem herrschenden Unternehmen ein

a) Bisherige Rechtslage

Nach Ansicht von *Cahn*[622] besteht eine Veröffentlichungspflicht der börsennotierten Tochtergesellschaft auch dann, wenn „*in dem Tätigkeitsbereich*" der nicht publizitätspflichtigen Konzernmutter ein kursrelevantes Ereignis eintritt. Die extensive Auslegung des Tatbestandsmerkmals „*in seinem Tätigkeitsbereich*" ist nach *Cahn* erforderlich, weil kein sachlicher Grund für die unterschiedliche Behandlung von herrschenden und abhängigen Unternehmen bestehe[623]. Ansonsten bliebe die Öffentlichkeit nur deshalb uninformiert, weil die Muttergesellschaft selbst kein börsennotiertes Unternehmen sei.

Die Ansicht *Cahns* ist im rechtswissenschaftlichen Schrifttum vornehmlich auf Ablehnung gestoßen[624]. Sie führe zur Begründung einer Konzernklausel im Rahmen der Ad-hoc-Publizität, obwohl der Gesetzgeber eine solche bei § 15

---

[620] Assmann, in: Assmann/Schneider, § 15 WpHG Rn 49. Noch zur alten Rechtslage: Assmann, in: Hdb. der Konzernfinanzierung, Rn 12.43, Hopt, in: Hommelhoff (Hrsg.), Konzernrecht und Kapitalmarktrecht, Seite 58; ders., in: Bankrechtshdb., § 107 Rn 48; ders., ZHR 159 (1995), 135, 151; Kümpel/Assmann, in: Assmann/Schneider³, § 15 WpHG Rn 29.

[621] Singhof, ZGR 2001, 146, 165.

[622] Cahn, ZHR 162 (1998), 1, 31; zustimmend Singhof, ZGR 2001, 146, 170 (Fußnote 98); S. Schneider, Informationspflichten und Informationssystemeeinrichtungspflichten im Aktienkonzern, Seite 139; Schwark, FS Bezzenberger, 771, 774.

[623] Cahn, ZHR 162 (1998), 1, 31.

[624] Dreyling, Insiderrecht, Rn 392 (Seite 114); Fischer zu Cramberg, in: Anwaltskommentar AktG, § 15 WpHG Rn 7; Geibel, in: Schäfer, § 15 WpHG Rn 45; Hopt, in: Hommelhoff (Hrsg.), Konzernrecht und Kapitalmarktrecht, Seite 59; Kümpel/Assmann, in: Assmann/Schneider³, § 15 WpHG Rn 40; Schäfer, in: Hdb. börsennotierte AG, § 14 Rn 33; von Klitzing, Ad-hoc-Publizität, Seite 109; Zimmer, in: Schwark KMRK, § 15 WpHG Rn 57.

174

Abs. 1 WpHG a. F. gerade nicht vorgesehen habe. Der Emittent müsse nämlich bei Zugrundelegung der Ansicht *Cahns* über sämtliche Ereignisse im Konzern informieren, ganz unabhängig davon, wo diese eingetreten seien. Auch im Kreis der verbundenen Unternehmen beschränke sich die Verpflichtung zur Ad-hoc-Publizität aber grundsätzlich auf die jeweils rechtlich selbständige Person[625]. Und schließlich wurde die Ansicht Cahns auch mit Blick auf das Analogieverbot des § 3 OWiG abgelehnt[626]: Durch eine solche extensive Auslegung des Begriffs im *„Tätigkeitsbereich des Emittenten"* bürde man der Tochtergesellschaft eine ordnungswidrigkeitsrechtliche Verantwortung[627] auf, die sowohl vom Wortlaut als auch dem Regelungsziel des Gesetzes nicht erfasst sei.

b) Neue Rechtslage

Die Publizitätspflicht der börsennotierten Konzerntochter für Geschehnisse aus der Sphäre des herrschenden Unternehmens nach aktueller Rechtslage bedarf näherer Untersuchung. Aus dem Wegfall des begrenzenden Tatbestandsmerkmals *„im Tätigkeitsbereich des Emittenten"* in § 15 Abs. 1 Satz 1 WpHG als zwingende Voraussetzung der Ad-hoc-Publizität könnte der Schluss gezogen werden, dass auch die Publizität für Tochterunternehmen ausgedehnt worden sei. *Simon*[628] vertritt die Ansicht, eine Ad-hoc-Publizitätspflicht könne auch durch Umstände begründet sein, die bei Tochter-, Mutter- oder Schwestergesellschaften einträten. In dieser Allgemeinheit kann dieser Auffassung nicht zugestimmt werden:

Eine Ad-hoc-Publizitätspflicht der börsennotierten Tochtergesellschaft über Geschehnisse aus der Sphäre des herrschenden Unternehmens kann existieren, wenn die Insiderinformation die Tochtergesellschaft ausnahmsweise *„unmittelbar"* betrifft. Dann ist der Tochtervorstand nach den allgemeinen Grundsätzen des § 15 Abs. 1 WpHG verpflichtet, über diese Insiderinformation ad hoc zu informieren[629]. Hat also beispielsweise das nicht börsennotierte herrschende Unternehmen beschlossen, seinen Aktienanteil an der börsennotierten Konzern-

---

625   Hopt, ZHR 159 (1995), 135, 152; ders., in: Hommelhoff (Hrsg.), Konzernrecht und Kapitalmarktrecht, Seite 58.

626   Schäfer, in: Hdb. börsennotierte AG, § 14 Rn 33; von Klitzing, Ad-hoc-Publizität, Seiten 109, 110.

627   Ein Verstoß gegen die kapitalmarktrechtliche Publizitätspflicht ist nach neuer Rechtslage eine Ordnungswidrigkeit, die mit einem Bußgeld bis zu einer Million Euro geahndet werden kann (§§ 39 Abs. 2 Nr. 5 lit. a), 15 Abs. 1 Satz 1, 39 Abs. 4 1. Halbsatz WpHG).

628   Assmann, in: Assmann/Schneider, § 15 WpHG Rn 72; Simon, Der Konzern 2005, 13, 16.

629   Kuthe, ZIP 2004, 883, 885; Möllers, ZBB 2003, 390, 392; Spindler/Speier, BB 2005, 2031, 2034; Tollkühn, ZIP 2004, 2215, 2217; noch zur alten Rechtslage Hopt, in: Hommelhoff (Hrsg.), Konzernrecht und Kapitalmarktrecht, Seite 58 Fußnote 58 *(„ausnahmsweise"* bestehe eine Publizitätspflicht für die Tochtergesellschaft).

tochter aufzustocken oder herunterzufahren, wird diese Entscheidung aller Voraussicht nach geeignet sein, den Kurs der Wertpapiere des Tochterunternehmens erheblich zu beeinflussen, so dass es sich bei diesem Umstand um eine Insiderinformation nach § 13 Abs. 1 WpHG handelt[630]. Weil die Tochtergesellschaft hiervon auch *„unmittelbar"* betroffen ist, besteht für diese nach neuer Rechtslage dann im Grunde ausnahmsweise eine Publizitätspflicht[631].

Auch in diesem Zusammenhang stellt sich aber die Frage, wie sich die Tochtergesellschaft die zu veröffentlichende Information verschafft. Die (theoretische) Publizitätspflicht der börsennotierten Tochtergesellschaft erfordert zwingend, dass der Vorstand des herrschenden Unternehmens den der Tochtergesellschaft über die bei ihm eingetretenen Ereignisse informiert. Ansonsten ist die Tochtergesellschaft von vornherein nicht in der Lage, eine Ad-hoc-Mitteilung zu veröffentlichen. Nach herrschender Meinung ist die Konzernmutter allerdings nicht verpflichtet, für eine Weitergabe von Informationen von *oben* nach *unten* zu sorgen[632]. Der Tochtervorstand seinerseits hat keinen Anspruch auf Weitergabe der Insiderinformationen von *oben* nach *unten*[633]. Im Unterschied zu der (umgekehrten) Zurechnung von Ereignissen aus der Sphäre der nicht börsennotierten Tochtergesellschaft zu dem Tätigkeitsbereich der herrschenden Gesellschaft fehlt es in der vorliegenden Konstellation auch an bilanzrechtlichen Ansatzpunkten (§ 294 Abs. 3 HGB), um einen entsprechenden kapitalmarktrechtlichen Informationsanspruch des Tochterunternehmens gegen das herrschenden Unternehmen herzuleiten[634]. Die kapitalmarktrechtliche Veröffentlichungspflicht der Tochtergesellschaft für Ereignisse aus der unternehmerischen Sphäre des herrschenden Unternehmens scheidet aufgrund der fehlenden Möglichkeit der Informationsbeschaffung im Regelfall aus. Etwas anderes gilt lediglich dann, wenn der Vorstand des herrschenden Unternehmens dem Tochtervorstand die Insiderinformation auf freiwilliger Basis mitteilt.

Daraus folgt: Auch nach neuer Rechtslage verbleibt es bei dem Grundsatz, dass die börsennotierte Tochtergesellschaft lediglich über die *„in ihrem Tätigkeitsbereich"* eintretenden Ereignisse berichten muss, nicht aber auch über die-

---

[630] Generell für eine Publizitätspflicht des Emittenten im Falle der Veräußerung eines Aktienpakets durch einen Großaktionär Kuthe, ZIP 2004, 883, 885.

[631] Weil diese Insiderinformation nicht *„im Tätigkeitsbereich"* der Tochtergesellschaft eingetreten ist, wäre diese Insiderinformation nach alter Rechtslage nicht publizitätspflichtig gewesen. Erst wenn die Tochtergesellschaft selbst Entscheidungen zur Veräußerung des Aktienpakets getroffen hätte, hätte für sie eine Publizitätspflicht bestanden.

[632] a. A. Singhof, ZGR 2001, 146, 169 f.; ihm folgend S. Schneider, Informationspflichten und Informationssystemeinrichtungspflichten im Aktienkonzern, Seite 167.

[633] So auch Spindler/Speier, BB 2005, 2031, 2034, die die Frage der Informationsbeschaffung jedoch auch insoweit nur unter dem Blickwinkel der Wissenszurechnung erörtern.

[634] Zimmer, in: Schwark KMRK, § 15 WpHG Rn 57 hat zur alten Rechtslage zutreffend auf den fehlenden Auskunftsanspruch der Tochtergesellschaft gegen das publizitätspflichtige Mutterunternehmen hingewiesen.

jenigen, die aus dem Tätigkeitsbereich des nicht börsennotierten herrschenden Unternehmens stammen. Ein Informationsdurchgriff von *unten* nach *oben* besteht nicht.

IV. Beide Gesellschaften sind börsennotiert

Sind beide Konzerngesellschaften börsennotiert, ist danach zu differenzieren, in welchem Tätigkeitsbereich das publizitätspflichtige Ereignis eintritt.

1. Publizitätspflichtiges Ereignis tritt bei der Tochtergesellschaft ein

Tritt „*im Tätigkeitsbereich*" der Konzerntochter ein Ereignis ein, dass die Gesellschaft in der von § 15 WpHG vorausgesetzten Form unmittelbar betrifft, begründet dies für die Tochtergesellschaft grundsätzlich eine entsprechende Veröffentlichungspflicht. Ob darüber hinaus auch das herrschende Unternehmen verpflichtet ist, seinerseits eine Ad-hoc-Mitteilung zu veröffentlichen, hängt davon ab, ob die Insiderinformation es gleichfalls „*unmittelbar*" betrifft[635]. Liegt ein Ereignis mit doppelter Kursrelevanz vor, besteht grundsätzlich für beide Gesellschaften eine kapitalmarktrechtliche Veröffentlichungspflicht. Kontrovers wird in der Literatur die sich daran anschließende Frage diskutiert, ob beide oder welche der beiden Gesellschaften diese doppelrelevante Insiderinformation zu veröffentlichen habe.

a) Nur die Tochtergesellschaft muss veröffentlichen

Einige Autoren[636] wollen die grundsätzliche Veröffentlichungspflicht des herrschenden Unternehmens für Ereignisse aus dem Tätigkeitsbereich von Tochtergesellschaften dann einschränken, wenn die Tochtergesellschaft selbst publiziert. Es genüge im Fall der Börsennotierung beider Gesellschaften, dass allein das Tochterunternehmen eine Ad-hoc-Mitteilung veröffentliche. Begründet wird dies mit der Erwägung, eine Verdoppelung der Ad-hoc-Publizität würde eher zu einer Verwirrung der Märkte, denn zu einer Erhöhung der Informationseffizienz führen[637].

---

[635] Betrifft die Insiderinformation nur die Tochtergesellschaft und erfüllt diese ihre Veröffentlichungspflicht nicht, besteht nach Ansicht von Hopt, ZGR 2002, 333, 350 keine Veröffentlichungspflicht des Muttervorstands.

[636] Dreyling, Insiderrecht, Rn 393 (Seite 114); Fischer zu Cramberg, in: Anwaltskommentar AktG, § 15 WpHG Rn 7, Schäfer, in: Hdb. börsenotierte AG, § 14 Rn 33. Unklar ist die Aussage Schwarks, FS Bezzenberger, 771, 775, die „*zweite Mitteilung sei entbehrlich*", weil Schwark offen lässt, welches der beiden Unternehmen keine Veröffentlichungspflicht trifft.

[637] Dreyling, Insiderrecht, Rn 393 (Seite 114) (noch zur alten Rechtslage).

b) Nur das herrschende Unternehmen muss veröffentlichen

Anderer Auffassung ist *Gehrt*[638]: In einem ersten Schritt bejaht er eine Veröffentlichungspflicht beider Gesellschaften. In der Folge erklärt er dann aber eine doppelte Ad-hoc-Mitteilung für *„formalistischen Überfluss"* und schlägt stattdessen vor, die Muttergesellschaft solle die Koordination aller im Konzern zu publizierenden Ad-hoc-Mitteilungen übernehmen und eine Konzernmitteilung veröffentlichen[639]. Zum gleichen Ergebnis gelangt *Singhof*[640]. Das herrschende Unternehmen solle die Veröffentlichungspflicht der Tochtergesellschaft analog § 24 WpHG[641] mit übernehmen, sofern der Inhalt der Mitteilung der Muttergesellschaft der entspreche, die das Tochterunternehmen ansonsten selbst hätte abgeben müssen.

c) Beide Gesellschaften müssen veröffentlichen

Nach einer dritten Meinung[642] müssen beide Gesellschaften eine Ad-hoc-Mitteilung veröffentlichen. Bei der Ad-hoc-Publizitätspflicht komme es nicht nur auf die bloße Veröffentlichung der Insiderinformation als solcher an, sondern auch darauf, dass den Anlegern diese Information von dem direkt betroffenen Unternehmen mitgeteilt werde. Anders als im unmittelbaren Anwendungsbereich des § 24 WpHG ginge es nicht allein um die Veröffentlichung von Tatsachen. Vielmehr würden die Anleger durch die Publizierung davon in Kenntnis gesetzt, dass der betreffende Umstand nach Einschätzung des Emittenten für dieses Unternehmen von erheblicher Bedeutung sei. Diese Information wäre mit einer bloßen Veröffentlichung durch das herrschende Unternehmen nicht verbunden, wenn es um die Auswirkungen auf die börsennotierte Tochtergesellschaft gehe.

---

[638] Gehrt, Die neue Ad-hoc-Publizität, Seite 142 (noch zur alten Rechtslage).

[639] Dagegen wendet sich Assmann, in: Assmann/Schneider, § 15 WpHG Rn 72.

[640] Singhof, ZGR 2001, 146, 165 (noch zur alten Rechtslage).

[641] Nach § 24 WpHG dürfen bei Konzernunternehmen die Mitteilungspflichten nach § 21 WpHG gegenüber der BaFin und der anderen Gesellschaft bei Erreichen der vorgeschriebenen Schwellenwerte durch das Mutterunternehmen übernommen werden. Hierzu näher Assmann, in: Assmann/Schneider, § 24 WpHG Rn 15.

[642] Spindler/Speier, BB 2005, 2031, 2034; im Ergebnis auch Assmann, in: Assmann/Schneider, § 15 WpHG Rn 72. Noch zur alten Rechtslage: Cahn, ZHR 162 (1998) 1, 31; von Klitzing, Ad-hoc-Publizität, Seite 108.

178

d) Stellungnahme

Für die Mutter- und Tochtergesellschaft wird in der Regel keine gleichlaufende Publizitätspflicht entstehen[643]. In den meisten Konstellationen dürfte ein Ereignis zwar Relevanz für den Kurs der Aktie der Tochtergesellschaft haben, nicht aber zugleich auch für den des herrschenden Unternehmens: So ist eine Personalentscheidung im Vorstand oder Aufsichtsrat einer Tochtergesellschaft für diese eine Insiderinformation, bei der Muttergesellschaft mangels Kursrelevanz aber nicht[644]. Durch die Feststellung des Ausnahmecharakters der doppelten Veröffentlichungspflicht ist allerdings noch nicht die Frage geklärt, wer die Ad-hoc-Mitteilung im Falle einer (seltenen) doppelten Betroffenheit veröffentlichen muss. Und vor allem stellt der Ausnahmecharakter einer doppelt relevanten Insiderinformation kein sachliches Argument für oder gegen eine konsolidierte Ad-hoc-Mitteilung dar[645].

Die Ausweitung der Ad-hoc-Publizität hätte den Anstieg von Ad-hoc-Mitteilungen zur Folge. Es bestünde die Gefahr, dass die wirklich wichtigen Nachrichten untergehen[646] und die Marktteilnehmer durch die doppelte Ad-hoc-Mitteilung eher verwirrt als tatsächlich informiert werden. Die Veröffentlichung überflüssiger Ad-hoc-Mitteilungen zu verhindern, ist aber das erklärte Ziel des Gesetzgebers: So weist die Bundesregierung in dem Gesetzesentwurf zum Vierten Finanzmarktförderungsgesetz[647] darauf hin, dass es für den durchschnittlichen Anleger unmöglich sei, die wirklich relevanten Informationen zu erkennen, wenn unnötige Veröffentlichungen erfolgten. Eine konsolidierte Ad-hoc-Mitteilung stellt eine sinnvolle Möglichkeit dar, dieses gesetzgeberische Ziel zu erreichen.

Gegen die Veröffentlichung einer konsolidierten Ad-hoc-Mitteilung allein durch das herrschende Unternehmen wird vor allem eingewandt, dadurch werde der Kapitalmarkt nicht ausreichend über die Kursrelevanz der Insiderinformation im Hinblick auf die Tochtergesellschaft informiert. Diesem Einwand kann Rechnung getragen werden: Die konsolidierte Ad-hoc-Mitteilung muss die genaue Aussage enthalten, welche Tochtergesellschaft durch die in Frage stehende Insiderinformation unmittelbar betroffen ist und der Inhalt der konsolidierten Ad-hoc-Mitteilung muss der entsprechen, die das Tochterunternehmen selbst

---

643 Zutreffend Gehrt, Die neue Ad-hoc-Publizität, Seite 143; Tippach, Das Insider-Handelsverbot und die besonderen Rechtspflichten der Banken, Seite 146 (noch zur alten Rechtslage).

644 Beispiel nach Spindler/Speier, BB 2005, 2031, 2034.

645 a. A. Spindler/Speier, BB 2005, 2031, 2034.

646 Dreyling, Der Konzern 2005, 1, 3.

647 Begr. RegE 4. FFG BT-Drucks. 14/8017 (Seite 87). Durch die Einführung von Satz 3 in § 15 Abs. 1 WpHG a. F. sollte die Veröffentlichung eingegrenzt werden. § 15 Abs. 2 WpHG n. F. entspricht dieser Regelung.

hätte abgegeben müssen. Werden diese inhaltlichen Voraussetzungen erfüllt, ist eine konsolidierte Mitteilung mit Blick auf die kapitalmarktrechtliche Transparenz ausreichend[648].

2. Publizitätspflichtiges Ereignis tritt bei dem herrschenden Unternehmen ein

Die Tochtergesellschaft ist grundsätzlich nicht für solche Ereignisse publizitätspflichtig, die *„im Tätigkeitsbereich"* des herrschenden Unternehmens eintreten. Eine Meldepflicht des Tochterunternehmens kann vielmehr nur dann entstehen, wenn sich die Ereignisse bei der Muttergesellschaft zugleich auch *„unmittelbar"* auf die Tochtergesellschaft auswirken. In der Regel dürfte dies nicht der Fall sein[649]. Liegt ausnahmsweise eine doppelrelevante Insiderinformation vor, kann die Veröffentlichungspflicht der Tochtergesellschaft auch in diesem Fall von dem herrschenden Unternehmen übernommen werden. Voraussetzung ist lediglich, dass die Marktteilnehmer mittels der konsolidierten Konzernmitteilung ausreichend konkret darüber informiert werden, welche Tochtergesellschaft und wie von der Insiderinformation *„unmittelbar"* betroffen ist.

Eine alleinige Veröffentlichungspflicht der Tochtergesellschaft wird hingegen nur in den seltensten Fällen vorliegen: Zunächst darf das herrschende Unternehmen die in seinem Tätigkeitsbereich eingetretene Insiderinformation nicht veröffentlicht haben. Publiziert die Konzernmutter nämlich die Insiderinformation nach § 15 Abs. 1 WpHG, ist diese öffentlich bekannt und verliert dadurch ihren Charakter als Insiderinformation[650]. Für eine nochmalige Veröffentlichung durch die Tochtergesellschaft besteht dann aus insiderrechtlicher Sicht keine Notwendigkeit mehr.

Neben der fehlenden Veröffentlichung der Insiderinformation durch das herrschende Unternehmen, zu der es angesichts der drohenden Ordnungswidrigkeit nach § 39 Abs. 2 Nr. 6 WpHG und der möglichen Schadensersatzansprüchen von Anlegern nach § 15 Abs. 6 WpHG i.V.m. §§ 37b, 37c WpHG[651] in der Regel nicht kommen dürfte, muss das Tochterunternehmen überdies Kenntnis von der zu veröffentlichen Insiderinformation haben. Womit man schließlich wieder

[648] Singhof, ZGR 2001, 146, 165 (noch zur alten Rechtslage). Für eine konsolidierte Ad-hoc-Mitteilung nach neuer Rechtslage Kuthe, ZIP 2004, 883, 884 (Fußnote 15).

[649] Möllers, ZBB 2003, 390, 391 verneint in dieser Konstellation grundsätzlich eine Veröffentlichungspflicht der Tochtergesellschaft. Lediglich die Konzernmutter müsse publizieren; zustimmend Spindler/Speier, BB 2005, 2031, 2034. Kritisch hierzu, aber im Ergebnis ebenfalls für eine konzernintern abgestimmte Ad-hoc-Mitteilung der Konzernmutter, Kuthe, ZIP 2004, 883, 884 (Fußnote 15); siehe auch Tollkühn, ZIP 2004, 2215, 2217.

[650] Ebenso Kuthe, ZIP 2004, 883, 885 (Fußnote 13); Spindler/Speier, BB 2005, 2031, 2034.

[651] Ausführlich zur Frage der Haftung Nietsch, BB 2005, 785, 788.

bei dem schon erörterten Problem der Informationsversorgung von *oben* nach *unten* ist. Der Vorstand der Tochtergesellschaft muss also wissen, dass im Tätigkeitsbereich des herrschenden Unternehmens eine Insiderinformation eingetreten ist, die es zu veröffentlichen gilt. Diese Kenntnis wird im Regelfall fehlen. Verfügt der Tochtervorstand aber ausnahmsweise über ein entsprechendes Wissen, darf er nicht abwarten, bis das herrschende Unternehmen die doppelrelevante Insiderinformation ad hoc veröffentlicht. Vielmehr ist er nach § 15 Abs. 1 WpHG zur *„unverzüglichen"* Veröffentlichung verpflichtet. Durch schnellstmögliche Bekanntmachung von Insiderinformationen soll der Kreis potentieller Insider schließlich klein gehalten und der Zeitraum, in dem Insiderwissen missbräuchlich ausgenutzt werden kann, verkürzt werden. Ein Abwarten mit der Veröffentlichung verbietet sich aus diesem Grund.

V.   Publizitätspflicht nach § 15 Abs. 1 Satz 4 WpHG

Zu klären bleibt die Frage, ob sich für das Tochterunternehmen eine Publizitätspflicht aus dem neu eingefügten § 15 Abs. 1 Satz 4 WpHG ergibt. Diese Vorschrift verpflichtet Emittenten sowie Personen, die im Auftrag oder für Rechnung eines Emittenten handeln, dazu, Insiderinformationen, die sie im Rahmen ihrer Befugnis einem anderen mitteilen oder zugänglich machen, zeitgleich bekannt zu machen, es sei denn, der Empfänger der Informationen ist rechtlich zur vertraulichen Behandlung der Information verpflichtet. Der Anwendungsbereich der Norm ist nur dann eröffnet, wenn erstens die Weitergabe der Insiderinformation im Rahmen der Befugnis gemäß § 14 Abs. 1 Nr. 2 WpHG erfolgt und zweitens der Informationsempfänger rechtlich nicht zur Vertraulichkeit verpflichtet ist. Da die Weitergabe von Insiderinformationen durch die Tochtergesellschaft an die Konzernmutter eine *befugte* Weitergabe darstellt, stellt sich dementsprechend die Frage, ob diese Informationen nunmehr auch Dritten gegenüber publik gemacht werden müssen.

Die Frage lässt sich im Sinne eines ungestörten konzerninternen Informationsflusses mit einem eindeutigen Nein beantworten. Denn die Organmitglieder der herrschenden Gesellschaft sind gesetzlich zur Verschwiegenheit und vertraulichen Behandlung der erlangten Insiderinformation verpflichtet (§§ 93 Abs. 1 Satz 3, 116, 404 AktG). Dadurch ist das negative Tatbestandsmerkmal des § 15 Abs. 1 Satz 4 WpHG (*„rechtliche Verpflichtung zur Vertraulichkeit"*) erfüllt. Aus diesem Grund kann auch dahingestellt bleiben, ob nicht schon das Weitergabeverbot des § 14 Abs. 1 Nr. 2 WpHG selbst eine rechtliche Verschwiegenheitspflicht im Sinne des § 15 Abs. 1 Satz 4 WpHG begründet[652].

---

[652]   Nach von Falkenhausen/Widder, BB 2005, 225, 227 ist das in § 15 Abs. 1 Satz 4 WpHG enthaltene Tatbestandsmerkmal *„der rechtlichen Verpflichtung zur Vertraulichkeit"* erfüllt, wenn die Insiderinformation lediglich befugt im Sinne des § 14 Abs. 1 Nr. 2 WpHG weitergegeben wird. Andernfalls würde das gesetzliche Ziel, den Kreis der In-

VI. Spannungsverhältnis zwischen befugter Weitergabe und Veröffentlichungspflicht

Der Anwendungsbereich des § 15 WpHG a. F. war erheblich enger als der des § 13 WpHG a. F.[653]: In vielen Fällen konnten Insidertatsachen vorliegen, die zwar unter die insiderrechtlichen Verbotstatbestände des § 14 WpHG a. F. fielen, gleichwohl aber keine kapitalmarktrechtliche Veröffentlichungspflicht auslösten, weil diese Insidertatsachen keine Auswirkungen auf die Vermögens- und Finanzlage oder den allgemeinen Geschäftsverlauf des Emittenten hatten. Nach alter Rechtslage galt der Grundsatz, dass zwar jede ad-hoc-publizitätspflichtige Tatsache zugleich auch eine Insidertatsache im Sinne des § 13 Abs. 1 WpHG a. F. war, umgekehrt aber nicht jede Insidertatsache auch der Ad-hoc-Publizitätspflicht unterlag[654]. Das bedeutete für die konzerninterne Weitergabe von damaligen Insidertatsachen, dass diese zwar ebenfalls nur unter den Voraussetzungen des § 14 Abs. 1 Nr. 2 WpHG a. F. nach *oben* gegeben werden durften, das börsennotierte herrschende Unternehmen war aber nicht in jedem Fall verpflichtet, die Insidertatsachen auch unverzüglich zu veröffentlichen. Die Veröffentlichungspflicht nach § 15 WpHG a. F. tangierte den konzerninternen Informationstransfer vielmehr nur unter bestimmten zusätzlichen Voraussetzungen[655].

Durch die Neufassung des § 15 Abs. 1 Satz 1 WpHG muss der Emittent hingegen grundsätzlich jede Insiderinformation als Ad-hoc-Mitteilung veröffentli-

---

sider möglichst gering zu halten, unterlaufen; a. A. Leuering, NZG 2005, 12, 16, weil § 15 Abs. 1 Satz 4 WpHG ansonsten keine eigenständige Bedeutung zukomme. Jede befugte Weitergabe habe zur Folge, dass der Empfänger selbst zum Insider werde und damit seinerseits dem Weitergabeverbot unterliege, womit die Anwendung von § 15 Abs. 1 Satz 4 WpHG gesperrt wäre.

[653] Kümpel, in: Bank- und Kapitalmarktrecht, Rn 16.233.

[654] Brandi/Süßmann, AG 2004, 643, 648; Fürhoff, AG 2003, 80; Zimmer, in: Schwark KMRK, § 15 WpHG Rn 14.

[655] Nach alter Rechtslage löste die Weitergabe konzernrelevanter Insidertatsachen an das herrschende Unternehmen nicht zwangsläufig eine kapitalmarktrechtliche Veröffentlichungspflicht aus. In der Literatur (Burgard, ZHR 162 (1998), 51, 80; Schneider, FS Wiedemann, 1255, 1270) ist vereinzelt die Frage nach den Folgen diskutiert worden, wenn aufgrund des mit der Insidertatsache befassten Personenkreises eine vertrauliche Behandlung nicht (mehr) gewährleistet war, beispielsweise weil der Kreis der Insider zu groß wurde. In diesem Fall lief der Vorstand der abhängigen Gesellschaft Gefahr, gegen das Verbot der unbefugten Weitergabe nach § 14 Abs. 1 Nr. 2 WpHG a. F. zu verstoßen. Dieser Gefahr konnte nur durch eine unverzügliche Veröffentlichung der Tatsache begegnet werden. Dadurch wurde - wie nach aktueller Rechtslage auch - der Insidertatsache die Vertraulichkeit genommen. Die Gefahr der Veröffentlichungspflicht wegen drohenden Verlusts der Vertraulichkeit stellt sich nach dem In-Kraft Treten des AnSVG im Grunde nicht mehr, weil nunmehr fast sämtliche Insiderinformationen ad-hoc zu veröffentlichen sind.

chen[656]. Diese Gleichsetzung von Insiderinformation und Ad-hoc-Mitteilung hat daher auch Auswirkungen auf den konzerninternen Informationsfluss: Alle Insiderinformationen, die das abhängige Unternehmen *befugt* mitteilt, müssen von der herrschenden börsennotierten Konzernmutter entsprechend der neuen gesetzlichen Grundkonzeption grundsätzlich unverzüglich veröffentlicht werden. Auch wenn die Anzahl der Insiderinformationen eher gering sein dürfte, weil die in Frage stehenden Informationen im Regelfall keine entsprechende Kursrelevanz aufweisen, kann die grundsätzliche Veröffentlichungspflicht für die konzerninterne Kommunikation im Einzelfall unerwünschte Folgen mit sich bringen. Beispielsweise dann, wenn sich das Tochterunternehmen in Vertragsverhandlungen mit einem dritten Unternehmen befindet und eine Veröffentlichung dieses Umstandes das Ergebnis oder den normalen Ablauf dieser Verhandlungen beeinträchtigen kann. Müsste das herrschende Unternehmen nun tatsächlich sämtliche Insiderinformationen umgehend veröffentlichen, die die Organe der beherrschten Gesellschaft zuvor *befugt* an es weitergegeben haben, hätte es von diesen Informationen wegen der dann entfallenden Vertraulichkeit keinen Gewinn.

Damit stellt sich die Frage, ob es für das herrschende Unternehmen kapitalmarktrechtliche Möglichkeiten gibt, die Veröffentlichung der erlangten Insiderinformation abzuwenden, um deren Vertraulichkeit zumindest temporär zu wahren. In Betracht kommt eine Selbstbefreiung von der Veröffentlichungspflicht (§ 15 Abs. 3 Satz 1 WpHG).

1. Suspendierung von der Veröffentlichungspflicht im Allgemeinen

Schon die alte Gesetzeslage sah die Möglichkeit der Befreiung von der Publizitätspflicht vor: Die BaFin konnte den Emittenten auf Antrag von seiner Pflicht zur unverzüglichen Veröffentlichung einer Ad-hoc Tatsache durch Verwaltungsakt befreien, wenn die Publikation *„geeignet war, den berechtigten Interessen des Emittenten zu schaden"* (§ 15 Abs. 1 Satz 5 WpHG a. F.)[657]. Nun-

---

656   Brandi/Süßmann, AG 2004, 643, 648; Bürgers, BKR 2004, 424, 426; Cahn, Der Konzern 2005, 5, 6; Dreyling, Der Konzern 2005, 1, 3; Fürhoff, AG 2003, 80; Holzborn/Israel, WM 2004, 1948, 1952; Kuthe, ZIP 2004, 883, 885; Möllers, ZBB 2003, 390, 392; Simon, Der Konzern 2005, 13, 14; Spindler, NJW 2004, 3449, 3451; S. Schneider, NZG 2005, 702, 707; Tollkühn, ZIP 2004, 2215; Ziemons, NZG 2004, 537, 541.

657   Hierzu musste der Emittent gegenüber der BaFin begründen, warum er von der Veröffentlichung einer Ad-hoc-Mitteilung absehen wollte. Die BaFin wog ab, ob das Informationsinteresse des Marktes ausnahmsweise hinter den Geheimhaltungswünschen des Emittenten zurückzutreten hatte. Maßstab war, ob die einem Emittenten nach der Veröffentlichung drohenden Nachteile schwerer wogen als der Anspruch gegenwärtiger wie potentieller Anleger auf richtige, vollständige und zeitnahe Information. Befreiungen wurden in der Vergangenheit seitens der BaFin insbesondere dann gewährt, wenn ein

mehr sieht das Gesetz eine Selbstbefreiung des Emittenten von der Veröffentlichungspflicht vor, sofern die drei folgenden Voraussetzungen kumulativ erfüllt sind: (1) Der Schutz der berechtigten Interessen des Emittenten erfordert eine vorübergehende Befreiung von der unverzüglichen Veröffentlichung; (2) eine Irreführung der Öffentlichkeit durch die verzögerte Veröffentlichung ist nicht zu befürchten; und (3) der Emittent kann die Vertraulichkeit der Insiderinformation gewährleisten.

Nach neuer Rechtslage muss der Emittent selbst (und nicht mehr die BaFin) entscheiden, ob diese Voraussetzungen für eine Suspendierung von der Publizitätspflicht vorliegen[658]. Nicht ausdrücklich gesetzlich geregelt ist, ob die Befreiung von der Veröffentlichungspflicht im Falle des Vorliegens der vorstehend genannten Voraussetzungen von selbst eintritt oder ob es eines wie auch immer gearteten Beschlusses des Emittenten bedarf. Der Wortlaut von § 15 Abs. 3 Satz 1 WpHG, „ist befreit", spricht für eine Befreiung von der Veröffentlichungspflicht ex lege[659].

a)   Berechtigte Interessen am Aufschub der Veröffentlichung

Die Entscheidung der Frage, ob berechtigte Interessen des Emittenten einer Veröffentlichung der Ad-hoc-Mitteilung zum gegenwärtigen Zeitpunkt entgegenstehen, hängt nicht davon ab, ob die Insiderinformation eine schlechte Nachricht für den Emittenten enthält oder nicht. Andernfalls würde der Emittent überhaupt keine negativen Ad-hoc-Mitteilungen mehr veröffentlichen, sondern sich stets auf § 15 Abs. 3 Satz 1 WpHG berufen[660]. Erforderlich ist auch nach neuer Rechtslage vielmehr eine Abwägung der berechtigten Interessen des Emittenten an einer zumindest temporären Wahrung der Vertraulichkeit der Insiderinformation gegenüber dem Interesse des Anlegerpublikums an einer unverzüglichen Offenlegung der entsprechenden Information und dem Schutz des Kapitalmarkts vor verbotenen Insidergeschäften[661]. Entscheidender Maßstab ist also nach wie vor, ob die einem Emittenten nach der Veröffentlichung einer Insider-

---

Unternehmen durch eine Veröffentlichung in seinem Fortbestand bedroht war, gleichzeitig jedoch aussichtsreiche Chancen für eine Sanierung bestanden (siehe hierzu Wölk, AG 1997, 73, 79). Die BaFin handhabe die Befreiungsmöglichkeit des § 15 Abs. 1 Satz 5 WpHG a. F. insgesamt sehr restriktiv.

[658]   Spindler, NJW 2004, 3449, 3452; Tollkühn, ZIP 2004, 2215, 2218. Cahn, Der Konzern 2005, 5, 6 weist zutreffend darauf hin, dass in Anbetracht der Vielzahl von Unternehmensinterna, die nach Änderung des § 15 Abs. 1 WpHG veröffentlicht werden müssen, das alte Befreiungssystem nicht mehr praktikabel gewesen wäre.

[659]   Kuthe, ZIP 2004, 883, 885; Nietsch, BB 2005, 785, 786; a. A. S. Schneider, BB 2005, 897, 900.

[660]   Siehe allgemein zur Befreiung von der Publizitätspflicht nach § 15 Abs. 3 WpHG Möllers, WM 2005, 1393 ff.; S. Schneider, BB 2005, 897 ff.; Veith, NZG 2005, 254 ff.

[661]   Noch zur alten Rechtslage Fürhoff/Wölk, WM 1997, 449, 458.

184

information drohenden Nachteile schwerer wiegen als der Anspruch gegenwärtiger wie potentieller Anleger auf richtige, vollständige und zeitnahe Information[662].

Der deutsche Gesetzgeber hat davon abgesehen, den unbestimmten Rechtsbegriff „berechtigte Interessen" zu definieren[663]. Allerdings hat der EU-Richtliniengeber in Art. 3 Abs. 1 der EU-Durchführungsrichtlinie[664] bestimmte, nicht abschließende Fallbeispiele für berechtigte Interessen des Emittenten für eine verzögerte Ad-hoc-Mitteilung genannt. Diese Fallbeispiele hat der deutsche Gesetzgeber in der Gesetzesbegründung[665] zu § 15 Abs. 3 WpHG aufgegriffen: Berechtigte Interessen liegen danach dann vor, wenn der Emittent sich in Übernahmeverhandlungen befindet[666]. Gleiches soll dann gelten, wenn noch die Zustimmung eines Aufsichtsorgans zu einer Maßnahme ansteht und eine vorweggenommene Veröffentlichung das Publikum verleiten würde, sich verfrüht auf derlei Informationen zu verlassen.

In Übereinstimmung mit der Regierungsbegründung hat auch das Bundesfinanzministerium in der Wertpapierhandels- und Insiderverzeichnisverordnung (WpAIV) diese berechtigten Interessen anerkannt. Demnach kann schon die Beeinträchtigung laufender Verhandlungen über Geschäftsprozesse ein berechtigtes Interesse darstellen (§ 6 Nr. 1 WpAIV). Gleiches gilt für den Fall mehrstufiger Entscheidungsprozesse, sofern die abschließende Zustimmung[667] noch aussteht und die Bekanntgabe der Informationen mit dem Hinweis, dass die Zustimmung noch nicht erteilt sei, die konkrete Bewertung der Information durch das Publikum gefährden würde (§ 6 Nr. 2 WpAIV). Insgesamt ist von einem eher weiten Verständnis des unbestimmten Rechtsbegriffs „berechtigte Interes-

---

662   In diesem Sinne noch zur alten Rechtslage Wölk, AG 1997, 73, 79.

663   Auch die Marktmissbrauchsrichtlinie (ABIEU Nr. L 96) definiert in Art. 6 Abs. 1 nicht, wann eine Veröffentlichung berechtigten Interessen des Emittenten schadet.

664   Richtlinie 2003/124EG vom 22. Dezember 2003 zur Durchführung der Marktmissbrauchsrichtlinie.

665   Siehe Begr. RegE BT-Drucks. 15/3174, Seite 35.

666   Ausführlich zu diesem Fall Veith, NZG 2005, 254, 256.

667   Gedacht ist an die Konstellation, dass die noch ausstehende Zustimmung (beispielsweise des Aufsichtsrats) zwar mit bekannt gegeben wird, der Kapitalmarkt den Vorgang aber gleichwohl schon als endgültig abgeschlossen bewertet und bei der Kursbewertung fehlerhaft berücksichtigt. Nach bisheriger Rechtslage war umstritten, ob in derartigen Fällen die Ad-hoc-Publizitätspflicht des Emittenten aus Rücksicht auf die aktienrechtliche Kompetenzordnung erst nach erteilter Zustimmung des Aufsichtsrats oder bereits mit dem Vorstandsbeschluss eintrat, sofern die Zustimmungserteilung durch den Aufsichtsrat wahrscheinlich war, wobei unterschiedliche Anforderungen an den Grad der Wahrscheinlichkeit gestellt wurden (zu einem umfassenden Überblick über den bisherigen Meinungstand, Zimmer, in: Schwark KMRK, § 15 WpHG, Rn 79 ff.). Nach neuer Rechtslage besteht für solche gestreckte Sachverhalte grundsätzlich die Ad-hoc-Publizitätspflicht, weil bereits mit dem Vorstandsbeschluss eine Insiderinformation vorliegt (vgl. Assmann, in: Assmann/Schneider, § 15 WpHG Rn 60).

sen" auszugehen, weil das unternehmerische Handeln des Emittenten andernfalls übermäßig eingeschränkt wäre[668]. Daran kann gerade der Kapitalmarkt kein
Interesse haben.

b) Keine Irreführung der Öffentlichkeit

Irreführung des Marktes ist nicht schon das Inkaufnehmen der Unkenntnis des
Marktes über den Inhalt der Insiderinformation. Denn diese Unkenntnis liegt bei
jeder Selbstbefreiung vor[669]. Erforderlich ist vielmehr, dass sich durch die auf-
geschobene Veröffentlichung der Ad-hoc-Information nicht nur ein unzutreffen-
der Kurs bildet, sondern ein erhebliches Fehlverhalten des Marktes zu befürchten ist, das auch unter Berücksichtigung der mit der Veröffentlichung der Insiderinformation verbundenen Nachteile schlechterdings unhaltbar erscheint[670].
Eine solche Situation wird nur ausnahmsweise vorliegen.

c) Gewährleistung der Vertraulichkeit

Aus praktischer Sicht ist das dritte Erfordernis für die Zulässigkeit der Suspendierung von der Ad-hoc-Mitteilungspflicht, die Gewährleistung der Vertraulichkeit, besonders bedeutsam. Hierfür sieht § 7 WpAIV zwei Voraussetzungen vor,
die erfüllt sein müssen: (1) Der Emittent muss wirksame Vorkehrungen treffen,
um zu verhindern, dass andere Personen als solche, deren Zugang zu der Insiderinformation für die Wahrnehmung unerlässlich ist, Zugang zu der Information
erlangen und (2) muss der Emittent Maßnahmen ergriffen haben, die eine unmittelbare Bekanntgabe der Insiderinformation für den Fall gestatten, dass er nicht
mehr in der Lage ist, die Vertraulichkeit der Insiderinformation zu gewährleisten. Ohne eine solche Organisation darf der Emittent die Veröffentlichung der
Information nicht aufschieben, unabhängig davon, wie schützenswert seine Interessen sind[671].

2. Suspendierung von der Veröffentlichungspflicht im Konzern

Bei verbundenen Unternehmen weist die Beantwortung der Frage, ob berechtigte Interessen von der Publizitätspflicht suspendieren, besondere Schwierigkeiten
auf. Dies deshalb, weil das herrschende Unternehmen auch zur Veröffentlichung
solcher Insiderinformationen verpflichtet sein kann, die bei einer abhängigen
Konzerntochter eingetreten sind. Damit ergibt sich folgendes Problem: Stellen
die *„berechtigten Interessen"* der Tochtergesellschaft an der Suspendierung

---

[668] Simon, Der Konzern, 2005, 13, 19; a. A. Dreyling, Der Konzern 2005, 1, 3.
[669] Zutreffend S. Schneider, BB 2005, 897, 899; Simon, Der Konzern, 2005, 13, 20.
[670] So auch S. Schneider, BB 2005, 897, 899; Simon, Der Konzern, 2005, 13, 20.
[671] Brandi/Süßmann, AG 2004, 642, 650.

auch gleichzeitig eine tragfähige rechtliche Grundlage für eine Befreiung des herrschenden Unternehmens von der Veröffentlichungspflicht dar? Weder die Gesetzesbegründung noch der Emittentenleitfaden der BaFin geben hierauf eine Antwort. Auch zur Klärung dieser Frage ist danach zu unterscheiden, welche der Konzerngesellschaften börsennotiert ist.

a) Beide Gesellschaften sind börsennotiert

Keine konzernspezifischen Schwierigkeiten treten auf, wenn beide börsennotierten Unternehmen berechtigte Interessen im Sinne des § 15 Abs. 3 Satz 1 WpHG geltend machen können. Die Frage, ob es aus Sicht des herrschenden Unternehmens zulässig ist, sich auf die berechtigten Interessen der Tochtergesellschaft zu berufen, stellt sich dann nicht.

Andererseits sind auch Fälle denkbar, in denen die Voraussetzungen für eine Suspendierung von der Publizitätspflicht lediglich für die börsennotierte Tochtergesellschaft vorliegen, nicht aber für das herrschende Unternehmen. So kann sich beispielsweise die Sanierung der Tochtergesellschaft zwar auch auf das herrschende Unternehmen auswirken und es demzufolge *„unmittelbar"* betreffen; gleichwohl können seine Interessen an der Wahrung der Vertraulichkeit der entsprechenden Insiderinformation aber nicht die Interessen des Kapitalmarkts an einer unverzüglichen Offenlegung überwiegen. Muss das herrschende Unternehmen die Insiderinformation dann publizieren, die Tochtergesellschaft ihrerseits hingegen nicht?

Grundüberlegung zur Klärung der aufgeworfenen Frage muss sein, dass der Tochtergesellschaft durch die Konzernierung und die Börsennotierung des herrschenden Unternehmens kein Nachteil entsteht. Versagt man dem herrschenden Unternehmen die Möglichkeit sich auf die berechtigten Interessen der Tochtergesellschaft zu berufen, müsste die Insiderinformation veröffentlicht werden, obwohl diese Bekanntgabe sowohl den *„berechtigten Interessen"* des eigenen Tochterunternehmens als auch denjenigen des herrschenden Unternehmens (zumindest mittelbar) zuwiderläuft, ja diesen sogar erheblich schaden kann. Gerade in Sanierungsfällen ist nicht auszuschließen, dass die frühzeitige Veröffentlichung der Insiderinformation (wie beispielsweise drohende Zahlungsunfähigkeit, eingetretene erhebliche Verluste oder Umsatzeinbrüche) ein Scheitern der Rettungsversuche nach sich zieht. Durch die Veröffentlichung entsprechender Insiderinformationen werden die Verhandlungen mit den Beteiligten erschwert und gleichzeitig können Konkurrenten die Schwäche ausnutzen, um so das Unternehmen vom Markt zu drängen. Ebenso ist es denkbar, dass Lieferanten nur noch gegen Vorkasse liefern und in der Belegschaft erhebliche Unruhe entsteht[672]. Das Bekanntwerden der Insiderinformation kann die Sanierungsver-

---

[672] Fürhoff/Wölk, WM 1997, 449, 458 (noch zur alten Rechtslage).

handlungen unter vielen Gesichtspunkten ernsthaft gefährden und damit den berechtigten Interessen des Tochterunternehmens schaden. Gegen diese Gefahren wäre die Tochtergesellschaft geschützt, wenn auch das herrschende Unternehmen von der Publizitätspflicht suspendiert wäre.

Folgt man der hier vertretenen Ansicht, wonach im Falle beiderseitiger Börsennotierung das herrschende Unternehmen die insiderrechtliche Veröffentlichungspflicht der Tochtergesellschaft mittels einer gemeinsamen Konzernmitteilung (mit) erfüllen darf, muss es konsequenterweise auch bei der Frage der Suspendierung von der Publizitätspflicht genügen, dass bei einer Tochtergesellschaft „*berechtigte Interessen*" vorliegen. Unter Zugrundelegung der oben erläuterten Auffassung ist es sachlich nicht zu rechtfertigen, sowohl bei der Ausweitung der Publizitätspflichten als auch bei deren Erfüllung jeweils eine konzerndimensionale Betrachtungsweise an den Tag zu legen, sich im Falle der Suspendierung von der so begründeten Veröffentlichungspflicht aber auf die Einzelinteressen des jeweiligen Emittenten zu beschränken. Andernfalls bürdete man dem herrschenden Unternehmen weitergehende Pflichten auf, ohne ihm aber zugleich die Befugnisse einzuräumen, die der publizitätspflichtigen Konzerntochter zustehen. Dies wäre ein nicht zu rechtfertigender Wertungswiderspruch. Denn schließlich muss das herrschende Unternehmen letztlich Insiderinformationen aus der Sphäre der Tochtergesellschaft veröffentlichen. Daraus folgt: Die berechtigten Interessen der Tochtergesellschaft an einer Suspendierung von der Veröffentlichungspflicht greifen auch zugunsten des herrschenden Unternehmens ein[673].

b) Nur das herrschende Unternehmen ist börsennotiert

Nichts anderes darf dementsprechend gelten, wenn die Tochtergesellschaft zwar selbst nicht börsennotiert ist, bei ihr jedoch Interessen vorliegen, die eine Suspendierung von der (nicht existierenden) Veröffentlichungspflicht der in ihrem Tätigkeitsbereich eingetretenen Insiderinformation rechtfertigt. Es fehlt in einer solchen Konstellation gleichfalls an einem plausiblen Grund, dem herrschenden Unternehmen die Berufung auf diese berechtigten Interessen zu versagen. Eine Publizitätspflicht des börsennotierten herrschenden Unternehmens zu Lasten der eigenen Tochtergesellschaft ist angesichts der aus einer entsprechenden Veröf-

---

[673] Zum gleichen Ergebnis gelangt Cahn, ZHR 162 (1998), 1, 32 (noch zur alten Rechtslage), obwohl er entgegen der hier vertretenen Ansicht von einer Publizitätspflicht sowohl der börsennotierten Tochtergesellschaft als auch der börsennotierten Muttergesellschaft ausgeht. Auch Hopt, ZGR 2002, 333, 349 hat sich nach alter Rechtslage für eine Berücksichtigung der Interessen anderer beteiligter Emittenten ausgesprochen. Für eine konzernweite Interpretation des Begriffs berechtigte Interessen nach neuer Rechtslage Spindler/Speier, BB 2005, 2031, 2033; zustimmend Assmann, in: Assmann/Schneider, § 15 WpHG Rn 157.

fentlichung gegebenenfalls drohenden Nachteile selbst unter Berücksichtigung der schutzwürdigen Interessen des Anlegerpublikums an einer unverzüglichen Publizierung der Insiderinformation und des Schutzes des Kapitalmarkts vor verbotenen Insidergeschäften nicht zu begründen. Das herrschende Unternehmen darf sich daher auch in diesem Falle auf Interessen berufen, die unmittelbar lediglich bei der Tochtergesellschaft selbst vorliegen.

c)   Nur die Tochtergesellschaft ist börsennotiert

In diesem Fall kommt es auf die berechtigten Interessen des herrschenden Unternehmens - seine Publizitätspflicht hypothetisch unterstellt - nicht an: Die börsennotierte Konzerntochter muss lediglich solche Insiderinformationen veröffentlichen, die ihren Ursprung in ihrem eigenen Tätigkeitsbereich haben. Eine Suspendierung von einer Ad-hoc Publizitätspflicht kommt dementsprechend nur bei Vorliegen berechtigter Eigeninteressen der Tochtergesellschaft in Betracht.

3.   Wegfall des Suspendierungsgrundes

Für das herrschende Unternehmen und für die Tochtergesellschaft entfällt die Suspendierung von der Ad-hoc-Publizität sofort, wenn die Vertraulichkeit der Insiderinformation durch den Emittenten nicht mehr gewährleistet ist. Sobald Insiderinformationen also unkontrolliert *durchsickern*, muss der Emittent die bislang lediglich suspendierte Insiderinformation unverzüglich veröffentlichen. Gerade bei Sanierungsfällen besteht immer die Gefahr, dass Insiderinformationen unkontrolliert am Markt bekannt und möglicherweise zu Insidergeschäften ausgenutzt werden. Denn in solchen Konstellationen ist der Kreis der Beteiligten (Banken, sonstige Gläubiger, Lieferanten und potentielle Erwerber) oftmals (zu) groß und die Wahrung der Vertraulichkeit der Insiderinformationen über einen längeren Zeitraum mit besonderen Schwierigkeiten verbunden. Nicht anders stellt sich die Situation im Falle einer geplanten Transaktion dar[674]. Auch hier muss der Emittent darauf achten, dass der Kreis der involvierten Personen nicht ausufert, weil andernfalls die Wahrung der Vertraulichkeit der Insiderinformation ein Ding der Unmöglichkeit wird.

Auch hinsichtlich der *„berechtigten Interessen"* hat der Emittent stets zu prüfen, ob diese noch fortbestehen oder in der Zwischenzeit weggefallen sind. Hieraus resultiert gerade für das publizitätspflichtige herrschende Unternehmen die besondere Verpflichtung, sich ausreichend über die Vorgänge bei der Tochtergesellschaft zu informieren. Fällt das berechtigte Interesse der Tochtergesellschaft an der Suspendierung von der Veröffentlichungspflicht weg und liegt

---

[674]   Zur Frage der Publizitätspflicht bei gescheiterten M&A Transaktionen Kuthe, ZIP 2004, 883, 885; Spindler, NJW 2004, 3449, 3452; Ziemons, NZG 2004, 537, 543; zur Frage der Nachholung der Veröffentlichungspflicht Tollkühn, ZIP 2004, 2215, 2219.

nach wie vor eine Insiderinformation vor[675], hat die Ad-hoc-Veröffentlichung nunmehr unverzüglich zu erfolgen (§ 15 Abs. 3 Satz 2 WpHG). Neben der nachträglichen Veröffentlichung hat der Emittent der BaFin die Gründe für die Befreiung zusammen mit der Mitteilung unter Angabe des Zeitpunktes der Entscheidung über den Aufschub der Veröffentlichung bekannt zu geben (§§ 15 Abs. 3 Satz 3, 15 Abs. 4 Satz 1 WpHG).

Holt das sich auf diese berechtigten Interessen berufende herrschende Unternehmen die nunmehr erforderlich gewordene Ad-hoc-Mitteilung nicht unverzüglich nach, liegt ein Verstoß gegen die Veröffentlichungspflicht des § 15 Abs. 1 WpHG vor. Rechtsfolge ist eine Ordnungswidrigkeit, die mit einem Bußgeld bis zu einer Million Euro geahndet werden kann[676].

VII. Ergebnis

Das AnSVG hat die Ad-hoc-Publizität für börsennotierte herrschende Unternehmen ausgeweitet. Dieses muss nach neuer Rechtslage auch über unternehmensexterne Vorgänge und Ereignisse bei nicht konsolidierten Tochterunternehmen berichten, sofern diese Vorgänge Ad-hoc-Relevanz aufweisen. Und es muss ferner über Insiderinformationen berichten, die zwar nicht in seinem Tätigkeitsbereich eingetreten sind, es aber gleichwohl *unmittelbar* berühren.

Im faktischen Konzern hat das herrschende Unternehmen im Unterschied zum Vertragskonzern gegen die Tochtergesellschaften keinen Anspruch auf Mitteilung von publizitätspflichtigen Insiderinformationen. Es kann seine konzerndimensionale Publizitätspflicht nach § 15 Abs. 1 Satz 1 WpHG daher im Grunde nicht sachgerecht erfüllen. Weil aber die Interessenlage bei der kapitalmarktrechtlichen Publizitätspflicht und der konzernrechtlichen Bilanzpflicht vergleichbar ist, steht dem herrschenden Unternehmen in der faktischen Konzernbeziehung nach der hier vertretenen Ansicht gegen die Tochtergesellschaft ein Anspruch auf Mitteilung sämtlicher Insiderinformationen zu, die es zur Erfüllung seiner gesetzlichen Veröffentlichungspflicht nach § 15 Abs. 1 WpHG benötigt. Dieser Anspruch folgt aus der analogen Anwendung des § 294 Abs. 3 Satz 2 HGB. Die Weitergabe dieser Insiderinformationen ist hierbei *befugt* im Sinne von § 14 Abs. 1 Nr. 2 WpHG.

Ausnahmsweise kann nach neuer Rechtslage auch eine Publizitätspflicht der börsennotierten Tochtergesellschaft für Vorgänge aus der Sphäre des selbst nicht börsennotierten herrschenden Unternehmens existieren. Im Regelfall muss

---

[675] Es müssen keine Insiderinformationen veröffentlicht werden, die zu einem früheren Zeitpunkt zurückgehalten wurden, in der Zwischenzeit aber durch den weiteren Geschehensablauf überholt worden sind. Siehe zum Ganzen näher Simon, Der Konzern 2005, 13, 22, am Beispiel eines Unternehmenskaufs.

[676] §§ 39 Abs. 4 Halbsatz 1, Abs. 2 Nr. 5 a), 15 Abs. 1 WpHG.

die Tochtergesellschaft allerdings lediglich solche Ereignisse ad hoc publizieren, die in ihrem eigenen Tätigkeitsbereich eingetreten sind.

Sind sowohl das herrschende als auch das beherrschte Unternehmen börsen-notiert und tritt in der unternehmerischen Sphäre des Tochterunternehmens ein publizitätspflichtiges Ereignis mit doppelter Kursrelevanz ein, darf das herr-schende Unternehmen zur Erfüllung der kapitalmarktrechtlichen Publizitäts-pflicht eine konsolidierte Ad-hoc-Mitteilung veröffentlichen. Das herrschende Unternehmen erfüllt durch eine solche konsolidierte Ad-hoc-Mitteilung die Pub-lizitätspflicht der Tochtergesellschaft mit. Die gemeinsame Mitteilung muss die genaue Angabe enthalten, welche Tochtergesellschaft durch die fragliche In-siderinformation gleichfalls *„unmittelbar"* betroffen ist, und der Inhalt der Mit-teilung muss derjenigen entsprechen, die die Tochtergesellschaft selbst hätte ab-geben müssen.

Nach der Neufassung des § 15 Abs. 1 Satz 1 WpHG hat der Emittent grund-sätzlich jede Insiderinformation ad hoc zu publizieren. Es besteht aus diesem Grund ein Spannungsverhältnis zwischen der befugten Weitergabe von Insider-informationen von *unten* nach *oben* und der konzerndimensionalen Publizitäts-pflicht des herrschenden Unternehmens. Um zumindest zeitweise zu verhindern, dass jede nach *oben* kommunizierte Insiderinformation unverzüglich veröffent-licht werden muss, darf sich das herrschende Unternehmen zur Suspendierung von der Publizitätspflicht auch auf berechtigte Interessen der Tochtergesellschaft berufen (§ 15 Abs. 3 Satz 1 WpHG). Dies gilt unabhängig davon, ob die Toch-tergesellschaft selbst börsennotiert ist oder nicht. Ob berechtigte Interessen an der Suspendierung von der Publizitätspflicht vorliegen, ist konzerndimensional zu beurteilen.

3. TEIL: DIE INFORMATION DES HERRSCHENDEN UNTERNEHMENS BEI
VERÄUßERUNG DER AKTIEN DER TOCHTERGESELLSCHAFT

§ 11 Der Informationsanspruch des herrschenden Unternehmens zum Zwecke einer Due Diligence bei der Tochtergesellschaft

Beabsichtigt das herrschende Unternehmen, seine Aktienbeteiligung an der Tochtergesellschaft außerbörslich zu veräußern[677], wird der Erwerbsinteressent in der Regel verlangen, vor Abgabe eines verbindlichen Kaufangebots eine eingehende Unternehmensprüfung (*Due Diligence*) durchzuführen[678]. Denn der Erwerber ist an einer möglichst umfassenden Information über die Verhältnisse der Tochtergesellschaft interessiert. Diesem Interesse steht aber sowohl bei der Tochtergesellschaft als auch bei dem herrschenden Unternehmen der Vertraulichkeitsgrundsatz (§ 93 Abs. 1 Satz 3 AktG) gegenüber. Jede Due Diligence steht im Spannungsfeld zwischen Geheimhaltungsverpflichtungen und den Interessen des Erwerbers an Offenlegung.

I. Begriff und Funktion der Due Diligence

Bei einer Due Diligence untersucht der potentielle Käufer das Kaufobjekt (*Zielgesellschaft* oder *Target*) unter allen ihn interessierenden Gesichtspunkten, insbesondere im Hinblick auf die rechtlichen Zusammenhänge, die wirtschaftlichen und finanziellen Bedingungen und die technischen und organisatorischen Abläufe. Schließlich möchte der Erwerber nicht die sprichwörtliche *Katze im Sack* kaufen und will deshalb vor Vertragsschluss alle möglichen Risiken der Transaktion kennen[679].

Der Ausdruck Due Diligence gehört inzwischen zwar zum Standardvokabular bei Unternehmenstransaktionen, geht aber nicht auf eine von Rechtsprechung oder Literatur geprägte Entwicklung zurück. Wörtlich übersetzt beschreibt die Due Diligence („*die im Verkehr erforderliche Sorgfalt*") einen Sorgfaltsmaßstab und nicht eine Tätigkeit. Dass die Due Diligence im übertragenen Sinne die Kaufprüfung meint, rührt aus dem anglo-amerikanischen Rechtskreis her. We-

---

677 Zur Due Diligence beim Erwerb von Aktien über die Börse Banerja, ZIP 2003, 1730 ff.
678 Uneinheitlich beantwortet die Literatur die Frage, ob es sich bei der Durchführung einer Due Diligence vor einem Unternehmenskauf bereits um eine Verkehrssitte handelt: Bejahend Böttcher, NZG 2005, 49, 50; ablehnend Müller, NJW 2004, 2196 ff.
679 In einer empirischen Untersuchung stellen Berens/Strauch fest (Due Diligence bei Unternehmensakquisitionen (zum Teil abgedruckt in WPg 2002, 511 ff.)), dass der Erwerber in 38,3% der Fälle nach Durchführung einer Due Diligence von der Transaktion Abstand genommen und sich der Kaufpreis in 67,4% der Akquisitionen deutscher Käufer auf Grund einer Due Diligence verringert hat.

gen des dort geltenden Grundsatzes des „*caveat emptor*"[680] muss der Käufer selbst auf vertragliche Regelungen der Gewährleistung hinwirken. Diese Kaufuntersuchung bezeichnet den Sorgfaltsmaßstab, den alle an der Transaktion Beteiligten anzuwenden haben[681].

Das Prüfungsergebnis kann verschiedene Konsequenzen haben: Üblicherweise dienen die Ergebnisse der Due Diligence der Festlegung eines vertraglichen Haftungs- und Gewährleistungsregimes[682]. Zugleich dokumentiert die Due Diligence den Ist - Zustand des Unternehmens und trägt zur Vermeidung nachvertraglicher Streitigkeiten über den Zustand im Zeitpunkt des Übergangs *(closing)* bei. Im Übrigen hat die Due Diligence einen positiven Begleiteffekt für den Käufer: Im Rahmen der Due Diligence lernt der Erwerber das Unternehmen bereits umfassend kennen, wodurch dessen Fortführung maßgeblich erleichtert wird. Und schließlich ist denkbar, dass die Due Diligence Tatsachen offen legt, die den Kaufinteressenten von seiner Kaufabsicht abrücken lassen (*Deal Breaker*)[683].

Beim dem vorliegend interessierenden Erwerb von Aktien der Tochtergesellschaft (*Share Deal*) besteht eine Dreieckskonstellation zwischen der Tochtergesellschaft (*Zielgesellschaft*), dem veräußerungswilligen Gesellschafter, also dem herrschenden Unternehmen, und dem potentiellen Erwerber. Der Informationsfluss im Dreieck wirft beim Share Deal Probleme auf: Weil der Erwerber in keinem direkten Rechtsverhältnis mit der Zielgesellschaft steht bzw. in ein solches eintritt - die Aktien der Zielgesellschaft sind bloßer Gegenstand des Unternehmenskaufs -, scheiden unmittelbare Ansprüche des Erwerbers gegen die Zielgesellschaft auf Gestattung einer Due Diligence aus. Sofern die Zielgesellschaft dem Erwerber die Möglichkeit einer Due Diligence nicht freiwillig einräumt,

---

[680] „*Der Käufer soll sich hüten*". Der redliche Verkäufer haftet nicht für Mängel und Fehler der Kaufsache. Der Käufer muss daher die Kaufsache selbst untersuchen, beurteilen und prüfen, bevor er sie kauft. Ausführlich zum Begriff Due Diligence Berens/Strauch, in: Berens/Brauner/Strauch (Hrsg.), Due Diligence bei Unternehmensakquisitionen, Seite 6 ff.; Angersbach, Due Diligence beim Unternehmenskauf, Seite 22 ff.

[681] „*The diligence reasonably expected from, and ordinarly exercised by, a person who seeks to satisfy a legal requirement or to discharge an obligation*" (Black′s Law Dictionary, Seite 468).

[682] Nach Simon/Leuering, NJW-Spezial 2006, 123, 124 sollte das herrschende Unternehmen bei der Gestaltung des Unternehmenskaufvertrags darauf dringen, eine Freistellung für konzernrechtliche Ansprüche der Zielgesellschaft für zurückliegende Geschäftsjahre (§§ 302, 317 AktG) zu vereinbaren.

[683] Auf eine vertiefte Erörterung dieser Aspekte soll hier verzichtet werden. Damit würde der für diese Untersuchung gegebene Rahmen gesprengt. Verwiesen sei vielmehr auf die einschlägige Spezialliteratur. Siehe Berens/Brauner/Strauch (Hrsg.), Due Diligence bei Unternehmensakquisitionen; Holzapfel/Pöllath, Unternehmenskauf in Recht und Praxis; Beisel/Klumpp, Der Unternehmenskauf; Picot (Hrsg.), Handbuch Mergers & Acquisitions; Rödder/Hötzel/Mueller-Thuns, Unternehmenskauf-Unternehmensverkauf.

kann sich der Erwerber nur die Informationsrechte des veräußerungswilligen Gesellschafters zu Nutzen machen. Es geht also um die Frage, ob der verkaufswillige Aktionär, vorliegend das herrschende Unternehmen, einen Informationsanspruch gegen die (abhängigen) Gesellschaft auf Mitteilung vertraulicher Unternehmensinterna hat, um diese dann an einen konzernfremden Dritten weiterzuleiten. Das veräußerungswillige herrschende Unternehmen steht bei der geplanten Veräußerung der Aktien der Tochtergesellschaft mit anderen Worten vor dem Problem, wie es an die Informationen gelangt, die zur Durchführung einer Due Diligence erforderlich sind. Aus praktischer Sicht ist diese Frage deshalb von Bedeutung, weil auch in Deutschland gesellschaftsrechtlichen Transaktionen nunmehr regelmäßig umfassende Unternehmensanalysen vorausgehen[684].

II. Auskunftsrechte des herrschenden Unternehmens und sein Nutzen für eine Due Diligence

Das mitgliedschaftliche Informationsrecht des herrschenden Unternehmens nach § 131 Abs. 1 AktG ist für eine Due Diligence nicht weiter von Nutzen. Zwar ist es denkbar, dass das herrschende Unternehmen in der Hauptversammlung der Tochtergesellschaft alle relevanten Informationen erfragt. Wegen der engen Grenzen des § 131 Abs. 3 Nr. 1 AktG darf der Vorstand der Tochtergesellschaft aber die Auskunft über unternehmensinterne und wettbewerbssensible Daten von vornherein verweigern[685]. Auch dürfte es im Einzelfall fraglich sein, ob die für die Due Diligence notwendigen Informationen zur sachgemäßen Beurteilung der Gegenstände der Tagesordnung der Hauptversammlung erforderlich und daher vom Auskunftsrecht umfasst sind[686]. Das mitgliedschaftliche Auskunftsrecht des herrschenden Unternehmens ist für die Erlangung von Informationen zwecks einer Due Diligence daher nicht geeignet[687]. Ein Anspruch des herrschenden Unternehmens auf transaktionsrelevante Informationen könnte sich aber aus konzernrechtlichen Gesichtspunkten ergeben.

1. Rechtslage im Vertragskonzern

Im Vertragskonzern darf der Vorstand des herrschenden Unternehmens dem Vorstand der abhängigen Gesellschaft zu Zwecken der Konzernleitung Weisungen erteilen (§ 308 AktG). Im ersten Teil der Untersuchung wurde festgestellt[688],

---

684 Hasselbach, NZG 2004, 1087.
685 Linker/Zinger, NZG 2002, 497, 501; Lutter, ZIP 1997, 613, 616.
686 Dies ist aber die geringere Hürde: Zur Beurteilung der Tagesordnungspunkte „*Vorlage des Jahresabschlusses und des Lageberichts*" oder „*Entlastung von Vorstand und Aufsichtsrat*" kann fast jeder Umstand relevant und damit Gegenstand der Auskunft sein.
687 Rödder/Hötzel/Mueller-Thuns, Unternehmenskauf-Unternehmensverkauf, § 3 Rn 79.
688 Siehe zum Informationsanspruch des herrschenden Unternehmens oben Seiten 36 ff.

dass sich aus der Konzernleitungsmacht des § 308 Abs. 1 AktG ein eigenständiger Informationsanspruch des herrschenden Unternehmens ergibt, der auch die Offenlegung vertraulicher Angaben und Geschäfts- oder Betriebsgeheimnisse umfasst. Bei der Durchführung einer Due Diligence durch den Kaufinteressenten ist im Schrifttum jedoch umstritten, ob solche Informationen noch durch den Anspruch aus § 308 AktG gedeckt sind. Der Grund für diese Zweifel ist die Frage, ob es sich bei der geplanten Veräußerung der Aktien der Tochtergesellschaft noch um eine Maßnahme einheitlicher Konzernleitung handelt, oder ob die geplante Veräußerung nicht vielmehr ausschließlich der Verfolgung von Eigentums- und Vermögensinteressen des herrschenden Unternehmens dient.

a)   **Gegner eines Informationsanspruchs aus § 308 AktG**

Namentlich *Lutter*[689] will den Umfang der weiterzugebenden Informationen einschränken. § 308 AktG sei funktional zu verstehen, nicht aber beliebig[690]. Die Vorschrift diene der einheitlichen Leitung, also der strategischen und taktischen Führung der zum Konzern verbundenen Unternehmen. Nur dazu benötige der Vorstand des herrschenden Unternehmens Informationen über die abhängige Gesellschaft und dürfe sie dementsprechend anweisen, sie zu erteilen. Bei einem Verkauf der Beteiligung gehe es nicht um Leitung, sondern um Eigentum und um die Vermögensinteressen des Großaktionärs. Diese würden von § 308 Abs. 1 AktG und der durch die Vorschrift bezweckten Sicherung unternehmerischer Leitung nicht erfasst[691]. Eine extensive Auslegung würde Sinn und Zweck der in § 308 AktG vorgesehenen Weisungsbefugnis verfehlen[692]. Die Durchführung einer Due Diligence zum Zwecke der Veräußerung der Beteiligung an dem abhängigen Unternehmen sei letztendlich nicht auf die Leitung des Konzerns, sondern auf dessen Beendigung gerichtet. Damit greife die von § 308 AktG normierte Privilegierung nicht (mehr) ein[693] und der Tochtervorstand dürfe den Informationswunsch der Konzernobergesellschaft nicht erfüllen[694].

---

[689]   Lutter, ZIP 1997, 613, 616 f.; ihm folgend Eggenberger, Gesellschaftsrechtliche Voraussetzungen und Folgen einer Due Diligence Prüfung, Seite 136; Hemeling, ZHR 169 (2005), 274, 287; Stoffels, ZHR 165 (2001), 362, 371; Traugott, BB 2001, 2277, 2280; Ziemons, AG 1999, 492, 496 f; Zirngibl, Die Due Diligence bei der GmbH und der Aktiengesellschaft, Seite 173; wohl auch in diesem Sinne Hopt, in: Großkomm. AktG, § 93 Rn 208 (Fußnote 743); K. Mertens, AG 1997, 541, 543; Müller, NJW 2000, 3452, 3453 (Fußnote 7).

[690]   Lutter, ZIP 1997, 613, 616.

[691]   Lutter, ZIP 1997, 613, 617, in diesem Sinne auch Eggenberger, Gesellschaftsrechtliche Voraussetzungen und Folgen einer Due Diligence Prüfung, Seite 136.

[692]   Stoffels, ZHR 165 (2001), 362, 371.

[693]   Ziemons, AG 1999, 492, 497.

[694]   Lutter, ZIP 1997, 613, 617; Zirngibl, Die Due Diligence bei der GmbH und der Aktiengesellschaft, Seite 173.

b) Befürworter eines Informationsanspruchs aus § 308 AktG

Die Befürworter eines Informationsanspruchs halten dem entgegen, dass die sich aus der konzernrechtlichen Sonderbeziehung ergebenden Rechte und Pflichten noch bis zum Ende des Konzernverhältnisses fortbestünden und § 308 AktG das herrschende Unternehmen deshalb dazu ermächtige, Weisungen hinsichtlich relevanter Due Diligence Informationen zu erteilen[695]. Auch die Veräußerung einer Beteiligung, etwa im Zuge einer Umstrukturierung, stelle (noch) eine Leitungsmaßnahme dar. Für das abhängige Unternehmen sei die Aufforderung, Informationen für eine Due Diligence mitzuteilen, zwar möglicherweise die letzte Leitungsmaßnahme, dies ändere aber nichts daran, dass sie nach § 308 Abs. 2 AktG zu befolgen sei[696].

Treeck[697] sieht in dem Verkauf der Tochterbeteiligung deshalb noch eine Konzernleitungsmaßnahme, weil das herrschende Unternehmen durch die Auswahl des *falschen* Käufers, also eines solchen der die Gesellschaft ausplündern wolle, seine Sorgfaltspflichten verletzen könne. Nach Ansicht *Körbers*[698] soll die Veräußerung der Aktien der Tochtergesellschaft erst dann keine Konzernleitungsmaßnahme mehr darstellen, wenn die Veräußerung der Zielgesellschaft außerhalb der Kompetenz des Vorstands der herrschenden Gesellschaft liege oder einen Missbrauch der Konzernleitungsmacht darstelle. Auch nach einem Beschluss des LG München[699] - soweit ersichtlich handelt es sich hierbei um die

---

[695] Decher, ZHR 158 (1994), 473, 489; Körber, NZG 2002, 263, 265; Krömker, Die Due Diligence im Spannungsfeld zwischen Gesellschafts- und Aktionärsinteressen, Seite 129; S. Schneider, Informationspflichten und Informationssystemeinrichtungspflichten im Aktienkonzern, Seite 185; Treeck, FS Fikentscher, 434, 449; in diesem Sinne auch Semler, in: Hölters (Hrsg.), Handbuch des Unternehmens- und Beteiligungskaufs, Teil VII Rn 59 (Fußnote 2), wenn auch ohne jede Begründung.

[696] Krömker, Die Due Diligence im Spannungsfeld zwischen Gesellschafts- und Aktionärsinteressen, Seite 129.

[697] Treeck, FS Fikentscher, 434, 449.

[698] Körber, NZG 2002, 263, 265.

[699] Beschluss vom 4. September 1997, AG 1999, 138 („*Vereinte Versicherungs AG*"). Der Entscheidung lag die Veräußerung der Vereinten Holding AG durch die Schweizer Rückversicherungs-Gesellschaft (Konzernmutter) an die Allianz Holding AG zugrunde. Die Vereinte Holding AG war seinerseits die herrschende Gesellschafterin der Vereinten Versicherungs AG. Es kam nunmehr offensichtlich (vom Gericht in seinen Entscheidungsgründen offen gelassen) zu einer Doppelweisung: Zunächst seitens der Konzernmutter, Schweizer Rückversicherungs-Gesellschaft, an die Vereinte Holding AG, die dann diese Weisung wiederum an die ebenfalls abhängige Vereinte Versicherungs AG erteilte, die für die Erstellung eines Verkaufsmemorandums erforderlichen Informationen an die Berater des Erwerbers, die Allianz Holding AG, herauszugeben. Ein außenstehender Aktionär der Vereinten Versicherungs AG verlangte in der Hauptversammlung der letzteren, dass ihm die an die Vereinte Versicherungs AG gegebenen Informa-

einzige gerichtliche Entscheidung zu dieser Problematik - darf das herrschende Unternehmen die Tochtergesellschaft anweisen, Informationen zum Zwecke der Veräußerung vorzulegen. Zu den von § 308 AktG gedeckten Weisungen zählten sämtliche Handlungen, die die Konzernmutter zum Nutzen des Konzerns für notwendig erachte, wenn und soweit nicht Missbrauch vorliege. Hierzu gehörten auch Konzernleitungsmaßnahmen, welche den Konzern in seiner Zusammensetzung beträfen und somit auch etwaige Verkaufsbemühungen für einen Teil des Konzerns. Es sei Ausdruck des Konzerninteresses, den Konzern auch in seiner Zusammensetzung der aktuellen Situation des Marktes anzupassen[700].

Koppensteiner[701] bejaht ebenfalls ein Weisungsrecht; sein dogmatischer Ansatz ist freilich ein anderer: Auskünfte, die der Veräußerung der Mehrheitsanteile der abhängigen Gesellschaft dienten, stünden zwar in einem *leitungsfremden* Kontext[702]. Gleichwohl habe das herrschende Unternehmen aber einen Anspruch auf die begehrten Informationen, weil § 308 AktG alle Weisungen an den Vorstand der abhängigen Gesellschaft legitimiere. Für diese Annahme spricht nach Ansicht *Koppensteiners* die Fusionsähnlichkeit des Beherrschungsvertrages, also seine Funktion, Unternehmen zweier Rechtsträger in ein Gesamtunternehmen zusammenzuführen[703].

c) Stellungnahme

Ob das herrschende Unternehmen befugt ist, die Tochtergesellschaft zur Offenlegung von Informationen zur Durchführung einer Due Diligence anzuweisen, hängt vom Verständnis der Weisungsbefugnis des § 308 Abs. 1 AktG ab. Entscheidend ist, ob das Weisungsrecht des § 308 Abs. 1 AktG sämtliche Weisungen des herrschenden Unternehmens legitimiert, oder ob Umfang und Inhalt des Weisungsrechts funktional beschränkt sind.

aa) Umfang des Weisungsrechts nach § 308 AktG

Das Weisungsrecht des herrschenden Unternehmens erstreckt sich nach dem Gesetzeswortlaut auf *„die Leitung der Gesellschaft"*. Daraus folgt die Befugnis des herrschenden Unternehmens, dem Vorstand der beherrschten Gesellschaft hinsichtlich der Leitung der letzteren Weisungen zu erteilen. Der Begriff der

---

tionen nach Maßgabe des § 131 Abs. 4 AktG ebenfalls erteilt werden sollten. Einen entsprechenden Anspruch verneinte das LG München.

700 LG München, AG 1999, 138, 139.
701 Koppensteiner, in: Köln. Komm. AktG, § 308 Rn 29.
702 Auch nach Decher, ZHR 158 (1994), 473, 489 erfolgt die Auskunftserteilung bei der Due Diligence zum Zwecke der Veräußerung der Beteiligung an der Tochtergesellschaft und nicht zur Konzernleitung.
703 Koppensteiner, in: Köln. Komm. AktG, § 308 Rn 29.

Leitung ist hierbei im Sinne des § 76 Abs. 1 AktG zu verstehen: *„Die Leitung der Gesellschaft"* umfasst den gesamten weiten Bereich der Geschäftsführung und Vertretung der Gesellschaft durch den Vorstand[704]. Das Weisungsrecht erstreckt sich auf alle Befugnisse, die der Vorstand der Tochtergesellschaft selbst besitzt. § 308 Abs. 1 AktG erlaubt sowohl Anweisungen im laufenden Tagesgeschäft[705] als auch solche zur Aufstellung des Jahresabschlusses, zur Beschaffung von Rohstoffen, zur Fertigung, zur Marktstrategie, zur Unterhaltung der technischen Anlagen, zur Modernisierung, zu Vertragsabschlüssen, also zur gesamten Geschäfts-, Finanz-, Investitions- und Absatzpolitik[706]. Das Gesetz stellt mit § 308 AktG sicher, dass das herrschende Unternehmen über die notwendigen Instrumentarien verfügt, um im Konzern die von ihm gewünschte Geschäftspolitik bei den Tochtergesellschaften durchzusetzen, mit denen ein Beherrschungsvertrag besteht[707].

bb) Leitungsbezug des Weisungsrechts nach § 308 AktG

Trotz dieses prinzipiell weiten Umfangs des Weisungsrechts beinhaltet dieses jedoch keine *„Befehlsgewalt ohne Grenzen"*[708]. Die Leitungsmacht und mithin das Weisungsrecht des herrschenden Unternehmens geht nicht weiter als die des Vorstands der abhängigen Gesellschaft selbst. Das Weisungsrecht besteht nur hinsichtlich solcher Geschäfte und Maßnahmen, die in die Zuständigkeit des Vorstands fallen. Nach seinen Normzweck soll das Weisungsrecht des § 308 Abs. 1 Satz 1 AktG die *einheitliche Leitung* der vertraglich verbundenen Unternehmen ermöglichen. Bei der Leitung der Gesellschaft geht es um Unternehmensplanung, -koordination, -kontrolle und Besetzung der Führungsstellen[709].

Die Weisung, vertrauliche Informationen zur Weiterleitung an den Kaufinteressenten mitzuteilen, zielt nicht auf die Geschäftspolitik der Tochtergesellschaft ab. Genauso wenig besteht das Regelungsziel der Weisung darin, eine grundsätzliche Frage oder eine Einzelfrage des laufenden Tagesgeschäfts der Tochtergesellschaft zu klären. Die Weisung dient schließlich auch nicht der Zielplanung

---

[704] Altmeppen, in: Münch. Komm. AktG, § 308 Rn 83; Emmerich, in: Emmerich/Habersack, § 308 Rn 38; Hüffer, § 308 Rn 12; Koppensteiner, in: Köln. Komm. AktG, § 308 Rn 27; Würdinger, in: Großkomm. AktG³, § 308 Anm. 9; Peres, in: Anwaltskommentar Aktienrecht, § 308 AktG Rn 8.

[705] Allgemeine Meinung vgl. statt aller Kopppensteiner, in: Köln. Komm. AktG, § 308 Rn 27; Krieger, in: Münchener Hdb. GesR IV, § 70 Rn 133.

[706] Emmerich, in: Emmerich/Habersack, § 308 Rn 40; Kopppensteiner, in: Köln. Komm. AktG, § 308 Rn 27; Krieger, in: Münchener Hdb. GesR IV, § 70 Rn 133.

[707] Emmerich, in: Emmerich/Habersack, § 308 Rn 39.

[708] So die Formulierung bei Sina, AG 1991, 1, 2.

[709] Hefermehl/Spindler, in: Münch. Komm. AktG, § 76 Rn 16; Hüffer, § 291 Rn 10; Kort, in: Großkomm. AktG, § 76 Rn 38; Theisen, Das Aufsichtsratsmitglied, Rn 515 (zu den Führungsaufgaben der Konzernleitung).

der abhängigen Gesellschaft, ihrer Unternehmenskoordination und -kontrolle oder der Besetzung ihrer Führungsstellen. Die Weisung berührt im Gegenteil inhaltlich keine dieser zentralen Leitungsfunktionen. Bei den Informationen zur Durchführung einer Due Diligence geht es dem herrschenden Unternehmen einzig und allein um die Verfolgung seiner eigenen Vermögensinteressen: Es will seine Beteiligung an der Tochtergesellschaft zu einem möglichst guten, das heißt hohen Preis verkaufen. Dies ist zwar ein legitimes Ziel. Es hat jedoch mit der Leitung und der Geschäftspolitik der Tochtergesellschaft selbst nichts gemein. Vielmehr weist die Weisung keinen funktionalen Bezug zur taktischen oder strategischen Führung und Leitung des verbundenen Unternehmens auf[710].

Diese Argumentation greift nicht nur dann, wenn die Veräußerung der Aktien infolge der Due Diligence tatsächlich zustande kommt. Zwar bleibt das herrschende Unternehmen Mehrheitsaktionär der Tochtergesellschaft, wenn sich der geplante Verkauf zerschlägt. Die Frage der Zulässigkeit der Weisung darf aber nicht davon abhängen, ob die Veräußerung der Aktien zustande kommt oder nicht. Eine solche Betrachtungsweise hätte eine erhebliche Rechtsunsicherheit zur Folge: Das abhängige Unternehmen wüsste immer erst im Nachhinein, ob das herrschende Unternehmen zur Erteilung einer solchen Weisung befugt war. Und im Übrigen ändert das Scheitern des Verkaufs der Beteiligung nichts an den mit der Weisung verfolgten ursprünglichen Absichten des herrschenden Unternehmens. Das herrschende Unternehmen plant seine Beteiligung zu veräußern und sein Engagement bei dem Tochterunternehmen zu beenden. Es macht aus diesem Grund keinen Unterschied, ob es zur Veräußerung der Aktienbeteiligung kommt oder nicht. In beiden Fällen zielt die Weisung des herrschenden Unternehmens auf die Beendigung der Konzernbeziehung ab. Das Weisungsrecht ist von seiner gesetzlichen Konzeption her jedoch ein konzerninternes Instrument zu Zwecken der einheitlichen Leitung, nicht aber eines zur Auflösung der Konzernbeziehung.

Es soll nicht in Abrede gestellt werden, dass die geplante Veräußerung der Tochtergesellschaft unter dem Blickwinkel des übergeordneten Konzerninteresses gegebenenfalls sinnvoll und zweckdienlich ist. Dies dürfte vor allem dann der Fall sein, wenn die Konzernmutter eine strategische Neuausrichtung des Konzerns vornimmt und zu diesem Zweck die Tochtergesellschaft bzw. die Beteiligung an dieser veräußert, um dadurch einen Zufluss an Liquidität zugunsten des Gesamtkonzerns zu erzielen. Darauf kommt es bei der Beurteilung der vorliegenden Frage aber nicht an. Denn es handelt sich bei der Aufforderung des herrschenden Unternehmens zur Information um keine Maßnahme *der einheitlichen Leitung*. Ob die geplante Veräußerung im Interesse des herrschenden Unternehmens oder des Konzerninteresses liegt (§ 308 Abs. 1 Satz 2 AktG), spielt demzufolge keine Rolle.

---

[710] In diesem Sinne auch Traugott, BB 2001, 2277, 2280.

cc) Grenzen des Weisungsrechts nach § 308 AktG

Auch einem weiteren Gedanken kann nicht gefolgt werden: Das herrschende Unternehmen würde bei Auswahl des *falschen* Käufers seine Sorgfaltspflichten verletzen und sich demzufolge aus § 309 Abs. 2 AktG schadensersatzpflichtig machen, weshalb die auf die Weitergabe von Informationen zielende Weisung leitungsbezogen sei[711]. Losgelöst von ihrer inhaltlichen (Un-) Richtigkeit stellt die Argumentation zunächst einen klassischen Zirkelschluss dar: Die Gefahr möglicher Schadensersatzansprüche aus § 309 Abs. 2 AktG bedingt, dass es sich bei der Aufforderung zur Weiterleitung vertraulicher Informationen um eine Weisung nach § 308 Abs. 1 AktG handelt. Denn andernfalls kommen Schadensersatzansprüche überhaupt nicht in Betracht. Damit setzt die Argumentation aber genau das voraus, was erst bewiesen werden muss, nämlich ob das Weisungsrecht die Aufforderung zur Information zwecks einer Due Diligence umfasst.

Aber selbst wenn das Weisungsrecht diesen Umfang hätte, dürfte das herrschende Unternehmen eine solche Weisung (wenn es denn eine sein sollte) nicht erteilen. Denn nach herrschender Meinung darf das Mutterunternehmen der Tochtergesellschaft keine Weisungen erteilen, die deren Existenzfähigkeit während der Dauer oder nach Beendigung des Beherrschungsvertrages ausschließt oder sie ernsthaft bedroht[712]. Existenzgefährdende Weisungen sind unzulässig, somit hat der Vorstand der Tochtergesellschaft diese auch nicht zu befolgen (§ 308 Abs. 2 Satz 1 AktG). Und genau eine solche unzulässige Weisung liegt dem von *Treeck* gebildeten Beispielsfall zugrunde: Steht doch zu befürchten, dass der potentielle *falsche* Käufer die abhängige Tochtergesellschaft nach dem Erwerb ausplündern will. Die (mittelbare) Folge einer Weisung - vorliegend die Offenlegung vertraulicher Informationen - darf aber nicht sein, dass die abhängige Gesellschaft nach Beendigung des Konzernverhältnisses im Wirtschaftsleben nicht mehr existenzfähig ist. Die Informationen dürften also selbst unter dieser Betrachtungsweise nicht nach *oben* gegeben werden.

Durch das Vorstehende ist auch schon die Ansicht *Koppensteiners*[713] widerlegt, weil feststeht, dass § 308 AktG nicht alle Weisungen des herrschenden Unternehmens legitimiert. Der Beherrschungsvertrag weitet die Befugnisse des herrschenden Unternehmens nicht schrankenlos aus. Dies zeigt sich auch an den §§ 300 bis 305 AktG. Diese gehen vom Fortbestand der abhängigen Gesellschaft aus und setzten dem Weisungsrecht somit eine Grenze.

---

[711] Treeck, FS Fikentscher, 434, 449.

[712] OLG Düsseldorf, AG 1990, 490, 492; Emmerich, in: Emmerich/Habersack, § 308 Rn 61; Emmerich/Habersack, Konzernrecht, § 23 V 4c (Seite 349); Geßler, in: Geßler/Hefermehl, § 308 Rn 55; Hüffer, § 308 Rn 19; Kantzas, Das Weisungsrecht im Vertragskonzern, Seite 112; Krieger, in: Münchener Hdb. GesR IV, § 69 Rn 134; Sina, AG 1991, 1, 7; Schneider, BB 1981, 249, 251.

[713] Koppensteiner, in: Köln. Komm. AktG, § 308 Rn 29.

dd) Folgen der Weisung

Schließlich sind auch die Folgen der mit der Due Diligence bezweckten Veräußerung der Aktien des Tochterunternehmens in die Betrachtung einzubeziehen. Die Anweisung, Informationen zu Zwecken einer Due Diligence offen zu legen, steht in einem untrennbaren funktionalen Zusammenhang mit dem Verkauf der Aktien des beherrschten Unternehmens, verfolgt die Due Diligence doch maßgeblich und vorrangig das Ziel, diesen vorzubereiten. Beabsichtigt das herrschende Unternehmen die Veräußerung seiner Aktienbeteiligung, bringt es damit deutlich zum Ausdruck, dass es die Tochtergesellschaft in Zukunft nicht mehr einheitlich leiten, sondern auf diese im Gegenteil keinen Einfluss mehr nehmen will. Die Interessenverknüpfung zwischen dem herrschenden und dem beherrschten Unternehmen endet[714]. Das herrschende Unternehmen ist nicht mehr an der Tochtergesellschaft beteiligt und dementsprechend auch nicht mehr in deren Hauptversammlung vertreten.

Die (beabsichtigte) Veräußerung der Aktien führt jedoch nicht zur automatischen Beendigung des Beherrschungsvertrages (§ 291 Abs. 1 Satz 1 (Alt 1.) AktG). Es ist im Gegenteil so, dass die Veräußerung zunächst keinen Einfluss auf den Beherrschungsvertrag hat, weil beide Vertragsteile in ihrer Rechtspersönlichkeit keine Veränderung erfahren. Sowohl die von ihnen vereinbarten als auch die gesetzlichen Rechte und Pflichten bleiben bestehen[715].

Die Veräußerung der gesamten Beteiligung gibt dem Mutterunternehmen nach herrschender Meinung[716] auch kein Recht zur außerordentlichen Kündigung des Beherrschungsvertrags (§ 297 Abs. 1 AktG). Diese Versagung wird damit begründet, dass der Verkauf der Anteile eine Vermögensdisposition sei, die im freien Ermessen des herrschenden Unternehmens stehe. Ihm sei es aber nicht gestattet, sich durch gezielte Herbeiführung eines Kündigungsgrundes nach freiem Belieben aus den mit dem Vertrag verbundenen Rechten und Pflichten (bspw. § 304 AktG) zu lösen[717]. Das herrschende Unternehmen dürfe sich

---

714 Koppensteiner, in: Köln. Komm. AktG, § 297 Rn 19.

715 Altmeppen, in: Münch. Komm. AktG, § 297 Rn 29 m. w. N. zur herrschenden Meinung; Wilhelm, Die Beendigung des Beherrschungs- und Gewinnabführungsvertrags, Seite 23.

716 OLG Oldenburg, NZG 2000, 1138, 1140 (aufgehoben durch BGH, NJW 2002, 822 aus anderen Gründen); OLG Düsseldorf, AG 1995, 137, 138 („*Rüttgers Werke AG*"); LG Dortmund, AG 1994, 85, 86 („*Guano AG*"); LG Frankenthal, AG 1989, 253, 254; Altmeppen, in: Münch. Komm. AktG, § 297 Rn 39; Ebenroth/Parsche, BB 1989, 637, 642; Emmerich, in: Emmerich/Habersack, § 297 Rn 70; Emmerich/Habersack, Konzernrecht, § 32 IV 2 (Seite 448); Grüner, NZG 2001, 35, 36; Hüffer, § 297 Rn 7; Fleischer/Rentsch, NZG 2000, 1141; Koppensteiner, in: Köln. Komm. AktG, § 297 Rn 19; Laule, AG 1990, 145, 152; a. A. LG Bochum, GmbHR 1987, 24, 25; Knott/Rodewald, BB 1996, 472, 473; Krieger, in: Münchener Hdb. GesR IV, § 70 Rn 169; Krieger/Janott, DStR 1995, 1473, 1476.

717 OLG Düsseldorf, AG 1995, 137, 138 („*Rüttgers Werke AG*").

nicht seinen eigenen Kündigungsgrund schaffen. Der herrschenden Meinung ist schon allein mit Blick auf den allgemeinen zivilrechtlichen Grundsatz bei-zupflichten, dass derjenige, der die Zerrüttung eines Dauerschuldverhältnisses selbst herbeigeführt hat, in der Regel kein Recht zur Kündigung aus wichtigem Grund hat[718].

Gleichwohl führt die Veräußerung der Beteilung an dem Tochterunternehmen in letzter Konsequenz aber immer zur Beendigung des Beherrschungsver-trages und damit des Vertragskonzerns: Zunächst steht dem Tochterunterneh-men im Unterschied zum herrschenden Unternehmen das Recht zu, den Beher-schungsvertrag im Falle der Veräußerung der Beteiligung aus wichtigem Grund zu kündigen (§ 297 Abs. 1 AktG)[719]. Für die Tochtergesellschaft ist die geplante Veräußerung der Anteile im Regelfall nämlich weder vorhersehbar noch steuer-bar, weil nicht sie die Entscheidung über die Veräußerung der Aktien trifft, son-dern ausschließlich das herrschende Unternehmen. Außerdem kann die Veräu-ßerung zu einer vollständigen Veränderung der beim Abschluss des Vertrages ursprünglich vorgefundenen Gesellschafterstruktur führen. Der neue Gesell-schafter verfügt möglicherweise nicht über die gleiche Sachkunde in Bezug auf das Geschäft des Tochterunternehmens wie das bisherige herrschende Unter-nehmen[720]. Darüber hinaus existiert das Weisungsrecht des ehemaligen herr-schenden Unternehmens fort, obwohl ausschließlich dem neuen Großaktionär die Mitgliedschaftsrechte in der Tochtergesellschaft zustehen. Die Tochterge-sellschaft sitzt somit *zwischen den Stühlen*[721]. Die Anteilsveräußerung ist folg-lich aus Sicht des Tochterunternehmens im Regelfall eine gravierende Verände-rung der wirtschaftlichen und gesellschaftsrechtlichen Verhältnisse, die eine Kündigung aus wichtigem Grund rechtfertigt.

Ansonsten besteht die Möglichkeit einer Aufhebung des Beherrschungsver-trages zum Ende des Geschäftsjahres (§ 296 AktG). Die außenstehenden Aktio-näre der Tochtergesellschaft müssen der Aufhebung in einem Sonderbeschluss

---

[718] BGH, NJW 1991, 1828, 1829; Palandt/Heinrichs, § 314 BGB Rn 19.

[719] Altmeppen, in: Münch. Komm. AktG, § 297 Rn 30; Krieger, in: Münchener Hdb. GesR IV, § 70 Rn 169; Laule, AG 1990, 145, 152. Wilhelm, Die Beendigung des Beherr-schungs- und Gewinnabführungsvertrags, Seite 24, will für den Fall, dass es sich um ei-ne 100%ige Tochtergesellschaft handelt und der Beherrschungsvertrag dementspre-chend keine Bestimmung über einen angemessenen Ausgleich enthalten muss (§ 304 Abs. 1 Satz 3 AktG), den infolge der Veräußerung eintretenden außenstehenden Aktio-nären der Tochtergesellschaft einen Ausgleichsanspruch analog § 304 AktG zubilligen. Sollte das herrschende Unternehmen diesen aus der Veräußerung der Anteile resultie-renden Ausgleichszahlungen nicht gewachsen sein, bestehe für das Tochterunternehmen nach Ansicht Wilhelms (a.a.O.) ein Recht zur außerordentlichen Kündigung. Gegen ein solches Kündigungsrecht Koppensteiner, in: Köln. Komm. AktG, § 297 Rn 19.

[720] Darauf weist Laule, AG 1990, 145, 152 hin.

[721] Die Formulierung stammt von Knott/Rodewald, BB 1996, 472, 473.

zustimmen (§ 296 Abs. 2 Satz 1 AktG), sofern der Beherrschungsvertrag Ausgleichs- oder Abfindungsleistungen für sie vorsieht[722].

Schließlich kann der Beherrschungsvertrag auch durch ordentliche Kündigung enden. Kündigt das herrschende Unternehmen nach der Veräußerung seiner Anteile den Vertrag nicht schon von sich aus[723], wird spätestens die nach dem Aktienübergang neu zusammengesetzte Hauptversammlung der Tochtergesellschaft beschließen, den Vertrag zum nächstmöglichen Termin[724] zu kündigen, um der Weisungsunterworfenheit ein Ende zu bereiten.

Dies bedeutet: Die Veräußerung der Beteiligung an der Tochtergesellschaft hat in letzter Konsequenz immer die Beendigung des Beherrschungsvertrags zur Folge. Die auf Herausgabe von Informationen zu Zwecken der Due Diligence gerichtete Weisung des herrschenden Unternehmens zieht, wenn die Veräußerung des Aktienpakets zustande kommt, stets die Beendigung der *einheitlichen Leitung* nach sich[725].

2. Rechtslage im faktischen Konzern

Im faktischen Konzern hat das herrschende Unternehmen keine Weisungsbefugnis entsprechend § 308 AktG gegenüber der abhängigen Tochtergesellschaft. Deshalb dürfte der Vorstand der Konzernobergesellschaft erst recht nicht verlangen, dass ihm Informationen zur Weiterleitung an einen potentiellen Kaufinteressenten offenbart werden. Überraschenderweise lässt sich diese Feststellung jedoch nicht ohne weiteres treffen. Im Zusammenhang mit der Veräußerung eines Aktienpakets eines Großaktionärs wird im jüngeren Schrifttum nämlich die

---

[722] Für den Sonderbeschluss (§ 138 AktG) gelten § 293 Abs. 1 Satz 2 und Satz 3 AktG über die erforderliche qualifizierte Mehrheit und § 295 Abs. 2 Satz 2 AktG über das erweiterte Auskunftsrecht der außenstehenden Aktionäre entsprechend. Nach Ansicht Emmerichs, in: Emmerich/Habersack, § 297 Rn 24 dürfte das herrschende Unternehmen im Regelfall in der Lage sein, sich mit der Tochtergesellschaft rechtzeitig über die Aufhebung des Unternehmensvertrags zu einigen.

[723] Für die ordentliche Kündigung durch das herrschende Unternehmen ist kein Sonderbeschluss der außenstehenden Aktionäre erforderlich, vgl. BGHZ 122, 211, 233. Die ordentliche Kündigung durch das abhängige Unternehmen nach § 297 Abs. 2 Satz 1 AktG bedarf hingegen der Zustimmung der außenstehenden Aktionäre.

[724] Eine ordentliche Kündigung kann im Vertrag auch auf einen Zeitpunkt während des Geschäftsjahres zugelassen werden; die Kündigung muss nach zutreffender Ansicht nicht analog § 296 Abs. 1 Satz 1 AktG zum Ende des Geschäftsjahres ausgesprochen werden. In diesem Sinne BGHZ 122, 211, 228; Altmeppen, in: Münch. Komm. AktG, § 297 Rn 79; Emmerich, in Emmerich/Habersack, § 297 Rn 12; Hüffer, § 297 Rn 16; a. A. Koppensteiner, in: Köln. Komm. AktG, § 297 Rn 3 m.w.N.

[725] Darauf weist zutreffend auch Ziemons, AG 1999, 492, 496 hin, allerdings ohne die vorliegende Differenzierung nach den Beendigungsgründen.

Frage diskutiert[726], ob diesem nicht ein Anspruch auf Durchführung einer Due Diligence gegen das Unternehmen und damit auf Offenlegung von Informationen zusteht. Sollte der Großaktionär tatsächlich einen entsprechenden Anspruch besitzen, müsste man konsequenterweise auch dem herrschenden Unternehmen einen derartigen Anspruch zubilligen, möglicherweise sogar *erst recht*.

a) Anspruch auf Durchführung einer Due Diligence

Nach einigen Autoren[727] muss dem veräußerungswilligen Paketaktionär ein Anspruch auf Durchführung einer Due Diligence eingeräumt werden, wenn ohne entsprechende Prüfung sein Aktienpaket unverkäuflich ist oder nur mit einem erheblichen Preisabschlag veräußert werden kann. *Krömker*[728] begründet einen solchen Anspruch mit der Überlegung, dass die Verweigerung einer Due Diligence zu einer *„faktischen Vinkulierung"* des Aktienpakets des Großaktionärs führe. *Brandi* sieht den dogmatischen Ansatz in der aktienrechtlichen Neutralitätspflicht des Vorstands der (abhängigen) Zielgesellschaft, die ihm untersage, auf die Zusammensetzung des Aktionärskreises Einfluss zu nehmen[729]. Der Vorstand könnte deshalb verpflichtet sein, einem Aktionär eine Due Diligence zu gestatten, falls dessen Aktienpaket andernfalls unverkäuflich würde. *Körber*[730] weist schließlich auf die Treuepflicht des Vorstands gegenüber dem Aktionär hin, aus der der Informationsanspruch entspringe.

Alle vorstehend genannten Autoren verlangen, dass der Gesellschaft aus Inhalt und Umfang der Due Diligence keine nennenswerten Nachteile erwachsen und der Zulassung auch keine eindeutigen Interessen der Gesellschaft entgegenstehen.

b) Stellungnahme

Nach der gesetzlichen Konzeption steht dem Aktionär als individuelles Informationsrecht lediglich das Auskunftsrecht nach § 131 Abs. 1 AktG zu[731]. Dieses

---

[726] Für einen entsprechenden Anspruch des Aktionärs: Brandi, in: Thaeter/Brandi, Teil 3, Rn 42; Körber, NZG 2002, 263, 265; Krömker, NZG 2003, 418, 423; a. A. Hemeling, ZHR 169 (2005), 274, 286; Krämer, in: Hdb. börsennotierte AG, § 9 Rn 16 (Fußnote 6); Linker/Zinger, NZG 2002, 497, 502; Lutter, ZIP 1997, 613, 616; K. Mertens, AG 1997, 541, 543; Ziegler, DStR 2000, 249, 252.
[727] Brandi, in: Thaeter/Brandi, Teil 3, Rn 42; Körber, NZG 2002, 263, 265; Krömker, NZG 2003, 418, 423.
[728] Krömker, NZG 2003, 418, 423.
[729] Brandi, in: Thaeter/Brandi, Teil 3, Rn 42.
[730] Körber, NZG 2002, 263, 265. Körber weist aber selbst einschränkend darauf hin, dass sich daraus *„praktisch kaum ein Anspruch auf Durchführung einer Due Diligence ableiten lassen dürfe"*.
[731] Siehe lediglich K. Schmidt, Gesellschaftsrecht, § 28 IV 3a) (Seite 842).

besteht nur in der Hauptversammlung und auch nur in Bezug auf solche Umstände, die zur sachgemäßen Beurteilung eines Gegenstandes der Tagesordnung erforderlich sind[732]. Ein über § 131 AktG hinausgehendes, außerhalb der Hauptversammlung existierendes Auskunftsrecht zur Erfüllung bzw. Erleichterung der Veräußerung ihrer Aktien haben die Aktionäre nicht. In der Aktiengesellschaft besteht - anders als bei der GmbH (§ 51a GmbHG) - gerade kein individuelles Informationsrecht der Aktionäre.

In der Praxis würde es aus Sicht der abhängigen Gesellschaft zu untragbaren Zuständen führen, besäße der verkaufswillige Großaktionär einen entsprechenden Informationsanspruch. Jeder veräußerungswillige Großaktionär[733] könnte die Durchführung einer Due Diligence verlangen. Weil die anderen Aktionäre die entsprechenden Informationen nicht erhielten, könnten sie selbst an einer Due Diligence interessiert sein, nur um ihr entstandenes Informationsdefizit auszugleichen. Es drohte eine ständige *Durchleuchtung* der Gesellschaft.

Aus diesen Erwägungen folgt, dass dem Großaktionär kein Anspruch gegen die Gesellschaft auf Offenlegung vertraulicher Informationen zusteht, die den Verkauf seines Aktienpakets gegebenenfalls erleichtern[734]. Deshalb lässt sich auch kein *erst recht* Schluss von der angeblichen Berechtigung eines Großaktionärs auf die Rechte des herrschenden Unternehmens in der faktischen Konzernbeziehung ziehen: Auch in dieser hat das veräußerungswillige herrschende Unternehmen keinen Anspruch auf Offenlegung der für eine Due Diligence relevanten vertraulichen Informationen.

III.   Ergebnis

Für eine extensive Interpretation des § 308 Abs. 1 AktG ist bei teleologischer Auslegung der Norm kein Raum. Nicht sämtliche Weisungen des herrschenden Unternehmens sind legitimiert. § 308 Abs. 1 AktG gewährt dem herrschenden Unternehmen die für die einheitliche Konzernleitung erforderlichen Informationen, aber auch nur diese.

---

[732]   BGHZ 122, 211, 236 f; Decher, in: Großkomm. AktG, § 131 Rn 23; Eckardt, in: Geßler/Hefermehl, § 131 Rn 160; Henn, Hdb. des Aktienrechts, Rn 876; Kubis, in: Münch. Komm. AktG, § 131 Rn 23.

[733]   Nach Krömker, NZG 2003, 418, 423 soll bereits eine 5%ige Beteiligung ausreichen.

[734]   So Hemeling, ZHR 169 (2005), 274, 286; Krämer, in: Hdb. börsennotierte AG, § 9 Rn 16 (Fußnote 6); Linker/Zinger, NZG 2002, 497, 502; Lutter, ZIP 1997, 613, 616; K. Mertens, AG 1997, 541, 543; Ziegler, DStR 2000, 249, 252. Der Vorstand der Gesellschaft kann allenfalls kraft seiner Organpflicht im Interesse der Gesellschaft - nicht aber des Aktionärs - eine Due Diligence zulassen, wenn weit überwiegende Unternehmensinteressen für die Durchführung der Transaktion sprechen (z. Bsp. zur Abwendung der andernfalls drohenden Zahlungsunfähigkeit der Gesellschaft). Näher zu diesem Themenkomplex unten Seiten 212 ff.

Die Weisungsbefugnis des herrschenden Unternehmens geht stets nur soweit, wie ein funktionaler Zusammenhang zur *einheitlichen Leitung* der Tochtergesellschaft besteht. Fehlt es daran, scheidet ein Weisungsrecht aus. Das herrschende Unternehmen darf die Tochtergesellschaft nicht zur Offenlegung und Weitergabe von Informationen zur Durchführung einer Due Diligence veranlassen. Denn diese dient einzig und allein den Vermögensinteressen des herrschenden Unternehmens, nicht aber der einheitlichen Leitung.

Nichts anderes gilt im faktischen Konzern. Das herrschende Unternehmen hat keinen Anspruch auf Informationserteilung zwecks Veräußerung seiner Beteiligung. Nach der gesetzlichen Konzeption steht dem Aktionär als individuelles Informationsrecht lediglich das Auskunftsrecht nach § 131 Abs. 1 AktG zu.

§ 12 Freiwillige Information des herrschenden Unternehmens zum Zwecke einer Due Diligence bei der Tochtergesellschaft

Weder im Vertragskonzern noch im faktischen Konzern besteht eine gesetzliche Verpflichtung der abhängigen Gesellschaft, dem herrschenden Unternehmen Auskünfte zur Durchführung einer Due Diligence zu erteilen bzw. gegenüber einem Kaufinteressenten entsprechende Informationen offen zu legen. Von dieser Feststellung ist jedoch die Frage zu trennen, ob und wenn ja unter welchen Voraussetzungen, der Vorstand der Tochtergesellschaft das herrschende Unternehmen oder den potentiellen Käufer direkt mit vertraulichen Informationen versorgen *darf.* Es steht nach dem bisher Gesagten nämlich lediglich fest, dass die Tochtergesellschaft die Informationen zur Durchführung einer Due Diligence nicht an das verkaufswillige Mutterunternehmen herausgeben *muss.*

I. Entscheidungsbefugnis für die Zulassung der Due Diligence

Streitig ist die Zuständigkeit innerhalb der (beherrschten) Aktiengesellschaft für die Entscheidung über die Zulassung einer Due Diligence. Inhaltlich geht es um die Frage nach der Dispositionsbefugnis über die Unternehmensinterna.

1. Meinungsübersicht zur Zuständigkeit für die Gestattung der Due Diligence

Nach einem Teil der Literatur soll zumindest bei überragendem Gesellschaftsinteresse die Zuständigkeit der Hauptversammlung begründet sein[735]. Ein anderer

---

[735] Ziemons, AG 1999, 492, 495 (für den Fall der Veräußerung des gesamten Geschäftsbetriebs); Zirngibl, Die Due Diligence bei der GmbH und der Aktiengesellschaft, Seite 199; a. A. Linker/Zinger, NZG 2002, 497, 498.

Teil des Schrifttums fordert grundsätzlich einen Aufsichtsratsbeschluss[736]. Eine weitere Ansicht will hingegen die Zuständigkeit bei dem einzelnen Vorstandsmitglied begründet wissen[737].

Und selbst die Stimmen im Schrifttum, die im Grundsatz die Entscheidung über die Gestattung einer Due Diligence dem Gesamtvorstand vorbehalten[738], sind in der Frage uneins, ob hierfür ein einstimmiger Vorstandsbeschluss erforderlich sein soll[739], oder ob die einfache Mehrheit ausreicht[740].

2. Stellungnahme

Die maßgeblichen Rechte der Hauptversammlung sind in § 119 AktG geregelt. Eine ausdrückliche Zuständigkeit der Hauptversammlung für die Entscheidung über die Offenlegung vertraulicher Unternehmensinformationen sehen weder § 119 Abs. 1 AktG noch andere Vorschriften des Aktienrechts vor. Schließlich hätte eine Zuständigkeit der Hauptversammlung eine öffentlichkeitswirksame Informationsoffenlegung zur Folge, was dem Geheimhaltungsinteresse der Tochtergesellschaft diametral zuwiderläuft[741].

Auch die Zuständigkeit des Aufsichtsrates ist abzulehnen, weil er nach der grundsätzlichen Kompetenzverteilung lediglich für die Überwachung der Gesellschaft zuständig ist (§ 111 Abs. 1 AktG). Ohne Zuständigkeitszuweisung durch Satzung oder besonderen Aufsichtsratsbeschluss (§ 111 Abs. 4 Satz 2 AktG) fehlt es von vornherein an seiner Kompetenz[742].

Demnach kommt dem Vorstand der Aktiengesellschaft die Entscheidungsbefugnis über die Zulassung oder Verweigerung der Due Diligence zu. Dieses Er-

---

[736] Bihr, BB 1988, 1198, 1200; Holzapfel/Pöllath, Unternehmenskauf in Recht und Praxis, Seite 24.

[737] Linker/Zinger, NZG 2002, 497, 498. Offen lassend Treeck, FS Fikentscher, 434, 443.

[738] Brandi, in: Thaeter/Brandi, Teil 3, Rn 45; Hemeling, ZHR 169 (2005), 274, 282; Körber, NZG 2002, 263, 268; Meincke, WM 1998, 749, 751; Müller, NJW 2000, 3452, 3455; Schroeder, DB 1997, 2161, 2163; von Bülow, in: Köln. Komm. WpÜG, § 35 Rn 174; a. A. Hüffer, § 93 Rn 8 („Vorstandsbeschluss empfehlenswert").

[739] Brandi, in: Thaeter/Brandi, Teil 3, Rn 45; Hemeling, ZHR 169 (2005), 274, 282; Körber, NZG 2002, 263, 268; Meincke, WM 1998, 749, 751; Müller, NJW 2000, 3452, 3455; auch Ziemons, AG 1999, 492, 494, die aber zugleich noch einen Beschluss des Aufsichtsrates sowie gegebenenfalls einen der Hauptversammlung fordert.

[740] Schroeder, DB 1997, 2161, 2163; Mehrheitserfordernis offen lassend Roschmann/Frey, AG 1996, 449, 451; a. A. Meincke, WM 1998, 749, 751 „zwingend einstimmiger Vorstandsbeschluss".

[741] Roschmann/Frey, AG 1996, 449, 451; Treeck, FS Fikentscher, 434, 447; Zirngibl, Die Due Diligence bei der GmbH und der Aktiengesellschaft, Seite 198.

[742] Roschmann/Frey, AG 1996, 449, 451, die darauf hinweisen (Fußnote 21), dass ein derartiger Zustimmungsvorbehalt des Aufsichtsrats in der Praxis nicht üblich sei und lediglich eine theoretische Möglichkeit darstelle. In diesem Sinne auch Zirngibl, Die Due Diligence bei der GmbH und der Aktiengesellschaft, Seite 198.

gebnis entspricht dem Grundsatz, wonach der Vorstand im Rahmen seiner Leitungs- und Geschäftsführungsfunktion darüber entscheidet, ob und in welchem Umfang Unternehmensinformationen herausgegeben werden[743]. Angesichts der großen Bedeutung sowie der Geheimhaltungsinteressen im Rahmen der Due Diligence und weil diese in der Regel mehrere Ressorts tangiert, ist es allerdings nicht nur bloß „*empfehlenswert*"[744], sondern notwendig, dass der Gesamtvorstand der Tochtergesellschaft (Zielgesellschaft) die Entscheidung über die Zulassung der Due Diligence in einem Beschluss fasst, am besten schriftlich[745]. Die genaue Dokumentation ist ratsam, weil die Vorstandsmitglieder im Streitfall so beweisen können, dass sie bei der Entscheidungsfindung mit der Sorgfalt eines ordentlichen und gewissenhaften Geschäftsleiters vorgegangen sind.

Wenn Satzung oder Geschäftsordnung des Vorstandes grundsätzlich die einfache Mehrheit ausreichen lassen, ist nicht ersichtlich, weshalb für die fragliche Entscheidung eine qualifizierte Mehrheit notwendig sein soll. Mit dem Argument, nur Einstimmigkeit indiziere ein eindeutiges Abstimmungsergebnis[746], ließe sich letztendlich für jede Vorstandsentscheidung Einstimmigkeit fordern.

Freilich ist das Erfordernis der einfachen Mehrheit nur insoweit von Bedeutung, wie im Rahmen der Satzung von der Möglichkeit des § 77 Abs. 1 Satz 2 AktG Gebrauch gemacht und eine abweichende Regelung vom Einstimmigkeitsprinzip getroffen wurde[747]. Sehen Satzung oder Geschäftsordnung nämlich keine Mehrheitsentscheidungen vor, verbleibt es bei dem Grundsatz der Einstimmigkeit (§ 77 Abs. 1 Satz 1 AktG).

II. Verschwiegenheitspflicht und Due Diligence

Die Entscheidung über die Informationsoffenlegung obliegt alledem nach dem Vorstand der Tochtergesellschaft und stellt für diesen eine Geschäftsführungs-

---

[743] BGHZ 64, 325, 327; Hefermehl/Spindler, in: Münch. Komm. AktG, § 93 Rn 48; Otto, in: Großkomm AktG, § 404 Rn 19; von Stebut, Geheimnisschutz und Verschwiegenheitspflicht im Aktienrecht, Seite 98.

[744] So die Formulierung bei Hüffer, § 93 Rn 8.

[745] Körber, NZG 2002, 263, 268; Müller, NJW 2000, 3452, 3455; Roschmann/Frey, AG 1996, 449, 451; Ziemons, AG 1999, 492, 500. Selbst Linker/Zinger, NZG 2002, 497, 498, die sich grundsätzlich für die Entscheidungsbefugnis des für das betroffene Ressort zuständigen Vorstandsmitglieds aussprechen, bejahen bei einer ressortübergreifenden Due Diligence die Entscheidungskompetenz des Gesamtvorstandes.

[746] Meincke, WM 1998, 749, 751. Nach seiner Ansicht (a.a.O. Fußnote 25) stellt es im Übrigen ein starkes Indiz dafür dar, dass das Unternehmensinteresse die Geheimhaltung nicht zweifelsfrei überwiege, wenn im Vorstand keine einheitliche Meinung über die Durchführung der Due Diligence erzielt werden könne.

[747] In diesem Fall für einfache Mehrheit: Hemeling, ZHR 169 (2005), 274, 282; Linker/Zinger, NZG 2002, 497, 498; Müller, NJW 2000, 3452, 3455; Stoffels, ZHR 165 (2001), 362, 376.

208

maßnahme dar (§ 76 Abs. 1 AktG). Im Mittelpunkt dieser Entscheidung steht die Frage, ob die Verschwiegenheitspflicht des Vorstands mit der Durchführung einer Due Diligence zu vereinbaren ist.

Durch die Due Diligence gewinnt der Kaufinteressent tiefen Einblick in die Verhältnisse des Tochterunternehmens. Wenn es nicht zum Abschluss des Kaufvertrages kommt, besteht die Gefahr, dass der Kaufinteressent die erlangten Kenntnisse zum Nachteil der Tochtergesellschaft verwendet. Diese Gefahr droht vor allem für die Fälle, in denen der Erwerbsinteressent Wettbewerber der Tochtergesellschaft ist. Das besondere Geheimhaltungsinteresse der Tochtergesellschaft bei einer Due Diligence resultiert aus dem grundsätzlichen Risiko einer missbräuchlichen Informationsverwendung seitens des Informationsempfängers.

Diese Gefahr droht bei dem bislang erörterten konzerninternen Informationsfluss nicht: Im Vertragskonzern ist das herrschende Unternehmen verpflichtet, das gesamte wirtschaftliche Risiko des abhängigen Unternehmens zu tragen (§ 302 AktG), also auch die nachteiligen Folgen der konzerninternen Informationsoffenlegung. Im faktischen Konzern ist die abhängige Tochtergesellschaft gleichfalls umfassend geschützt, wenn zwischen ihr und dem herrschenden Unternehmen eine Garantievereinbarung besteht. Ist die Informationsoffenlegung für die abhängige Tochtergesellschaft ansonsten nachteilig im Sinne des § 311 AktG, darf ihr Vorstand ohne entsprechende Kompensation durch das herrschende Unternehmen die Information erst gar nicht erteilen. Im Falle der Due Diligence stellt sich die Frage nach Umfang und Grenzen der konzerninternen Verschwiegenheitspflicht also unter einem zusätzlichen Blickwinkel.

Die aktienrechtliche Schweigepflicht gilt, wie dargelegt[748], von ihrem Schutzzweck her nicht absolut. Vielmehr tritt sie im Einzelfall hinter vorrangigen Unternehmensinteressen zurück[749]. Der Vorstand verletzt deshalb keine Pflicht, wenn die Weitergabe der Information im Interesse seiner Gesellschaft liegt. Bei einer Due Diligence hat der Vorstand das Geheimhaltungsinteresse gegen ein mögliches Interesse der Gesellschaft an der Transaktion abzuwägen.

Uneinheitlich wird im Schrifttum die Frage gesehen, ob die Abwägung zwischen Geheimhaltungspflicht und Unternehmensinteresse grundsätzlich offen ist oder ob die Informationsoffenlegung auf wenige Ausnahmesituationen beschränkt bleibt.

1. **Ansicht Lutters: Informationsbefugnis bei einmaliger unternehmerischer Chance**

Lutter[750] rückt die Geheimhaltungspflicht des Vorstands in den Vordergrund der Interessenabwägung. Die Informationsoffenlegung solle nur bei einem überra-

---

Siehe näher zum Umfang und Inhalt der Verschwiegenheitspflicht oben Seiten 68 ff.
[749] BGHZ 64, 325, 329; Hüffer, § 93 Rn 8; Müller, NJW 2000, 3452, 3453.
[750] Lutter, ZIP 1997, 613, 617.

genden unwiederbringlichen unternehmerischen Interesse der Gesellschaft zulässig sein. Namentlich sei dies dann der Fall, wenn die Transaktion für das Fortbestehen der Gesellschaft erforderlich sei. Eine solche Situation sei „gewisslich sehr sehr selten"[751]. In allen anderen Fällen darf der Vorstand nach *Lutter* die sensiblen Informationen für die Due Diligence nicht weitergeben.

2. Vermittelnde Ansicht: Informationsweitergabe an einen neutralen Dritten

Eine weniger restriktive Ansicht[752] will die Due Diligence zumindest dann zulassen, wenn diese für das Zustandekommen des Aktienverkaufs unumgänglich sei. Dies soll dann der Fall sein, wenn der Veräußerer die Aktien ohne eine Due Diligence Prüfung nicht ohne negative Beeinflussung des Börsenkurses verkaufen könne[753] und der Erwerber auch nicht bereit sei, sich mit Gewährleistungen des Veräußerers oder einer nachträglichen Kaufpreiskorrektur zufrieden zu geben. In einem solchen Fall würde die gesellschaftsrechtliche Treuepflicht, so *Ziemons*[754], den Vorstand der Zielgesellschaft zur Zulassung der Due Diligence legitimieren, weil er den verkaufswilligen Aktionär „nicht einmauern" dürfe. *Bihr*[755] und *Ziemons*[756] wollen den Kaufinteressent selbst allerdings von der eigentlichen Durchführung der Due Diligence ausschließen: Die Prüfung solle durch einen neutralen Prüfer erfolgen, der dem interessierten Erwerber lediglich das abstrakte Ergebnis seiner Prüfung in Form eines Berichts (*Due Diligence Report*) mitteile[757].

---

[751] Lutter, ZIP 1997, 613, 617.

[752] Bihr, BB 1998, 1198, 1199; Hüffer, § 93 Rn 8; Ziemons, AG 1999, 492, 496; im Ergebnis wohl auch Hopt, in: Großkomm. AktG, § 93 Rn 213.

[753] Wann eine negative Beeinflussung des Börsenkurs vorliegen soll, legt Ziemons, AG 1999, 492, 496 nicht dar.

[754] Ziemons, AG 1999, 492, 495.

[755] Bihr, BB 1998, 1198, 1199.

[756] Ziemons, AG 1999, 492, 497.

[757] Werner, ZIP 2000, 989, 991 hält die Weiterleitung der Informationen an einen neutralen Dritten nur dann für ein adäquate Lösung, wenn die Wahrung der Gesellschaftsinteressen nicht bereits durch die Verpflichtung des Erwerbsinteressenten zur Verschwiegenheit sichergestellt werden kann.

3. Herrschende Meinung: Offenlegung von Informationen zulässig

Die Auffassung *Lutters* wird allgemein als zu eng kritisiert[758]. Sie messe dem Geheimhaltungsinteresse der Gesellschaft absolute Bedeutung bei und verkenne, dass das Wohl der Gesellschaft auch die Offenlegung der Unternehmensgeheimnisse erfordern könne. Denn § 93 Abs. 1 Satz 3 AktG begründe kein Informationsverbot über die unternehmerischen Interessen hinaus[759]. Diese seien zwar oberste Richtschnur für das Vorstandshandeln und begrenzten die Schweigepflicht[760]. Das Interesse der Gesellschaft an der Wahrung von Geschäfts- und Betriebsgeheimnissen sei jedoch nur einer der im Abwägungsprozess zu berücksichtigenden Gesichtspunkte[761]. Stets sei auch die Frage zu stellen, ob die mit der Offenlegung von Informationen verbundenen Risiken - gemessen am Unternehmensinteresse - durch den Nutzen der geplanten Transaktion aufgewogen oder gar übertroffen würden[762].

Die Weitergabe der Informationen an einen zur Verschwiegenheit verpflichteten Prüfer, der dem Erwerbsinteressenten lediglich über die Ergebnisse seiner Prüfung eingeschränkt berichten dürfe, wird mit dem Argument fehlender Praxistauglichkeit überwiegend abgelehnt[763].

4. Stellungnahme

Für die restriktive Ansicht *Lutters* streitet auf den ersten Blick der Wortlaut des § 93 Abs. 1 Satz 3 AktG, der die Verschwiegenheitspflicht nicht einschränkt.

Jedoch ist diese kein Selbstzweck, sondern hat dem Gesellschaftsinteresse zu dienen. So formuliert *Mertens*[764] zutreffend: *„Wo das Unternehmensinteresse*

---

[758] Banerjea, ZIP 2003, 1730, 1731; Brandi, in Thaeter/Brandi, Teil 3, Rn 35; Ek, in: Hölters (Hrsg.), Handbuch des Unternehmens- und Beteiligungskauf, Teil XI, Rn 30; Fleischer, ZIP 2002, 651, 652; Hefermehl/Spindler, in: Münch. Komm. AktG, § 93 Rn 63; Hemeling, ZHR 169 (2005), 274, 279; Hüffer, § 93 Rn 8; Kiethe, NZG 1999, 976, 979; Körber, NZG 2002, 263, 269; Linker/Zinger, NZG 2002, 497, 499; Mertens, in: Köln. Komm. AktG, § 93 Rn 82; K. Mertens, AG 1997, 541, 546; Müller, NJW 2000, 3452, 3454; Rittmeister, NZG 2004, 1032, 1034; Roschmann/Frey, AG 1996, 449, 451; Schroeder, DB 1997, 2161, 2162, Schwark, in: Schwark KMRK, § 14 WpHG Rn 41; Stoffels, ZHR 165 (2001), 362, 372; Traugott, BB 2001, 2277, 2280; Treeck, FS Fikentscher, 434, 444; von Bülow, in: Köln. Komm. WpÜG, § 35 Rn 174; Werner, ZIP 2000, 989, 991; Ziegler, DStR 2000, 249, 252.

[759] Hefermehl/Spindler, in: Münch. Komm. AktG, § 93 Rn 63.

[760] Müller, NJW 2000, 3452, 3454; Schroeder, DB 1997, 2161, 2162.

[761] Fleischer, ZIP 2002, 651, 652; von Bülow, in: Köln. Komm. WpÜG, § 35 Rn 174.

[762] Hemeling, ZHR 169 (2005), 274, 279.

[763] Ek, in: Hölters (Hrsg.), Handbuch des Unternehmens- und Beteiligungskauf, Teil XI, Rn 30; Kiethe, NZG 1999, 976, 979.

[764] Mertens, in: Köln. Komm. AktG, § 93 Rn 82.

gebietet zu reden, hört die Schweigepflicht auf". Dies erkennt im Grundsatz auch *Lutter* an. Es bleibt deshalb nach *Lutter* begründungsbedürftig, warum dann der aktienrechtlichen Schweigepflicht gleichwohl a priori eine Vorrangstellung zukommen und diese nur in Ausnahmesituationen weichen soll. Kann doch auch unterhalb der Schwelle der Existenzsicherung ein unternehmerisches Interesse der Zielgesellschaft an einer Due Diligence existieren: So können strategische Interessen der Gesellschaft für einen Aktionärswechsel sprechen.

Denkbar ist ferner, dass durch den neuen Gesellschafter Synergieeffekte mit anderen Unternehmen realisiert werden können, sofern der Investor Teil eines größeren Unternehmensverbundes ist. Auch lassen sich durch die Transaktion für die Gesellschaft gegebenenfalls neue Märkte, alternative Finanzierungsquellen oder Know-how erschließen[765]. Es sind also neben den von *Lutter* genannten *"unwiederbringlichen unternehmerischen Chancen"* eine Fülle anderer Fälle denkbar, in denen der Vorstand ein unternehmerisches Interesse daran haben kann, dass die Unternehmensanteile zu angemessen Konditionen den Inhaber wechseln.

Die Ansicht *Lutters* ist im Übrigen nur schwer mit den Erfordernissen der Praxis in Einklang zu bringen. *Lutter* mutet dem Erwerbsinteressenten zu, die Zielgesellschaft ohne vorherige Prüfung und mithin *blind* zu kaufen[766]: Ohne nähere Informationen sinkt für einen Kaufinteressenten jedoch die Attraktivität des Kaufobjekts[767]. Das Resultat der Ansicht *Lutters* wäre eine erhebliche Benachteiligung deutscher Aktiengesellschaften auf dem internationalen Unternehmensmarkt, weil dort Due Diligence Prüfungen eine Selbstverständlichkeit darstellen[768].

Die Auffassung, die die Weiterleitung der Informationen nur an einen neutralen Dritten erlaubt, ist mit den Erfordernissen und Gegebenheiten der Unternehmenspraxis ebenfalls nicht vereinbar. Im Vorfeld eines Unternehmenskaufs ist ein potentieller Erwerber maßgeblich daran interessiert, alle positiven und negativen Tatsachen über die Zielgesellschaft zu erfahren, und zwar unmittelbar. Nur auf der Basis aller Grundlageninformationen ist der Erwerber schließlich in der Lage, sich ein eigenes umfassendes Bild von der Situation des Kaufobjekts zu machen. Da diese Bewertung des *Targets* ganz entscheidend von den Zielen

---

[765] So auch Hemeling, ZHR 169 (2005), 274, 280; K. Mertens, AG 1997, 541, 546; Müller, NJW 2000, 3452, 3454; Schroeder, DB 1997, 2161, 2162.

[766] Körber, NZG 2002, 263, 269 weist darauf hin, dass bei Befolgung der strengen Maßstäbe von Lutter (a.a.O.) und Ziemons (a.a.O.) der Pakethandel praktisch lahm gelegt würde.

[767] Ein Beispiel ist der Erwerb der amerikanischen Engelhard Corp. durch die BASF. Nach Meldung der FAZ vom 5. Januar 2006 (Seite 13) war die BASF bereit, das Angebot von $ 37 pro Aktie auf $ 38 zu erhöhen, sollte Engelhard der BASF vertrauliche Unternehmensinformationen zur Verfügung stellen.

[768] Ek, in: Hölters (Hrsg.), Handbuch des Unternehmens- und Beteiligungskauf, Teil XI, Rn 30; Kiethe, NZG 1999, 976, 979; Werner, ZIP 2000, 989, 991.

und Absichten des jeweiligen Kaufinteressenten abhängt, reicht es gerade nicht aus, ihm lediglich das Ergebnis der Due Diligence Prüfung eines Dritten mitzuteilen[769].

Im Ergebnis gibt es keine generelle Vermutung zugunsten des Vorrangs der gesellschaftsrechtlichen Verschwiegenheitspflicht gegenüber den unternehmerischen Interessen. Der Vorstand hat vielmehr in jedem Einzelfall abzuwägen, ob die beabsichtigte Transaktion eher im Unternehmensinteresse liegt als die Geheimhaltung der fraglichen Informationen.

III. Grundsätze der Ermessensentscheidung des Vorstands

Die grundsätzliche Zulässigkeit der Durchbrechung der Verschwiegenheitspflicht führt zu der Frage, nach welchen Maßstäben der Vorstand der abhängigen Gesellschaft seine unternehmerische Ermessensentscheidung über die Zulassung der Due Diligence zu treffen hat. Die Anforderungen an diese Entscheidung des Vorstands können im Rahmen der vorliegenden Untersuchung nicht umfassend untersucht werden. Dies würde den Rahmen dieser Arbeit sprengen[770]. Inhalt und Grenzen dieser Ermessensentscheidung sollen aber gleichwohl angedeutet werden:

1. Kriterien der Ermessensentscheidung

Der Vorstand der Tochtergesellschaft hat in einem ersten Schritt die Unternehmensinteressen festzustellen, diese zu gewichten und dann gegen die aktienrechtliche Geheimhaltungspflicht abzuwägen. Maßgeblich sind die Interessen seiner Gesellschaft[771]. Die Entscheidung darf diesen nicht zuwiderlaufen[772]. Nur

---

[769] So im Ergebnis auch Kiethe, NZG 1999, 976, 979; Werner, ZIP 2000, 989, 991.

[770] Siehe zu den konkreten Anforderungen an die Ermessensentscheidung im Einzelfall etwa Holzapfel/Pöllath, Unternehmenskauf, Seite 28; Mueller-Thuns, in: Rödder/Höltzel/Mueller-Thuns (Hrsg.), Unternehmenskauf-Unternehmensverkauf, Seite 67 f.; Fleischer/Körber, in: Berens/Brauner/Strauch (Hrsg.), Due Diligence bei Unternehmensakquisitionen, Seite 226. Zur Zulassung einer Due Diligence nach Ermessensausübung im Sinne des Grundsatzes der Verhältnismäßigkeit Müller, NJW 2000, 3452, 3453; K. Mertens, AG 1997, 541, 546; ausführlich zum Ganzen Angersbach, Due Diligence beim Unternehmenskauf, Seite 87 f.

[771] Fleischer, ZIP 2002, 651, 652; von Bülow, in: Köln. Komm. WpüG, § 35 Rn 174.

[772] In diesem Sinne für faktisch konzerngebundene Gesellschaften Hoffmann-Becking, ZHR 150 (1986), 570, 579; Krieger, in: Münchener Hdb. GesR IV, § 69 Rn 24; Wiesner, in: Münchener Hdb. GesR IV, § 19 Rn 23. Im Vertragskonzern gilt nichts Gegenteiliges, weil sich der Vorstand der Gesellschaft in einem weisungsfreien Bereich befindet. In diesem Fall hat sich der Vorstand ausschließlich am eigenen Unternehmensinteresse und nicht an demjenigen des herrschenden Unternehmens zu orientieren, vgl. Altmep-

wenn die Chancen der von dem herrschenden Unternehmen beabsichtigten Maßnahme (Verkauf der Anteile) die mit der Informationserteilung entstehenden Risiken überwiegen, ist er zur Zulassung der Due Diligence berechtigt.

Die Veräußerung kann für die Gesellschaft insbesondere dann in ihrem unternehmerischen Interesse liegen, wenn dadurch ihre Zukunft gesichert wird, sei es durch Reorganisation, Investitionen oder Eingliederung in einen größeren Unternehmensverbund[773]. In Ausnahmefällen reduziert sich die Ermessensentscheidung sogar auf Null, wenn das wirtschaftliche Überleben der abhängigen Gesellschaft mit dem Unternehmenskauf steht und fällt und zu seiner Durchführung seitens des Kaufinteressenten eine vorherige Due Diligence zwingend gefordert wird[774]. Dies gilt umso mehr, wenn sich der potentielle Käufer der Beteiligung zu besonderen, im unternehmerischen Interesse der Zielgesellschaft liegenden Leistungen wie beispielsweise zu Sanierungsbeiträgen verpflichtet.

In seine Abwägung hat der Vorstand unter anderem aber auch einzubeziehen, ob der potentielle Käufer ein Mitbewerber der Gesellschaft ist und diese lediglich deshalb erwerben will, um sie anschließend vom Markt zu drängen oder ob eine hochgradig kreditfinanzierte Übernahme zur Zerschlagung wesentlicher Teile des Unternehmens führen wird[775]. Schließlich spielen das Stadium der Verhandlungen (hinreichend verfestigte Erwerbsabsicht, Letter of Intent[776], Vertraulichkeitsvereinbarung[777]), die Art der Information (gegebenenfalls abgestufte

---

pen, in: Münch. Komm. AktG, § 308 Rn 154; Würdinger, in: Großkomm. AktG³, § 308 Anm. 2.

[773] Treeck, FS Fikentscher, 434, 451.

[774] Körber, NZG 2002, 263, 270 zu weiteren Ausnahmefällen der Ermessensreduzierung.

[775] Ek, in: Hölters (Hrsg.), Handbuch des Unternehmens- und Beteiligungskauf, Teil XI, Rn 31; Körber, NZG 2002, 263, 270; K. Mertens, AG 1997, 541, 544.

[776] Müller, NJW 2000, 3452, 3455. Die Offenlegung von Informationen darf erst dann erfolgen, wenn der Zielgesellschaft eine schriftliche Absichtserklärung des potentiellen Käufers vorliegt, der sich in nachvollziehbarer Weise die Ernsthaftigkeit seines Erwerbsinteresses entnehmen lässt.

[777] Der Vorstand des herrschenden Unternehmens sollte vor der Offenlegung von Informationen mit dem Erwerbsinteressenten eine Vertraulichkeitsvereinbarung abschließen, in der sich dieser dazu verpflichtet, die zur Verfügung gestellten Informationen ausschließlich zu den vereinbarten Zwecken zu nutzen, sie nicht an Dritte weiterzugeben und die Daten im Falle des Scheiterns der Transaktion zurückzugeben bzw. zu löschen, vgl. Hemeling, ZHR 169 (2005), 274, 281; K. Mertens, AG 1997, 541, 544 („unerlässliche rechtliche Rahmenbedingung zur Risikominimierung"); Müller, NJW 2000, 3452, 3455; Schroeder, DB 1997, 2161, 2163 („dringend zu empfehlen"); Stoffels, ZHR 165 (2001), 363, 378; Treeck, FS Fikentscher, 432, 445. Sinnvoll ist es, die Einhaltung der Vertraulichkeitsvereinbarung durch eine Vertragsstrafe zu sichern (Hemeling, ZHR 169 (2005), 274, 281; Schroeder, DB 1997, 2161, 2163). Auch die Tochtergesellschaft kann (zusätzlich) eine eigene Vertraulichkeitsvereinbarung mit dem potentiellen Erwerber abschließen. Sie ist allerdings ohnehin in den Schutzbereich der vom herrschenden Unternehmen abgeschlossenen Verschwiegenheitsvereinbarung einbezogen.

Offenlegung der Informationen, *Staged Due Diligence*[778]), der Informationsempfänger (neutraler, zur Berufsverschwiegenheit verpflichteter Dritter oder Mitarbeiter des Erwerbers[779]) und die konkrete Durchführung der Due Diligence (*Data Room*[780]) eine maßgebliche Rolle im Rahmen der Ermessensentscheidung.

2. Bedeutung der Konzerninteressen für die Ermessensentscheidung

Leitschnur des Vorstands der abhängigen Gesellschaft muss bei seiner unternehmerischen Ermessensentscheidung zwar das eigene Unternehmensinteresse sein. Dies bedeutet jedoch nicht, dass die Konzerninteressen bei der Ermessensentscheidung keine Berücksichtigung finden dürften. Vielmehr ist anerkannt, dass der Vorstand der Zielgesellschaft auch die Interessen des veräußerungswilligen Aktionärs bei seiner Entscheidung berücksichtigen darf[781]. Zwischen den unternehmerischen Interessen der Tochtergesellschaft und denen des herrschenden Unternehmens werden in der Praxis regelmäßig gegenseitige Abhängigkeiten und Überschneidungen bestehen. Dies ist beispielsweise dann der Fall, wenn die Veräußerung die Wettbewerbsfähigkeit des abhängigen Unternehmens stärkt und das herrschende Unternehmen seinerseits einen guten Preis für seine Aktien an der Tochtergesellschaft erzielt.

Entspricht die beabsichtigte Veräußerung allerdings nicht den unternehmerischen Interessen der abhängigen Gesellschaft, muss der Vorstand die Informationserteilung grundsätzlich verweigern, selbst wenn dies den Unternehmenskauf möglicherweise gefährdet und somit den Interessen des herrschenden Unternehmens zuwiderläuft. Die unternehmerischen Interessen des herrschenden Unternehmens und diejenigen des Tochterunternehmens können also übereinstimmen, müssen es aber nicht. Entscheidend sind die Umstände des Einzelfalles.

In der Praxis wird eine Veräußerung der Aktien des Tochterunternehmens gegen den erklärten Willen dessen Vorstands die Ausnahme darstellen. Zu schwierig ist es in diesem Fall für das herrschende Unternehmen, an die transaktionsrechtlich relevanten Informationen zu gelangen. Und schließlich dürfte auch der potentielle Erwerber kein Interesse an einem solchen Erwerb haben, ist er doch im Regelfall daran interessiert und teilweise sogar darauf angewiesen,

---

[778] Körber, NZG 2002, 263, 270; Semler, in: Hölters (Hrsg.), Handbuch des Unternehmens- und Beteiligungskauf, Teil VII, Rn 57. Die Due Diligence Prüfung wird in mehreren Stufen durchgeführt und lediglich ausgesuchten Kaufinteressenten wird der Zugang zu weiteren Informationen über das Zielunternehmen gewährt.

[779] Hefermehl/Spindler, in: Münch. Komm. AktG, § 93 Rn 63; Hemeling, ZHR 169 (2005), 274, 282.

[780] Stoffels, ZHR 165 (2001), 362, 376.

[781] Allgemein zu dieser Frage Brandi, in: Thaeter/Brandi, Teil 3, Rn 36; Hefermehl/Spindler, in: Münch. Komm. AktG, § 93 Rn 63; Körber, NZG 2002, 263, 269; K. Mertens, AG 1997, 541, 545; Müller, NJW 2000, 3552, 3554. Konkret zu diesem Aspekt im Rahmen von Abhängigkeitsverhältnissen Stoffels, ZHR 165 (2001), 362, 373.

mit den aktuellen Vorständen der Tochtergesellschaft zusammenzuarbeiten. Eine nach Möglichkeit komplikationsfreie Transaktion liegt in seinem maßgeblichen Interesse. Entspricht die Veräußerung nicht den unternehmerischen Interessen der Tochtergesellschaft, ist es von vornherein nicht möglich, die gegenseitigen Vorstellungen und Ziele in einem kooperativen Zusammenwirken frühzeitig aufeinander abzustimmen.

3. Besondere Geheimhaltungsverpflichtung nach § 14 Abs. 1 Nr. 2 WpHG

Bei börsennotierten Tochtergesellschaften hat deren Vorstand zusätzlich die besonderen Anforderungen aus dem Wertpapierhandelsgesetz, hier in Form der *„unbefugten"* Weitergabe von Insiderinformationen, zu beachten. Es bedarf deshalb der Beantwortung der Frage, ob die Weitergabe von Insiderinformationen nach *oben* auch noch dann befugt ist, wenn die Obergesellschaft die Insiderinformationen letztlich dazu verwenden will, diese einem potentiellen Kaufinteressenten im Rahmen einer Due Diligence zugänglich zu machen[782].

Nach Ansicht *Schäfers*[783] ist eine solche Informationsweitergabe kapitalmarktrechtlich *„unbefugt"*, weil Aktionäre mit unternehmerischen Beteiligungen[784] beim Verkauf ihrer Aktien im Vergleich zu sonstigen Aktionären informationell nicht besser gestellt werden dürften. Demgegenüber hält die überwiegende Ansicht im Schrifttum[785] die Informationserteilung für *befugt*, sofern die Veräußerung einer unternehmerischen Beteiligung beabsichtigt sei. Denn die Information eines (künftigen) Großaktionärs liege im unternehmerischen Interesse der (Tochter) Gesellschaft selbst[786].

Ob die Weitergabe von Insiderinformationen zwecks einer Due Diligence kapitalmarktrechtlich *„befugt"* ist, richtet sich auch in diesem Zusammenhang

---

[782] Die Bedeutung von Insiderinformationen im Rahmen einer Due Diligence ist in der Praxis seit dem In-Kraft-Treten des AnSVG begrenzt. Siehe hierzu unten Seiten 248 f.

[783] Schäfer, in: Schäfer, § 14 WpHG Rn 64.

[784] Mit Blick auf die §§ 29 Abs. 2, 30 WpÜG ist von einer unternehmerischen Beteiligung in Abgrenzung zu einer reinen Finanzinvestition bei einer börsennotierten Gesellschaft wohl schon immer dann auszugehen, wenn der Käufer den Erwerb eines Paketes anstrebt, das zwischen 5% bis 29,9% der Stimmrechte der Zielgesellschaft umfasst vgl. Hasselbach, NZG 2004, 1087, 1089; Semler, in: Hölters (Hrsg.), Handbuch des Unternehmens- und Beteiligungskaufs, Teil VIII, Rn 62. Ein Kontrollerwerb im Sinne des WpÜG liegt vor, wenn mindestens 30% der Stimmrechte erworben werden sollen.

[785] Assmann, AG 1997, 50, 56; Hasselbach, NZG 2004, 1087, 1090; Marsch-Barner, Unternehmensübernahmen, § 7 Rn 127; Roschmann/Frey, AG 1996, 449, 453; Süßmann, AG 1999, 162, 169; Ziemons, AG 1999, 492, 495.

[786] Assmann, AG 1997, 50, 56; Hasselbach, NZG 2004, 1087, 1090; Marsch-Barner, in: Unternehmensübernahmen, § 7 Rn 127; ähnlich Ziemons, AG 1999, 492, 498.

216

nach Maßgabe von Art. 3 lit. a) der EU-Marktmissbrauchsrichtlinie[787] danach, ob der Informationstransfer innerhalb des normalen Rahmens der Ausübung von Arbeit oder Beruf oder in Erfüllung der Aufgaben des Emittenten geschieht. Die Weitergabe von Insiderinformationen muss also durch die unternehmerischen Interessen der Tochtergesellschaft gerechtfertigt sein. Die Tochtergesellschaft wird im Regelfall ein Interesse an einem stabilen und kooperationsbereiten Aktionärskreis haben, dessen unternehmerischen Vorstellungen mit denjenigen des eigenen Vorstands im Wesentlichen übereinstimmen[788]. Auch wird die Zielgesellschaft grundsätzlich an einer komplikationsfreien Transaktion interessiert sein und deshalb die Insiderinformationen dem verkaufswilligen Aktionär offen legen wollen. Es liegt auch im Interesse der Tochtergesellschaft, wenn das herrschende Unternehmen sein Aktienpaket zu marktgerechten Preisen veräußert, weil dies von Bedeutung für den eigenen Börsenwert ist[789].

Hinzu kommt, dass das Insiderhandelsverbot des § 14 Abs. 1 Nr. 2 WpHG der Stärkung des Vertrauens der Marktteilnehmer in die Funktionsfähigkeit des organisierten Kapitalmarkts und in die Gleichbehandlung der Marktteilnehmer dient. Das Vertrauen der Marktteilnehmer in die Funktionsfähigkeit des organisierten Kapitalmarkts ist jedoch nicht betroffen, wenn einem Erwerbsinteressenten im Rahmen einer außerbörslichen Transaktion Informationen offen gelegt werden. Dafür sprechen folgende Erwägungen: Zu einer Due Diligence kommt es typischerweise nur dann, wenn ein Aktionär außerhalb des amtlichen Handels eine wesentliche *(unternehmerische)* Beteiligung in Form eines Aktienpakets veräußert. Darin liegt der erste Unterschied zu einem herkömmlichen Aktionär, der seine Aktien über den Kapitalmarkt erwirbt und auch wieder veräußert.

Die Veräußerung eines wesentlichen Aktienpakets unterscheidet sich im Übrigen von einem normalen Anlagegeschäft darin, dass der Erwerber eines Aktienpakets im Gegensatz zum normalen Anleger in der Gesellschaft auch unternehmerischen Einfluss ausüben will und nicht nur an einer rein anlageorientierten Beteiligung interessiert ist[790]. Der Vorwurf der Ungleichbehandlung[791] der Kleinaktionäre vermag alledem nach nicht zu überzeugen: Die Kleinaktionäre

---

787 Ausführlich zur Auslegung des Begriffs *„unbefugt"* oben Seiten 140 ff.

788 Zutreffend Hasselbach, NZG 2004, 1087, 1089.

789 Kommt es bei einer börsennotierten Gesellschaft zu einer wesentlichen Beteiligungsveräußerung unter dem anteiligen Börsenwert, hat dies in der Regel negative Auswirkungen auf den Börsenkurs der Gesellschaft (K. Mertens, AG 1997, 541, 545). Denn der außerbörslich für ein Aktienpaket gezahlte Kaufpreis stellt ein wichtiges Indiz für die Ermittlung des Unternehmenswerts dar (Müller, NJW 2000, 3452, 3454). Die Weigerung des Tochtervorstands vertrauliche Unternehmensinterna herauszugeben, kann für das eigene Unternehmen im Ergebnis nachteilige wirtschaftliche Konsequenzen in Form eines niedrigeren Börsenwerts nach sich ziehen, was einen realen Wertverlust für die übrigen Aktionäre bedeutet und dem Shareholder-Value-Gedanken widerspricht.

790 Kiethe, NZG 1999, 976, 980; Werner, ZIP 2000, 989, 992.

791 Diesen Vorwurf erhebt Schäfer, in: Schäfer, § 14 WpHG Rn 64.

haben lediglich einen Anspruch auf Gleichbehandlung unter gleichen Voraussetzungen. Diese liegen aber beim vorliegenden Verkauf einer unternehmerischen Beteiligung nicht vor[792]. Die Offenlegung bzw. das Zugänglichmachen von Insiderinformationen im Rahmen einer Due Diligence verstößt daher nicht gegen das kapitalmarktrechtliche Weitergabeverbot[793].

Auch die BaFin sieht in ihrem Emittentenleitfaden vom 15. Juli 2005[794] keine *„unbefugte"* Weitergabe, wenn im Rahmen einer Due Diligence Insiderinformationen mitgeteilt werden. Dies soll nach Ansicht der BaFin zumindest dann gelten, wenn die Durchführung einer Due Diligence der Absicherung einer konkreten[795] Erwerbsabsicht bei einem Paket- oder Kontrollerwerb dient. Sowohl das wirtschaftliche Interesse des Emittenten als auch das des Erwerbers rechtfertige eine größere Transparenz des Emittenten als bei gewöhnlichen Aktienkäufen über die Börse.

Einige Stimmen aus der Literatur[796] weisen darauf hin, dass die Information des herrschenden Unternehmens kapitalmarktrechtlich allerdings dann *„unbefugt"* sei, wenn sie lediglich dem Zweck diene, der Konzernmutter die informa-

---

[792] Allerdings dürfte ein weiterer Großaktionär im Falle der geplanten Veräußerung unter gleichen Voraussetzungen einen Anspruch auf Gleichbehandlung haben. Hierauf weist Hasselbach, NZG 2004, 1087, 1090 hin.

[793] Assmann, AG 1997, 50, 56; Hasselbach, NZG 2004, 1087, 1090; Marsch-Barner, in: Unternehmensübernahmen, § 7 Rn 127; Roschmann/Frey, AG 1996, 449, 453; Süßmann, AG 1999, 162, 169; Ziemons, AG 1999, 492, 495. Die parallel gelagerte Frage, ob der Vorstand der Zielgesellschaft nicht nur dem verkaufswilligen Aktionär, sondern dem Erwerber direkt die Durchführung einer Due Diligence gestatten darf, wird vom herrschenden Schrifttum ebenfalls bejaht, vgl. Brandi, in: Thaeter/Brandi, Teil 3, Rn 38; Hefermehl/Spindler, in: Münch. Komm. AktG, § 93 Rn 63; Hemeling, ZHR 169 (2005), 274, 283; Hopt, in: Bankrechtshdb., § 107 Rn 61; Kiethe, NZG 1999, 976, 980; Körber, NZG 2002, 263, 267; Marsch-Barner, in: Unternehmensübernahmen, § 7 Rn 127; Müller, NJW 2000, 3452, 3456; Schmidt-Diemitz, DB 1996, 1809, 1811; Schroeder, DB 1997, 2161, 2164; Schwark, in: Schwark KMRK, § 14 WpHG Rn 41; Traugott, BB 2001, 2277, 2281; von Bülow, in: Köln. Komm. WpÜG, § 35 Rn 175; Werner, ZIP 2000, 989, 992; Ziegler, DStR 2000, 249, 254; restriktiver Schäfer, in: Schäfer, § 14 WpHG Rn 64; Stoffels, ZHR 165 (2001), 362, 380 auf den Erwerb einer unternehmerischen Beteiligung beschränkend. Semler, in: Hölters (Hrsg.), Handbuch des Unternehmens- und Beteiligungskaufs, Teil VIII, Rn 62 hält die Informationsweitergabe lediglich dann für befugt, wenn der potentielle Erwerber einen Kontrollerwerb im Sinne des WpÜG anstrebt.

[794] Abschnitt III. 2.2.2.1, Mitteilen oder zugänglich machen von Insiderinformationen, Seite 31.

[795] Nicht erfasst sind damit so genannte *„alongside purchases"*, bei denen der Erwerber aufgrund der im Rahmen der Due Diligence erlangten Informationen seine Erwerbsabsichten ändert und über seinen ursprünglich gefassten Kaufentschluss hinaus Wertpapiere erwirbt.

[796] Assmann, in: Assmann/Schneider, § 14 WpHG Rn 95; Singhof, ZGR 2001, 146, 163 (zur alten Rechtslage).

torischen Voraussetzungen für Spekulationsgeschäfte zu verschaffen[797]. Kennt
der Vorstand der Tochtergesellschaft eine entsprechende Spekulationsabsicht
des herrschenden Unternehmens, ist die Offenlegung der Insiderinformation in
der Tat kapitalmarktrechtlich „*unbefugt*". Die Information liegt dann nämlich
weder im unternehmerischen Interesse des Tochterunternehmens noch dient sie
der Erfüllung einheitlicher Konzernleitungsaufgaben.

IV. Bereits beim herrschenden Unternehmen vorhandene Informationen

In der Praxis wird der Vorstand des herrschenden Unternehmens häufig bereits
über die maßgeblichen Informationen verfügen. Das herrschende Unternehmen
hat, insbesondere im Vertragskonzern, aufgrund seines sich aus § 308 Abs. 1
AktG ergebenden Informationsrechts jederzeit die Möglichkeit, ungehinderten
Zugriff auf sämtliche Informationen des abhängigen Tochterunternehmens zu
nehmen. Auch durch die übliche personelle Verflechtung gelangen in der Praxis
viele vertrauliche Informationen nach *oben*. Darüber hinaus verfügt das herrschende Unternehmen noch über den Informationskanal des § 294 Abs. 3 HGB.
In der Praxis dürfte der Vorstand des herrschenden Unternehmens demnach im
Regelfall eine Vielzahl der vom potentiellen Erwerber begehrten Informationen
bereits besitzen. Als Folge dieser Kenntnis könnte das verkaufswillige Unternehmen gar nicht mehr gezwungen sein, förmlich um die Offenlegung von Informationen zu Zwecken einer Due Diligence zu bitten. Der Vorstand des herrschenden Unternehmens könnte den Informationswünschen des Kaufsinteres-
senten vielmehr ohne weiteres nachkommen, also ohne Kenntnis des abhängigen
Unternehmens und somit quasi *hinter dessen Rücken*.

Es ist jedoch zu bedenken: Die Tochtergesellschaft hat sowohl im Vertragskonzern als auch in der faktischen Konzernbeziehung die relevanten Informationen allein mit Blick auf die einheitliche Leitung mitgeteilt, nicht aber zu dem
leitungsfremden Zweck, dass das herrschende Unternehmen diese nunmehr un-
gefragt einem Kaufinteressenten zur Verfügung stellt. Die nach *oben* gegebenen
Informationen sind teleologisch an den Zweck der einheitlichen Konzernleitung
gebunden. Selbst wenn der Vorstand der Obergesellschaft also bereits über die
relevanten Informationen der abhängigen Gesellschaft verfügt, darf er diese
nicht ohne Zustimmung des Tochtervorstands einem potentiellen Kaufinteressenten offenbaren[798].

Des Weiteren fallen die Informationen, mittels derer der Vorstand der Konzernobergesellschaft dem Erwerber eine Due Diligence ermöglichen würde, in

---

[797] Dass es nicht um den vorliegenden Fall der individuell ausgehandelten Beteiligungsver-
       äußerung mit vorgeschalteter Due Diligence durch den potentiellen Erwerber geht, er-
       gibt sich zumindest aus den Erklärungen Singhofs, ZGR 2001, 146, 172. Mangels ent-
       sprechender Erläuterung unklar hingegen Assmann (a.a.O.).

[798] K. Mertens, AG 1997, 541, 543.

der Regel unter den Schutz der §§ 93, 404 AktG, weil es sich um vertrauliche Angaben und Geheimnisse der Tochtergesellschaft handelt. Diese verlieren ihre Eigenschaft insbesondere nicht dadurch, dass sie auch dem Vorstand der Muttergesellschaft bekannt sind. Vielmehr ist der Vorstand der Konzernobergesellschaft gerade auch zur Vertraulichkeit in Bezug auf solche Informationen verpflichtet, die aus der Sphäre des abhängigen Tochterunternehmens stammen[799] und unter Umständen gar kein Geheimnis der Muttergesellschaft darstellen. Die Schweigepflicht des Vorstands besteht in einer solchen Konstellation gleichwohl und zwar gegenüber der Muttergesellschaft zugunsten der Tochtergesellschaft[800]. Der Informationsbefugnis des Vorstands ist dementsprechend von vornherein eine Grenze gesetzt, will er sich durch die unbefugte Weitergabe nicht nach § 93 Abs. 2 Satz 1 AktG gegenüber seiner eigenen Muttergesellschaft schadensersatzpflichtig machen[801].

Neben dieser drohenden Schadensersatzpflicht ist die vorsätzliche Verletzung der Geheimhaltungspflicht mit einer Freiheitsstrafe von bis zu zwei Jahren, bei börsennotierten Aktiengesellschaften sogar von bis zu drei Jahren oder mit Geldstrafe sanktioniert (§ 404 AktG), sofern es sich um Betriebs- und Geschäftsgeheimnisse handelt. Gibt der Vorstand schließlich „unbefugt" Insiderinformationen aus der Sphäre der Tochtergesellschaft weiter, droht ihm als Primärinsider nach §§ 38 Abs. 1 Nr. 2a) 2 Halbsatz, 39 Abs. 2 Nr. 3, 14 Abs. 1 Nr. 2 WpHG sogar eine Freiheitsstrafe von bis zu 5 Jahren oder Geldstrafe. Die drohende Strafbarkeit sollte den Vorstand des herrschenden Unternehmens im Regelfall von einer Informationsoffenlegung ohne Zustimmung des Tochtervorstands abhalten.

In der Praxis besteht jedoch die Schwierigkeit, die Weitergabe auch tatsächlich zu kontrollieren. Kommt es nämlich zur Veräußerung der Aktien der Tochtergesellschaft, wird der Erwerber im Regelfall nicht nachträglich darauf hinweisen, dass ihm der Vorstand des vormals herrschenden Unternehmens „unbefugt" Informationen aus der Sphäre der Tochtergesellschaft zur Verfügung gestellt hat. Der Vorstand des früheren herrschenden Unternehmens muss dementsprechend auch nicht befürchten, dass ihn die eigene Gesellschaft später auf Schadensersatz in Anspruch nimmt[802]. Genauso wenig muss das frühere herr-

---

[799] Hopt, in: Großkomm. AktG, § 93 Rn 197; Schneider/Schneider, AG 2005, 56, 60. Für den Aufsichtsrat: Hoffmann/Preu, Der Aufsichtsrat, Rn 268; Lutter/Krieger, Rechte und Pflichten des Aufsichtsrates, Rn 275; Mertens, in: Köln. Komm. AktG, § 116 Rn 48; Theisen, Das Aufsichtsratsmitglied, Rn 921.

[800] Schneider/Schneider, AG 2005, 56, 60.

[801] Eine Schadensersatzpflicht gegenüber der Tochtergesellschaft nach § 309 Abs. 2 Satz 1 AktG kommt nicht in Betracht, weil es sich bei der Weitergabe der Information um keine Weisung handelt. Umfassend zu den verschiedenen Konstellationen der Vorstandshaftung im Konzern Schneider/Schneider, AG 2005, 57 ff.

[802] Wobei sich in dieser Konstellation ohnehin die Frage stellt, worin der Schaden des herrschenden Unternehmens liegen soll.

schende Unternehmen aus diesem Grund fürchten, vom Vorstand der ehemals abhängigen Tochtergesellschaft, auf dessen Schicksal und Zusammensetzung der neue Erwerber meistens entscheidenden Einfluss ausüben wird, in Anspruch genommen zu werden.

V. Ergebnis

Die Entscheidung über die Durchführung einer Due Diligence obliegt dem Vorstand der Tochtergesellschaft. Er trifft eine unternehmerische Ermessensentscheidung und hat dabei das Geheimhaltungsinteresse seiner Gesellschaft gegen das Offenlegungsinteresse des veräußerungswilligen herrschenden Unternehmens und des Kaufinteressenten abzuwägen. Entscheidungsmaßstab muss stets das objektive Gesellschaftsinteresse sein. Überwiegt das Offenlegungsinteresse, darf der Vorstand der Tochtergesellschaft die Informationen dem herrschenden Unternehmen zur Weiterleitung an den möglichen Erwerber mitteilen. Häufig dürfte das unternehmerische Interesse der Tochtergesellschaft mit dem des herrschenden Unternehmens übereinstimmen, wenn die Due Diligence auch dem Wohl des abhängigen Unternehmens dient. Allgemeingültige Aussagen lassen sich aufgrund der zahlreichen denkbaren Fallkonstellationen aber nicht treffen.

Handelt es sich bei der Tochtergesellschaft um eine börsennotierte Aktiengesellschaft, hat deren Vorstand neben § 93 Abs. 1 Satz 3 AktG auch das kapitalmarktrechtliche Weitergabeverbot des § 14 Abs. 1 Nr. 2 WpHG zu beachten. Bestehen für den Vorstand der Tochtergesellschaft wichtige unternehmerische Gründe im Sinne des § 93 Abs. 1 Satz 3 AktG, die gewünschten Informationen gegenüber dem herrschenden Unternehmen offen zu legen, rechtfertigen diese Interessen zugleich auch die Weitergabe im Rahmen des § 14 Abs. 1 Nr. 2 WpHG. Die gesellschaftsrechtliche Informationsbefugnis des Vorstands der Tochtergesellschaft führt auch zur Bejahung der kapitalmarktrechtlichen Befugnis.

Sollte die Weitergabe von Informationen hingegen nicht durch wichtige unternehmerische Gründe gerechtfertigt sein, scheitert die Offenlegung der Informationen sowohl an dem kapitalmarktrechtlichen Weitergabeverbot (§ 14 Abs. 1 Nr. 2 WpHG) als auch an dem aktienrechtlichen Grundsatz der Verschwiegenheit (§ 93 Abs. 1 Satz 3 AktG).

Verfügt das herrschende Unternehmen infolge der einheitlichen Konzernleitung schon über die transaktionsrechtlich relevanten Informationen, ist ihm deren Offenlegung ohne Zustimmung des Tochtervorstands untersagt. Denn diese Informationen hat es ausschließlich im funktionalen Zusammenhang mit der einheitlichen Leitung der Gesellschaft erhalten, nicht aber zur Verfolgung eigener Vermögens- und Eigentumsinteressen.

§ 13 Nachauskunftsrecht der außenstehenden Aktionäre bei Information des herrschenden Unternehmens zum Zwecke einer Due Diligence

Stellt der Vorstand der Tochtergesellschaft dem herrschenden Unternehmen freiwillig Informationen zwecks Weiterleitung an den potentiellen Käufer zur Verfügung, könnte den außenstehenden Aktionären in der Hauptversammlung ein Nachauskunftsrecht nach § 131 Abs. 4 AktG zustehen. Die Gefahr der Offenlegung vertraulicher und sensibler Informationen droht in der Hauptversammlung des Tochterunternehmens, wenn das herrschende Unternehmen diese Informationen *„wegen seiner Eigenschaft als Aktionär "* erhält, nicht aber, wenn es diese in anderer Eigenschaft erlangt hat. Die Frage, in welcher Funktion die veräußerungswillige Obergesellschaft informiert wird, beantwortet die Literatur unterschiedlich.

I. Information des herrschenden Unternehmens in der Eigenschaft als Konzernmutter

1. Gegner eines Nachauskunftsrechts der außenstehenden Aktionäre

Nach Ansicht der Stimmen aus dem Schrifttum, die dem herrschenden Unternehmen im Vertragskonzern ein Weisungsrecht nach § 308 AktG auf Vorlage von Informationen zur Durchführung einer Due Diligence zubilligen, fallen die so erlangten Informationen konsequenterweise nicht unter den Anwendungsbereich des § 131 Abs. 4 AktG[803]. Dies sei die Folge aus dem Anspruch der Konzernmutter gegenüber dem Tochterunternehmen auf Erteilung von Auskünften zu Zwecken der Konzernleitung[804]. Denn auch bei der Veräußerung der Aktien handele es sich noch um eine privilegierte Konzernleitungsmaßnahme[805].

---

[803] Decher, in: Großkomm. AktG, § 131 Rn 350; ders., ZHR 158 (1994), 473, 489; Körber, NZG 2002, 263, 266; Krömker, Due Diligence im Spannungsfeld zwischen Gesellschafts- und Aktionärsinteresse, Seite 129; Roschmann/Frey, AG 1996, 449, 454; Treeck, FS Fikentscher, 434, 449. Zustimmend auch Semler, in: Hölters (Hrsg.), Handbuch der Unternehmensbeteiligung, Teil VII Rn 59 (Fußnote 4). Nicht eindeutig sind die Aussagen von Hüffer, § 131 Rn 38 und Habersack, in: Emmerich/Habersack, § 308 Rn 39, wonach *„leitungsbezogene Informationen "* nicht unter den Anwendungsbereich des § 131 Abs. 4 AktG fallen. Ob dazu auch die Vorbereitung des Verkaufs von Aktien des Tochterunternehmens zählt, bleibt unklar. Jedoch verweisen beide Autoren auf die befürwortende Entscheidung des LG München (*„Vereinte Versicherungs AG "*), AG 1999, 138, 139. Koppensteiner, in: Köln. Komm. AktG, § 308 (Fußnote 88) lässt die Frage der Anwendbarkeit bewusst offen.

[804] Decher, ZHR 158 (1994), 473, 489; Treeck, FS Fikentscher, 434, 449.

[805] LG München (*„Vereinte Versicherungs AG "*), AG 1999, 138, 139.

Im faktischen Konzern begründet *Decher*[806] die Nichtanwendbarkeit des § 131 Abs. 4 AktG mit dem Verweis auf die besonderen konzerninternen Rechte und Pflichten des herrschenden Unternehmen aus §§ 311 ff. AktG, aus denen seine informatorische Sonderstellung folge. Das herrschende Unternehmen könne - im Unterschied zu einem einfachen Aktionär der Tochtergesellschaft - durch die Veräußerung seiner Anteile an einen *„raider"* (falschen Käufer), der die erworbene Tochtergesellschaft später lediglich ausplündern wolle (*„stripping the assets"*), gegen die Verpflichtung des § 311 AktG verstoßen[807]. Aufgrund dieser konzernrechtlichen Sonderpflichten bestehe, so *Decher*[808], kein Anlass zur Gleichbehandlung der übrigen Aktionäre. Die Anwendung des § 131 Abs. 4 AktG scheide für die ganze Zeit des Bestehens der konzernrechtlichen Sonderbeziehung aus, d.h. von der Begründung der Abhängigkeit bis zu ihrer Beendigung[809].

Auch nach *Roschmann/Frey*[810] führt in der faktischen Konzernbeziehung die Weitergabe von Betriebs- oder Geschäftsgeheimnissen durch die abhängige Tochtergesellschaft nicht dazu, dass diese ihren übrigen Aktionären in der Hauptversammlung Nachauskunft erteilen müsse. Denn auch im Falle der Veräußerung würden dem herrschenden Unternehmen die Informationen nicht wegen *„seiner Eigenschaft als Aktionär"*, sondern wegen seiner Eigenschaft als konzernleitendes Unternehmen erteilt[811].

2. Befürworter eines Nachauskunftsrechts der außenstehenden Aktionäre

Auf der anderen Seite sprechen sich die Autoren, die im Zusammenhang mit der Due Diligence schon den konzernrechtlichen Informationsanspruch des herrschenden Unternehmens zutreffend verneinen[812], für ein Nachauskunftsrecht der außenstehenden Aktionäre aus[813]. Für eine Privilegierung der Konzernobergesellschaft fehle es bei der Auskunftserteilung zur Vorbereitung der Veräußerung

---

[806] Decher, ZHR 158 (1994), 473, 489.

[807] Decher, ZHR 158 (1994), 473, 489; Treeck, FS Fikentscher, 434, 448

[808] Decher, ZHR 158 (1994), 473, 489.

[809] Decher, in: Großkomm. AktG, § 131 Rn 350; ders., ZHR 158 (1994), 473, 489.

[810] Roschmann/Frey, AG 1996, 449, 454.

[811] Roschmann/Frey, AG 1996, 449, 454.

[812] Siehe oben Seite 194.

[813] Heidel, in: Anwaltskommentar Aktienrecht, § 131 AktG Rn 76; Lutter, ZIP 1997, 613, 616; Ziemons, AG 1999, 492, 496; in diesem Sinne auch Eggenberger, Gesellschaftsrechtliche Voraussetzungen und Folgen einer Due Diligence Prüfung, Seite 138. Auch die Autoren, die sich im Rahmen der faktischen Konzernbindung gegen ein Informationsprivileg des herrschenden Unternehmens zu Zwecken der Konzernleitung aussprechen (siehe oben Seite 110), müssten von ihrem Standpunkt aus, im Falle der Due Diligence konsequenterweise *erst recht* ein Nachauskunftsrecht fordern.

der Aktien des Tochterunternehmens an dem erforderlichen Funktionsbezug zur Herrschaft und Leitung der abhängigen Tochtergesellschaft[814].

Eine differenzierende Meinung findet sich bei *Butzke*[815]: Im Vertragskonzern verneint er ein Nachauskunftsrecht, weil auch eine solche Entscheidung - Verkauf der Anteile an dem Tochterunternehmen - Gegenstand der Vertragsbindung (§ 291 AktG) sei[816]. Im faktischen Konzern löse die Weitergabe von verkaufsvorbereitenden Informationen an das Mutterunternehmen dagegen ein Nachauskunftsrecht der übrigen Aktionäre aus, weil die Informationen hier nicht der Ausübung von Herrschaft, sondern lediglich der Verwertung der Beteiligung dienten.

3. Stellungnahme

Ausgangspunkt der Überlegung ist die Beantwortung der Frage, warum innerhalb des Konzernverbundes der Informationstransfer vom beherrschten zum herrschenden Unternehmen grundsätzlich ohne die Gefahr der Preisgabe gegenüber den anderen Aktionären erfolgt; warum also die Weitergabe von Informationen von *unten* nach *oben* nach zutreffender Ansicht kein Nachauskunftsrecht auslöst, sondern bevorzugt behandelt wird[817].

Sowohl im Vertragskonzern als auch im faktischen Konzern bildet das Kriterium der *einheitlichen Leitung* die sachliche Rechtfertigung für die ungehinderte Informationserteilung. Die Notwendigkeit einheitlicher Konzernleitung rechtfertigt die Privilegierung des herrschenden Unternehmens gegenüber den außenstehenden Aktionären der abhängigen Gesellschaft. Diese Privilegierung greift schon dann ein, wenn der Aktionär durch den Zukauf von Aktien erst noch eine (vertragliche oder faktische) Konzernierung herbeiführen will: So löst die Weitergabe von Informationen, die der (zukünftig herrschende) Aktionär von der erst zukünftig abhängigen Gesellschaft erhält, selbst im Stadium der Konzernbildung kein Nachauskunftsrecht der übrigen Aktionäre aus, sofern die Informationen für das Unternehmen erforderlich sind, um eine sachgemäße Entscheidung über die Herstellung eines künftigen Konzernverhältnisses zu treffen[818]. Im

---

[814] Lutter, ZIP 1997, 613, 616; in diesem Sinne auch Eggenberger, Gesellschaftsrechtliche Voraussetzungen und Folgen einer Due Diligence Prüfung, Seite 138, Ziemons, AG 1999, 492, 496.

[815] Butzke, in: Obermüller/Werner/Winden, G Rn 91, (Seite 264).

[816] Butzke, in: Obermüller/Werner/Winden, G Rn 91 (Seite 264).

[817] Siehe näher dazu oben Seiten 110 ff.

[818] Decher, ZHR (1994), 473, 488; ders., in: Großkomm. AktG, § 131 Rn 349; Kubis, in: Münch. Komm. AktG, § 131 Rn 144. Die informatorische Privilegierung gilt nur insoweit, als der bisherige Aktionär eine herrschende Stellung in der Gesellschaft anstrebt. Eine bloße Aufstockung des Anteilsbesitzes rechtfertigt keine informationelle Besserstellung. Vielmehr verbleibt es in dieser Konstellation bei der uneingeschränkten Anwendung des Nachauskunftsrechts. Ähnlich Zöllner, in: Köln. Komm. AktG, § 131 Rn

Wege des Umkehrschlusses folgt daraus die Erkenntnis, dass ein privilegierter Informationsfluss zwischen der Tochtergesellschaft und der herrschenden Konzernmutter nicht uneingeschränkt in Betracht kommt. Vielmehr ist stets erforderlich, dass ein funktionaler Zusammenhang zwischen der nach *oben* gegebenen Information und der (künftigen) einheitlichen Konzernleitung existiert[819].

Die beabsichtigte Veräußerung der Aktien des Tochterunternehmens durch die Konzernobergesellschaft ist keine Maßnahme zum Zwecke einheitlicher Konzernleitung. Vielmehr führt die beabsichtigte Veräußerung der Tochterbeteiligung im Regelfall gerade zur Beendigung des Konzernverhältnisses[820]. Die Due Diligence verfolgt lediglich das Ziel, die Vermögens- und Eigentumsinteressen der herrschenden Gesellschaft zu fördern. Es ist kein einleuchtender Grund ersichtlich, warum dem herrschenden Unternehmen ein informatorisches *Konzernauflösungsprivileg* eingeräumt werden sollte. Es ist stattdessen das Gegenteil anzunehmen: Weil der Verkauf der Aktien keinen funktionalen Bezug zur Konzernleitung aufweist, verdient der ihn fördernde Informationstransfer keine Sonderbehandlung im Vergleich zu den übrigen Aktionären. In diesem Sinne ist wohl auch die Aussage *Kubis*[821] zu verstehen, wonach ein Informationsprivileg dann nicht eingreifen soll, wenn die angestrebte Konzernierung letztlich doch nicht zustande kommt. Die Informationen müssten in diesem Fall auch den anderen Aktionären erteilt werden[822]. Das Nichtzustandekommen einer geplanten Konzernierung und das bewusste spätere Inkaufnehmen der Auflösung eines Konzernverhältnisses kann mit Blick auf das Nachauskunftsrecht nicht unterschiedlich behandelt werden. In beiden Konstellationen fehlt es an dem maßgeblichen Kriterium der einheitlichen Konzernleitung. Insoweit besteht eine Parallele zur Auskunftserteilung gegenüber dem herrschenden Unternehmen im Falle bloßer Abhängigkeit (§ 17 AktG): Weil das herrschende Unternehmen auch hier keine einheitliche Konzernleitung ausübt, fehlt es einem sachlichen Grund, § 131 Abs. 4 AktG nicht anzuwenden[823].

66, allerdings zusätzlich einschränkend für solche Informationen, die der Aktionär zum Abschluss eines Beherrschungsvertrages benötigt.

[819] Zöllner, in: Köln. Komm. AktG, § 131 Rn 67: *„Auskünfte, die im Rahmen bestehender konzernvertraglicher Beziehungen gegeben werden, begründen den erweiterten Nachauskunftsanspruch für andere Aktionäre nicht, wenn die Auskünfte mit den durch einen Konzernvertrag besonderen Beziehungen in sachlichem Zusammenhang stehen".* Auch Hoffmann-Becking, FS Rowedder, 155, 167 verneint die Anwendbarkeit des § 131 Abs. 4 AktG lediglich hinsichtlich solcher Informationen, die *„für eine sachgemäße Konzernleitung erforderlich sind".*

[820] Siehe näher dazu oben Seiten 200 ff.

[821] Kubis, in: Münch. Komm. AktG, § 131 Rn 144.

[822] Kubis, in: Münch. Komm. AktG, § 131 Rn 144.

[823] So die herrschende Meinung: Butzke, in: Obermüller/Werner/Winden, G VIII (Seite 168 ff); Eckardt, in: Geßler/Hefermehl, § 131 Rn 150; Duden, FS von Caemmerer, 499, 507; Habersack/Verse, AG 2003, 300, 307; Habersack, in: Emmerich/Habersack, § 312 Rn 5;

Auch das von *Decher*[824] bemühte Beispiel des *falschen* Käufers, der die Tochtergesellschaft ausplündern will[825], vermag bei näherer Betrachtung nicht zu überzeugen. Im konzernrechtlichen Schrifttum wird zwar die Frage diskutiert[826], ob sich der herrschende Aktionär nicht gegenüber der abhängigen Gesellschaft und den außenstehenden Aktionären schadensersatzpflichtig macht, wenn er seine Beteiligung an einen Erwerber veräußert, vom dem er den Umständen nach annehmen kann oder mitunter weiß, dass dieser sich an der Gesellschaft schnell bereichern, diese sogar *ausplündern* möchte. Sonderpflichten des Vorstands des herrschenden Unternehmens und damit korrespondierende Informationsprivilegien lassen sich hieraus aber nicht herleiten:

Es ist vorstehend schon festgestellt worden, dass sich das herrschende Unternehmen im Vertragskonzern wegen der Auswahl des vermeintlich *falschen* Käufers und der Weitergabe vertraulicher Informationen an ihn nicht nach § 309 Abs. 2 AktG schadensersatzpflichtig macht[827]. Auch im faktischen Konzern ist die Überzeugungskraft dieses Beispiels eher gering: Nach § 317 Abs. 1 AktG ist das herrschende Unternehmen der abhängigen Gesellschaft zum Schadensersatz verpflichtet, wenn es die abhängige Gesellschaft zu einer nachteiligen Maßnahme veranlasst, ohne den Nachteil auszugleichen (§ 311 Abs. 2 AktG). Voraus

---

Heidel, in: Anwaltskommentar Aktienrecht, § 131 AktG Rn 76; Hoffmann-Becking, FS Rowedder, 155, 168; Hüffer, § 131 Rn 38; Kort, ZGR 1987, 47, 60; Krieger in: Münchener Hdb. GesR IV, § 69 Rn 23; Kropff, DB 1967, 2204, 2205; ders., in: Münch. Komm. AktG, § 311 Rn 307; Kubis, in: Münch. Komm. AktG, § 131 Rn 143; Zöllner, in: Köln. Komm. AktG, § 131 Rn 68; a. A. Barz, in: Großkomm. AktG³, § 131 Anm. 27; Decher, in: Großkomm. AktG, § 131 Rn 349; Götz, ZGR 1998, 524, 527; Koppensteiner, in: Köln. Komm. AktG, § 312 Rn 8; Löbbe, Unternehmenskontrolle im Konzern, Seite 128.

[824] Decher, ZHR 158 (1994), 473, 489; so auch Treeck, FS Fikentscher, 434, 449.

[825] Eine Pflichtverletzung des Vorstands der herrschende Gesellschaft im Sinne der §§ 311, 317 AktG kann unter dem Gesichtspunkt des „asset stripping" dann in Betracht kommen, wenn dieser den Vorstand des Tochterunternehmens dazu veranlasst, *sein* Beteiligungsvermögen oder *seinen* Grundbesitz, also das des Tochterunternehmens, unter seinem wirtschaftlichen Wert zu veräußern, mithin zu verschleudern. Sofern das herrschende Unternehmen den aus diesem Verkauf resultierenden Nachteil nicht kompensiert, kann eine Schadensersatzverpflichtung nach § 317 AktG die Konsequenz sein. Diese Feststellung ist für die im Rahmen der vorliegenden Untersuchung interessierende Frage aber ohne Relevanz: Will der Vorstand der herrschenden Gesellschaft das Tochterunternehmen doch nicht dazu veranlassen, *seine* Beteiligungen zu veräußern, sondern will vielmehr *ihre* eigene Aktienbeteiligung an dem Tochterunternehmen verkaufen. Ausführlich zu den Haftungsproblemen im Zusammenhang mit dem Themenkomplex „asset stripping" Lutter, FS Steindorf, 124 ff. anhand des Verkaufs der Beteiligungen der Feldmühle Nobel AG an eine Tochtergesellschaft der Deutschen Bank.

[826] Lutter, ZHR 153 (1989), 446, 461; Wiedemann, Gesellschaftsrecht I, § 8 3 III (Seite 450).

[827] Vgl. dazu näher oben Seite 199

setzung eines möglichen Schadensersatzanspruchs ist also, dass es sich bei der Weitergabe der Informationen um eine nachteilige Veranlassung im Sinne des § 311 Abs. 1 AktG handelt. Eine Veranlassung setzt wiederum voraus, dass das herrschende Unternehmen, gestützt auf seinen Einfluss, das Verhalten der abhängigen Gesellschaft zu bestimmen versucht[828]. Der Vorstand der abhängigen Gesellschaft (und nicht der des herrschenden Unternehmens) trifft jedoch eine eigenverantwortliche Ermessensentscheidung nach § 93 Abs. 1 AktG, ob er vertrauliche und sensible Informationen an das herrschende Unternehmen zwecks Durchführung einer Due Diligence weiterleitet oder nicht. An einer Veranlassung gemäß § 311 AktG fehlt es somit. Von einer nachteiligen Einflussnahme kann erst recht nicht gesprochen werden.

Selbst die Befürworter einer Schadensersatzpflicht des veräußernden herrschenden Aktionärs wollen eine solche lediglich aus dem Gesichtspunkt der gesellschaftsrechtlichen Loyalität herleiten[829], nicht aber aus den konzernrechtlichen Vorschriften der §§ 311, 317 AktG. Diese Vorschriften gewähren den Minderheitsaktionären bloß einen Anspruch gegen den neuen, nicht aber gegen den veräußernden Mehrheitsaktionär.

Weil eine Schadensersatzpflicht der herrschenden Gesellschaft bei dem Verkauf seiner Beteiligung an den *falschen* Käufer ihren Ursprung nicht in der konzernrechtlichen Sonderbeziehung hat, kann dieser konsequenterweise auch kein konzernrechtliches *Informationsprivileg* entspringen[830]. In Ermangelung konzernrechtlicher Sonderpflichten der herrschenden Gesellschaft beim Verkauf ihrer Beteiligung bestehen für sie deshalb auch keine Konzernsonderrechte bei der Anwendung des § 131 Abs. 4 AktG.

II. Information des herrschenden Unternehmens als potentieller Veräußerer

Es stellt sich jedoch die Frage, ob dem herrschenden Unternehmen wegen des geplanten Verkaufs seiner Aktienbeteiligung und der daraus resultierenden Stellung ein Auskunftsprivileg zukommt. Im rechtswissenschaftlichen Schrifttum wird diese Frage teilweise mit der Begründung bejaht, der verkaufswillige Aktionär stehe der Gesellschaft nicht als Anteilseigner, sondern vielmehr als *potentieller Veräußerer* gegenüber. Ein Informationsrecht bzw. Anspruch auf Gleichbehandlung der übrigen Aktionäre aus §§ 131 Abs. 4, 53a AktG scheide aus.

---

[828] Habersack, in: Emmerich/Habersack, § 311 Rn 22; Kropff, in: Münch. Komm. AktG, § 311 Rn 73, demzufolge der Begriff weit zu verstehen ist.

[829] Wiedemann, Gesellschaftsrecht I, § 8 3 III (Seite 451).

[830] Ohnehin kommt eine Schadensersatzpflicht nur dann in Betracht, wenn der herrschende Aktionär die Aktien an den *falschen* Käufer verkauft. In allen anderen Fällen trägt diese Argumentation von vornherein nicht. Die Weitergabe der Informationen dürfte dann wohl selbst nach Ansicht Dechers (a.a.O.) nicht privilegiert sein.

Trifft diese Ansicht zu, müsste auch dem veräußerungswilligen herrschenden Unternehmen ein solches Informationsprivileg zuzubilligen sein. Schließlich ist es der veräußernde Mehrheitsaktionär des abhängigen Tochterunternehmens.

1. **Verkaufsabsicht steht Anwendung von § 131 Abs. 4 AktG nicht entgegen**

Nach einer Auffassung werden Informationen, die der Vorstand (der Tochtergesellschaft) einem Aktionär im Rahmen einer Due Diligence gibt, vom Nachauskunftsrecht umfasst, weil es für die Unterrichtung der anderen Aktionäre keine Rolle spiele, aus welchen Gründen der Vorstand einem einzelnen Aktionär Auskünfte erteilt habe[831].

Eggenberger[832] verneint die Einschränkung des Nachauskunftsrechts unter dem Gesichtspunkt, dass der (Groß) Aktionär seine Gesellschafterstellung aufzugeben beabsichtige. Der Wortlaut des § 131 Abs. 4 AktG sehe eine solche Einschränkung nicht vor. Im Hinblick auf das Informationsinteresse und das aktienrechtliche Gleichbehandlungsgebot spiele es keine Rolle, zu welchem Zweck ein Aktionär die Daten erhalte.

Lutter[833] verlangt sogar, dass im Falle der Due Diligence den übrigen Aktionären sämtliche Informationen unverzüglich zur Verfügung gestellt werden müssten. Die Gesellschaft habe den verbleibenden Aktionären die Informationen im Wege öffentlicher Bekanntmachung von sich aus mitzuteilen und dürfe nicht erst bis zur nächsten Hauptversammlung warten. Dies erfordere das Gebot der Gleichbehandlung aus § 53a AktG[834].

---

[831] Eggenberger, Gesellschaftsrechtliche Voraussetzungen und Folgen einer Due Diligence Prüfung, Seite 144; Heidel, in: Anwaltskommentar Aktiengesetz, § 131 AktG Rn 76; Lutter, ZIP 1997, 613, 618. So auch Decher, ZHR 158 (1994), 473, 490 jedoch ohne Begründung und zudem einschränkend für den Fall, dass der veräußernde Großaktionär nicht zugleich im Aufsichtsrat der Gesellschaft vertreten ist.

[832] Eggenberger, Gesellschaftsrechtliche Voraussetzungen und Folgen einer Due Diligence Prüfung, Seite 144. Allerdings versucht Eggenberger (a.a.O.) dieses Ergebnis - Auskunftsrecht der übrigen Aktionäre in der Hauptversammlung - in der Folge dergestalt zu revidieren, dass er dem Vorstand der Zielgesellschaft ein umfassendes Auskunftsverweigerungsrecht nach § 131 Abs. 3 Nr. 5 i.V.m. § 404 AktG zubilligt. Eggenberger (a.a.O.) erweitert den Anwendungsbereich des § 404 AktG durch eine Analogie auch auf vertrauliche Angaben (siehe Seite 159). Mit Blick auf das strafrechtliche Analogieverbot begegnen diesem Lösungsansatz erhebliche Bedenken. Maßgebliches Ziel Eggenbergers ist offenkundig, die Offenlegung der Informationen in der Hauptversammlung mittels des Rückgriffs auf die Analogie doch noch zu verhindern.

[833] Lutter, ZIP 1997, 613, 618.

[834] Lutter, ZIP 1997, 613, 618 behandelt die weitergegebenen Informationen letztlich gar nicht als Auskünfte im Sinne des § 131 Abs. 4 AktG, weil der Vorstand von seinem Standpunkt zu solchen von vornherein nicht befugt sei, sondern allenfalls ein neutraler

2. Verkaufsabsicht steht Anwendung von § 131 Abs. 4 AktG entgegen

Die herrschende Meinung steht demgegenüber auf dem Standpunkt, dass die übrigen Aktionäre keinen Anspruch auf Nachauskunft in der Hauptversammlung haben[835]. Die Begründungen sind freilich unterschiedlich.

So wird teilweise ohne jede nähere Erläuterung behauptet, der Vorstand habe bei der Entscheidung, ob er den anderen Aktionären die Informationen mitteile, ein Ermessen[836]. Diese Auffassung ist schon angesichts des eindeutigen Wortlauts des § 131 Abs. 4 AktG verfehlt, wonach die Information jedem anderen Aktionär *„zu geben ist"*.

Ziemons[837] will den Anwendungsbereich des § 131 Abs. 4 AktG dergestalt teleologisch reduzieren, dass sich das Nachauskunftsrecht nur auf solche Auskünfte beziehe, die der Vorstand unter Beachtung der allgemeinen Regeln des § 131 Abs. 1 und 3 AktG geben dürfe. Sollte der Vorstand einem anderen Aktionär wegen überwiegender Interessen außerhalb der Hauptversammlung eine Auskunft erteilen, dürfe er die entsprechende Nachauskunft in der Hauptversammlung verweigern, wenn er sich auf § 131 Abs. 3 AktG berufen könne[838].

Die Ansicht von *Ziemons* begegnet in zweifacher Hinsicht Bedenken: Erstens bleibt unklar, auf welches Auskunftsverweigerungsrecht sich der Vorstand konkret berufen soll. In Betracht kommen lediglich § 131 Abs. 3 Nr. 5, Nr. 6 AktG, wie sich aus § 131 Abs. 4 Satz 2 AktG ergibt[839]. Und zweitens hat das Bestehen eines Auskunftsverweigerungsrechts nichts mit der Frage der Anwendbarkeit

---

[835] Prüfer die Bewertung des Unternehmens vornehmen dürfe. Das Gutachten des sachverständigen neutralen Dritten müsse den Aktionären unverzüglich offenbart werden.
Hemeling, ZHR 169 (2005), 274, 289; Körber, NZG 2002, 263, 265; Krämer, in: Hdb. börsennotierte AG, § 9 Rn 16; Krömker, NZG 2003, 418, 423; Linker/Zinger, NZG 2000, 497, 502; Marsch-Barner, in: Unternehmensübernahmen, § 7 Rn 76; Meincke, WM 1998, 749, 751; K. Mertens, AG 1997, 541, 547; Müller, NJW 2000, 3452, 3453 (Fußnote 5); F. J. Semler, in: Münchener Hdb. GesR IV, § 37 Rn 19; Treeck, FS Fikentscher, 435, 448; Schroeder, DB 1997, 2161, 2165; Stoffels, ZHR 165 (2001), 362, 382; Ziegler, DStR 2000, 249, 254; Ziemons, AG 1999, 492, 496. In diesem Sinne auch Diekmann, in: Semler/Stengler, UmwG, § 64 Rn 17 und Grunewald, in: Lutter, UmwG, § 64 Rn 9: Sei im Vorfeld des Abschlusses eines Verschmelzungsvertrages eine Due Diligence durchgeführt worden, hätten die Aktionäre trotz ihres weit reichenden Auskunftsrechts aus § 64 Abs. 2 UmwG keinen Anspruch auf die so erlangten Informationen. Die Informationen würden dem Verschmelzungspartner nicht in seiner Eigenschaft als Aktionär, sondern in der als Vertragspartner erteilt.

[835] Linker/Zinger, NZG 2002, 497, 502; K. Mertens, AG 1997, 541, 547; Schroeder, DB 1997, 2161, 2165; Ziegler, DStR 2000, 249, 254.

[836] Meincke, WM 1998, 749, 751.

[837] Ziemons, AG 1999, 492, 496.

[838] Ziemons, AG 1999, 492, 496.

[839] Siehe näher zu den Auskunftsverweigerungsrechten des Vorstands aus § 131 Abs. 3 Nr. 5 AktG i.V.m. § 404 AktG bzw. § 14 Abs. 1 Nr. 2 WpHG unten Seiten 246 ff.

des § 131 Abs. 4 AktG zu tun. Das Gegenteil ist der Fall: Die Berufung auf ein Auskunftsverweigerungsrecht nach § 131 Abs. 3 AktG setzt den Nachauskunftsanspruch tatbestandsmäßig voraus.

Die gängigen Begründungen[840] stellen darauf ab, dass der Anspruch aus § 131 Abs. 4 AktG nicht losgelöst von der Entscheidung über die Zulassung einer Due Diligence beurteilt werden dürfe: Die vertraulichen Informationen würden dem verkaufswilligen Großaktionär zur Weiterleitung an den Erwerbsinteressenten erst nach einer pflichtgemäßen Ermessensausübung des Vorstandes erteilt. Diese Ermessensausübung beziehe sich konkret auf die Person des Erwerbers und seine geäußerte Erwerbsabsicht. Die Informationsweitergabe erfolge deshalb, weil sich die Gesellschaft durch die Weitergabe bestimmte, im Gesellschaftsinteresse liegende, Vorteile erhoffe. Eine entsprechende Ermessensausübung gebe es mit Blick auf die in der Hauptversammlung anwesenden Aktionäre nicht. Die Weitergabe in der Hauptversammlung bringe vor allem auch keine entsprechenden Vorteile mit sich[841]. An einer sachlichen Rechtfertigung für eine Lockerung der Verschwiegenheitspflicht fehle es demnach.

Die Gefahr, dass die Gesellschaft die im Rahmen einer Due Diligence offenbarten Informationen später auch allen anderen Aktionären zur Verfügung stellen müsste, hätte erhebliche Konsequenzen auf die Ermessensentscheidung des Vorstandes über die Informationserteilung als solche. Alle Geheimhaltungsbemühungen des Vorstandes wären umsonst, wenn die Informationen letzten Endes ohnehin den in der Hauptversammlung anwesenden Aktionären zugänglich gemacht werden müssten. Die Interessenabwägung des Vorstandes der abhängigen Gesellschaft ginge ins Leere[842]. Es widerspräche aber dem Unternehmenswohl, die ursprünglich geheimen Informationen allen Aktionären mitzuteilen[843].

Übereinstimmung besteht innerhalb der herrschenden Meinung auch dahingehend, dass der Gleichbehandlungsgrundsatz des § 53a AktG kein Nachauskunftsrecht der übrigen Aktionäre begründet[844]. Zwar müssten nach Maßgabe des § 53a AktG grundsätzlich alle Aktionäre gleich behandelt werden. Der Gleichbehandlungsgrundsatz verbiete aber nicht schlechthin jede Ungleichbehandlung. Ein Gleichbehandlungsanspruch bestehe aber nur „unter gleichen Voraussetzungen". Der Informationsbedarf des Großaktionärs bei der Veräuße-

---

[840] Hemeling, ZHR 169 (2005), 274, 288; Körber, NZG 2002, 263, 265; Linker/Zinger, NZG 2002, 497, 502; Schroeder, DB 1997, 2161, 2165.

[841] Marsch-Barner, in: Unternehmensübernahmen, § 7 Rn 76; Schroeder, DB 1997, 2161, 2165.

[842] Hemeling, ZHR 169 (2005), 274, 289; Körber, NZG 2002, 263, 265; Krämer, in: Hdb. börsennotierte AG, § 9 Rn 16; Krömker, NZG 2003, 418, 423; Linker/Zinger, NZG 2000, 497, 502; K. Mertens, AG 1997, 541, 547; Ziegler, DStR 2000, 249, 254.

[843] Schroeder, DB 1997, 2161, 2165.

[844] Linker/Zinger, NZG 2002, 497, 502; K. Mertens, AG 1997, 541, 547; Schroeder, DB 1997, 2161, 2165; Ziegler, DStR 2000, 249, 254.

rung eines Aktienpakets könne nicht mit dem Informationsinteresse des Klein-aktionärs gleichgestellt werden[845]. Die übrigen Aktionäre befänden sich nicht in einer entsprechenden Sondersituation. Aus dem Grundsatz der Gleichbehand-lung könnte allenfalls abgeleitet werden, dass ein weiterer Großaktionär verlan-gen dürfe, dass ihm in einer vergleichbaren Verkaufssituation die gleichen In-formationen zur Verfügung gestellt werden, sofern nicht besondere in seiner Person oder der des Kaufinteressenten liegende Gründe dagegen sprächen[846].

3. Würdigung

Die herrschende Meinung will mit unterschiedlichen Begründungsansätzen die Weitergabe der zwecks einer Due Diligence erteilten Informationen an die übri-gen Aktionäre in der Hauptversammlung verhindern[847]. Einige der Argumente sind eher pragmatischer als dogmatischer Natur.

a) Maßgeblicher Informationsempfänger

Die Anwendbarkeit des § 131 Abs. 4 AktG könnte wegen des Informationsemp-fängers zweifelhaft sein: Letztlich ist nicht der Veräußerer, also das herrschende Unternehmen, sondern vielmehr der potentielle Erwerber Empfänger der ver-traulichen Informationen. Der verkaufswillige Aktionär, vorliegend das herr-schende Unternehmen, hat - unter diesem Blickwinkel - lediglich eine Art Mitt-lerrolle inne, erhält er die Informationen doch allein deshalb, um sie dem Kauf-interessenten zur Verfügung zu stellen.

Die Informationsweitergabe an den potentiellen Erwerber, der im Zeitpunkt der Information noch kein Aktionär der Gesellschaft ist, löst nach allgemeiner Ansicht[848] keinen Nachauskunftsanspruch aus, weil es schon an den Tatbe-standsvoraussetzungen der Norm fehlt. Der potentielle Käufer erlangt die Infor-mationen nämlich nicht „wegen seiner Eigenschaft als Aktionär der Gesell-schaft", sondern wegen seines Erwerbsinteresses[849]. Deshalb könnte bei der In-

---

[845] Hemeling, ZHR 169 (2005), 274, 288.

[846] So K. Mertens, AG 1997, 541, 547; Stoffels, ZHR 165 (2001), 362, 382; Ziemons, AG 1999, 492, 496.

[847] Hopt, in: Großkomm. AktG, § 93 Rn 213 formuliert: „Auf jeden Fall muss der Vorstand sicherstellen, dass er durch die Informationsweitergabe nicht allen Aktionären nach § 131 Abs. 4 AktG in der Hauptversammlung auskunftspflichtig wird". In diesem Sinne auch Hefermehl/Spindler, in: Münch. Komm. AktG, § 93 Rn 63 gleichfalls aber offen lassend, wie dies zu geschehen habe.

[848] Decher, in: Großkomm. AktG, § 131 Rn 340, 350; Kubis, in: Münch. Komm. AktG, § 131 Rn 129; F. J. Semler, in: Münchener Hdb. GesR IV, § 37 Rn 19.

[849] LG Düsseldorf, Beschluss vom 25. März 1992 („Feldmühle Nobel AG"), AG 1992, 462 für den Fall, dass dem Erwerber die Aktien im Zeitpunkt der Auskunftserteilung noch nicht dinglich übertragen sind. Das LG Düsseldorf hat aus diesem Grund die Anwend-

formationsweitergabe eine Differenzierung zwischen dem verkaufswilligen Aktionär einerseits und dem potentiellen Käufer andererseits notwendig sein. Eine solche Betrachtungsweise ist allerdings gekünstelt. Es kann nicht ernsthaft in Abrede gestellt werden, dass die in Frage stehenden Informationen zunächst auch an den veräußerungswilligen Aktionär gelangen. Hierbei erhält er die Gelegenheit der Einsichtnahme. Und schließlich veranlasst gerade maßgeblich er die Offenlegung der Informationen. Der verkaufswillige Aktionär (das herrschende Unternehmen) hat deshalb nicht lediglich eine Botenrolle inne. Die spätere Weiterleitung an den Kaufinteressenten, der selbst noch nicht Aktionär der Tochtergesellschaft ist, schließt die Anwendbarkeit des § 131 Abs. 4 AktG dementsprechend nicht aus.

b) Auswirkungen der Informationsoffenlegung in der Hauptversammlung

Die an der Transaktion Beteiligten sind daran interessiert, die Vertraulichkeit der weitergegebenen sensiblen Informationen zu wahren. Insbesondere der Vorstand der Zielgesellschaft will infolge der gegenüber der eigenen Gesellschaft bestehenden Verschwiegenheitspflicht (§ 93 Abs. 1 Satz 3 AktG) die aus der Informationsoffenlegung resultierenden Gefahren möglichst gering halten. Müssten die vertraulichen Informationen in der Hauptversammlung - eine entsprechende Aktionärsfrage unterstellt - nachträglich offen gelegt werden, würden sämtliche Vertraulichkeitsvereinbarungen zwischen dem Kaufinteressenten, dem herrschenden Unternehmen und der Zielgesellschaft ad absurdum geführt.
Die in der Hauptversammlung börsennotierter Gesellschaften mitgeteilten Informationen gelangen zudem allein schon durch die Anwesenheit von Journalisten in kürzester Zeit an die Öffentlichkeit. Dies kann mit Blick auf vertrauliche Informationen, die Liefer- und Leistungsbeziehungen berühren, unter Umständen existenzbedrohende Folgen für die abhängige Gesellschaft haben[850]. Erfährt ein Konkurrent beispielsweise, dass die gesamte Produktion der Zielgesellschaft maßgeblich von einem einzigen Zulieferer abhängt, könnte er bestrebt sein, diesen vertraglich ausschließlich an sich zu binden. Darüber hinaus gibt es zahlreiche weitere denkbare Fälle, in denen es dem Unternehmenswohl zuwiderlaufen würde, wenn der Vorstand die Informationen in der Hauptversammlung offenbaren müsste. Diese eher praxisorientierten Gesichtspunkte sprechen für ein Auskunftsprivileg des verkaufswilligen Großaktionärs.
Gegen eine solche Argumentation lässt sich aber einwenden, dass so quasi *durch die Hintertür* die Erwägungen des § 131 Abs. 3 Nr. 1 AktG, wonach die Auskunft in der Hauptversammlung verweigert werden darf, wenn diese der Ge-

---

barkeit des § 131 Abs. 4 AktG verneint, weil der Informationsempfänger noch gar nicht Aktionär der Gesellschaft gewesen sei.
[850] In diesem Sinne zumindest andeutungsweise Ziegler, DStR 2000, 249, 254.

sellschaft einen Nachteil zufügt, in die Entscheidung über das Nachauskunfts-recht einfließen. Dabei ist die Berufung auf § 131 Abs. 3 Nr. 1 AktG gemäß § 131 Abs. 4 Satz 3 AktG gerade ausdrücklich ausgeschlossen[851]. Denn nichts anderes als die Berufung auf einen nicht „unerheblichen Nachteil" im Sinne des § 131 Abs. 3 Nr. 1 AktG stellt es schließlich dar, wenn das Nachauskunftsrecht der übrigen Aktionäre mit dem Argument des andernfalls gefährdeten Unter-nehmenswohls verneint wird. Es ist auf den ersten Blick also contra legem, wenn die herrschende Meinung in der Literatur die Anwendbarkeit des § 131 Abs. 4 AktG unter Verweis auf den andernfalls drohenden Unternehmensnach-teil verneint.

Gegen die herrschende Meinung lässt sich im Übrigen folgende Erwägung anführen: Das Nachauskunftsrecht greift - anders als § 53a AktG - nicht nur un-ter gleichen Voraussetzungen ein. Im Gegenteil: Tatbestandlich ist für das Nachauskunftsrecht lediglich erforderlich, dass einem Aktionär „wegen seiner Eigenschaft als Aktionär" eine Auskunft erteilt wurde. Unter welchen Umstän-den dies geschieht, ist nach dem Wortlaut der Norm ohne Bedeutung. Für die Anwendung des Nachauskunftsrechts kommt es nicht darauf an, ob sich die an-deren Aktionäre in einer vergleichbaren Verkaufssituation befinden oder nicht[852]. Dafür gewährt § 131 Abs. 4 AktG ein Nachauskunftsrecht allerdings auch frühestens in der nächsten Hauptversammlung. § 53a AktG verlangt dem-gegenüber „unter gleichen Voraussetzungen" eine sofortige Gleichbehandlung der Aktionäre. § 131 Abs. 4 AktG ist damit sowohl von seinen tatbestandlichen Voraussetzungen als auch seinem Anwendungsbereich weiter, dafür in seinen Rechtsfolgen weniger einschneidend als § 53a AktG. Im Unterschied dazu ist § 53a AktG tatbestandlich bedeutend enger gefasst als § 131 Abs. 4 AktG, dafür gewährt die Norm den außenstehenden Aktionären aber auch weitergehende Rechte. Indem die herrschende Meinung darauf abstellt, dass sich die anderen Aktionäre nicht in einer vergleichbaren Verkaufssituation befinden, kombiniert sie die Tatbestandsmerkmale des § 131 Abs. 4 AktG und des § 53a AktG, um so eine Offenlegung der vertraulichen Unternehmensinterna zu vermeiden. De lege lata erscheint diese Vorgehensweise zumindest zweifelhaft und ruft Bedenken hinsichtlich eines Auskunftsprivilegs des herrschenden Unternehmens hervor.

c) Teleologische Argumente

Der herrschenden Meinung ist aber trotz ihrer argumentativen Schwächen im Ergebnis aus folgenden Überlegungen zu folgen:

---

[851] Kritisch zur Nichtanwendbarkeit des Verweigerungsgrundes nach § 131 Abs. 3 Nr. 1 AktG im Rahmen des Nachauskunftsanspruchs Zöllner, in: Köln. Komm. AktG, § 131 Rn 73.

[852] Darauf stellt beispielsweise Hemeling, ZHR 169 (2005), 274, 286 ab.

§ 131 Abs. 4 AktG verlangt, dass der Aktionär die Information *„wegen seiner Eigenschaft als Aktionär"* erhalten hat. Ist sie aus einem anderen Grund gegeben worden, entfällt die Auskunftsverpflichtung. Die Aktionärseigenschaft muss das entscheidende Motiv für die konkrete Auskunftserteilung darstellen. Es genügt nicht, dass die Aktionärseigenschaft für die Auskunftserteilung lediglich ursächlich war[853].

Der bloße Status als Aktionär verschafft dem verkaufswilligen herrschenden Unternehmen nicht die vertraulichen Informationen. Dieses gelangt nur deshalb an die Informationen, weil der Vorstand der abhängigen Gesellschaft diese auf Grund einer umfassenden Ermessensabwägung freiwillig erteilt. Die *Eigenschaft als Aktionär* spielt für die Herausgabe der Informationen demgegenüber nicht die entscheidende Rolle. Im Mittelpunkt der Erwägungen des Vorstandes der abhängigen Gesellschaft steht vielmehr die Person des konkreten Erwerbers[854]. An ihn knüpfen sich die mit der Informationsweitergabe verbundenen unternehmerischen Erwartungen, nicht aber an den herrschenden Aktionär.

Die Erwägungen, die den Vorstand zur Offenlegung der Informationen veranlassen, müssen auch bei der Frage des Nachauskunftsrechts berücksichtigt werden. Jede andere Wertung würde dazu führen, dass die pflichtgemäße Ermessensausübung des Vorstandes ins Leere geht. Ein solches Ergebnis ist sachlich selbst vor dem Hintergrund der berechtigten Minderheitsinteressen nicht zu rechtfertigen, weil die Informationsweitergabe nicht ursächlich in der Gesellschafterstellung begründet ist. Für den Vorrang des Auskunftsprivilegs des herrschenden Unternehmens sprechen im Ergebnis also teleologische Argumente, die durch Billigkeitsüberlegungen bestätigt werden.

Hinzu kommt, dass die Informationsweitergabe zu Zwecken eines Unternehmenskaufs ökonomisch betrachtet nicht durch eine Überbetonung des Nachauskunftsrechts gefährdet werden darf. Die wirtschaftlichen Chancen und Risiken der Transaktion müssen nach wie vor maßgeblich für die Entscheidung des Vorstands sein, nicht aber die Gefahr, die durch die Offenlegung vertraulicher Informationen in der nächsten Hauptversammlung droht.

d) Kein Anspruch auf Gleichbehandlung

Der aktienrechtliche Grundsatz der Gleichbehandlung des § 53a AktG führt zu keinem anderen Ergebnis[855]. Das Gleichbehandlungsgebot gilt nur *„unter gleichen Voraussetzungen"*. Die Verpflichtung zur qualitativen Gleichbehandlung der Kleinaktionäre liegt bei der Veräußerung des Aktienpakets eines Großaktionärs nicht vor. Der Verkauf eines größeren Aktienpakets durch einen Großakti-

---

[853] Zöllner, in: Köln. Komm. AktG, § 131 Rn 63.

[854] So auch Hemeling, ZHR 169 (2005), 274, 288; Linker/Zinger, NZG 2002, 497, 502.

[855] Allgemein zur Bedeutung des § 53a AktG Henn, AG 1985, 240 ff.

onär ist nicht vergleichbar mit den Verkaufsabsichten eines Kleinaktionärs[856]. So hat letzterer schon rein faktisch gar nicht die Möglichkeit, seine Aktien außerbörslich zu veräußern, abgesehen davon, dass er auch überhaupt nicht auf strategische Erwerber außerhalb des Börsenhandels angewiesen ist. Genauso wenig wird ein Kleinaktionär vor dem Kauf auf die Durchführung einer kostenintensiven Due Diligence drängen. Der Kleinaktionär ist in der Regel lediglich an einer Finanzanlage interessiert und hat - anders als der Paketaktionär - kein unternehmerisches Interesse an der Beteiligung.

Darüber hinaus ist zu bedenken, dass selbst eine qualitative Ungleichbehandlung der Aktionäre stets dann legitimiert ist, wenn hierfür ein sachlicher Grund vorliegt[857]. Der sachliche Grund für die differenzierte Behandlung des Auskunftsanspruchs des Kleinaktionärs und des Großaktionärs ist in dem bereits vorstehend erörterten Unternehmenswohl zu sehen. Entgegen der Ansicht *Lutters*[858] hat der aktienrechtliche Grundsatz der Gleichbehandlung nicht zur Folge, dass die einem Aktionär im Rahmen einer Anteilsveräußerung mitgeteilten Informationen unverzüglich auch den anderen Aktionären mitzuteilen sind. Die Ungleichbehandlung ist aufgrund der unterschiedlichen Ausgangslagen nicht willkürlich[859].

Folgerichtig darf ein anderer Großaktionär unter dem Gesichtspunkt des § 53a AktG in einer vergleichbaren Verkaufssituation nur verlangen, dass über sein Informationsbegehren nach den gleichen Grundsätzen entschieden wird[860]. Dies kann zur Folge haben, dass ihm ebenfalls entsprechende Informationen zu erteilen sind, mehr aber auch nicht.

III. Praktische Hürden des Nachauskunftsrechts

Folgt man der hier vertretenen Ansicht allerdings nicht, sondern bejaht die Anwendbarkeit von § 131 Abs. 4 AktG für den Sonderfall der Informationserteilung an das herrschende Unternehmen zwecks Due Diligence des Erwerbers, stellen sich in der Folge zwei grundsätzliche Fragen: Unter welchen Voraussetzungen können außenstehende Aktionäre der Tochtergesellschaft eine Nachauskunft in deren Hauptversammlung verlangen? Und: Darf der Vorstand der Tochtergesellschaft die Auskunft auf ein solches Verlangen gegebenenfalls verweigern?

---

[856] Hemeling, ZHR 169 (2005), 274, 288.
[857] Allgemeine Meinung vgl. statt aller Hüffer, § 53a Rn 8.
[858] Lutter, ZIP 1997, 613, 618.
[859] Hemeling, ZHR 169 (2005), 274, 288; Körber, NZG 2002, 263, 265; Linker/Zinger, NZG 2002, 497, 502.
[860] K. Mertens, AG 1997, 541, 547; Stoffels, ZHR 165 (2001), 362, 382; Ziemons, AG 1999, 492, 496.

1. Nachauskunft zur Beurteilung eines Tagesordnungspunkts erforderlich

Nach einem Teil der Literatur[861] darf eine Nachauskunft lediglich dann verlangt werden, wenn zwischen dem Gegenstand der Auskunft und der Tagesordnung ein sinnvoller Zusammenhang besteht. Das Auskunftsverlangen nach § 131 Abs. 4 AktG unterliege zwar nicht der Beschränkung, zur sachgemäßen Beurteilung des Gegenstandes der Tagesordnung erforderlich sein zu müssen (§ 131 Abs. 4 Satz 1 2 HS AktG). Dies bedeute aber nicht, dass der Gesetzgeber auf jeglichen Zusammenhang verzichtet habe[862].

Nach anderer Ansicht[863] ist der Vorstand auch dann zur Auskunft verpflichtet, wenn das Nachauskunftsbegehren des Aktionärs keinen sachlichen Bezug zu einem der Tagesordnungspunkte aufweist. Jeder Aktionär dürfe Erteilung der Auskunft verlangen, die irgendeinem anderen Aktionär in dessen Aktionärseigenschaft außerhalb der Hauptversammlung erteilt worden sei. Für die gegenteilige Auffassung finde sich keine Stütze im Gesetz[864]. Das Erfordernis des sachlichen Zusammenhangs mit der Tagesordnung würde das Informationsdefizit des nachfragenden Aktionärs unzulässigerweise perpetuieren[865].

Verlangt man einen sachlichen Bezug der begehrten Nachauskunft zu einem Gegenstand der Tagesordnung, läuft § 131 Abs. 4 AktG weitgehend leer. Dies führt zu einem ungereimten Ergebnis: Das Nachauskunftsrecht verfolgt das Ziel der Wiederherstellung eines gleichen Informationsstandes zwischen den einzelnen Aktionären und dient der gleichmäßigen Behandlung aller Aktionäre. Die Vorschrift stellt eine Konkretisierung des Gleichbehandlungsgrundsatzes des § 53a AktG dar[866]. Diese Gleichbehandlung wird durch das Nachauskunftsrecht jedoch nur eingeschränkt gewährt. Erstens muss der außenstehende Aktionär bis zur nächsten Hauptversammlung warten, ehe auch er die gewünschte Information erlangt[867], die in der Zwischenzeit wertlos geworden sein kann. Und zweitens

---

[861] OLG Dresden, AG 1999, 274, 275; Ebenroth, Das Auskunftsrecht des Aktionärs, Seite 102; Eckardt, in: Geßler/Hefermehl, § 131 Rn 153; Hoffmann-Becking, FS Rowedder, 155, 161; Seifert, AG 1967, 1, 4; Werner, AG 1967, 122, 123; Zöllner, in: Köln. Komm. AktG, § 131 Rn 70.

[862] Ebenroth, Das Auskunftsrecht des Aktionärs, Seite 102; Seifert, AG 1967, 1, 4.

[863] BayObIG, NJW-RR 2002, 1558, 1559; Henn, Hdb. des Aktienrechts, Rn 877; Hüffer, § 131 Rn 42; Kubis, in: Münch. Komm. AktG, § 131 Rn 135; F. J. Semler, in: Münchener Hdb. GesR IV, § 37 Rn 19; Decher, in: Großkomm. AktG, § 131 Rn 365, der aber de lege ferenda einen Zusammenhang mit der Tagesordnung verlangt.

[864] BayObIG, NJW-RR, 2002, 1558, 1559.

[865] Kubis, in: Münch. Komm. AktG, § 131 Rn 135.

[866] Vgl. Begr. RegE. bei Kropff, Aktiengesetz, 1965, Seite 187; kritisch zur Zielsetzung und Konsequenz der Regelung Zöllner, in: Köln. Komm. AktG, § 131 Rn 60.

[867] Das Gesetz regelt nicht ausdrücklich, in welcher Hauptversammlung die Auskunft zu wiederholen ist. Nach wohl herrschender Meinung ist das Nachauskunftsbegehren nicht

erhält er die Information nicht allein wie der Erstinformierte, sondern lediglich gemeinsam mit allen übrigen in der Hauptversammlung anwesenden Aktionären[868]. Um § 131 Abs. 4 AktG in einem nicht noch größeren Maße die Funktion - Informationsmonopole zu verhindern - zu berauben, darf der Aktionär deshalb die Wiederholung der einem anderen Aktionär außerhalb der Hauptversammlung erteilten Auskunft ohne sachlichen Bezug zu einem Gegenstand der Tagesordnung verlangen.

2. Erfordernis eines konkreten Nachauskunftsbegehrens

Umstritten ist, wieweit das Auskunftsverlangen konkretisiert werden muss. Das Gesetz schweigt sich zu dieser Frage aus. In der Sache stehen sich zwei Ansichten gegenüber.

a) Befürworter eines umfassenden Auskunftsrechts

Ein Teil der Literatur[869] spricht sich für ein umfassendes Auskunftsrecht aus. Demnach müsse der Vorstand auf die Frage, ob und welche Auskünfte außerhalb der Hauptversammlung gegeben worden seien, alle erteilten Auskünfte in der Hauptversammlung wiederholen. Ohne dieses Auskunftsrecht wisse ein Aktionär weder, ob Auskünfte außerhalb der Hauptversammlung erteilt worden seien, noch, welche Auskünfte anderen Personen wegen ihrer Eigenschaft als Aktionär erlangt hätten[870]. Im Allgemeinen sei einem Aktionär nämlich nicht bekannt, dass und welche Auskünfte ein anderer Aktionär außerhalb der Hauptversammlung erhalten habe.

---

auf die nächste Hauptversammlung nach der Kenntnis von der außerhalb der Hauptversammlung gegebenen Auskunft beschränkt, sondern auch in einer späteren Hauptversammlung noch zulässig, vgl. BayObLG, NJW-RR 2002, 1558, 1559; Decher, in: Großkomm. AktG, § 131 Rn 364; Kubis, in: Münch. Komm. AktG, § 131 Rn 135; Zöllner, in: Köln. Komm. AktG, § 131 Rn 71; a. A. Godin/Wilhelmi, § 131 AktG Rn 14; Henn, Hdb. des Aktienrechts, Rn 879; Eckardt, in: Geßler/Hefermehl, § 131 Rn 159, die eine Nachauskunft lediglich in der der Kenntnisnahme von der Erstauskunft nachfolgenden Hauptversammlung zulassen wollen.

[868]   Duden, FS von Caemmerer, 499, 500.
[869]   Burgard, Die Offenlegung von Beteiligungen, Seite 87; Ebenroth, Das Auskunftsrecht des Aktionärs, Seite 103; Godin/Wilhelmi, § 131 AktG Rn 13; Henn, Hdb. des Aktienrechts, Rn 879; Meilicke/Heidel, DStR 1992, 113, 114; Schneider, FS Lutter, 1193, 1202; restriktiver F. J. Semler, in: Münchener Hdb. GesR IV, § 37 Rn 20.
[870]   Henn, Hdb. des Aktienrechts, Rn 879.

b) Gegner eines umfassenden Auskunftsrechts

Demgegenüber stellt die wohl herrschende Meinung in Literatur[871] und Rechtsprechung[872] hohe Anforderungen an die Konkretisierungspflicht des Aktionärs: Das Auskunftsverlangen müsse auf eine bestimmte, außerhalb der Hauptversammlung erteilte Auskunft gerichtet sein. Die bloße Frage, ob anderen Aktionären außerhalb der Hauptversammlung Auskünfte erteilt worden seien oder das allgemeine Verlangen, alle Auskünfte zu erhalten, die anderen Aktionären außerhalb der Hauptversammlung gegeben worden seien, ist nach dieser Meinung nicht von § 131 Abs. 4 AktG gedeckt. Denn solche Ausforschungsfragen dienten lediglich dazu, erst die Voraussetzungen für ein Nachauskunftsverlangen zu schaffen. Genauso wenig genüge es, dass ein Aktionär unbestimmt behaupte, die von ihm gestellte Frage sei einem anderen Aktionär außerhalb der Hauptversammlung beantwortet worden.

c) Stellungnahme

Den Befürwortern eines umfassenden Auskunftsrechts ist zu konzedieren, dass ein Aktionär im Allgemeinen keine Kenntnis davon hat, ob einem anderen Aktionär außerhalb der Hauptversammlung eine bestimmte Auskunft erteilt worden ist. Mangels Kenntnis kann er in der Hauptversammlung auch nicht danach fragen. Die Vorschrift nützt letztlich daher nur dem Aktionär, der weiß, dass der Vorstand einem anderen Aktionär außerhalb der Hauptversammlung eine bestimmte Auskunft erteilt hat[873].

---

[871] Barz, FS Möhring, 153, 168; Butzke, in: Obermüller/Werner/Winden, G Rn 89 (Seite 263); Decher, in: Großkomm. AktG, § 131 Rn 360; Eckardt, in: Geßler/Hefermehl, §131 Rn 152; Hoffmann-Becking, FS Rowedder, 155, 160; Hüffer, § 131 Rn 41; Kubis, in: Münch. Komm. AktG, § 131 Rn 136; Vollhard, in: Arbeitshandbuch für die Hauptversammlung, § 13 Rn 36; Werner, AG 1967, 122, 123; Wilde, ZGR 1998, 423, 462; Zöllner, in: Köln. Komm. AktG, § 131 Rn 74.

[872] BGHZ 86, 1, 7; OLG Dresden, AG 1999, 274, 276; LG Frankfurt am Main, AG 1969, 24; LG Düsseldorf, AG 1992, 461, 462. Das BayObLG, NJW-RR 2002, 1558, 1559 beruft sich zwar auf die herrschende Meinung, weicht von dieser aber tatsächlich ab: Das Gericht hielt das Auskunftsbegehren eines Aktionärs für ausreichend konkretisiert, obwohl dieser in der Hauptversammlung lediglich gefragt hatte, ob der Vorstand der Gesellschaft dem Großaktionär (eine Bank) Informationen und Auskünfte, die für die Bewertung der Gesellschaft bedeutend sein könnten, außerhalb der Hauptversammlung erteilt hätte. Das BayObLG würdigte das Nachauskunftsverlangen deshalb nicht als ein unzulässiges Ausforschungsbegehren, weil die Frage des Aktionärs bereits voraussetze, dass entsprechende Informationen tatsächlich erteilt worden seien. Das BayObLG übersieht, dass der Aktionär nicht dargetan hatte, welche konkrete Nachauskunft er letztlich begehrte. Sein Antrag zielte lediglich darauf ab, sämtliche Informationen zu erlangen, die dem Großaktionär außerhalb der Hauptversammlung erteilt wurden.

[873] Eckardt, in: Geßler/Hefermehl, § 131 Rn 153; Meilicke/Heidel, DStR 1992, 113, 114.

Der Gesetzgeber hat sich gleichwohl gegen eine Regelung entschieden, die den Vorstand zur Mitteilung über die von ihm außerhalb der Hauptversammlung erteilten Auskünfte verpflichtet[874]. Er hat das Nachauskunftsrecht des Aktionärs bewusst eingeschränkt und keine allgemeine Berichtspflicht des Vorstands eingeführt[875]. Diese Entscheidung des Gesetzgebers ist bei der Anwendung der Norm zu berücksichtigen.

Dies bedeutet: Der fragende Aktionär darf seine Nachauskunft nur unter Darlegung einer konkreten Auskunft außerhalb der Hauptversammlung an einen namentlich benannten anderen Aktionär verlangen[876]. Hingegen ist die Aufforderung, alle Auskünfte zu erhalten, die anderen Aktionären außerhalb der Hauptversammlung erteilt worden sind, ein unzulässiges Ausforschungsverlangen[877].

3. Folgerungen für die Due Diligence

Sollte es zu einer Veräußerung der Aktien der Tochtergesellschaft durch das herrschende Unternehmen kommen, werden zumindest bei börsennotierten Aktiengesellschaften die übrigen Aktionäre von dem Verkauf Kenntnis erlangen. Aus diesem Grund sind sie in der Lage, ihr Auskunftsverlangen in der Hauptversammlung auf einen bestimmten Aktionär zu konkretisieren und (zumindest theoretisch) auch inhaltlich zu präzisieren. Unerheblich ist, dass das herrschende Unternehmen im Zeitpunkt der Hauptversammlung unter Umständen nicht mehr Aktionär der früheren Tochtergesellschaft ist. Der spätere Verlust der Aktionärseigenschaft beseitigt das Nachauskunftsrecht nicht[878].

---

[874] Vgl. hierzu die ausführliche Darstellung zur Gesetzgebung und Diskussion vor Erlass des Aktiengesetzs von 1965 bei Hoffmann-Becking, FS Rowedder, 155, 161; auch Boesebeck, AG 1963, 89, 92 (zum Regierungsentwurf des Aktiengesetz 1965). Henn, Hdb. des Aktienrechts, Rn 879 meint, es wäre „sehr korrekt", wenn der Vorstand seinem in der Hauptversammlung erstatteten Bericht die Auskünfte anfügen würde, die er seit der letzten Hauptversammlung im Sinne des § 131 Abs. 4 AktG erteilt hat.

[875] So auch Kubis, in: Münch. Komm. AktG, § 131 Rn 136.

[876] Für die Nennung des Namens des Aktionärs, dem die Auskunft erteilt worden ist, LG Frankfurt am Main, AG 1968, 24, 25; BayObLG, NJW-RR, 2002, 1558, 1559; Barz, FS Möhring, 153, 168; Decher, in: Großkomm. AktG, § 131 Rn 361; Wilde, ZGR 1998, 423, 462; Zöllner, in: Köln. Komm. AktG, § 131 Rn 74; a. A. Hoffmann-Becking, FS Rowedder, 155, 162; Kubis, in: Münch. Komm. AktG, § 131 Rn 136.

[877] Diese Frage muss der Vorstand nur beantworten, wenn sie im Rahmen von § 131 Abs. 1 AktG zur sachgemäßen Beurteilung des Gegenstandes der Tagesordnung erforderlich ist. Praktisch ist kaum vorstellbar - selbst zum denkbar weiten Tagesordnungspunkt „Entlastung des Vorstands und Aufsichtsrat" -, dass eine Frage dieses Erfordernis erfüllt (vgl. Hüffer, § 131 Rn 41).

[878] Kubis, in: Münch. Komm. AktG, § 131 Rn 129.

a) Konkretisierung des Nachauskunftsbegehrens mittels Due Diligence Checklisten

Nach *Treeck*[879] könnte die notwendige inhaltliche Konkretisierung mittels Due Diligence Checklisten erzielt werden. Der um Auskunft ersuchende außenstehende Aktionär müsse lediglich eine der üblichen Due Diligence Checklisten abfragen, um auf diesem Wege eine umfassende Informationserteilung in der Hauptversammlung zu erreichen. Gelänge es dem Aktionär, die käuferseitig tätigen Berater zu identifizieren - was bei größeren Transaktionen wegen der inzwischen üblichen Publizität keine Schwierigkeit bereite -, könne er sogar deren spezifischen Checklisten zum Gegenstand seiner Fragen in der Hauptversammlung machen.

An der Richtigkeit der These *Treecks* bestehen Zweifel. Grundlage jeder Due Diligence sind zwar anerkanntermaßen Due Diligence Checklisten. In ihnen werden zu einzelnen Punkten eines Unternehmenskaufs, die besonderer Aufmerksamkeit bedürfen, Fragen gestellt. Die Due Diligence Checklisten haben die Funktion, die Prüfungshandlungen zu systematisieren, zu leiten und auf die Bereiche zu fokussieren, die potentiell akquisitionsverhindernde *(Deal Breaker)* oder kaufpreisbeeinflussende Faktoren enthalten[880]. Die in der Literatur veröffentlichten Listen unterscheiden sich allerdings erheblich nach Inhalt und Umfang[881]. Dies erklärt sich schon allein daraus, da es je nach Branche, Erwerber und Marktsegment spezielle Fragen gibt, die standardisierte Checklisten überhaupt nicht erfassen. Andererseits enthalten standardisierte Checklisten aufgrund ihrer Allgemeingültigkeit eine Vielzahl von Fragen, die entweder für den Käufer, das Kaufobjekt oder die spezifische Situation irrelevant sind. Die Checklisten müssen daher stets auf die konkreten Bedürfnisse des jeweiligen Einzelfalles abgestimmt und überprüft werden[882]. Es gibt also nicht *die Checkliste*, die der Aktionär bloß abfragen müsste.

Dies bedeutet, dass ein Aktionär sich anhand eines standardisierten Fragenkatalogs nicht die Informationen verschaffen kann wie der Erwerber der Tochtergesellschaft, der eigens eine unternehmensindividuelle Due Diligence hat

---

[879] Treeck, FS Fikentscher, 434, 446. So auch Zirngibl, Die Due Diligence bei der GmbH und der Aktiengesellschaft, Seite 215 (Fußnote 681).

[880] Berens/Brauner/Strauch (Hrsg.), Due Diligence bei Unternehmensakquisitionen, Seite 589.

[881] Berens/Brauner/Strauch (Hrsg.), Due Diligence bei Unternehmensakquisitionen, Seite 589 ff.; Holzapfel/Pöllath, Unternehmenskauf in Recht und Praxis, Rn 499 (Seite 365); Höfer/Küpper, DB 1997, 1317 (Checkliste betriebliche Altervorsorge); Ganzert/Kramer, WPg, 1995, 576 (Checkliste Financial Due Diligence); Pack, in: Picot (Hrsg.), Handbuch Mergers & Acquisitions, Seite 240 (Human Resource-Checkliste); Wegen, WiB, 1994, 291 (Checkliste für den Erwerb einer deutschen Gesellschaft).

[882] Darauf weisen zutreffend Ek, in: Hölters (Hrsg.), Handbuch des Unternehmens- und Beteiligungskaufs, Teil XI, Rn 15; Werner, ZIP 2000, 989, 995 hin.

durchführen lassen. Vielmehr läuft der Aktionär Gefahr, viele Fragen *ins Blaue hinein* zu stellen. Der Vorstand der Tochtergesellschaft wird ihm auf diese Fragen keine Auskunft erteilen. Das Risiko, dass ein Aktionär anhand einer Due Diligence Checkliste in einer Hauptversammlung beginnt, den Vorstand auszufragen und auf diesem Wege alle vertraulichen Informationen erlangt, dürfte im Ergebnis eher theoretischer Natur sein.

b) Zulässigkeit von Fragelisten

Ungeachtet dessen ist es auch fraglich, ob der Aktionär überhaupt befugt ist, solche Fragenkataloge im Rahmen der Hauptversammlung zu benutzen. Unter dem Blickwinkel des Verbots übermäßiger Rechtsausübung[883] wird die Zulässigkeit des Verlesens von Fragenkatalogen zwar bislang nur im Zusammenhang mit dem Fragerecht nach § 131 Abs. 1 Satz 1 AktG diskutiert[884]. Aber auch der Aktionär, der eine Nachauskunft begehrt, kann diese nur innerhalb der immanenten Ausübungsschranken des § 131 AktG verlangen: Das Fragerecht darf nur insoweit ausgeübt werden als dies den ordnungsgemäßen Ablauf der Hauptversammlung nicht vereitelt. Absolute Grenzen, wann Fragen quantitativ das zumutbare Maß überschreiten, lassen sich nur schwer ziehen. Äußerste Grenze eines missbräuchlichen Auskunftsverlangens dürfte ein Katalog von 100 Fragen

---

[883] Decher, in: Großkomm. AktG, § 131 Rn 283; Franken/Heinsius, FS Budde, 213, 232; Grüner, NZG 2000, 770, 772; Kubis, in: Münch. Komm. AktG, § 131 Rn 58 f. Die Frage der Zulässigkeit des Verlesens von Fragekatalogen in der Hauptversammlung ist nicht erst durch die Problematik von Due Diligence Prüfungen aufgeworfen worden. Vielmehr hat sich diese bereits im Zusammenhang mit Fragenkatalogen von Schutzvereinigungen der Kleinaktionäre gestellt. So werden nahezu allen großen Publikumsgesellschaften einige Tage oder Wochen vor der Hauptversammlung Fragenkataloge übersandt, damit sich diese auf die teilweise sehr komplexen und eingehenden Recherchen erfordernden Fragestellungen vorbereiten können.

[884] Durch das Gesetz zur Unternehmensintegrität und Modernisierung des Anfechtungsrechts (UMAG) vom 22. September 2005 (BGBl I. 2005, Seite 2802) ist § 131 Abs. 2 Satz 2 AktG neu eingefügt worden: Danach darf der Versammlungsleiter durch Satzung oder Geschäftsordnung ermächtigt werden, sowohl das Rede- als auch das Fragerecht zeitlich angemessen zu beschränken. An der Notwendigkeit dieser Bestimmung bestehen Zweifel, weil das Bundesverfassungsgericht bereits in seinem Nichtannahmebeschluss *„Wenger/Daimler-Benz"* (NZG 2000, 192 ff.) nachdrücklich die Befugnis des Versammlungsleiters hervorgehoben hat, durch seine Anordnungen dafür zu sorgen, dass die Hauptversammlung in einer angemessenen Zeit abgewickelt und die für die Beiträge und Fragen der Aktionäre zur Verfügung stehende Zeit möglichst gerecht verteilt wird (BVerfG, NZG 2000, 192, 194). Ausführlich zu den Neuregelungen des UMAG im Hinblick auf die Auskunftsrechte in der Hauptversammlung Weißhaupt, ZIP 2005, 1766 ff.

zu einem einzelnen Tagesordnungspunkt sein[885]. Nach *Kubis*[886] benötigt der fiktive Durchschnittsaktionär sogar insgesamt nicht mehr als 50 Fragen. Mehr als 20 Fragen zu einem Tagesordnungspunkt dürfe er lediglich dann stellen, wenn er die Hintergründe für einen derartigen Umfang darlege. Hingegen ist nach Ansicht des Landgerichts München[887] ein Katalog von 50 Fragen nicht „*ohne weiteres*" unzulässig[888].

Aus dem Treueverhältnis zwischen Aktionär, Gesellschaft und Mitaktionär folgt die Verpflichtung der Hauptversammlungsteilnehmer, den ungestörten und zügigen Fortgang der Hauptversammlung nicht zu stören und insbesondere ihre zeitgerechte Beendigung nicht zu verhindern. Die Hauptversammlung kann ihre Aufgabe als Entscheidungsforum und „*Sitz der Aktiendemokratie*"[889] nur dann erfüllen, wenn die zur Verfügung stehende Zeit nicht durch Beiträge oder Fragen einzelner Aktionäre verbraucht wird[890]. Übermäßig lange oder erkennbar nicht zum Thema gehörende Beiträge gehen stets zu Lasten der Rede- und Fragezeit anderer Aktionäre[891]. Ein Aktionär wird unter diesem Blickwinkel die Hauptversammlung nicht stundenlang mit seinen Fragen monopolisieren dürfen, um auf diesem Wege seine eigene Due Diligence durchzuführen. Auch die zulässige Anzahl von Nachauskünften wird daher niedrig anzusetzen sein.

c) Faktische Möglichkeit der Auskunftserteilung

Unabhängig von der Anzahl der gestellten Fragen, wird der Tochtervorstand jedoch häufig ohnehin nicht in der Lage sein, eine Nachauskunft zur durchgeführten Due Diligence zu erteilen. Unzutreffend ist nämlich die Vorstellung, der Vorstand könne die Antwort auf die Nachauskunft einfach dem *Due Diligence Report* entnehmen. Der Vorstand der Tochtergesellschaft hat in der Regel überhaupt keine Kenntnis von dem Inhalt des Reports und wird erst recht über kein

---

[885]   Franken/Heinsius, FS Budde, 213, 233; Martens, Leitfaden für die Leitung der Hauptversammlung einer Aktiengesellschaft, Seite 65; gegen feste Grenzen Decher, in: Großkomm. AktG, § 131 Rn 284, („*Umstände des Einzelfalles müssen berücksichtigt werden*"); a. A. Meilicke/Heidel, DStR 1992, 113, 115 nach deren Ansicht es kein Kriterium der Erforderlichkeit sei, wie viele Fragen ein Aktionär stelle. Henn, Hdb. des Aktienrechts, Rn 884 lehnt eine Beschränkung auf 100 Fragen sogar als „*willkürlich*" ab.

[886]   Kubis, in: Münch. Komm. AktG, § 131 Rn 58, 59.

[887]   LG München, AG 1984, 25 f. („*Deutsche Bank AG*").

[888]   Demgegenüber OLG Frankfurt am Main, WM 1983, 1071: Der Aktionär hatte in der Hauptversammlung einen Fragenkatalog vorgetragen, für dessen Beantwortung der Vorstand mehr als 25000 Einzelangaben hätte machen müssen. Dies hielt das OLG Frankfurt am Main für unzumutbar.

[889]   So K. Schmidt, Gesellschaftsrecht, § 28 IV 1 (Seite 846).

[890]   Auf diesen Aspekt stellt unter anderem das KG Berlin, ZIP 1993, 1618, 1620 ab.

[891]   BVerfG, NZG 2000, 192, 194; Decher, in: Großkomm. AktG, § 131 Rn 276.

eigenes Exemplar verfügen[892]. Der Report ist die maßgebliche Informationsquelle des potentiellen Käufers und wird von seinen Beratern ausschließlich für dessen eigene Verwendung erstellt. Der Vorstand kann die Nachauskunftsersuchen aus diesem Grund nur an Hand eigener Unterlagen beantworten. Weil Due Diligence Prüfungen bei größeren Aktiengesellschaften mehrere Tage (teilweise sogar Wochen) in Anspruch nehmen und hierbei mehrköpfige Beraterteams tätig werden, wird der Vorstand der Tochtergesellschaft in vielen Fällen gar nicht in der Lage sein, die Frage des Aktionärs in der Kürze und Hektik der Hauptversammlung ad hoc zu beantworten[893].

An dieser Einschätzung ändert sich nichts durch die Verpflichtung des Vorstands, sich sorgfältig auf die Hauptversammlung und mögliche aufkommende Fragen vorzubereiten und alle Unterlagen zur Verfügung zu halten, die er zur Auskunftserteilung benötigt[894]. Denn die Vorbereitungspflicht des Vorstands bezieht sich vorrangig auf die von ihm selbst bestimmten Tagesordnungspunkte. Im Unterschied dazu muss er sich nicht auf alle denkbaren Nachauskunftsbegehren im Zusammenhang mit einer vorangegangenen Due Diligence vorbereiten. Weil das Auskunftsrecht lediglich im Rahmen der Hauptversammlung ausgeübt werden kann, wird der Vorstand, sollte er ein Nachauskunftsbegehren nicht beantworten können, nach allgemeinen Unmöglichkeitsregeln häufig von seiner Auskunftspflicht befreit sein[895].

Es lässt sich festhalten: Die praktische Gefahr, dass ein Aktionär der Tochtergesellschaft in deren Hauptversammlung ein so konkretes Nachauskunftsbegehren formuliert, dass die dem herrschenden Unternehmen zu Zwecken der Due Diligence offenbarten Informationen nunmehr offen gelegt werden müssten, ist insgesamt eher als gering einzuschätzen. Gänzlich auszuschließen ist dieses Szenario allerdings nicht.

---

892   Holzapfel/Pöllath, Unternehmenskauf in Recht und Praxis, Rn 12 (Seite 14).

893   Nach einem Urteil des OLG Frankfurt am Main, NZG 1999, 119, 121 ist der Vorstand nicht zur Auskunft auf Fragen verpflichtet, die mehr als 1000 Einzelangaben zu komplexen Zahlen und Daten zum Inhalt hatten und deren Beantwortung Einsicht in umfangreiche Unterlagen erforderten. Der Vorstand musste diese Unterlagen nach Ansicht des OLG Frankfurt am Main in der Hauptversammlung weder bereithalten noch konnte er sich auf deren Beantwortung gezielt vorbereiten.

894   Der Vorstand muss alle Informationen beschaffen oder zumindest kurzfristig verfügbar halten, die der fiktive Durchschnittsaktionär vorhersehbar verlangen kann, Henn, Hdb. des Aktienrechts, Rn 885; Kubis, in: Münch. Komm. AktG, § 131 Rn 84 m.w.N.

895   BayObLG, AG 1975, 326; Decher, in: Großkomm. AktG, § 131 Rn 254; Eckardt, in: Geßler/Hefermehl, § 131 Rn 67; Hüffer, § 131 Rn 10; Kubis, in: Münch. Komm. AktG, § 131 Rn 84.

IV. Auskunftsverweigerungsrechte des Vorstands der Tochtergesellschaft

Gelingt es einem Aktionär trotz der aufgezeigten Schwierigkeiten ein zulässiges Nachauskunftsbegehren zu formulieren, wirft dies die Frage auf, ob der Vorstand die Nachauskunft verweigern darf. In der Literatur wird diese Frage lebhaft diskutiert.

Aus § 131 Abs. 4 Satz 2 AktG folgt, dass der Vorstand zur Auskunftsverweigerung nur nach § 131 Abs. 3 Nr. 5 oder Nr. 6 AktG berechtigt ist. Weil der Verweigerungsgrund des § 131 Abs. 3 Nr. 6 AktG für die vorliegende Untersuchung keine Rolle spielt, bleibt allein der Verweigerungsgrund des § 131 Abs. 3 Nr. 5 AktG. Danach darf der Vorstand die Auskunft auf eine Aktionärsfrage verweigern, wenn er sich durch die Erteilung der Auskunft bzw. Nachauskunft strafbar machen würde. In Betracht kommt eine Strafbarkeit des Vorstands nach der aktienrechtlichen Bestimmung des § 404 Abs. 1 AktG und - bei börsennotierten Tochtergesellschaften - nach den wertpapierhandelsrechtlichen Bestimmungen der §§ 38 Abs. 1 Nr. 2 a) 2. Halbsatz, 39 Abs. 2 Nr. 3, 14 Abs. 1 Nr. 2 WpHG.

1. Das Auskunftsverweigerungsrecht nach § 131 Abs. 3 Nr. 5 AktG i. V. m. § 404 Abs. 1 AktG

Der Vorstand macht sich nach § 404 Abs. 1 AktG strafbar, wenn er die ihm nach § 93 Abs. 1 Satz 3 AktG obliegende Verschwiegenheitspflicht verletzt und „*unbefugt*" ein Betriebs- oder Geschäftsgeheimnis offenbart.

a) Auffassungen in der Literatur

Einige Autoren billigen dem Vorstand das Recht zu, sich in der Hauptversammlung auf den Verweigerungsgrund des § 131 Abs. 3 Nr. 5 AktG wegen drohender Strafbarkeit nach § 404 AktG zu berufen[896]. Die überwiegende Ansicht verneint dagegen die Anwendbarkeit des § 404 AktG[897]. Entscheidungen zu dieser Frage liegen - soweit ersichtlich - nicht vor[898].

---

[896] Barz, in: Großkomm. AktG³, § 131 Anm. 19; Bihr, BB 1998, 1198, 1200; Eggenberger, Gesellschaftsrechtliche Voraussetzungen und Folgen einer Due Diligence Prüfung, Seite 153; F. J. Semler, in: Münchner Hdb. GesR IV, § 37 Rn 39; Schroeder, DB 1997, 2161, 2165; Ziegler, DStR 2000, 249, 254.

[897] Butzke, in: Obermüller/Werner/Winden, G Rn 75 (Seite 257); Decher, in: Großkomm. AktG, § 131 Rn 324; Eckardt, in: Geßler/Hefermehl, § 131 Rn 123; Hefermehl/Spindler, in: Münch. Komm. AktG, § 93 Rn 63 (Fußnote 254); Hoffmann-Becking, FS Rowedder, 155, 164; Hüffer, § 131 Rn 31; Krömker, Die Due Diligence im Spannungsfeld zwischen Gesellschafts- und Aktionärsinteressen, Seite 60; Kubis, in: Münch. Komm. AktG, § 131 Rn 116; Stoffels, ZHR 165 (2001), 362, 382; Wiesner, in: Münchener Hdb.

b) Stellungnahme

Nach § 404 AktG macht sich strafbar, wer ein Geheimnis - hier: die Nachauskunft - „unbefugt offenbart". Die Befürworter einer Anwendung des § 404 AktG beschränken die Prüfung darauf, ob der Vorstand durch die Weitergabe der Information an die übrigen Aktionäre gegen seine Verschwiegenheitsverpflichtung aus § 93 Abs. 1 Satz 3 AktG verstößt. Diesen Verstoß bejahen sie, weil infolge der Anwesenheit von Pressevertretern und möglichen Konkurrenten in der Hauptversammlung eine vertrauliche Behandlung der Informationen nicht mehr gewährleistet sei[899].

Sie blenden damit die Überlegung aus, ob § 404 AktG nicht gerade im Lichte des Auskunftsanspruchs des Aktionärs ausgelegt werden muss. Es ist nur schwer nachvollziehbar, wie die Beantwortung einer Aktionärsfrage in der Hauptversammlung durch den Vorstand als „unbefugt" qualifiziert werden kann, wenn die Beantwortung der Frage durch das Aktiengesetz an anderer Stelle vorgeschrieben ist. Namentlich *Eckardt* versagt dem Vorstand die Berufung auf § 404 AktG daher auch wie folgt: „Aus der Nummer 5 des § 131 Abs. 3 Satz 1 AktG ergibt sich, dass keine unbefugte Offenbarung in diesem Sinne vorliegt, wenn der Vorstand seiner Pflicht zur Auskunftserteilung in der Hauptversammlung nachkommt. Was der Vorstand den Aktionären auf Grund des § 131 AktG mitteilen muss, kann nicht zugleich ein unbefugtes Offenbaren von Geschäftsgeheimnissen sein"[900].

Eggenberger sieht in dieser Argumentation einen Zirkelschluss, weil diese Aussage voraussetzen würde, was sie erst beweisen soll[901]. Nach seiner Ansicht besteht ein Auskunftsanspruch des Aktionärs lediglich dann, wenn der gesamte Tatbestand des § 131 AktG erfüllt ist. Dies bedinge, dass sämtliche der in § 131

GesR IV, § 25 Rn 45; Zirngibl, Die Due Diligence bei der GmbH und der Aktiengesellschaft, Seite 216; Zöllner, in: Köln. Komm. AktG, § 131 Rn 141.

[898] Unzutreffend ist die in der Literatur vertretene Auffassung (Kubis, in: Münch. Komm. AktG, § 131 Rn 116; Stoffels ZHR 165 (2001), 363, 370 (Fußnote 32), der sogar von einem „akademischen Streit" spricht), wonach die praktischen Auswirkungen der beiden Ansichten nicht sonderlich groß seien. Zwar wird es Fälle geben, in denen der drohende Verrat von Gesellschaftsgeheimnissen den Vorstand auch nach § 131 Abs. 3 Nr. 1 AktG zur Verweigerung der Auskunft berechtigt. Dies ist jedoch nicht immer der Fall. Vor allem ist dem Vorstand in den Fällen der vorliegend interessierenden Nachauskunft die Berufung auf die Ziffer 1 des Absatzes 3 gar nicht erlaubt (siehe § 131 Abs. 4 Satz 2 AktG). Für den Anwendungsbereich des § 131 Abs. 4 AktG ist es daher sehr wohl von praktischer Relevanz, ob sich aus § 404 AktG ein Auskunftsverweigerungsrecht ergibt oder nicht.

[899] Schroeder, DB 1997, 2161, 2165; Ziegler, DStR 2000, 249, 254.

[900] Eckardt, in: Geßler/Hefermehl, § 131 Rn 123.

[901] Eggenberger, Gesellschaftsrechtliche Voraussetzungen und Folgen einer Due Diligence Prüfung, Seite 154.

Abs. 1 und Abs. 2 bzw. Abs. 4 AktG normierten positiven Voraussetzungen erfüllt seien und darüber hinaus keiner der Verweigerungsgründe des § 131 Abs. 3 AktG vorliege. Nur unter diesen Voraussetzungen bestehe ein Auskunftsanspruch des Aktionärs.

Eggenberger behandelt die Verweigerungsgründe des § 131 Abs. 3 AktG damit, wenn zwar nicht ausdrücklich jedoch faktisch, als negative Tatbestandsmerkmale[902]. Einer solcher Qualifikation steht jedoch der eindeutige Gesetzeswortlaut entgegen, wonach der *„Vorstand die Auskunft verweigern darf"*. Dies zeigt, dass es sich bei den in § 131 Abs. 3 Nr. 1 - 7 AktG normierten Verweigerungsgründen lediglich um Einreden handelt, die der Vorstand zwecks Auskunftsverweigerung geltend machen darf. Aus diesem Verständnis der Vorschrift folgt, dass der Auskunftsanspruch des Aktionärs schon besteht, die Erfordernisse des § 131 AktG also erfüllt sind[903]. Dies bedeutet, dass der Auskunftsanspruch tatbestandsmäßig dann gegeben ist, wenn die Voraussetzungen des § 131 Abs. 1 oder Abs. 4 AktG vorliegen; er ist lediglich nicht durchsetzbar, wenn der Vorstand einen der Verweigerungsgründe des Abs. 3 geltend macht. Es stellt deshalb keinen Zirkelschluss dar, wenn die Berufung auf § 131 Abs. 3 Nr. 5 AktG i.V.m. § 404 AktG mit dem Argument verneint wird, es liege kein *„unbefugtes"* Offenbaren vor, weil der Vorstand lediglich seiner Pflicht zur Auskunftserteilung in der Hauptversammlung nachkomme.

Hinzu kommt folgende Überlegung: Das Auskunftsrecht der Aktionäre liefe weitgehend leer, wenn der Vorstand die Auskunft in der Hauptversammlung stets unter Verweis auf die angeblich drohende Strafbarkeit nach § 404 AktG verweigern dürfte. Die Grenzen der Auskunftserteilung würden durch eine strafrechtliche Nebenbestimmung festgelegt[904]. Das Auskunftsrecht nach § 131 AktG soll dem Aktionär jedoch die Möglichkeit verschaffen, sich umfassend über die Vorgänge innerhalb der Gesellschaft zu informieren. Mit diesem Gesetzeszweck ist es nicht zu vereinbaren, wenn sich der Vorstand stets auf seine Pflicht zur Geheimhaltung berufen dürfte. Informationsasymmetrien würden so perpetuiert. Das maßgebliche Informationsrecht des Aktionärs würde sinnentleert.

Der Tatbestand des § 404 AktG ist bei einer durch § 131 Abs. 4 AktG gebotenen Wiederholung der Auskunft in der Hauptversammlung nicht erfüllt. Die Auskunftserteilung erfolgt nicht *„unbefugt"*, sondern in Erfüllung der Verpflichtung aus § 131 Abs. 4 AktG. Der Vorstand der Tochtergesellschaft darf die Auskunft auf ein Nachauskunftsbegehren über die zwecks einer Due Diligence nach *oben* gegebenen Informationen deshalb nicht unter Berufung auf § 404 AktG verweigern.

---

[902]   Zirngibl, Die Due Diligence bei der GmbH und der Aktiengesellschaft, Seite 216.
[903]   Hüffer, § 131 Rn 23.
[904]   Kubis, in: Münch. Komm. AktG, § 131 Rn 116.

2. Das Auskunftsverweigerungsrecht nach § 131 Abs. 3 Nr. 5 AktG i.V.m. § 14 Abs. 1 Nr. 2 WpHG

Nach §§ 38 Abs. 1 Nr. 2a) 2. Halbsatz, 39 Abs. 2 Nr. 3, 14 Abs. 1 Nr. 2 WpHG macht sich der Vorstand durch die „unbefugte" Weitergabe von Insiderinformationen strafbar[905]. Hat die börsennotierte Tochtergesellschaft vor ihrer Hauptversammlung zum Zwecke einer Due Diligence des potentiellen Erwerbers eine Insiderinformation an das herrschende Unternehmen weitergegeben und bezieht sich das Nachauskunftsverlangen des Aktionärs in der Hauptversammlung auf diese Information, stellt sich die Frage, ob der Vorstand der Tochtergesellschaft die Auskunft unter Verweis auf § 131 Abs. 3 Nr. 5 AktG i.V.m. §§ 38 Abs. 1 Nr. 2a) 2. Halbsatz, 39 Abs. 2 Nr. 3, 14 Abs. 1 Nr. 2 WpHG verweigern darf.

a) Befugte Weitergabe von Insiderinformationen in der Hauptversammlung

Nach einer Meinung ist die Mitteilung von Insiderinformationen kapitalmarktrechtlich nicht „unbefugt", wenn der Vorstand in Erfüllung des Auskunftsrechts nach § 131 AktG Auskünfte in der Hauptversammlung erteilt[906]. Was der Vorstand der Hauptversammlung nach § 131 AktG mitteilen müsse, könne nicht zugleich eine „unbefugte" Weitergabe von Insiderinformationen sein. Es gehöre zur normalen Aufgabe eines Vorstands einer Aktiengesellschaft, seiner gesetzlichen Pflicht zur Erteilung von Auskünften in der Hauptversammlung nachzukommen[907]. Die Mitteilung führe daher zu keiner Strafbarkeit nach §§ 38 Abs. 1 Nr. 2a) 2. Halbsatz, 39 Abs. 2 Nr. 3, 14 Abs. 1 Nr. 2 WpHG. Deshalb bestehe auch kein Auskunftsverweigerungsrecht des Vorstands. Außerdem fehle es an einer ausdrücklichen Bestimmung, die in dem später erlassenen § 14 Abs. 1 Nr. 2 WpHG - der ebenso wie § 131 AktG den Interessen des Anlegers diene - den Auskunftsanspruch des Aktionärs beschneide[908].

---

[905] Soweit die Literatur dieses Auskunftsverweigerungsrecht behandelt, wird in der Regel lediglich § 14 Abs. 1 Nr. 2 WpHG in Bezug genommen. Dies ist allerdings unzutreffend: Das Auskunftsverweigerungsrecht des § 131 Abs. 3 Nr. 5 AktG besteht wegen der drohenden Strafbarkeit im Falle der Auskunftserteilung. Strafnorm ist nur § 38 Abs. 1 Nr. 2a) 2. Halbsatz WpHG, nicht aber § 14 Abs. 1 Nr. 2 WpHG. Diese Norm bestimmt nur, welches Verhalten kapitalmarktrechtlich verboten ist.

[906] Benner-Heinacher, DB 1995, 765, 766; Decher, in: Großkomm. AktG, §131 Rn 326; Franken/Heinsius, FS Budde, 213, 241; Hefermehl/Spindler, in: Münch. Komm. AktG, § 93 Rn 63; Irmen, in: BuB, 7/739-740; Schneider/Singhof, FS Kraft, 585, 597; Schneider, FS Wiedemann, 1255, 1270, F. J. Semler, in: Münchener Hdb. GesR IV, § 37 Rn 43.

[907] Irmen, in: BuB, 7/740.

[908] Irmen, in: BuB, 7/740; Schneider/Singhof, FS Kraft, 585, 597.

b) Unbefugte Weitergabe von Insiderinformationen in der Hauptversammlung

Ein Großteil des Schrifttums[909] vertritt die Gegenposition. Der Vorstand dürfe die Auskunft unter Verweis auf die andernfalls drohende Strafbarkeit verweigern. Bei dem Auskunftsersuchen eines Aktionärs handele es sich um keinen Rechtfertigungsgrund für die Weitergabe von Insiderinformationen im Sinne des § 14 Abs. 1 Nr. 2 WpHG. Die Weitergabe sei vielmehr *„unbefugt"*, weshalb dem Vorstand ein Auskunftsverweigerungsrecht nach § 131 Abs. 3 Nr. 5 AktG zustehe.

c) Zeitgleiche Weitergabe von Insiderinformationen in der Hauptversammlung

Ein weiterer Teil der Lehre will das Spannungsverhältnis zwischen dem aktienrechtlichen Auskunftsanspruch und dem insiderrechtlichen Weitergabeverbot dergestalt lösen, dass der Vorstand eine Insiderinformation, die Gegenstand eines Auskunftsbegehrens ist, in der Hauptversammlung offen zu legen und zumindest gleichzeitig für ihre Publizierung zu sorgen habe[910]. Sollte dem Vorstand eine zeitgleiche Veröffentlichung der Insiderinformation nicht gelingen - weil das Auskunftsverlangen des Aktionärs beispielsweise nach 23.00 Uhr und damit nach Redaktionsschluss der Zeitungen gestellt werde - sei er ausnahmsweise nicht zur Auskunft verpflichtet. Dem Vorstand stünde dann ein Auskunftsverweigerungsrecht zu[911].

---

[909] Assmann, in: Assmann/Schneider, § 14 WpHG Rn 85; ders., in: Hdb. der Konzernfinanzierung, Rn 12.26; Eggenberger, Gesellschaftsrechtliche Voraussetzungen und Folgen einer Due Diligence Prüfung, Seite 325; Hemeling, ZHR 169 (2005), 274, 289; Joussen, DB 1994, 2485, 2488; Kubis, in: Münch. Komm. AktG, § 131 Rn 117; Kümpel, in: Bank- und Kapitalmarktrecht, Rn 16.185; ders., WM 1996, 653, 661; Lenenbach, Kapitalmarkt- und Börsenrecht, Rn 10.54; Roschmann/Frey, AG 1996, 449, 454; Schäfer, in: Schäfer, § 14 WpHG Rn 67; Schlaus zitiert nach Rellermeyer, WM 1995, 1981, 1982; Schroeder, DB 1997, 2161, 2166; Schwark, in: Schwark KMRK, § 14 WpHG Rn 36; Ziegler, DStR 2000, 249, 254; Ziemons, AG 1999, 492, 498.

[910] Butzke, in: Obermüller/Werner/Winden, G Rn 79 (Seite 259); Clausen, Insiderhandelsverbot, Seite 27; Götz, DB 1995, 1949, 1951; Hopt, in: Bankrechtshdb., § 107 Rn 39; ders., ZHR 159 (1995), 135, 157; Schäfer, in: Hdb. börsennotierte AG, § 13 Rn 8; befürwortend auch Dreyling, Insiderrecht, Rn 137 (Seite 39).

[911] Hopt, in: Bankrechtshdb., § 107 Rn 39.

3. Relevanz dieses Meinungsstreits

Die praktische Bedeutung des kapitalmarktrechtlichen Weitergabeverbots und mithin des vorstehend skizzierten Meinungsstreits ist bei der vorliegend interessierenden Due Diligence begrenzt:

Die Due Diligence verfolgt das Ziel, wesentliche Risiken und wertbildende Faktoren des Unternehmens der Zielgesellschaft zu ermitteln, um diese der Kaufentscheidung und der Vertragsgestaltung des Unternehmenskaufvertrages zugrunde zu legen. Die Informationen, die hierbei offenbart werden, sind der Öffentlichkeit zum Großteil nicht bekannt, weil die Due Diligence andernfalls nicht durchgeführt werden müsste. Dies bedeutet jedoch nicht, dass es sich bei sämtlichen dieser Informationen deshalb auch zwangsläufig um Insiderinformationen handelt. Zwar dürfte die Mehrzahl der im Rahmen einer Due Diligence offen gelegten Informationen im Zweifel solche sein, die gesellschaftsrechtlich vertraulich zu behandeln sind (§ 93 Abs. 1 Satz 3 AktG) und sowohl für den Erwerber als auch für einen Konkurrenten von Bedeutung sind. Damit kommt ihnen aber nicht zugleich auch kapitalmarktrechtliche Bedeutung zu. Das Gegenteil trifft zu: Nur ein geringer Teil dieser Informationen hat auch ein insiderrechtlich relevantes Kursbeeinflussungspotential. So sind beispielsweise aus Sicht des potentiellen Erwerbers die Dauer des Mietvertrages für die Büroräume der Zielgesellschaft und die Höhe des monatlichen Mietzinses von nicht unerheblicher Bedeutung. Diese im Rahme einer Due Diligence typischerweise abgefragten Informationen stellen aber keine Insiderinformationen im Sinne des § 13 Abs. 1 WpHG dar, weil sie ein verständiger Anleger bei seiner Anlageentscheidung nicht berücksichtigen wird. Das kapitalmarktrechtlich geprägte Auskunftsverweigerungsrecht des Vorstands der Tochtergesellschaft erfasst also von vornherein lediglich einen kleinen Teil der anlässlich einer Due Diligence mitgeteilten Informationen[912].

Hinzu kommt, dass nach Maßgabe des Anlegerschutzverbesserungsgesetzes grundsätzlich jede Insiderinformation unverzüglich mittels einer Ad-hoc-Mitteilung veröffentlicht werden muss. Als Folge dieser erheblich ausgeweiteten Publizitätspflicht gibt es nur relativ wenig unbekannte Insiderinformationen, die im Rahmen einer Due Diligence an den potentiellen Erwerber weitergegeben werden und in der Hauptversammlung der abhängigen Konzerntochter Gegenstand eines Auskunftsbegehrens nach § 131 Abs. 4 AktG sein können[913].

---

[912] Zutreffend weisen Götz, DB 1995, 1949, 1951 und Schneider/Singhof, FS Kraft, 585, 595 darauf hin, dass eine Kollision der aktienrechtlichen Informationspflichten des Vorstands mit dem kapitalmarktrechtlichen Weitergabeverbot nach § 14 Abs. 1 Nr. 2 WpHG in vielen Fällen nicht relevant werden dürfte, weil die weitergegebene Information (nach damaliger Rechtslage) keine Insidertatsache darstelle.

[913] Hemeling, zitiert nach Schürnbrand, ZHR 169 (2005), 295, 296 meint hingegen, dass es neben pflichtwidrig nicht publizierten Insiderinformationen und denjenigen, bezüglich

Im Ergebnis ist die praktische Relevanz der §§ 38 Abs. 1 Nr. 2a) 2. Halbsatz, 39 Abs. 2 Nr. 3, 14 Abs. 1 Nr. 2 WpHG als Auskunftsverweigerungsrecht im Kontext einer Due Diligence eher gering.

4. Stellungnahme zu den vertretenen Ansichten

Auch wenn das kapitalmarktrechtliche Weitergabeverbot damit eine geringere praktische Bedeutung hat, als der kontrovers geführte Meinungsstreit in der Literatur auf den ersten Blick vermuten lässt[914], muss die vorstehend aufgeworfene Frage näher untersucht werden.

Sie zielt auf den Konflikt zwischen dem aktienrechtlichen Auskunftsrecht und den kapitalmarktrechtlichen Insidernormen ab. Zwischen drei Grundkonstellationen muss unterschieden werden. Erstens: Das Nachauskunftsbegehren des Aktionärs bezieht sich auf eine Insiderinformation, die nicht ad-hoc zu veröffentlichen ist (a). Zweitens: Der Vorstand der Tochtergesellschaft hat sich selbst von der kapitalmarktrechtlichen Veröffentlichungspflicht nach Maßgabe des § 15 Abs. 3 Satz 1 WpHG suspendiert (b). Und schließlich drittens: Der Vorstand der Tochtergesellschaft hat es pflichtwidrig unterlassen, die Insiderinformation vor der Hauptversammlung zu veröffentlichen (c)[915].

a) 1. Fallgruppe: Keine Pflicht zur Ad-hoc-Publizität

Liegen die qualifizierenden Voraussetzungen für eine Veröffentlichung nach § 15 Abs. 1 WpHG ausnahmsweise nicht vor, weil die Insiderinformation das Tochterunternehmen nicht *„unmittelbar"* im Sinne von § 15 Abs. 1 Satz 1 WpHG berührt, könnte der Vorstand gleichwohl verpflichtet sein, die Insiderinformation aufgrund einer entsprechenden Frage eines Aktionärs in der Hauptversammlung bekannt zu machen.

Dann müssten in der Hauptversammlung Insiderinformationen publik gemacht werden, für die noch keine kapitalmarktrechtliche Informationspflicht nach § 15 Abs. 1 WpHG besteht. Eine Auskunftspflicht in der Hauptversamm-

derer eine Selbstbefreiung von der Publizitätspflicht vorliege, noch zahlreiche Insiderinformationen gäbe, die nicht zu veröffentlichen seien, weil sie das Unternehmen nicht *„unmittelbar"* beträfen. Im Lichte des AnSVG dürfte diese Annahme unzutreffend sein.

914 a. A. Kubis, in: Münch. Komm. AktG, § 131 Rn 117.

915 Ein Verstoß gegen die kapitalmarktrechtliche Publizitätspflicht stellt gemäß §§ 39 Abs. 2 Nr. 5a), 2. Halbsatz, 15 Abs. 1 Satz 1 WpHG eine Ordnungswidrigkeit dar, die nach § 39 Abs. 4, 1. Halbsatz WpHG mit einer Geldbuße bis zu einer Million Euro geahndet werden kann. Man wird daher berechtigterweise davon ausgehen dürfen, dass ein ordentlicher Vorstand einer börsennotierten Aktiengesellschaft die Insiderinformation im Regelfall unverzüglich ad hoc publiziert. So schon zur alten Rechtslage Hopt, in: Bankrechtshdb., § 107 Rn 54; Kümpel, WM 1994, 2137, 2138; Schneider/Singhof, FS Kraft, 585, 595.

lung liefe damit auf eine Veröffentlichungspflicht nach § 15 WpHG analog hinaus. Ein solches Ergebnis ist mit dem Gesetzeszweck des § 15 Abs. 1 WpHG nicht zu vereinbaren. Die kapitalmarktrechtliche Informationspflicht soll die fehlerhafte und inadäquate Bildung von Wertpapierpreisen durch fehlerhafte oder unvollständige Informationen des Marktes verhindern. Hält man den Vorstand aber zur Offenlegung von Insiderinformationen für verpflichtet, die ihn noch nicht einmal *„unmittelbar"* berühren - andernfalls wären sie ohnehin zu publizieren -, kann dies allenfalls zur Verwirrung der anwesenden Aktionäre führen und kontraproduktiv wirken. Eine höhere Transparenz lässt sich durch eine solche Auskunft nicht erzielen.

Und schließlich ist zu bedenken: Sollte der Vorstand nicht in der Lage sein, zumindest zeitgleich mit der Auskunft eine Ad-hoc-Mitteilung zu veröffentlichen, beginge er wegen einer Veröffentlichung *„in anderer Weise"* eine Ordnungswidrigkeit (§§ 15 Abs. 5, 39 Abs. 2 Nr. 6 WpHG), obwohl er sich völlig gesetzeskonform verhalten hat[916]. Der Vorstand darf die Auskunft auf die Frage des Aktionärs daher verweigern, wenn für ihn vor der Hauptversammlung keine Verpflichtung besteht, die Insiderinformation zu veröffentlichen.

b)   2. Fallgruppe: Suspendierung von der Ad-hoc-Publizität

Fraglich ist, wie die Situation zu beurteilen ist, wenn der Vorstand der börsennotierten Tochtergesellschaft die eigenverantwortliche Entscheidung trifft, auf eine Veröffentlichung der Insiderinformation zu verzichten (§ 15 Abs. 3 Satz 1 WpHG), er also in Kenntnis der anstehenden Due Diligence bewusst von der Veröffentlichung einer Insiderinformation absieht und es vorzieht, diese zunächst lediglich dem herrschenden Unternehmen und damit letztendlich dem potentiellen Erwerber mitzuteilen.

aa)   Kein Nachauskunftsrecht

Bei Bejahung eines Auskunftsrechts in der Hauptversammlung würden die berechtigten Interessen des Emittenten verletzt, eine Insiderinformation (noch) nicht veröffentlichen zu müssen. Das Auskunftsrecht des Aktionärs würde die Vorschrift des § 15 Abs. 3 WpHG aushebeln und seiner eigenständigen Bedeutung berauben. Es gibt jedoch keinen generellen Vorrang des Gesellschaftsrechts vor dem Kapitalmarktrecht[917]. Bei einer Kollision von gesellschaftsrechtlichen und kapitalmarktrechtlichen Bestimmungen bedarf es vielmehr einer Abwägung, die sich am Sinn und Zweck der in Frage stehenden Normen orientieren muss.

---

[916]   Im Ergebnis ebenso Assmann, in: Assmann/Schneider, § 14 WpHG Rn 88; Butzke, in: Obermüller/Werner/Winden, G Rn 80 (Seite 260); Schwark, in: Schwark KMRK, § 14 WpHG Rn 36; F. J. Semler, in: Münchener Hdb. GesR IV, § 37 Rn 46.

[917]   Schwark, in: Schwark KMRK, § 14 WpHG Rn 36.

Die Gründe, die eine Suspendierung von der kapitalmarktrechtlichen Veröffentlichung rechtfertigen, berechtigen den Vorstand gleichzeitig dazu, die Auskunft
gegenüber der Hauptversammlung nach § 131 Abs. 3 Nr. 5 AktG zu verweigern[918]. Jedes andere Ergebnis missachtete die schützenswerten Interessen des
Emittenten an einer nicht sofortigen Bereichsöffentlichkeit[919].

bb) Ausnahme: Wahrung der Vertraulichkeit gefährdet

Schwierigkeiten treten auf, wenn in der Hauptversammlung Fragen aufkommen,
die ernsthaften Zweifel daran begründen, ob die Vertraulichkeit der nach *oben*
gegebenen Insiderinformation noch gewährleistet ist. Lassen die Fragen der Aktionäre darauf schließen, dass die Insiderinformation zumindest bestimmten
Marktteilnehmern bekannt geworden, diese also *durchgesickert* ist, könnte der
Vorstand der Tochtergesellschaft zum Handeln - sprich zur Veröffentlichung -
gezwungen sein[920]. Der Emittent ist nämlich nur solange von seiner Veröffentlichungspflicht befreit, solange er die Vertraulichkeit der Insiderinformation gewährleistet (§ 15 Abs. 3 Satz 1 WpHG). Bestehen Unsicherheiten über die Ver-

---

[918] In diesem Sinne Butzke, in: Obermüller/Werner/Winden, G Rn 79 (Seite 259); Hirte,
zitiert nach Rellermeyer, WM 1995, 1981, 1984 (noch zur alten Rechtslage). Beide Au-
toren begründen die Befreiung von der Auskunftserteilung mit der Überlegung, dass die
Kriterien nach § 15 Abs. 1 Satz 2 WpHG a. F. denen des § 131 Abs. 3 Nr. 1 AktG so
nahe kämen, dass sich daraus die Rechtfertigung der Auskunftsverweigerung ergebe.
Diese Argumentation ist auf das Nachauskunftsrecht nur bedingt übertragbar, darf der
Vorstand die Auskunft gemäß § 131 Abs. 4 Satz 2 AktG doch gerade nicht nach § 131
Abs. 3 Nr. 1 bis 4 AktG verweigern. Gleichwohl zeigt diese Argumentationslinie, dass
die kapitalmarktrechtlich relevanten Interessen auch im Rahmen des aktienrechtlichen
Auskunftsanspruchs Berücksichtigung finden müssen.
[919] Schwark, in: Schwark KMRK, § 14 WpHG Rn 36.
[920] Durch das AnSVG ist eine besondere Schwierigkeit im Zusammenhang mit der Befreiung von der Veröffentlichungspflicht weggefallen. Weil nach alter Rechtslage die Befreiung von der Publizität erst bei der BaFin beantragt und von dieser genehmigt werden
musste, waren theoretisch Fälle denkbar, bei denen in der Hauptversammlung eine Aktionärsfrage gestellt wurde, deren Beantwortung die Insidertatsache zugrunde lag, für
die die Gesellschaft um eine Befreiung von der Veröffentlichungspflicht nachgesucht
hatte. Insbesondere bei komplexen Sachverhalten war es nicht immer gewährleistet,
dass die BaFin über den Befreiungsantrag des Emittenten noch am selben Tag entschied.
Es stellte sich insofern die Frage, ob die Gesellschaft in der Zwischenzeit, d.h. bis die
BaFin eine Entscheidung getroffen hatte, zur Auskunftserteilung in der Hauptversammlung verpflichtet war. In dieser Konstellation ist dem Vorstand ein Auskunftsverweigerungsrecht nach § 131 Abs. 1 Nr. 1 AktG zugebilligt worden (siehe zum Ganzen, Hirte,
in: Bankrechtstage 1995, 47, 62). Durch die eigenverantwortliche Entscheidung des
Vorstands, die Veröffentlichung einer Insiderinformation zu suspendieren, stellt sich
dieses Problem nach neuer Rechtslage nicht mehr.

traulichkeit der Insiderinformation, dürfte im Regelfall eine Interessenabwägung für eine Veröffentlichung sprechen[921].

c)   3. Fallgruppe: Pflichtwidriges Unterlassen der Veröffentlichung

Umstritten ist die Beurteilung der dritten und letzten Fallgruppe: Wenn der Vorstand der Tochtergesellschaft es pflichtwidrig unterlassen hat, eine Insiderinformation zu veröffentlichen, diese aber vor der Hauptversammlung dem herrschenden Unternehmen mitgeteilt hat. Diese Konstellation ist Ausgangspunkt für den kontrovers geführten Meinungsstreit.

aa)   Kein „unbefugtes" Offenbaren

Qualifiziert man die Weitergabe von Insiderinformationen an die Aktionäre als „unbefugt" im Sinne des § 14 Abs. 1 Nr. 2 WpHG und gewährt damit dem Vorstand der Tochtergesellschaft ein Auskunftsverweigerungsrecht, entwertet man dadurch systematisch das aktionärsrechtliche Auskunftsrecht nach § 131 AktG, weil sämtliche insiderrechtlich relevanten Informationen von vornherein aus dem sachlichen Anwendungsbereich des Fragerechts ausgeklammert würden. Dabei hätte den Aktionären der Tochtergesellschaft wie auch dem Kapitalmarkt und seinen Teilnehmern diese Insiderinformation im Falle ordnungsgemäßen Verhaltens des Vorstands längst zur Kenntnis gebracht werden müssen. Die Befürworter eines Auskunftsverweigerungsrechts des Vorstands missachten den Grundsatz, dass dem Kapitalmarktrecht nicht der Vorrang vor dem Gesellschaftsrecht zukommt. Zugleich führt ein Auskunftsverweigerungsrecht aber auch dazu, dass das Kapitalmarktrecht seine Transparenzfunktion[922] nicht erfüllt, weil der Vorstand die veröffentlichungspflichtige Insiderinformation weiterhin geheim halten kann.

Der Vorstand hat sich durch sein pflichtwidriges Unterlassen selbst in die Situation gebracht, entweder gegen die Auskunftspflicht des § 131 AktG oder gegen das Weitergabeverbot des § 14 Abs. 1 Nr. 2 WpHG zu verstoßen. Billigt man ihm in einer solchen Situation gleichwohl das Recht zu, sich auf das kapitalmarktrechtliche Weitegabeverbot zu berufen, steuerte der Vorstand durch ein pflichtwidriges Unterlassen der Ad-hoc-Publizitätspflicht mittelbar seine Aus-

---

921 Zumindest darf der Emittent in diesen Fällen nicht aktiv gegenläufige Erklärung abgeben oder Signale setzen (Dementis), weil andernfalls das Tatbestandsmerkmal der Irreführung der Öffentlichkeit erfüllt sein könnte. Die BaFin schlägt in ihrem Emittentenleitfaden vom 15. Juli 2005 vor, der Emittent solle sich in diesem Fall auf eine „no comment policy" beschränken (IV. 3.3 Gewährleistung der Vertraulichkeit der Insiderinformation, Seite 56). So auch Veith, NZG 2005, 254, 257.

922 Siehe Semler/Spindler, in: Münch. Komm. AktG, vor § 76 Rn 179.

kunftspflicht in der Hauptversammlung[923]. Ein solches Ergebnis ist mit dem Gesetzeszweck des WpHG nicht vereinbar, die Transparenz über Vorgänge in börsennotierten Gesellschaften zu verbessern. Und schließlich ist nicht einleuchtend, warum die Erfüllung eines Nachauskunftsbegehrens „unbefugt" sein soll, wenn ansonsten die Weitergabe von Insiderinformationen, die auf einer rechtlichen Verpflichtung beruht, immer als „befugt" anzusehen sein soll.

Zudem wird es für den Vorstand nicht immer vorteilhaft sein, wenn er in der Hauptversammlung unter Ausnutzung des Auskunftsverweigerungsrechts die Beantwortung einer Aktionärsfrage verweigern dürfte. Der auskunftsersuchende Aktionär wird bei einer Verweigerung der Auskunft vielfach denselben Schluss ziehen, den er auch aus einer Auskunftserteilung gezogen hätte. Erklärt etwa der Vorstand, er könne mit Rücksicht auf die drohende Strafbarkeit die Antwort nicht erteilen, wird der fragende Aktionär diese Auskunft als eine Bestätigung seiner Frage auffassen[924]. Für den Vorstand der Tochtergesellschaft wird es häufig Vorteile bringen, die Auskunft zu erteilen, kann er doch so Halbwahrheiten entgegentreten und die Bildung von Fehlvorstellungen bei den Aktionären vermeiden.

Letztendlich kann im Kontext des § 14 Abs. 1 Nr. 2 WpHG nichts anderes gelten als im Falle des § 404 AktG: Was der Vorstand den Aktionären nach § 131 AktG mitteilen muss, stellt keine „unbefugte" Weitergabe nach § 14 Abs. 1 Nr. 2 WpHG dar und führt dementsprechend zu keiner Strafbarkeit nach §§ 38 Abs. 1 Nr. 2a) 2. Halbsatz, 39 Abs. 2 Nr. 3 WpHG[925]. Die individualrechtlichen Informationsrechte des Aktienrechts stehen dem Tatbestandsmerkmal der „unbefugten" Informationsweitergabe entgegen. Im Spannungsverhältnis zwischen kapitalmarktrechtlichem Weitergabeverbot sowie insiderrechtlicher Publizitätspflicht einerseits und aktienrechtlichen Auskunftsbegehren der Aktionäre andererseits ist grundsätzlich zugunsten letzterem zu entscheiden.

bb) Veröffentlichung der Ad-hoc-Mitteilung aus der Hauptversammlung

Der Vorstand der Tochtergesellschaft darf die Erteilung der gewünschten Auskunft, die sich auf eine nicht öffentlich bekannte Insiderinformation bezieht, in der Hauptversammlung alledem nach nicht verweigern, sondern muss die Frage beantworten und zudem seiner Veröffentlichungspflicht aus § 15 Abs. 1 WpHG nachkommen. Dieser Veröffentlichungspflicht genügt er nicht schon mit der bloßen Beantwortung der Aktionärsfrage. Denn diese führt ohne gleichzeitige Veröffentlichung einer Ad-hoc-Mitteilung nicht zur Herstellung der von § 15 Abs. 1 WpHG geforderten Bereichsöffentlichkeit, weil es sich bei den in der Hauptversammlung Anwesenden lediglich um eine begrenzte Gruppe von

---

[923] Diese Bedenken äußert Götz, DB 1995, 1949, 1952 (noch zur alten Rechtslage).
[924] Claussen, Insiderhandelsverbot, Seite 27 und Joussen, DB 1994, 2485, 2487.
[925] In diesem Sinne schon zur alten Rechtslage Schneider/Singhof, FS Kraft, 585, 597.

Marktteilnehmern handelt. Die Hauptversammlung ist keine öffentliche Versammlung, weil nur den Aktionären und den vom Versammlungsleiter zugelassenen Gästen, wie etwa Journalisten, Zutritt gewährt wird[926]. Dies ist auch bei großen Publikumsgesellschaften nicht anders, selbst wenn ein starkes Interesse der Öffentlichkeit an der Hauptversammlung bestehen sollte.

Gegen diese Veröffentlichungspflicht aus der Hauptversammlung heraus wird eingewandt, dass die Herstellung der erforderlichen Bereichsöffentlichkeit in der Hektik der Hauptversammlung und aus zeitlichen sowie technischen Gründen häufig nicht möglich sei[927]. Dieser Einwand verfängt nicht[928].

Nach § 5 Abs. 1 Nr. 1 WpAIV hat der Emittent die Insiderinformation über ein elektronisch betriebenes Informationssystem zu veröffentlichen[929]. Der in Deutschland wohl größte Service Provider, die Deutsche Gesellschaft für Ad-hoc-Publizität (DGAP), weist auf ihrer Internetseite ausdrücklich darauf hin[930], dass Emittenten ihre Meldung jederzeit und standortunabhängig über die einfach strukturierte Internetanwendung abgeben können. Mithin muss in der Hauptversammlung lediglich ein Internetzugang zur Verfügung stehen, um die relevante Insiderinformation an die BaFin und einen Informationsdienst weiterzugeben[931]. Die Bereichsöffentlichkeit lässt sich somit ohne größere Schwierigkeiten direkt aus der Hauptversammlung herstellen.

Außerdem soll die Veröffentlichung kurz gefasst sein (§ 4 Abs. 1 Satz 2 WpAIV). Der Vorstand braucht in der Hauptversammlung also keine längeren

---

[926] Hüffer, § 118 Rn 16; Joussen, DB 1994, 2485, 2486; Zöllner, in: Köln. Komm. AktG, § 118 Rn 29. Im Zusammenhang mit Vertretern der Presse ist umstritten, ob der Versammlungsleiter deren Ausschluss anordnen darf oder ob hierfür ein Hauptversammlungsbeschluss erforderlich ist. Nach wohl herrschender Meinung kann der Versammlungsleiter zwar die Anwesenheit von sich aus gestatten, zum Ausschluss bedarf es jedoch eines Hauptversammlungsbeschlusses (vgl. Hüffer, § 131 Rn 16; Zöllner, in: Köln. Komm. AktG, § 131 Rn 77 jeweils m.w.N.). Ein besonderes Teilnahmerecht Dritter besteht für Vertreter der Aufsichtsbehörden im Bereich der Banken- und Versicherungsaufsicht (§ 44 Abs. 1 Nr. 2 KWG, § 3 Abs. 1 BausparkG, § 83 Abs. 1 Nr. 5 VAG).

[927] So Gehrt, Die neue Ad-hoc-Publizität, Seite 179; Eggenberger, Gesellschaftsrechtliche Voraussetzungen und Folgen einer Due Diligence Prüfung, Seite 324 f.; Schlaus, zitiert nach Rellermeyer, WM 1995, 1981, 1982. Nach alter Rechtslage hielt auch Klein, damaliger Leiter des Bereichs Finanz- und Wirtschaftsökonomie der Daimler Benz AG, angesichts eines erforderlichen Zeitvorlaufs von ca. drei Stunden zur Herstellung der Bereichsöffentlichkeit die Veröffentlichung einer Ad-hoc-Mitteilung während der Hauptversammlung für unmöglich, zitiert nach Rellermeyer, WM 1995, 1981, 1985.

[928] Schon zur alten Rechtslage zutreffend Hopt, ZHR 159 (1995), 135, 157.

[929] Sofern eine Website des Emittenten besteht, ist die Ad-hoc-Mitteilung auf dieser für die Dauer von mindestens einem Monat dergestalt zu veröffentlichen, dass sie von der Hauptseite der Gesellschaft leicht auffindbar ist.

[930] www.dgap.de.

[931] von Klitzing, Ad-hoc-Publizität, Seite 207.

Stellungnahmen ad-hoc abzufassen[932]. Ohnehin verlangt die BaFin von den E-
mittenten, bei vorhersehbaren Insiderinformationen Vorarbeiten zu leisten, um
eine zeitliche Verzögerung weitestgehend zu vermeiden[933]. Diese Verpflichtung
gilt erst recht, wenn es der Emittent pflichtwidrig unterlassen hat, eine Insiderinformation zu melden. Der Vorstand einer börsennotierten Aktiengesellschaft ist
somit dazu verpflichtet, ausreichende organisatorische Vorkehrungen zu treffen,
um notfalls auch aus der Hauptversammlung heraus eine Ad-hoc-Mitteilung zu
veröffentlichen[934].

Durch das Vorstehende ist im Grunde auch schon die im Schrifttum themati-
sierte Frage beantwortet[935], wie sich ein Vorstand verhalten soll, dem die Möglichkeiten zur Herstellung der Bereichsöffentlichkeit zwar grundsätzlich zur
Verfügung stehen, er aber gleichwohl meint, eine solche während der Hauptversammlung nicht (mehr) herstellen zu können, weil ein Aktionär seine Frage erst
um 23.00 Uhr stellt[936]. Dieser Vorstellung liegt das Verständnis zugrunde, Ad-
hoc-Mitteilungen müssten noch mittels Börsenpflichtblätter (überregionale Tageszeitungen) veröffentlicht werden. Dies ist aber nicht der Fall[937]. Die zu veröffentlichende Insiderinformation kann vielmehr zu jeder Tages- und Nachtszeit

---

[932] Der Vorstand der Gesellschaft darf die zu veröffentlichende Mitteilung auch erst in dem
„Back Office" von seinen Beratern vorbereiten lassen, bevor er die Mitteilung absegnet
und verschickt. Ansonsten muss der Vorstand zumindest gewährleisten, dass in der
Verwaltung der Gesellschaft Mitarbeiter anwesend sind, die die Insiderinformation ab-
fassen und versenden.

[933] Emittentenleitfaden vom 15. Juli 2005 (IV.6.3 Unverzüglichkeit, Seite 66).

[934] Decher, in: Großkomm. AktG, § 131 Rn 328; Götz, DB 1995, 1949, 1951; Hirte, zitiert
nach Rellermeyer, WM 1995, 1981, 1984; Hopt, ZHR 159 (1995), 135, 137; Schnei-
der/Singhof, FS Kraft, 585, 598 (alle noch zur alten Rechtslage). Auch die BaFin weist
in ihrem Emittentenleitfaden vom 15. Juli 2005 darauf hin, dass der Emittent verpflichtet ist, organisatorische Vorkehrungen zu treffen, um eine notwendige Veröffentlichung
unverzüglich durchführen zu können (IV.6.3 Unverzüglichkeit, Seite 66)). Diese sehr
weit gefasst Formulierung dürfte so zu verstehen sein, dass damit auch die organisatorischen Vorkehrungen im Rahmen einer Hauptversammlung gemeint sind.

[935] Assmann, in: Assmann/Schneider, § 14 WpHG Rn 86; Decher, in: Großkomm. AktG,
§ 131 Rn 329; Eggenberger, Gesellschaftsrechtliche Voraussetzungen und Folgen einer
Due Diligence Prüfung, Seite 325.

[936] In der Praxis wird der Vorstand es in der Regel tunlichst vermeiden, dass die Hauptversammlung erst nach Mitternacht endet. Sämtliche nach 24.00 Uhr gefassten Beschlüsse
sind nach § 243 Abs. 1 AktG anfechtbar, sofern die Hauptversammlung nicht von vornherein auf zwei Tage einberufen worden ist. Die Anfechtbarkeit hängt von den Zumut-
barkeitserwägungen des jeweiligen Einzelfalls ab (hierzu Hüffer, § 121 Rn 17).

[937] Die Deutsche Gesellschaft für Ad-hoc-Publizität (DGAP) wirbt auf ihre Internetseite
(www.dgap.de) damit, dass Ad-hoc-Mitteilungen jederzeit abgegeben werden können.
Auch die BaFin weist in ihrem Emittentenleitfaden vom 15. Juli 2005 darauf hin, dass
alle auf dem Gebiet der Ad-hoc-Publizität tätigen Dienstleister zu jeder Zeit die Möglichkeit hätten, eine Veröffentlichung zu veranlassen (IV. 6.3 Unverzüglichkeit, Seite
66)).

an einen elektronischen Informationsdienstleister geschickt werden. Dieser ver-
arbeitet die Insiderinformation und lässt sie dann über Nachrichtendienste wie
Reuters oder Bloomberg verbreiten. Der bei den meisten Tageszeitungen übliche
Redaktionsschluss um 23.00 Uhr hindert den Vorstand also nicht daran, eine
Insiderinformation auch noch zu und nach dieser Uhrzeit zu veröffentlichen.

Gegen eine Veröffentlichungspflicht zu dieser Zeit spricht schließlich auch
nicht, dass Ad-hoc-Mitteilungen grundsätzlich 30 Minuten vor ihrer Veröffentlichung der BaFin zuzuleiten sind, damit diese zusammen mit der Geschäftsleitung der Börsen über die eventuelle Aussetzung des Handels entscheiden
kann[938]. Denn zum einen findet um 23.00 Uhr kein Börsenhandel mehr statt.
Wird die Ad-hoc-Mitteilung der BaFin also um 23.00 Uhr übermittelt und zeitgleich von einem Informationsdienst veröffentlicht, hat die BaFin vor Beginn
des Börsenhandels am nächsten Tag ausreichend Zeit, um über eine eventuelle
Aussetzung des Handels zu entscheiden. Und zum anderen weist die BaFin in
ihrem Emittentenleitfaden ausdrücklich darauf hin, dass der Emittent Veröffentlichungen unverzüglich vorzunehmen hat, d. h. gerade auch außerhalb der Bör-
senhandelszeiten[939].

cc)   Keine Gefahr des Insiderhandels

Die Literatur[940] äußert schließlich teilweise die Befürchtung, die Chancengleichheit der nicht anwesenden Aktionäre würde zumindest temporär verletzt,
müsste der Vorstand den Versammlungsteilnehmern gegenüber auch dann Insiderinformationen offenbaren, wenn er keine Bereichsöffentlichkeit herstellen
könne. Die Teilnehmer der Hauptversammlung könnten nämlich, so die Befürchtung, mittels elektronischer Geräte unmittelbar nach Bekanntgabe der Insiderinformation Effektenaufträge erteilen und somit Insidergeschäfte vornehmen.

Seit dem In-Kraft-Treten des Anlegerschutzverbesserungsgesetzes werden
die in der Hauptversammlung anwesenden Aktionäre durch die Mitteilung der
Insiderinformation selbst zu *Insidern*. Sie unterliegen sowohl dem kapitalmarktrechtlichen Weitergabeverbot des § 14 Abs. 1 Nr. 2 WpHG als auch dem Handelsverbot nach § 14 Abs. 1 Nr. 1 WpHG bis die Insiderinformation durch öffentliche Bekanntmachung ihren vertraulichen Charakter verliert. Nutzen sie
gleichwohl die - noch nicht veröffentlichte - Insiderinformation zur Vornahme
von Insidergeschäften, begehen sie dadurch eine Straftat (§ 38 Abs. 1 Nr. 1

---

[938]   Siehe Emittentenleitfaden vom 15. Juli 2005 (IV. 5.1 Notwendige Angaben, Seite 61).
[939]   Emittentenleitfaden vom 15. Juli 2005 (IV. 6.3 Unverzüglichkeit, Seite 65).
[940]   So die bei Kümpel, in: Bank-und Kapitalmarktrecht, Rn 16.185; ders., WM 1994, 2137,
         2138 geäußerte Befürchtung; auch Schwark, in: Schwark KMRK, § 14 WpHG Rn 36
         (alle noch zur alten Rechtslage).

WpHG)[941]. Der Vorstand oder der Versammlungsleiter sollte die anwesenden Aktionäre vor der Beantwortung der Frage des Aktionärs deshalb darauf hinweisen, dass ihnen nunmehr eine noch nicht veröffentlichte Insiderinformation mitgeteilt wird. Gleichzeitig sollte er sie darüber aufklären, dass die Verwendung dieser Information strafbar ist. Der Vorstand muss dann zwar einräumen, dass er die Insiderinformation bislang weder veröffentlicht noch die notwendigen organisatorischen Vorkehrungen getroffen hat, diese nunmehr zu melden. Er bewahrt *seine* Aktionäre dadurch aber möglicherweise vor der Begehung eines strafbewehrten Insidergeschäfts.

dd) Veröffentlichung „in anderer Weise"

Die rechtliche Qualifizierung der Hauptversammlung als nicht öffentliche Veranstaltung hat zur Folge, dass der Vorstand durch die bloße Mitteilung einer Insiderinformation in der Hauptversammlung (ohne gleichzeitige Veröffentlichung einer Ad-hoc-Mitteilung) eine Veröffentlichung „in anderer Weise" vornimmt (§ 15 Abs. 5 Satz 1 WpHG)[942]. Dadurch begeht er eine Ordnungswidrigkeit, die mit einer Geldbuße von bis zu einer Million Euro geahndet werden kann (§§ 15 Abs. 5 Satz 1, 39 Abs. 2 Nr. 6 WpHG)[943].

Der Vorstand der Tochtergesellschaft sollte daher stets versuchen, die Insiderinformation vor Beantwortung der Frage des Aktionärs ad-hoc zu veröffentlichen. Der Vorstand darf das Nachauskunftsbegehren des Aktionärs zu diesem Zweck zunächst zurückstellen, weil der Aktionär keinen Anspruch auf die sofortige Beantwortung seiner Frage hat. Darüber hinaus sollte der Vorstand die

---

[941] Ein Verstoß gegen das Weitergabe- oder Empfehlungsverbot des § 14 Abs. 1 Nr. 2, Nr. 3 WpHG stellt für die Versammlungsteilnehmer hingegen nur eine Ordnungswidrigkeit dar (§ 39 Abs. 2 Nr. 3, Nr. 4 WpHG).

[942] Allgemeine Meinung vgl. statt aller Kümpel, in: Bank- und Kapitalmarktrecht, Rn 16.185; Schäfer, in: Schäfer, § 14 WpHG Rn 67. Anders jedoch S. Schneider, NZG 2005, 702, 707, nach dem bei Anwesenheit von Journalisten auf der Hauptversammlung die neuen Informationen schnell genug an den Markt weitergegeben würden, so dass von einer öffentlichen Bekanntmachung auszugehen sei. Dies soll nach Ansicht S. Schneiders (a.a.O.) erst recht gelten, wenn die Hauptversammlung im Internet in Echtzeit übertragen werde.

[943] Nach bisheriger Rechtslage musste es nicht zwingend zu einem Konflikt zwischen der Auskunftserteilung nach § 131 AktG und der Veröffentlichung „in anderer Weise" nach § 15 Abs. 3 Satz 2 WpHG a. F. kommen, da nicht jede Insidertatsache zugleich auch eine ad-hoc publizitätspflichtige Tatsache war. Diese bisherige Differenzierung ist durch das AnSVG weggefallen. Weil eine Insiderinformation (§ 13 WpHG) nach neuer Rechtslage generell zu veröffentlichen ist, kommt es im Falle der drohenden (Nach-) Auskunft in der Hauptversammlung nun immer zum Konflikt zwischen dem individualrechtlichen Auskunftsanspruch nach § 131 AktG auf der einen Seite und dem insiderrechtlichen Weitergabeverbot (§ 14 Abs. 1 Nr. 2 WpHG) sowie der Ad-hoc-Publizität „in anderer Weise" (§ 15 Abs. 5 Satz 1 WpHG) auf der anderen Seite.

Hauptversammlung darauf hinweisen, dass die Antwort auf die Frage des Aktionärs eine Insiderinformation zum Inhalt hat, die bislang noch nicht veröffentlicht wurde, und dass nunmehr Vorbereitungen für deren Veröffentlichung getroffen werden[944]. Sobald die Ad-hoc-Mitteilung abgefasst und an einen elektronischen Informationsdienstleister versandt ist, kann der Vorstand der Tochtergesellschaft auf das Nachauskunftsbegehren des Aktionärs zurückkommen und die gewünschte Auskunft erteilen. Durch die zeitgleiche Bekanntgabe[945] der Insiderinformation in der Hauptversammlung und deren Veröffentlichung als Ad-hoc-Mitteilung vermeidet der Vorstand zum einen, die Insiderinformation *„in anderer Weise"* veröffentlichen zu müssen und zum anderen wahrt er das Prinzip der Chancengleichheit der Marktteilnehmer[946].

Nach der hier vertretenen Ansicht muss der Vorstand der Tochtergesellschaft das Nachauskunftsbegehren des Aktionärs allerdings auch dann beantworten, wenn er die Ad-hoc-Mitteilung pflichtwidrig nicht veröffentlichen kann[947]: Selbst die dann drohende Ordnungswidrigkeit rechtfertigt es nicht, den Vorstand von seiner Auskunftspflicht zu befreien. Denn durch die Frage des Aktionärs nach einer bereits nach *oben* gegebenen Insiderinformationen entsteht diese weder originär noch wird dadurch die Publizitätspflicht erstmalig begründet[948]. Vielmehr handelt es sich um Insiderinformationen, die der Vorstand der börsennotierten Konzerntochter bereits im Vorfeld der Hauptversammlung hätte bekannt machen müssen (§ 15 Abs. 1 WpHG). Da die Veröffentlichungspflicht schon vor der Hauptversammlung existiert, werden die Sorgfaltsanforderungen an den Vorstand nicht überspannt[949]. Hätte der Vorstand die Insiderinformation nämlich pflichtgemäß *„unverzüglich"* veröffentlicht, wären Fragen in der Hauptversammlung nicht gestellt worden.

---

[944] So auch Hopt, ZHR 159 (1995), 135, 157; Schneider/Singhof, FS Kraft, 585, 598.

[945] Ohne jede Begründung geht Eggenberger, Gesellschaftsrechtliche Voraussetzungen und Folgen einer Due Diligence Prüfung, Seite 325 davon aus, dass eine gleichzeitige Veröffentlichung der Insiderinformation praktisch nicht durchführbar sei. Dieser Einwand trifft nicht zu.

[946] Assmann, in: Assmann/Schneider, § 14 WpHG Rn 87; Kubis, in: Münch. Komm. AktG, § 131 Rn 117 meinen, die Auskunft müsse in der Hauptversammlung zum Schutz der nicht anwesenden Aktionäre unterbleiben.

[947] Benner-Heinacher, DB 1995, 765, 766; Decher, in: Großkomm. AktG, § 131 Rn 327; Gehrt, Die neue Ad-hoc-Publizität, Seite 177; Hirte, zitiert nach Rellermeyer, WM 1995, 1981, 1984; Hopt, ZHR 159 (1995), 133, 157; von Klitzing, Ad-hoc-Publizität, Seite 206; F. J. Semler, in: Münchener Hdb. GesR IV, § 37 Rn 44, der ergänzend darauf hinweist, dass die drohende Ordnungswidrigkeit keinen Verweigerungsgrund nach § 131 Abs. 3 Nr. 5 AktG (*„strafbar"*) darstelle. Nach herrschender Meinung besteht das Recht zur Auskunftsverweigerung über den Wortlaut hinaus aber auch dann, wenn die Erteilung der Auskunft lediglich ordnungswidrig ist (Kubis, in: Münch. Komm. AktG, § 131 Rn 115; Decher, in: Großkomm. AktG, § 131 Rn 323).

[948] So auch Decher, in: Großkomm. AktG, § 131 Rn 327.

[949] F. J. Semler, in : Münchener Hdb. GesR IV, § 37 Rn 44.

Der Vorstand einer börsenotierten Aktiengesellschaft handelt im doppelten Sinne pflichtwidrig nach § 93 Abs. 1 AktG, wenn er es unterlässt, eine Insiderinformation ad-hoc zu publizieren und überdies nicht gewährleistet, während der Hauptversammlung die Bereichsöffentlichkeit herstellen zu können.

V. Ergebnis

Teilt der Vorstand des beherrschten Unternehmens dem herrschenden Unternehmen Informationen zur Weiterleitung an einen Kaufinteressenten mit, löst dieser Informationstransfer kein Nachauskunftsrecht der übrigen Aktionäre aus. Das herrschende Unternehmen erlangt diese Informationen zwar nicht in seiner Eigenschaft als Konzernmutter, weil es sich bei der geplanten Veräußerung um keine Konzernleitungsmaßnahme handelt.

Jedoch erhält es die Informationen gleichwohl nicht *„wegen seiner Eigenschaft als Aktionär"* der abhängigen Tochtergesellschaft, sondern infolge seiner spezifischen Verkaufsabsicht an einen konkreten potentiellen Erwerber. Maßgeblich ist die Stellung als Veräußerer und nicht die als Aktionär. Die sachlichen Erwägungen, die den Vorstand der beherrschten Gesellschaft zur Offenlegung der Informationen veranlassen, also die Person des potentiellen Erwerbers der Beteiligung und die sich an diese konkrete Person knüpfenden unternehmerischen Erwartungen der Tochtergesellschaft, finden auch bei der Beurteilung des Nachauskunftsrechts Berücksichtigung.

Bejaht man entgegen der hier vertretenen Ansicht die Anwendbarkeit des § 131 Abs. 4 AktG, muss der Aktionär in der Hauptversammlung hohe Hürden überwinden, um ein zulässiges Nachauskunftsbegehren zu formulieren. Diese erforderliche Konkretisierung wird im Regelfall auch anhand von Due Diligence Checklisten nicht gelingen, weil es *die Checkliste* nicht gibt.

Gelingt es dem Aktionär gleichwohl ein zulässiges Nachauskunftsbegehren zu formulieren, darf der Vorstand die Auskunft nicht unter Berufung auf die drohende Strafbarkeit nach § 404 AktG verweigern. Die Auskunftserteilung erfolgt nicht *„unbefugt"*, sondern in Erfüllung der Verpflichtung aus § 131 Abs. 4 AktG.

Das durch §§ 38 Abs. 1 Nr. 2a) 2. Halbsatz, 39 Abs. 2 Nr. 3 WpHG strafbewehrte kapitalmarktrechtliche Weitergabeverbot des § 14 Abs. 1 Nr. 2 WpHG hat als Verweigerungsgrund im Sinne des § 131 Abs. 3 Nr. 5 AktG eine nur geringe praktische Bedeutung. Lediglich wenn der Vorstand von der Veröffentlichung einer Ad-hoc-Mitteilung bewusst abgesehen hat oder die Voraussetzungen für eine Veröffentlichung ausnahmsweise nicht vorliegen, darf er sich in der Hauptversammlung auf sein Auskunftsverweigerungsrecht aus § 131 Abs. 3 Nr. 5 AktG berufen. In allen anderen Fällen ist ihm dieser Verweigerungsgrund hingegen verwehrt und er ist gegenüber der Hauptversammlung zur Auskunft über die Insiderinformation verpflichtet, die er zuvor dem herrschenden Unternehmen

mitgeteilt hat. Der praktische Nutzen des kapitalmarktrechtlich geprägten Auskunftsverweigerungsrechts ist im Rahmen einer Due Diligence jedoch ohnehin
begrenzt, weil viele der nach *oben* gegebenen Informationen keine Insiderinformationen sind.

Sollte ein Aktionär allerdings tatsächlich einmal einen *Zufallstreffer landen*,
er also sein Nachauskunftsbegehren hinreichend konkret formuliert haben und
kein Auskunftsverweigerungsrecht eingreifen, muss der Vorstand der Tochtergesellschaft die Auskunft erteilen, trotz der Nachteile, die der eigenen Gesellschaft, dem herrschenden Unternehmen und auch dem Kaufinteressenten drohen. Auch wenn diese Gefahr als gering einzustufen ist, belegt dieses Ergebnis
die Richtigkeit der hier vertretenen Ansicht: Verneint man nämlich grundsätzlich die Anwendbarkeit des § 131 Abs. 4 AktG auf den Informationstransfer
zum herrschenden Unternehmen zu Zwecken der Due Diligence, sind alle an der
Transaktion Beteiligten vor nachteiligen Auskünften in der Hauptversammlung
geschützt.

§ 14 Zusammenfassung der Ergebnisse

Die Ergebnisse der Untersuchung lassen sich wie folgt zusammenfassen:

I. **Die Information des herrschenden Unternehmens im Handels- und Gesellschaftsrecht**

1. § 294 Abs. 3 HGB gewährt dem herrschenden Unternehmen einen weit reichenden Einblick in die Geschehnisse der beherrschten Tochtergesellschaft. Der Anspruch auf Vorlage aller für die Erstellung des Konzernabschlusses erforderlichen Unterlagen kann die Informationsbedürfnisse des herrschenden Unternehmens allerdings genauso wenig vollständig befriedigen wie der korrespondierende Auskunftsanspruch. Denn beide Ansprüche reichen nur soweit, wie die Unterlagen und Auskünfte zur Erstellung des Konzernabschlusses für das abgelaufene Geschäftsjahr erforderlich sind.

2. Ist die Muttergesellschaft börsennotiert (§ 3 Abs. 2 AktG) und in der Folge zur Aufstellung eines Halbjahresfinanzberichts (§§ 37y Nr. 2 Satz 1, 37w Abs. 1 WpHG) und zur Veröffentlichung von Zwischenmitteilungen (§§ 37x Abs. 1, 37y Nr. 3 WpHG) auf konsolidierter Basis verpflichtet, findet nach der hier vertreten Ansicht § 294 Abs. 3 HGB entsprechende Anwendung. Das Mutterunternehmen hat einen Anspruch gegen die Tochtergesellschaft auf Mitteilung sämtlicher bilanzrechtlicher Angaben aus deren laufendem Geschäftsjahr, um die unterjährigen kapitalmarktrechtlichen Veröffentlichungspflichten zu erfüllen. Dadurch erlangt das herrschende Unternehmen aktuelle Informationen aus der unternehmerischen Sphäre der Tochtergesellschaft. Der Informationstransfer bleibt aber auf betriebswirtschaftliche Daten und Angaben beschränkt. Eine Versorgung mit aktuellen Informationen über das Tagesgeschäft der Tochtergesellschaft oder einem bilanzfremden Kontext ermöglicht § 294 Abs. 3 HGB nicht. Aufgrund dieser funktionalen Beschränkung ist § 294 Abs. 3 HGB zwar ein wichtiger, gleichwohl aber kein ausreichender Informationskanal für die Ausübung einheitlicher Konzernleitung.

3. Das Auskunftsrecht des § 131 Abs. 1 AktG ist für das herrschende Unternehmen zwar ein theoretischer, in der Praxis aber ungeeigneter Informationskanal, weil damit die zur Konzernleitung erforderlichen Informationen nur im Rahmen der jährlichen Hauptversammlung erfragt werden können und in dieser die erforderliche Vertraulichkeit nicht gewährleistet ist. § 131 AktG räumt dem herrschenden Unternehmen schließlich auch keinen Anspruch auf Vorlage schriftlicher Informationen ein. Insgesamt ist

die Norm zur Befriedigung des unternehmerischen Informationsbedürfnisses unpraktikabel.

4. Im Vertragskonzern steht dem herrschenden Unternehmen ein umfassender Informations- und Auskunftsanspruch gegen das abhängige Tochterunternehmen zu. Dieser Anspruch ist Bestandteil der konzernrechtlichen Leitungsmacht des herrschenden Unternehmens und ergibt sich aus § 308 AktG. Der Grundsatz der Vertraulichkeit (§ 93 Abs. 1 Satz 3 AktG) behindert den ungehinderten Informationsfluss von *unten* nach *oben* nicht. Vielmehr darf und muss die Tochtergesellschaft das herrschende Unternehmen umfassend über sämtliche internen Angelegenheiten informieren. Der Informationsanspruch wird durch den Umfang der Weisungsbefugnis des herrschenden Unternehmens begrenzt. Er reicht stets nur so weit, wie das herrschende Unternehmen dem Tochtervorstand Weisungen erteilen darf. Ist das Weisungsrecht des herrschenden Unternehmens durch einen Teilbeherrschungsvertrag funktional begrenzt, gilt diese Begrenzung für den Auskunftsanspruch entsprechend.

5. In der faktischen Konzernbeziehung verfügt das herrschende Unternehmen über keinen Informations- und Auskunftsanspruch gegen die Tochtergesellschaft. Einem solchen Anspruch stehen die unterschiedlichen, vom Gesetz geschützten Interessen der abhängigen Gesellschaft entgegen. Diese kann und darf sich der umfassenden Information des herrschenden Unternehmens entziehen, indem sie über die Rechnungslegung hinaus keine Informationen erteilt. Aus diesem Grund ist das herrschende Unternehmen auf eine einvernehmliche und vertrauensvolle Zusammenarbeit mit dem Vorstand der beherrschten Gesellschaft angewiesen.

6. Der Grundsatz der Vertraulichkeit steht der freiwilligen Information des herrschenden Unternehmens durch den Tochtervorstand im faktischen Konzern nicht entgegen. Grundsätzliches Hindernis ist hingegen § 311 AktG: Vertrauliche Informationen dürfen nur mitgeteilt werden, wenn dem abhängigen Tochterunternehmen aus diesem Informationstransfer kein Nachteil erwächst. Für den Vorstand der abhängigen Gesellschaft ist im Regelfall nicht zu erkennen, ob das herrschende Unternehmen die mitgeteilten Informationen in einer vorteilhaften oder zumindest neutralen oder aber in einer nachteiligen Weise verwendet. Diese schwer zu treffenden Prognoseentscheidungen lassen sich mit der hier vorgeschlagenen Lösung einer Garantievereinbarung unter bestimmten Voraussetzungen vermeiden: Garantiert das herrschende Unternehmen der abhängigen Gesellschaft, sämtliche aus dem konzerninternen Informationsfluss resultierenden finanziellen Nachteile zu tragen, wird die nachteilsbegründende

Pflichtverletzung des Vorstands von vornherein ausgeschlossen. Die Frage nach einem Nachteil und dessen etwaiger Höhe stellt sich lediglich dann, wenn es um die Durchsetzung der Rechte aus der Garantievereinbarung geht. Voraussetzung für den Abschluss einer Garantievereinbarung ist stets, dass sich die finanziellen Auswirkungen der Informationserteilung für die abhängige Gesellschaft spätestens aus der ex-post Betrachtungsweise bestimmen lassen. Dies hängt von der Natur der Informationen ab.

7. Der konzerninterne Informationsfluss von *unten* nach *oben* mittels personeller Verflechtungen ist im Vertragskonzern uneingeschränkt zulässig. Sowohl Doppelvorstandsmitglieder als auch Doppelaufsichtsräte dürfen die *unten* erhaltenen Informationen den Organen des herrschenden Unternehmens mitteilen. Beschränkt allerdings ein Teilbeherrschungsvertrag das Weisungsrecht des herrschenden Unternehmens auf bestimmte Unternehmensbereiche der Tochtergesellschaft, gilt diese funktionale Beschränkung für die Weitergabebefugnis der Doppelorganmitglieder entsprechend.

8. In der faktischen Konzernbeziehung ist das Vorstandsdoppelmitglied lediglich dann zur Information des herrschenden Unternehmens befugt, wenn der Gesamtvorstand der beherrschten Gesellschaft der Informationsweitergabe zugestimmt hat. Ansonsten darf der Doppelvorstand die Organe *oben* nur dann eigenmächtig informieren, wenn zwischen den Konzerngesellschaften eine Garantievereinbarung abgeschlossen wurde. Doppelaufsichtsräte sind in der faktischen Konzernbeziehung keine geeigneten Informationsquellen, weil sie ohne Ermächtigung des Tochtervorstands dem herrschenden Unternehmen keine vertraulichen Informationen mitteilen dürfen.

9. Das Nachauskunftsrecht des § 131 Abs. 4 AktG ermöglicht den außenstehenden Aktionären weder im Vertragskonzern noch in der faktischen Konzernbeziehung, die konzernintern kommunizierten Informationen zu erfragen. Denn das herrschende Unternehmen erlangt diese Informationen nicht *„wegen seiner Eigenschaft als (herrschender) Aktionär"* der abhängigen Gesellschaft, sondern in der als Konzernmutter und dies zu Zwecken einheitlicher Leitung.

10. In der faktischen Konzernbeziehung verschafft der Abhängigkeitsbericht (§ 312 AktG) den Aktionären keinen Aufschluss darüber, welche Informationen die Tochtergesellschaft dem herrschenden Unternehmen im zurückliegenden Geschäftsjahr mitgeteilt hat. Das Auskunftsrecht nach

§ 131 AktG erstreckt sich zwar auf die im Abhängigkeitsbericht enthaltenen Informationen. Der Tochtervorstand darf die Auskunft auf entsprechende Fragen jedoch unter Berufung auf § 131 Abs. 3 Nr. 1 AktG verweigern.

11. Bilanziert das Tochterunternehmen seinen Jahresabschluss nach den
Rechnungslegungsvorschriften des IAS/IFRS, folgt aus IAS 24 keine
Pflicht, im Anhang zum Jahresabschluss über die konzernintern mitgeteilten Informationen zu berichten. Denn es handelt sich bei den nach *oben*
gegebenen Informationen um keine Vorgänge, die zu den berichtspflichtigen *„related party transactions"* zählen.

12. Ist die Tochtergesellschaft börsennotiert und informiert das herrschende
Unternehmen bevorzugt mit Informationen von *unten*, liegt darin kein
Verstoß gegen die Soll-Bestimmung der Ziffer 6.3 Satz 2 des Deutschen
Corporate Governance Kodex. Der konzerninterne Informationstransfer
löst keine Verpflichtung aus, in der Entsprechenserklärung nach § 161
AktG darauf hinzuweisen.

13. Sowohl im faktischen als auch im vertraglich begründeten Konzernverhältnis entzieht sich damit der konzerninterne Informationsfluss von *unten*
nach *oben* der Kenntnisnahme der außenstehenden Aktionäre der Tochtergesellschaft.

II. **Die Information des herrschenden Unternehmens im Kapitalmarktrecht**

14. Im Regelfall führt der konzerninterne Informationsfluss zu keinen kapitalmarktrechtlichen Schwierigkeiten, weil die nach *oben* gegebenen Informationen keine Insiderinformationen (§ 13 WpHG) sind. Die Weitergabe von Insiderinformationen ist *befugt* (§ 14 Abs. 1 Nr. 2 WpHG),
wenn sie durch legitimierende Konzerninteressen wie Konzernleitung,
Konzernstrategie und Konzernkontrolle gerechtfertigt ist. Ansonsten gibt
es in kapitalmarktrechtlicher Hinsicht kein Konzernprivileg.

15. Die Weitergabe von Insiderinformationen durch Vorstandsdoppelmitglie-
der ist kapitalmarktrechtlich ebenfalls nur dann *befugt*, sofern sie der Erfüllung von Aufgaben der Konzernleitung dient. Andernfalls muss die Information durch das Vorstandsdoppelmitglied unterbleiben. Dies gilt sowohl für den Vertragskonzern als auch die faktischen Konzernbeziehung.

16. Aufsichtsratsmitglieder dürfen weder im Vertragskonzern noch im faktischen Konzern die Obergesellschaft mit Insiderinformationen versorgen. Denn nach der gesetzlichen Kompetenzordnung obliegt die Informationspolitik nicht dem Aufsichtsrat, sondern dem Vorstand der Gesellschaft. Im Vertragskonzern verläuft die Grenze der gesellschaftsrechtlichen und kapitalmarktrechtlichen Informationsbefugnis von Aufsichtsratsdoppelmitgliedern nicht gleich.

17. Infolge der Neuerungen des AnSVG erstreckt sich die Ad-hoc-Publizitätspflicht börsennotierter herrschender Unternehmen auch auf unternehmensexterne Ereignisse und Vorgänge bei nicht konsolidierten Tochtergesellschaften. Zudem muss das herrschende Unternehmen nunmehr über solche Insiderinformationen ad hoc berichten, die zwar nicht in seinem Tätigkeitsbereich eingetreten sind, die es aber gleichwohl „unmittelbar" berühren.

18. In der faktischen Konzernbeziehung verfügt das herrschende Unternehmen von Gesetzes wegen nicht über die rechtlichen Instrumentarien, um seiner konzernweiten Publizitätspflicht aus § 15 Abs. 1 WpHG zu genügen. Zur sachgemäßen Erfüllung der kapitalmarktrechtlichen Publizitätspflicht steht dem herrschenden börsennotierten Unternehmen nach der hier vertretenen Ansicht deshalb ein Anspruch gegen die abhängige Tochtergesellschaft auf Mitteilung sämtlicher Insiderinformationen zu, der sich aus der analogen Anwendung des § 294 Abs. 3 HGB ergibt.

19. Sind sowohl das herrschende als auch das abhängige Unternehmen börsennotiert und tritt in der unternehmerischen Sphäre der Tochtergesellschaft ein Ereignis mit doppelter Kursrelevanz ein, darf das herrschende Unternehmen die Ad-hoc-Publizitätspflicht des Tochterunternehmens durch die Veröffentlichung einer konsolidierten Ad-hoc-Mitteilung mit erfüllen.

20. Das herrschende Unternehmen darf sich zur Suspendierung von der Publizitätspflicht (§ 15 Abs. 3 Satz 1 WpHG) auch auf die berechtigten Interessen der Tochtergesellschaft berufen und zwar unabhängig davon, ob diese börsennotiert ist oder nicht. Ob berechtigte Interessen an der Suspendierung vorliegen, ist aus einer konzerndimensionalen Perspektive zu beurteilen. Nur so kann vermieden werden, dass das herrschende Unternehmen jede nach *oben* gegebene Insiderinformation unverzüglich veröffentlichen muss.

III. Die Information des herrschenden Unternehmens bei Veräußerung der Aktien der Tochtergesellschaft

21. Im Vertragskonzern hat das herrschende Unternehmen keinen Anspruch gegen die Tochtergesellschaft auf Mitteilung von Informationen, die der Durchführung einer Due Diligence durch einen Erwerbsinteressenten dienen. Die geplante Veräußerung der Aktien der Tochtergesellschaft zielt nicht auf die einheitliche Leitung der Tochtergesellschaft ab, sondern auf die Verfolgung finanzieller Eigeninteressen des herrschenden Unternehmens.

22. Auch in der faktischen Konzernbeziehung hat das veräußerungswillige herrschende Unternehmen keinen Anspruch auf Offenlegung der zur Durchführung einer Due Diligence relevanten vertraulichen Informationen, insbesondere nicht unter dem Aspekt der andernfalls drohenden Unverkäuflichkeit der Beteiligung.

23. Der Vorstand der Tochtergesellschaft entscheidet nach pflichtgemäßem Ermessen darüber, ob er dem herrschenden Unternehmen freiwillig Informationen zur Verfügung stellt, um eine Due Diligence durch einen potentiellen Erwerber zu ermöglichen. Der Vorstand hat in jedem Einzelfall abzuwägen, ob das Interesse des Unternehmens an der beabsichtigten Transaktion oder das an der Geheimhaltung der begehrten Informationen überwiegt. Der Verschwiegenheitspflicht gebührt nicht grundsätzlich der Vorrang. Entscheidungsmaßstab des Tochtervorstands ist stets das Interesse seiner Gesellschaft, wobei dieses mit dem Konzerninteresse korrespondieren kann und in der Praxis auch wird. Zwingend ist dies allerdings nicht.

24. Insiderinformationen zu Zwecken einer Due Diligence gibt der Vorstand der Tochtergesellschaft dann *befugt* weiter, wenn die Weitergabe durch unternehmerische Interessen der eigenen Gesellschaft gerechtfertigt ist. Steht die Informationsweitergabe in Einklang mit der aktienrechtlichen Verschwiegenheitspflicht, ist sie zugleich kapitalmarktrechtlich *befugt* (§ 14 Abs. 1 Nr. 2 WpHG).

25. Dem herrschenden Unternehmen ist es nicht gestattet, dem Kaufinteressenten Informationen über die Tochtergesellschaft mitzuteilen, die es zuvor ausschließlich zu Zwecken einheitlicher Konzernleitung von *unten* erhalten hat. Die Verschwiegenheitspflicht des Vorstands der Muttergesellschaft erstreckt sich auch auf vertrauliche Angaben und Geheimnisse aus der Sphäre der Tochtergesellschaft. Die Verschwiegenheitspflicht besteht

dann gegenüber der Muttergesellschaft zugunsten der Tochtergesellschaft. Nur mit Zustimmung der Tochtergesellschaft darf das herrschende Unternehmen diese Informationen weitergeben. Ansonsten macht sich der Vorstand der herrschenden Gesellschaft schadensersatzpflichtig (§ 93 Abs. 2 Satz 1 AktG) und gegebenenfalls strafbar (§§ 404 AktG, 38 Abs. 1 Nr. 2a) 2. Halbsatz, 39 Abs. 2 Nr. 3, 14 Abs. 1 Nr. 2 WpHG).

26. Gibt der Vorstand der abhängigen Gesellschaft freiwillig transaktionsrelevante Informationen nach *oben*, löst dieser Informationstransfer kein Nachauskunftsrecht der außenstehenden Aktionäre aus (§ 131 Abs. 4 AktG). Das herrschende Unternehmen erlangt die fraglichen Informationen nicht *„wegen seiner Eigenschaft als Aktionär"*, sondern weil sich die Tochtergesellschaft durch die Weitergabe bestimmte, im Gesellschaftsinteresse liegende Vorteile erhofft, die sie an die Person des Erwerbsinteressenten knüpft. Auch der Grundsatz der Gleichbehandlung (§ 53a AktG) begründet kein Nachauskunftsrecht: Das Informationsbedürfnis des veräußerungswilligen herrschenden Unternehmens kann mit dem der außenstehenden Kleinaktionäre nicht gleichgestellt werden.

27. Bejaht man entgegen der hier vertretenen Auffassung die Anwendbarkeit des § 131 Abs. 4 AktG, wird es den außenstehenden Aktionären in der Praxis im Regelfall nicht gelingen, ein Nachauskunftsbegehren so konkret zu formulieren, dass die dem herrschenden Unternehmen zuvor zu Zwecken einer Due Diligence offen gelegten Informationen auch sämtlichen in der Hauptversammlung anwesenden Aktionären mitgeteilt werden müssen. Die Anforderungen, die an die Konkretisierung des Nachauskunftsbegehrens gestellt werden sind zu hoch.

28. Gelingt es den außenstehenden Aktionären ausnahmsweise doch, ein hinreichend konkretes Nachauskunftsbegehren zu formulieren, darf der Vorstand der Tochtergesellschaft die Antwort auf die Frage nicht unter Berufung auf § 131 Abs. 3 Nr. 5 AktG wegen drohender Strafbarkeit nach § 404 AktG verweigern. Es liegt kein *„unbefugtes"* Offenbaren vor, wenn der Vorstand seiner gesetzlichen Pflicht zur Auskunftserteilung in der Hauptversammlung nachkommt.

29. Ist das Nachauskunftsbegehren auf die Mitteilung einer Insiderinformation gerichtet, darf der Vorstand der Tochtergesellschaft die Auskunft unter Berufung auf die §§ 38 Abs. 1 Nr. 2a) 2. Halbsatz, 39 Abs. 2 Nr. 3, 14 Abs. 1 Nr. 2 WpHG nur verweigern, wenn er sich von der Pflicht zur Veröffentlichung einer Ad-hoc-Mitteilung berechtigterweise suspendiert hat oder aber die Voraussetzungen für die Veröffentlichungspflicht noch

nicht vorliegen. In allen anderen Fällen muss der Vorstand den außenstehenden Aktionären die an die herrschende Gesellschaft weitergegebene Insiderinformation in der Hauptversammlung mitteilen.

Literaturverzeichnis

Adler, Hans/Düring, Walther/Schmaltz, Kurt: Rechnungslegung und Prüfung der Unternehmen, 6. Aufl., Auflage, Stuttgart 2000 (zit.: A/D/S)

Alvarez, Manuel/ Wotschofsky, Stefan: Zwischenberichterstattung nach Börsenrecht, IAS und US-GAAP, Konzeptionelle Grundlagen mit einer Analyse des Publizitätsverhaltens der DAX 100-Unternehmen, Bielefeld 2000

Altmeppen, Holger: Zur Vermögensbindung in der faktisch abhängigen AG, ZIP 1996, S. 693 ff.

Angersbach, Carsten J.: Due Diligence beim Unternehmenskauf, München 2002

Aschenbeck, Tanja: Personenidentität bei Vorständen in Konzerngesellschaften, NZG 2000, S. 1015 ff.

Assmann, Heinz-Dieter: Rechtsanwendungsprobleme des Insiderrechts, AG 1997, S. 50 ff.

Assmann, Heinz-Dieter: Insiderrecht und Kreditwirtschaft, WM 1996, S. 1337 ff.

Assmann, Heinz-Dieter: Das künftige deutsche Insiderrecht (II), AG 1994, S. 237 ff.

Assmann, Heinz-Dieter/Schneider, Uwe H. (Hrsg.): Wertpapiergesetz, 4. Aufl., Köln 2006 (zit.: Bearbeiter, in: Assmann/Schneider)

Assmann, Heinz-Dieter/Schneider, Uwe H. (Hrsg.): Wertpapiergesetz, 3. Aufl., Köln 2003 (zit.: Bearbeiter, in: Assmann/Schneider³)

Baetge, Jörg/Dörner/Dietrich (Hrsg.): Rechnungslegung nach International Accounting Standards (IAS), 2. Aufl., Stuttgart 2003 (zit.: Bearbeiter, in: Baetge/Dörner)

Banerjea, Nirmal Robert: Due Diligence beim Erwerb von Aktien über die Börse, ZIP 2003, S. 1730 ff.

Barz, Carl Hans: Das Auskunftsrecht nach §§ 131/132 AktG in der Rechtsprechung, in: Festschrift für Philipp Möhring, München 1975, S. 153 ff.

Baumbach, Adolf (Begr.)/ Hopt, Klaus J.: Handelsgesetzbuch, 32. Aufl., München 2006

Baumbach, Adolf (Begr.)/ Hueck, Alfred: Kommentar zum Gesetz betreffend die Gesellschaften mit beschränkter Haftung, 17. Auflage, München 2000

Baums, Theodor: Haftung wegen Falschinformation des Sekundärmarktes, ZHR 167 (2003), 139 ff.

Baums, Theodor (Hrsg.): Bericht der Regierungskommission Corporate Governance, Köln 2001

Beck, Heinz/Samm, Carl-Theodor: Kommentar zum KWG, Bd. 1, 114. Aktualisierung, Heidelberg 2005

Beisel, Wilhelm/Klumpp, Hans-Hermann: Der Unternehmenskauf: Gesamtdarstellung der zivil- und steuerrechtlichen Vorgänge einschließlich gesellschafts-, arbeits- und kartellrechtlicher Fragen bei der Übertragung eines Unternehmens, 3. Aufl., München 1996 (zit.: Beisel/Klumpl, Der Unternehmenskauf)

Benner-Heinacher, Jella: Kollidiert die Auskunftspflicht des Vorstands mit dem Insidergesetz? DB 1995, S. 765 ff.

Berens, Wolfgang/Brauner, Hans/Strauch, Joachim (Hrsg.): Due Diligence bei Unternehmensakquisitionen, 3. Aufl., Stuttgart 2002

Berens, Wolfgang/Strauch, Joachim: Due Diligence bei Unternehmensakquisitionen - Eine empirische Untersuchung, WPg 2002, S. 511 ff.

Berger, Alex/Ellrott, Helmut/Förschle, Gerhart/Hense, Burkhard (Hrsg.): Beck'scher Bilanz-Kommentar, §§ 238-339 HGB, 5. Aufl., München 2003

Berliner Initiativkreis German Code of Corporate Governance: German Code of Corporate Governance (GCCG), DB 2000, S. 1573 ff.

Bihr, Dietrich: Due Diligence: Geschäftsführungsorgane im Spannungsfeld zwischen Gesellschafts- und Gesellschafterinteressen, BB 1998, S. 1198 ff.

Boldt, Gerhard: Formular-Kommentar, 2. Bd., Handels- und Wirtschaftsrecht, 21. Aufl., Köln 1982

Bohl, Werner/Riese, Joachim/Schlüter, Jörg (Hrsg.): Beck'sches IFRS-Handbuch, Kommentierung der IFRS/IAS, 2. Aufl., München 2006 (zit.: Bearbeiter, in: Beck'sches IFRS-Hdb.)

Bork, Reinhard: Zurechnung im Konzern, ZGR 1994, S. 237 ff.

Böttcher, Lars: Verpflichtung des Vorstands einer AG zur Durchführung einer Due Diligence, NZG 2005, S. 49 ff.

Brandi, Oliver Tim/Süßmann, Rainer: Neue Insiderregeln und Ad-hoc-Publizität - Folgen für Ablauf und Gestaltung von M&A - Transaktionen, AG 2004, S. 642 ff.

Buchner, Herbert: Rezession zu Markus Lutter, Information und Vertraulichkeit im Aufsichtsrat, ZfA 1981, S. 493 ff.

Bundesanstalt für Finanzleistungsaufsicht: Emittentenleitfaden, Stand 15.7.2005, http.//www.bafin.de

Bundesaufsichtsamt für den Wertpapierhandel/Deutsche Börse AG: Insiderhandelsverbote und Ad-hoc-Publizität nach dem Wertpapierhandelsrecht, 2. Aufl., Frankfurt a. M. 1998

Bunte, Hermann-Josef: Auskunftsrecht der Aktionäre bei berichtspflichtigen Vorgängen? AG 1974, S. 374 ff.

Burgard, Ulrich: Die Offenlegung von Beteiligungen, Abhängigkeits- und Konzernlagen bei der Aktiengesellschaft, Berlin 1990

Burgard, Ulrich: Ad-hoc-Publizität bei gestreckten Sachverhalten und mehrstufigen Entscheidungsprozessen, ZHR 162 (1998), S. 51 ff.

Bürgers, Tobias: Das Anlegerschutzverbesserungsgesetz, BKR 2004, S. 424 ff.

Cahn, Andreas: Grenzen des Markt- und Anlegerschutzes durch das WpHG, ZHR 162 (1998), S. 1 ff.

Cahn, Andreas: Das neue Insiderrecht, Der Konzern 2005, S. 5 ff.

Canaris, Claus-Wilhelm/Schiling, Wolfgang/Ulmer, Peter (Hrsg.): Großkommentar zum Handelsgesetz, 4. Aufl., Berlin 2002, (zit.: Bearbeiter, in: Großkomm. HGB)

Caspari, Karl-Burkhard: Die geplante Insiderregelung in der Praxis, ZGR 1994, S. 530 ff.

Claussen, Carsten Peter: Insiderhandelsverbot und Ad-hoc- Publizität, Köln 1996

Colbe, Walther Busse von/Rheinhard, Herbert (Hrsg.): Zwischenberichterstattung nach neuem Recht für börsennotierte Unternehmen, Empfehlungen des Arbeitskreises „Externe-Unternehmensrechnung" der Schmalenbach-Gesellschaft, Deutsche Gesellschaft für Betriebswirtschaft e.V., Stuttgart 1989 (zit.: Busse von Colbe/Rheinhard, Zwischenberichterstattung)

Decher, Christian E.: Information im Konzern und Auskunftsrecht der Aktionäre gem. § 131 Abs. 4 AktG, ZHR 158 (1994), S. 437 ff.

Decher, Christian E.: Personelle Verflechtungen im Aktienkonzern: Loyalitätskonflikt und qualifiziert faktischer Konzern, Heidelberg 1990

Deilmann, Barbara/Lorenz, Manuel (Hrsg.): Die börsennotierte Aktiengesellschaft, München 2005

Doralt, Peter/Hommelhoff, Peter (Hrsg.): Konzernrecht und Kapitalmarktrecht, München 2001

Dreher, Meinrad: Treuepflichten zwischen Aktionären und Verhaltenspflichten bei der Stimmrechtsbündelung, ZHR 157 (1993), S. 150 ff.

Drexl, Josef: Wissenszurechnung im Konzern, ZHR 161 (1997), S. 491 ff.

Dreyling, Georg: Die Umsetzung der Marktmissbrauchs-Richtlinie über Insider-Geschäfte und Marktmanipulationen, Der Konzern 2005, S. 1 ff.

Dreyling, Georg/Schäfer, Frank A.: Insiderrecht und Ad-hoc-Publizität, Köln 2001

Druey, Jean Nicolas: Der informationelle Ansatz im Gesellschaftsrecht, in: Festschrift für Herbert Wiedemann, München 2002, S. 809 ff.

Duden, Konrad: Gleichbehandlung bei Auskünften an Aktionäre, in: Festschrift für Ernst von Caemmerer, Tübingen 1978, S. 499 ff.

Ebenroth, Carsten Thomas/Parche, Ulrich: Konzernrechtliche Beschränkungen der Umstrukturierung des Vertragskonzerns, BB 1989, S. 637 ff.

Ebenroth, Carsten Thomas: Das Auskunftsrecht des Aktionärs und seine Durchsetzung im Prozess, Bielefeld 1970 (zit.: Ebenroth, Das Auskunftsrecht des Aktionärs)

Ebenroth, Carsten Thomas: Die Erweiterung des Auskunftsgegenstandes im Recht der verbundenen Unternehmen, AG 1970, S. 104 ff.

Ebenroth, Carsten Thomas/Wilken Oliver: Zum Auskunftsrecht des Aktionärs im Konzern, BB 1993, S. 1818 ff.

Eggenberger, Jens: Gesellschaftsrechtliche Voraussetzungen und Folgen einer Due-Diligence Prüfung, Frankfurt a. M. 2001

Ekkenga, Jens/Weinbrenner, Christoph/Schütz, Katja: Einflusswege und Einflussfolgen im faktischen Unternehmensverbund/Ergebnisse einer empirischen Untersuchung, Der Konzern 2005, S. 261 ff.

Emde, Raimund: Auskünfte inländischer Aktiengesellschaften für Bilanzen und Steuererklärungen ausländischer Aktionäre, ZIP 1998, S. 725 ff.

Ensthaler, Jürgen Gemeinschaftskommentar zum Handelsgesetzbuch, 6. Aufl., Neuwied 1999 (zit.: Bearbeiter, in: Ensthaler, GK-HGB)

Exner, Werner: Beherrschungsvertrag und Vertragsfreiheit, Frankfurt a. M. 1984

Falkenhausen, Joachim Freiherr von/Widder, Stefan: Die befugte Weitergabe von Insiderinformationen nach dem AnSVG, BB 2005, S. 225 ff.

Falkenhausen, Joachim Freiherr von/Widder, Stefan: Die Weitergabe von Insiderinformationen innerhalb einer Rechtsanwalts-, Wirtschaftsprüfer- oder Steuerberatersozietät, BB 2004, S. 165 ff.

Fillmann, Andreas: Treuepflichten der Aktionäre, Mainz 1991

Fleischer, Holger (Hrsg.): Handbuch des Vorstandsrechts, München 2006 (zit.: Bearbeiter, in: Hdb. des Vorstandsrechts)

Fleischer, Holger: Konkurrenzangebote und Due Diligence, ZIP 2002, S. 651 ff.

Fleischer, Holger: Konzernleitung und Leitungssorgfalt der Vorstandsmitglieder im Unternehmensverbund, DB 2005, S. 759 ff.

Fleischer, Holger: Der deutsche „Bilanzeid" nach § 264 Abs. 2 Satz 3 HGB, ZIP 2007, S. 97 ff.

Fleischer, Holger/Rentsch, Klaus: Anmerkung zum Urteil des OLG Oldenburg vom 23. 3. 2000, NZG 2000, S. 1141 ff.

Flume, Werner: Allgemeiner Teil des Bürgerlichen Rechts, Erster Bd., Zweiter Teil, Die juristische Person, Heidelberg 1983

Franken, Paul/Heinsius,Theodor: Das Spannungsverhältnis der allgemeinen Publizität zum Auskunftsrecht des Aktionärs, in: Festschrift für Wolfgang Dieter Budde, München 1995, S. 213 ff.

Fürhoff, Jens: Neuregelung der Ad-hoc-Publizitätspflicht auf europäischer Ebene, AG 2003, S. 80 ff.

Fürhoff, Jens/Wölk, Armin: Aktuelle Fragen zur Ad-hoc-Publizität, WM 1997, S. 449 ff.

Ganzer, Uwe F./ Borsch Uwe: Quartalsberichte und die Zulassung zum „Prime-Standard" des amtlichen Markts, BKR 2003, S. 484 ff.

Ganzert, Siegfried/Kramer, Lutz: Due Diligence Review - eine Inhaltsbestimmung, WPg 1995, S. 576 ff.

Garner, Bryan A. (Hrsg.): Black's Law Dictionary, 7. Aufl., St. Paul, Minn., 1999

Gebhardt, Cord: Prime und General Standard: Die Neusegmentierung des Aktienmarkts an der Frankfurter Wertpapierbörse, WM 2003, Sonderbeilage 2, Seite 1 ff.

Gehrt, John Alexander: Die neue Ad-hoc-Publizität nach § 15 Wertpapierhandelsgesetz: Eine kritische Betrachtung im Vergleich zur französischen und anglo-amerikanischen Regelung, Baden-Baden 1997 (zit.: Gehrt, Die neue Ad-hoc-Publizität)

Geßler, Ernst: Leitungsmacht und Verantwortlichkeit im faktischen Konzern, in: Festschrift für Harry Westermann, Karlsruhe 1974, S. 145 ff.

Geßler, Ernst/Hefermehl, Wolfgang/Eckhardt, Ulrich/Kropff, Bruno (Hrsg.): Kommentar zum Aktiengesetz, München 1973-1995 (zit.: Bearbeiter, in: Geßler/Hefermehl)

Godin, Reinhard Freiherr von/ Wilhelmi, Hans: Aktiengesetz Kommentar, Bd. I, §§ 1- 178, 4. Aufl., Berlin 1971

Görling, Helmut: Die Verbreitung zwei- und mehrstufiger Unternehmensverbindungen, AG 1993, S. 538 ff.

Gößmann, Wolfgang/Hellner, Thorwald (Hrsg.): Bankrecht und Bankpraxis, Bd. 4, Wertpapierhandel, 2003, Köln (zit.: Bearbeiter, in: BuB)

Götz, Heinrich: Die Überwachung der Aktiengesellschaft im Lichte jüngerer Unternehmenskrisen, AG 1995, S. 337 ff.

Götz, Heinrich: Rechte und Pflichten des Aufsichtsrats nach dem Transparenz- und Publizitätsgesetz, NZG 2002, S. 599 ff.

Götz, Heinrich: Leitungssorgfalt und Leitungskontrolle der Aktiengesellschaft hinsichtlich abhängiger Unternehmen, ZGR 1998, S. 524 ff.

Götz, Jürgen: Die unbefugte Weitergabe von Insidertatsachen, DB 1995, S. 1949 ff.

Groß, Wolfgang: Informations- und Auskunftsrecht des Aktionärs, AG 1997, S. 97 ff.

Grüner, Michael: Zeitliche Einschränkung des Rede- und Fragerechts auf Hauptversammlungen, NZG 2000, S. 770 ff.

Grüner, Michael: Anmerkung zum Urteil des OLG Oldenburg vom 23. 3. 2000, NZG 2001, S. 35 ff.

Habersack, Mathias/Emmerich, Volker: Konzernrecht, 8. Aufl., München 2005

Habersack, Mathias/Emmerich, Volker: Aktien- und GmbH-Konzernrecht, 4. Aufl., München 2005 (zit.: Bearbeiter, in: Emmerich/Habersack)

Habersack, Mathias/Verse, Dirk A.: Zum Auskunftsrecht des Aktionärs im faktischen Konzern, AG 2003, S. 300 ff.

Happ, Wilhelm/Lange, Christoph: Formularkommentar Aktienrecht, 22. Auf., München 1988

Hasselbach, Kai: Die Weitergabe von Insiderinformationen bei M&A-Transaktionen mit börsennotierten Aktiengesellschaften, NZG 2004, S. 1087 ff.

Heidel, Thomas: Aktienrecht - Anwaltskommentar, Bonn 2003 (zit.: Bearbeiter, in: Anwaltskommentar Aktienrecht)

Heidenhain, Martin/Meister, Burkhardt W.: Münchener Vertragshandbuch, Bd. 1., Gesellschaftsrecht, 5. Aufl., München 2000

Hemeling, Peter: Gesellschaftsrechtliche Fragen der Due Diligence beim Unternehmenskauf, ZHR 169 (2005), S. 274 ff.

Henn, Günter: Handbuch des Aktienrechts, 7. Aufl., Heidelberg 2002

Henn, Günter: Die Gleichbehandlung der Aktionäre in Theorie und Praxis, AG 1985, S. 240 ff.

Heuser, Paul J./ Theile, Carsten: IAS/IFRS - Handbuch, Einzel- und Konzernabschluss, 2. Aufl., Köln 2005

Hildner, Matthias: Kapitalmarktrechtliche Beteiligungstransparenz verbundener Unternehmen, Berlin 2002

Hirte, Heribert: Die Ad-hoc-Publizität im System des Aktien- und Börsenrechts, in: Bankrechtstage 1995, Das zweite Finanzmarktförderungsgesetz in der praktischen Umsetzung, hrsg. von Hadding, Walther/Hopt, Klaus J./Schimansky, Herbert, Berlin 1996 (zit.: Hirte, in: Bankrechtstage 1995)

Hirte, Heribert/von Bülow, Christoph (Hrsg.): Kölner Kommentar zum Wertpapierübernahmegesetz, Köln 2003 (zit.: Bearbeiter, in: Köln. Komm. WpüG).

Höfer, Reinhold/Küpper, Peter: Due Diligence für Verpflichtungen aus der betrieblichen Altersversorgung, DB 1997, S. 1317 ff.

Hoffmann, Dietrich/Preu, Peter: Der Aufsichtsrat, 5. Aufl., München 2003

Hoffmann-Becking, Michael: Der Aufsichtsrat im Konzern, ZHR 159 (1995), S. 325 ff.

Hoffmann-Becking, Michael: Das erweiterte Auskunftsrecht des Aktionärs nach § 131 Abs. 4 AktG, in: Festschrift für Heinz Rowedder, München 1994, S. 155 ff.

Hoffmann-Becking, Michael: Vorstands-Doppelmandate im Konzern, ZHR 150 (1986), S. 570 ff.

Hoffmann-Becking, Michael: Münchener Handbuch des Gesellschaftsrechts, Bd. 4, Aktiengesellschaft, 2. Aufl., München 1999 (zit.: Bearbeiter, in: Münchener Hdb. GesR IV)

Hölters, Wolfgang (Hrsg.): Handbuch des Unternehmens- und Beteiligungskaufs, 6. Aufl., Köln 2005

Holzapfel, Hans-Joachim/Pöllath, Reinhard (Hrsg.): Unternehmenskauf in Recht und Praxis, 12. Aufl., Köln 2005

Holzborn, Timo/Israel, Alexander: Das Anlegerschutzverbesserungsgesetz, WM 2004, S. 1948 ff.

Hommelhoff, Peter: Vernetzte Aufsichtsratsüberwachung im Konzern? ZGR 1996, S. 144 ff.

Hommelhoff, Peter: Die Konzernleitungspflicht - Zentrale Aspekte eines Konzernverfassungsrechts, Köln 1982

Hommelhoff, Peter: Anlegerinformation im Aktien-, Bilanz- und Kapitalmarktrecht, ZGR 2000, 748 ff.

Hommelhoff, Peter/Druey, Jean Nicolas: Empfiehlt es sich, das Recht faktischer Unternehmensverbindungen auch im Hinblick auf das Recht anderer EG-Staaten neu zu regeln? Gutachten für den 59. Deutschen Juristentag, München 1992

Hommelhoff, Peter/Hopt, Klaus J./ Werder, Axel von (Hrsg.): Handbuch Corporate Governance, Leitung und Überwachung börsennotierter Unternehmen in der Rechts- und Wirtschaftspraxis, Köln 2003 (zit.: Bearbeiter, in: Hdb. Corporate Governance)

Hommelhoff, Peter/Timm, Wolfram: Anmerkung zum Urteil des LG Köln vom 13. 7. 1976, AG 1976, S. 330 ff.

Hopt, Klaus/Wiedemann, Herbert (Hrsg.): Großkommentar zum Aktiengesetz, 4. Aufl., Berlin 1999 (zit.: Bearbeiter, in: Großkomm. AktG)

Hopt, Klaus J.: ECLR - Übernahmen, Geheimhaltung und Interessenskonflikte: Probleme für Vorstände, Aufsichtsräte und Banken, ZGR 2002, S. 333 ff.

Hopt, Klaus J.: Grundsatz- und Praxisprobleme nach dem Wertpapierhandelsgesetz, ZHR 159 (1995), S. 135 ff.

Horn, Norbert (Hrsg.): Heymann Handelsgesetzbuch - Kommentar, Bd. 3, §§ 238-342a, 2. Aufl., Berlin 1999 (zit.: Bearbeiter, in: Heymann)

Hüffer, Uwe: Kommentar zum Aktiengesetz, 7. Aufl., München 2006

Hüffer, Uwe: Minderheitsbeteiligungen als Gegenstand aktienrechtlicher Auskunftsbegehren, ZIP 1996, S. 401 ff.

Janke, Matthias: Gesellschaftsrechtliche Treuepflicht, Frankfurt a. M. 2003

Joussen, Peter: Auskunftspflicht des Vorstandes nach § 131 AktG und Insiderrecht, DB 1994, S. 2485 ff.

Kantzas, Ioannis: Das Weisungsrecht im Vertragskonzern, Frankfurt a. M. 1988

Kellmann, Christof: Schadensersatz und Ausgleich im Faktischen Konzern, BB 1969, S. 1509 ff.

Kellmann, Christof: Zum „faktischen Konzern" Auslegungsfragen und Reformüberlegungen, ZGR 1974, 220 ff.

Kiethe, Kurt: Vorstandshaftung aufgrund fehlerhafter Due Diligence beim Unternehmenskauf, NZG 1999, S. 976 ff.

Klitzing, Joachim von: Die Ad-hoc-Publizität - Zwischen europäischer Vorgabe und nationaler Umsetzung und zwischen Kapitalmarktrecht und Gesellschaftsrecht, Köln 1999 (zit.: von Klitzing, Ad-hoc-Publizität)

Knott, Hermann J./ Rodewald, Jörg: Beendigung der handels- und steuerrechtlichen Organschaften bei unterjähriger Anteilsveräußerung, BB 1996, S. 472 ff.

Kohlenbach, Matthias: Das Verhältnis der Aufsichtsräte im Aktiengesellschaftskonzern, Hamburg 2003

Koppensteiner, Hans-Georg: Abhängige Aktiengesellschaften aus rechtspolitischer Sicht, in: Festschrift für Ernst Steindorff, Berlin 1990, S. 108 ff.

Körber, Torsten: Geschäftsleitung der Zielgesellschaft und Due Diligence bei Paketerwerb und Unternehmenskauf, NZG 2002, S. 263 ff.

Kort, Michael: Das Informationsrecht des Gesellschafters der Konzernobergesellschaft, ZGR 1987, S. 46 ff.

Kort, Michael: Zur Treuepflicht des Aktionärs, ZIP 1990, S. 294 ff.

Krause, Hartmut: Der revidierte Vorschlag einer Takeover-Richtlinie (1996), AG 1996, S. 209 ff.

Krieger, Gerd/Jannott, Dirk: Änderung und Beendigung von Beherrschungs- und Gewinnabführungsverträgen im Aktien- und GmbH-Recht, DStR 1995, S. 1473 ff.

Krömker, Michael: Die Due Diligence im Spannungsfeld zwischen Gesellschafts- und Aktionärsinteressen, Frankfurt a. M. 2002

Krömker, Michael: Der Anspruch des Paketaktionärs auf zum Zwecke der Due Diligence, NZG 2003, S. 418 ff.

Kropff, Bruno: Der „faktische Konzern" als Rechtsverhältnis (Teil I), DB 1967, S. 2147 ff.

Kropff, Bruno: Der „faktische Konzern" als Rechtsverhältnis (Teil II), DB 1967, S. 2204 ff.

Kropff, Bruno: Zur Konzernleitungspflicht, ZGR 1984, S. 112 ff.

Kropff, Bruno (Hrsg.): Textausgabe des Aktiengesetz vom 6. 9. 1965 und des Einführungsgesetzes zum Aktiengesetz vom 6. 9. 1965 mit Begründung des Regierungsentwurfs, Bericht des Rechtsausschusses des Deutschen Bundestages, Verweisungen und Sachverzeichnis, Düsseldorf 1965 (zit.: Kropff, Aktienrecht, 1965)

Kropff, Bruno/Semler, Johannes (Hrsg.): Münchener Kommentar zum Aktiengesetz, 2. Aufl., München 2000 (zit.: Bearbeiter, in: Münch. Komm. AktG)

Kümpel, Siegfried: Wertpapierhandelsgesetz, Berlin 1996

Kümpel, Siegfried: Bank- und Kapitalmarktrecht, 3. Aufl., Köln 2004

Kümpel, Siegfried: Zum Begriff der Insidertatsache, WM 1994, S. 2137 ff.

Kümpel, Siegfried: Insiderrecht und Ad-hoc-Publizität aus Bankensicht, WM 1996, S. 653 ff.

Kuthe, Thorsten: Änderungen des Kapitalmarktrechts durch das Anlegerschutzverbesserungsgesetz, ZIP 2004, S. 883 ff.

Küting, Karlheinz/Weber, Claus-Peter: Handbuch der Konzernrechnungslegung, Kommentar zur Bilanzierung und Prüfung, Bd. 2, 2. Aufl., Stuttgart 1998

Larenz, Karl: Methodenlehre der Rechtswissenschaft, 6. Aufl., Heidelberg 1991

Laule, Gerhard: Die Beendigung eines Beherrschungsvertrages aus wichtigem Grund (§ 297 Abs. 1 AktG) und korrespondierende Handlungspflichten der Verwaltung einer beherrschten Aktiengesellschaft, AG 1990, S. 145 ff.

Lenenbach, Markus: Kapitalmarkt- und Börsenrecht, Köln 2002

Leuering, Dieter: Die Ad-hoc-Pflicht auf Grund der Weitergabe von Insiderinformationen (§ 15 I 3 WpHG), NZG 2005, S. 12 ff.

Linker, Celina/Zinger, Georg: Rechte und Pflichten der Organe einer Aktiengesellschaft bei der Weitergabe vertraulicher Unternehmensinformationen, NZG 2002, S. 497 ff.

Löbbe, Marc: Unternehmenskontrolle im Konzern - Die Kontrollaufgabe von Vorstand, Geschäftsführer und Aufsichtsrat, Heidelberg 2003 (zit.: Löbbe, Unternehmenskontrolle im Konzern)

Lorz, Rainer/Pfisterer, Benedikt/Gerber, Olaf (Hrsg.): Beck'sches Formularbuch Aktienrecht, München 2005

Luchterhandt, Hans Friedrich: Leitungsmacht und Verantwortlichkeit im faktischen Konzern, ZHR 133 (1973), S. 1 ff.

Lüdenbach, Norbert/Hoffmann, Wolf-Dieter: Haufe IAS/IFRS-Kommentar, 2. Aufl., Freiburg 2004 (zit.: Bearbeiter, in: IAS/IFRS-Kommentar)

Lutter, Marcus: Handbuch der Konzernfinanzierung, Köln 1998

Lutter, Marcus: Grenzen zulässiger Einflussnahme im faktischen Konzern - Nachbetrachtung zum Mannesmann/Vodafone-Takeover, in: Festschrift für Martin Peltzer, Köln 2001, S. 241 ff.

Lutter, Marcus: Zur Wirkung von Zustimmungsvorbehalten nach § 111 Abs. 4 Satz 2 AktG auf nahe stehende Gesellschaften, in: Festschrift für Robert Fischer, Berlin 1979, S. 419 ff.

Lutter, Marcus: Information und Vertraulichkeit im Aufsichtsrat, 1. Aufl., Köln 1979

Lutter, Marcus: Information und Vertraulichkeit im Aufsichtsrat, 2. Aufl., Köln 1984 (zit.: Information und Vertraulichkeit)

Lutter, Marcus: Bankenvertreter im Aufsichtsrat, ZHR 145 (1981), S. 224 ff.

Lutter, Marcus: Unternehmensplanung und Aufsichtsrat, AG 1991, S. 249 ff.

Lutter, Marcus: Die Treupflicht des Aktionärs, ZHR 153 (1989), S. 446 ff.

Lutter, Marcus: Due Diligence des Erwerbers beim Kauf einer Beteiligung, ZIP 1997, S. 613 ff.

Lutter, Marcus: Vermögensveräußerungen einer abhängigen Aktiengesellschaft, in: Festschrift für Ernst Steindorff, Berlin 1990, S. 125 ff.

Lutter, Marcus (Hrsg.): Holding-Handbuch, Recht- Management- Steuern, 4. Aufl., Köln 2004 (zit.: Bearbeiter, in Lutter, Holding-Handbuch)

Lutter, Marcus/Krieger, Gerd: Rechte und Pflichten des Aufsichtsrats, 4. Aufl., Köln 2002

Lutter, Marcus/Krieger, Gerd: Hilfspersonen von Aufsichtsratsmitgliedern, DB 1995, S. 257 ff.

Lutter, Marcus/Winter, Martin (Hrsg.): Umwandlungsgesetz-Kommentar, Bd. I, §§ 1 - 137, 3. Aufl., Köln 2004 (zit.: Bearbeiter, in: Lutter, UmwG)

Marsch-Banner, Reinhard/Schäfer, Frank A.: Handbuch börsennotierte AG, Köln 2005 (zit.: Bearbeiter, in: Hdb. börsennotierte AG)

Marten, Kai-Uwe: Related Parties, Prüfung nach dem neuen ISA 550 und Grundlagen der Behandlung in der Rechnungslegung, IRZ 2006, S. 49 ff.

Martens, Klaus-Peter: Die Organisation des Konzernvorstands, in: Festschrift für Theodor Heinsius, Berlin 1991, S. 523 ff.

Martens, Klaus-Peter: Die Reform der aktienrechtlichen Hauptversammlung, AG 2004, S. 238 ff.

Martens, Klaus-Peter: Leitfaden für die Leitung der Hauptversammlung einer Aktiengesellschaft, 3. Aufl., Köln 2003

Meier, Norbert: Wie kann eine Gemeinde Informationen über ihre bei Beteiligungsgesellschaften beschäftigten Beamten erhalten? RiA 2002, S. 224 ff.

Meilicke, Heinz/Heidel, Thomas: Das Auskunftsrecht des Aktionärs in der Hauptversammlung, DStR 1992, S. 113 ff.

Meincke, Eberhard: Geheimhaltungspflichten im Wirtschaftsrecht, WM 1998, S. 749 ff.

Menke, Thomas: Befugnis des Vorstands einer börsennotierten Aktiengesellschaft zur bevorzugten Information eines Aktionärspools, NZG 2004, S. 697 ff.

Mertens, Kai: Die Information des Erwerbers einer wesentlichen Unternehmensbeteiligung an einer Aktiengesellschaft durch deren Vorstand, AG 1997, S. 541 ff.

Mestmäcker, Ernst Joachim: Zur Systematik des Rechts der verbundenen Unternehmen im neuen Aktiengesetz, in: Festgabe für Heinrich Kronstein, Karlsruhe 1967, S. 129 ff.

Möhring, Philipp: Zur Systematik der §§ 311, 317 AktG, in: Festschrift für Wolfgang Schilling, Berlin 1973, S. 253 ff.

Möllers Thomas M. J.: Insiderinformation und Befreiung von der Ad-hoc-Publizitätspflicht nach § 15 Abs. 3 WpHG, WM 2005, S. 1393 ff.

Möllers, Thomas M. J.: Das europäische Kapitalmarktrecht im Umbruch, ZBB 2003, S. 390 ff.

Müller, Klaus J.: Gestattung der Due Diligence durch den Vorstand der Aktiengesellschaft, NJW 2000, S. 3452 ff.

Müller, Stefan/Stute, Andreas: Ausgestaltung der unterjährigen Berichterstattung deutscher Unternehmen: E-DRS 21 im Vergleich mit nationalen und internationalen Regelungen, BB 2006, S. 2803

Müller, Welf/Rödder, Thomas (Hrsg.): Beck'sches Handbuch der AG, München 2004

Mutter, Stefan: Auskunftsansprüche des Aktionärs in der HV, Köln 2002

Neuhaus, Jürgen: Die Grenzen der Konzernleitungsgewalt im faktischen Konzern und der Nachteilsbegriff des § 311 AktG, DB 1970, S. 1913 ff.

Neuhaus, Jürgen: Der Schadensersatzanspruch des außenstehenden Aktionärs gegenüber dem Vorstand seiner faktisch beherrschten Aktiengesellschaft nach § 93 AktG, DB 1971, S. 1193 ff.

Niehus, Rudolf J.: IAS 24: Related Party Disclosure - „Nahe Familienangehörige" als Gegenstand der Rechnungslegung und Abschlussprüfung, WPg 2003, S. 521 ff.

Nießen, Tobias: Die Harmonisierung der kapitalmarktrechtlichen Transparenzregeln durch das TUG, NZG 2007, S. 41 ff.

Nietsch, Michael: Schadensersatzhaftung wegen Verstoßes gegen Ad-hoc-Publizitätspflichten nach dem Anlegerschutzverbesserungsgesetz, BB 2005, S. 785 ff.

Nirk, Rudolf/Ziemons, Hildegard (Hrsg.): Handbuch der Aktiengesellschaft, Bd. 1, Gesellschaftsrecht - Steuerrecht - Arbeitsrecht, 42. Lfg., Köln 2005

Obermüller, Walter/Werner, Winfried/Winden, Kurt: Die Hauptversammlung der Aktiengesellschaft, 4. Aufl., Stuttgart 2001 (zit.: Butzke, in: Obermüller/Werner/Winden)

Palandt, Otto (Begr.): Kommentar zum Bürgerliches Gesetzbuch, 66. Aufl., München 2006 (zit.: Bearbeiter, in: Palandt)

Pellens, Bernhard: Ad-hoc-Publizitätspflicht des Managements börsennotierter Unternehmen nach § 44a BörsG, AG 1991, S. 62 ff.

Peltzer, Martin: Die neue Insiderregelung im Entwurf des Zweiten Finanzmarktförderungsgesetzes, ZIP 1994, S. 746 ff.

Peltzer, Martin: Der Kommissionsentwurf für eine 13. Richtlinie über Übernahmeangebote vom 7. 2. 1996, AG 1997, S. 145 ff.

Picot, Gerhard (Hrsg.): Handbuch Mergers & Acquisitions: Planung, Durchführung, Integration, Stuttgart 2000

Picot, Gerhard/Mentz, Alexander/Seydel, Eberhard: Die Aktiengesellschaft bei Unternehmenskauf und Restrukturierung, München 2003

Potthoff, Erich/Trescher, Karl/Theisen, Manuel René: Das Aufsichtsratsmitglied, 6. Aufl., Stuttgart 2003 (zit.: Theisen, Das Aufsichtsratsmitglied)

Raiser, Thomas: Organklagen zwischen Aufsichtsrat und Vorstand, AG 1989, S. 185 ff.

Rellermeyer, Klaus: Das Zweite Finanzmarktförderungsgesetz in der praktischen Umsetzung, WM 1995, S. 1981 ff.

Reuter, Alexander: Die Konzerndimension des KonTraG und ihre Umsetzung in Konzernobergesellschaften, DB 1999, S. 2250 ff.

Reuter, Dieter: Informationsrechte in Unternehmen und Betrieb, ZHR 144 (1980), S. 493 ff.

Ringleb, Michael/Kremer, Thomas/Lutter, Marcus/v. Werder, Axel (Hrsg.): Kommentar zum Deutschen Corporate Governance Kodex, 2. Auflage, München 2005 (zit.: Bearbeiter, in: Kodex-Kommentar)

Rittmeister, Maximilian: Due Diligence und Geheimhaltungspflichten beim Unternehmenskauf - Die Zulässigkeit der Gestattung einer Due Diligence durch den Vorstand oder die Geschäftsführer der Zielgesellschaft, NZG 2004, S. 1032 ff.

Rodewald, Jörg/Tüxen, Andreas: Neuregelung des Insiderrechts nach dem Anlegerschutzverbesserungsgesetz (AnSVG) - Organisationsanforderungen für Emittenten und ihre Berater, BB 2004, S. 2249 ff.

Rödder, Thomas/Hötzel, Oliver/Mueller-Thuns, Thomas: Unternehmenskauf Unternehmensverkauf, Zivil- und steuerrechtliche Gestaltungspraxis, München 2003

Roschmann, Christian/Frey, Johannes: Geheimhaltungsverpflichtungen der Vorstands-mitglieder von Aktiengesellschaften bei Unternehmenskäufen, AG 1996, S. 449 ff.

Säcker, Franz Jürgen: Zur Problematik von Mehrfachfunktionen im Konzern, ZHR 151 (1987), S. 59 ff.

Säcker, Franz Jürgen: Aktuelle Probleme der Verschwiegenheitspflicht bei Aufsichtsratsmitgliedern, NJW 1986, S. 803 ff.

Schäfer, Frank A.: Wertpapierhandelsgesetz, Börsengesetz mit BörsZulV, Verkaufsprospektgesetz mit VerkProspV - Kommentar, Stuttgart 1999 (zit.: Bearbeiter, in: Schäfer)

Scheffler, Eberhard: Controlling im Konzern unter Beachtung der rechtlichen Regeln für die Eigenständigkeit der konzernabhängigen juristischen Personen, AG 1991, 256 ff.

Scheffler, Eberhard: Die Überwachungsaufgabe des Aufsichtsrats im Konzern, DB 1994, S. 793 ff.

Scheffler, Eberhard: Zur Problematik der Konzernleitung, in: Bilanz- und Konzernrecht, Festschrift Goerdeler, Düsseldorf 1987, S. 469 ff.

Schimansky, Herbert/Bunte, Hermann-Josef/Lwowski Jürgen, (Hrsg.): Bankrechts-Handbuch, Bd. 3, 2. Aufl., München 2001 (zit.: Bearbeiter, in: Bankrechtshdb.)

Schlitt, Michael: Die neuen Marktsegmente der Frankfurter Wertpapierbörse, AG 2003, S. 57 ff.

Schmidt, Karsten: Gesellschaftsrecht, 4. Aufl., Köln 2002

Schmidt, Karsten: Abhängigkeit und faktischer Konzern als Aufgaben der Rechtspolitik, JZ 1992, S. 856 ff.

Schmidt, Karsten (Hrsg.): Münchener Kommentar zum Handelsgesetzbuch, München 2001 (zit.: Bearbeiter, in: Münch. Komm. HGB)

Schmidt-Aßmann, Eberhard/Ulmer, Peter: Die Berichterstattung von Aufsichtsratsmitgliedern einer Gebietskörperschaft nach § 394 AktG, BB 1988, 13. Beilage, S. 1 ff.

Schmidt-Diemitz, Rolf: Pakethandel und das Weitergabeverbot von Insiderwissen, DB 1996, S. 1809 ff.

Schneider, Sven H.: Informationspflichten und Informationssystemeeinrichtungspflichten im Aktienkonzern, Berlin 2006

Schneider, Sven H.: Selbstbefreiung von der Pflicht zur Ad-hoc-Publizität, BB 2005, S. 897 ff.

Schneider, Sven H.: Die Weitergabe von Insiderinformationen - Zum normativen Verhältnis der verschiedenen Formen der Informationsweitergabe, NZG 2005, S. 702 ff.

Schneider, Sven H./ Schneider, Uwe H.: Vorstandshaftung im Konzern, AG 2005, S. 57 ff.

Schneider, Uwe H.: Konzernleitung als Rechtsproblem - Überlegungen zu einem Konzernverfassungsrecht, BB 1981, S. 249 ff.

Schneider, Uwe H.: Die kapitalmarktrechtlichen Offenlegungspflichten von Konzernunternehmen nach §§ 21 ff. WpHG, in: Festschrift für Ernst Brandner, Köln 1996, S. 565 ff.

Schneider, Uwe H.: Die Weitergabe von Insiderinformationen im Konzern, in: Festschrift für Herbert Wiedemann, München 2002, S. 1255 ff.

Schneider, Uwe H.: Das Informationsrecht des Aufsichtsratsmitglieds einer Holding AG, in: Festschrift für Bruno Kropff, Düsseldorf 1997, S. 272 ff.

Schneider, Uwe H.: Der Auskunftsanspruch des Aktionärs im Konzern, in: Festschrift für Marcus Lutter, Köln 2000, S. 1193 ff.

Schneider, Uwe H./ Burgard, Ulrich: Treupflichten im mehrstufigen Unterordnungskonzern, in: Festschrift für Peter Ulmer, Berlin 2003, S. 579 ff.

Schneider, Uwe H./ Singhof, Bernd: Die Weitergabe von Insidertatsachen in der konzernfreien Aktiengesellschaft, insbesondere im Rahmen der Hauptversammlung und an einzelne Aktionäre, in: Festschrift für Alfons Kraft, Neuwied 1998, S. 585 ff.

Schönberger, Katja: Der Zustimmungsvorbehalt des Aufsichtsrats bei Geschäftsführungsmaßnahmen des Vorstandes, Jena 2006

Schroeder, Ulrich: Darf der Vorstand der Aktiengesellschaft dem Aktienkäufer eine Due Diligence gestatten? DB 1997, S. 2161 ff.

Schüler, Wolfgang: Die Wissenszurechnung im Konzern, Berlin 2000

Schürnbrand, Jan: Diskussionsbericht zu den Referaten Westermann und Hemeling, ZHR 169 (2005), S. 295 ff.

Schwark, Eberhard: Ad-hoc-Publizität und Insiderrecht bei mehrstufigen Unternehmensentscheidungen, in: Festschrift für Gerold Bezzenberger, Berlin 2000, S. 771 ff.

Schwark, Eberhard: Kapitalmarktrechtskommentar, München 2004 (zit.: Bearbeiter, in: Schwark KMRK)

Schwark, Eberhard: Corporate Governance: Vorstand und Aufsichtsrat, in: Corporate Governance, hrsg. von Hommelhoff, Peter/Lutter, Marcus/Schmidt, Karsten/Schön, Wolfgang/Ulmer, Peter, Heidelberg 2002, S. 75 ff.

Seibert, Ulrich: Transparenz- und Publizitätsgesetz, Referentenentwurf eines Gesetzes zur weiteren Reform des Aktien- und Bilanzrechts zur Transparenz und Publizität (TransPuG), ZIP 2001, S. 2192 ff.

Seifert, Peter: Zum Auskunftsrecht des Aktionärs nach neuem Aktienrecht, AG 1967, S. 1 ff.

Semler, Johannes: Leitung und Überwachung der Aktiengesellschaft, 2. Aufl., Köln 1996

Semler, Johannes: Die Rechte und Pflichten des Vorstands einer Holdinggesellschaft im Lichte der Corporate-Governance-Diskussion, ZGR 2004, S. 631 ff.

Semler, Johannes/Schenck, Kersten von: Arbeitshandbuch für Aufsichtsratsmitglieder, 2. Aufl., München 2004

Semler, Johannes/Stengel, Arndt: Umwandlungsgesetz, München 2003

Semler, Johannes/Volhard, Rüdiger: Arbeitshandbuch für Unternehmensübernahmen, Bd. 1, München 2001 (zit.: Bearbeiter, in: Unternehmensübernahmen)

Semler, Johannes/Volhard, Rüdiger: Arbeitshandbuch für die Hauptversammlung, 2. Aufl., München 2003

Simon, Stefan: Die neue Ad-hoc-Publizität, Der Konzern 2005, S. 13 ff.

Simon, Stefan/Leuering, Dieter: M&A: Veräußerung von abhängigen Unternehmen, NJW-Spezial 2006, S. 123 ff.

Sina, Peter: Grenzen des Konzern-Weisungsrechts nach § 308 AktG, AG 1991, S. 1 ff.

Singhof, Bernd: Zur Weitergabe von Insiderinformationen im Unterordnungskonzern, ZGR 2001, S. 146 ff.

Spieker, Wolfgang: Die Verschwiegenheitspflicht der Aufsichtsratsmitglieder, NJW 1965, S. 1937 ff.

Spindler, Gerald: Kapitalmarktreform in Permanenz - Das Anlegerschutzverbesserungsgesetz, NJW 2004, S. 3449 ff.

Spindler, Gerald/Speier, Torben: Die neue Ad-hoc-Publizität im Konzern, BB 2005, S. 2031 ff.

Stebut, Dietrich von: Geheimnisschutz und Verschwiegenheitspflicht im Aktienrecht, Köln 1972

Stein, Ursula: Konzernherrschaft durch EDV? - Gesellschaftsrechtliche und konzernrechtliche Probleme der EDV-Auslagerung auf ein konzernverbundenes Unternehmen -, ZGR 1988, S. 163 ff.

Stoffels, Markus: Grenzen der Informationsweitergabe durch den Vorstand einer Aktiengesellschaft im Rahmen einer „Due Diligence", ZHR 165 (2001), S. 362 ff.

Strieder, Thomas: DCGK - Deutscher Corporate Governance Kodex, Praxiskommentar, Berlin 2005 (zit.: Strieder, Kommentar DCKG)

Strohn, Lutz: Die Verfassung der Aktiengesellschaft im faktischen Konzern, Köln 1977

Stürwald, Florian: Pflicht zur Quartalsberichterstattung im amtlichen und geregelten Markt durch die „Hintertür"? BKR 2002, S. 1021 ff.

Süßmann, Rainer: Die befugte Weitergabe von Insidertatsachen, AG 1999, S. 162 ff.

Thaeter, Ralf/Brandi, Oliver Tim: Öffentliche Übernahmen, Recht und Praxis der Übernahme börsennotierter Unternehmen, München 2003

Theisen, Manuel René: Grundsätze einer ordnungsmäßigen Information des Aufsichtsrats, 3. Auflage, Stuttgart 2002

Theisen, Manuel René: Überwachungsfunktion und -aufgabe des Aufsichtsrats und seiner einzelnen Mitglieder, DB 1989, S. 311 ff.

Tippach, Stefan U.: Das Insider-Handelsverbot und die besonderen Rechtspflichten der Banken, Köln 1995

Tollkühn, Oliver: Die Ad-hoc-Publizität nach dem Anlegerschutzverbesserungsgesetz, ZIP 2004, S. 2215 ff.

Traugott, Rainer: Informationsflüsse nach Transaktionsabschluss bei Aktiengesellschaften, BB 2001, S. 2277 ff.

Treeck, Joachim: Die Offenbarung von Unternehmensgeheimnissen durch den Vorstand einer Aktiengesellschaft im Rahmen einer Due Diligence, in: Festschrift für Wolfgang Fikentscher, Tübingen 1998, S. 434 ff.

Tröger, Tobias: Treuepflicht im Konzernrecht, Köln 2000

Veil, Rüdiger: Unternehmensverträge, Organisationsautonomie und Vermögensschutz im Recht der Aktiengesellschaft, Tübingen 2003 (zit.: Veil, Unternehmensverträge)

Veith, Alexander: Die Befreiung von der Ad-hoc-Publizitätspflicht nach § 15 III WpHG, NZG 2005, S. 254 ff.

Vossel, Herbert: Auskunftsrechte im Aktienkonzern, Köln 1996

Wahlers, Henning W.: Konzernbildungskontrolle durch die Hauptversammlung der Obergesellschaft, Köln 1994 (zit.: Wahlers, Konzernbildungskontrolle)

Wegen, Gerhard: Due Diligence-Checkliste für den Erwerb einer deutschen Gesellschaft, WiB 1994, S. 91 ff.

Weimar, Robert: Regelungsbefugnis des Bilanzrichtlinien-Gesetzgebers für Auslandssachverhalte? DB 1987, S. 521 ff.

Weißhaupt, Frank: Informationsmängel in der Hauptversammlung: Die Neuregelung durch das UMAG, ZIP 2005, S. 1766 ff.

Werner, Rüdiger: Haftungsrisiken bei Unternehmensakquisitionen: Die Pflicht des Vorstands zur Due Diligence, ZIP 2000, S. 989 ff.

Werner, Winfried: Der erste Kommentar zum neuen Aktiengesetz, AG 1967, S. 122 ff.

Wiedemann, Herbert: Gesellschaftsrecht, Bd. 1, Grundlagen, München 1980

Wiedemann, Herbert: Die Unternehmensgruppe im Privatrecht, Tübingen 1988

Wiedmann, Harald: Bilanzrecht, Kommentar zu den §§ 238-342a HGB, 2. Aufl., München 2003

Wilde, Christian: Informationsrechte und Informationspflichten im Gefüge der Gesellschaftsorgane, ZGR 1998, S. 423 ff.

Wilhelm, Hermann: Die Beendigung des Beherrschungs- und Gewinnabführungsvertrags, Köln 1976

Wilken, Oliver: Cash-Management und qualifiziert faktische Konzernierung, DB 2001, S. 2383 ff.

Windbichler, Christine: Auskunftspflichten in der gemeinschaftsweit operierenden Unternehmensgruppe nach der Richtlinie über Europäische Betriebsräte, in: Festschrift für Martin Peltzer, Köln 2001, S. 629 ff.

Witte, Andreas: Der Prüfungsbericht als Informationsträger im Konzern: Zum System konzerninterner Informationsrechte, Köln 1996 (zit.: Witte, Der Prüfungsbericht)

Wölk, Armin: Ad-hoc-Publizität - Erfahrungen aus der Sicht des Bundesaufsichtsamts für den Wertpapierhandel, AG 1997, S. 73 ff.

Würdinger, Hans: Aktienrecht und das Recht der verbundenen Unternehmen, 4. Aufl., Karlsruhe 1981

Ziegler, Ole: „Due Diligence" im Spannungsfeld zur Geheimhaltungspflicht von Geschäftsführern und Gesellschaftern, DStR 2000, S. 249 ff.

Ziemons, Hildegard: Die Weitergabe von Unternehmensinterna an Dritte durch den Vorstand einer Aktiengesellschaft, AG 1999, S. 492 ff.

Ziemons, Hildegard: Neuerungen im Insiderrecht und bei der Ad-hoc-Publizität durch die Marktmissbrauchsrichtlinie und das Gesetz zur Verbesserung des Anlegerschutzes, NZG 2004, S. 537 ff.

Zirngibl, Nikolas: Die Due Diligence bei der GmbH und der Aktiengesellschaft, Berlin 2003

Zöllner, Wolfgang: Informationsordnung und Recht, Berlin 1990

Zöllner, Wolfgang: Schutz der Aktionärsminderheit bei einfacher Konzernierung, in: Festschrift für Bruno Kropff, Düsseldorf 1997, S. 333 ff.

Zöllner, Wolfgang: Treuepflichtgesteuertes Aktienkonzernrecht, ZHR 162 (1998), S. 235 ff.

Zöllner, Wolfgang (Hrsg.): Kölner Kommentar zum Aktiengesetz, 2. Aufl., Köln 1985 ff., Bd. 1, §§ 1-147 AktG, Bd. 1, §§ 1-75 AktG; 1988; Bd. 2, §§ 148-290 AktG, 1985; Bd. 2, §§ 76-117 AktG und Mitbestimmung im Aufsichtsrat, 1996 (zit.: Bearbeiter, in: Köln. Komm. AktG)

Bd. 6, §§ 291-338 AktG, §§ 290-315 HGB unter Einschluss von IAS und US-GAAP, 1987 (zit.: Bearbeiter, in: Köln. Komm. AktG²)

Zöllner, Wolfgang/Noack, Ulrich (Hrsg.): Kölner Kommentar zum Aktiengesetz, 3. Aufl., Köln 2004, Bd. 6, §§ 15-22; §§ 291-328 AktG und Meldepflichten nach §§ 21 ff. WpHG, SpruchG, 2004 (zit.: Bearbeiter, in: Köln. Komm. AktG).

Frankfurter wirtschaftsrechtliche Studien

Herausgegeben von
Theodor Baums, Andreas Cahn, Friedrich Kübler, Hans-Joachim Mertens,
Eckard Rehbinder, Gunther Teubner

www.peterlang.de

Philipp Federlin

Informationsflüsse in der Aktiengesellschaft im Spannungsverhältnis zum kapitalmarktrechtlichen Verbot der unbefugten Weitergabe von Insidertatsachen

Frankfurt am Main, Berlin, Bern, Bruxelles, New York, Oxford, Wien, 2004. 166 S.
Europäische Hochschulschriften: Reihe 2, Rechtswissenschaft. Bd. 4039
ISBN 978-3-631-53173-0 · br. € 34.–*

Primärinsidern ist es gemäß § 14 Abs. 1 Nr. 2 WpHG verboten, Dritten Insidertatsachen unbefugt mitzuteilen. Da der Austausch von Informationen – innerhalb
eines Unternehmens, wie auch nach außen – die Grundlage aller wirtschaftlichen
Entscheidungen und des unternehmerischen Handelns bildet, gebieten es
unternehmerische wie betriebliche Erfordernisse, Informationen – auch
Insidertatsachen – in bestimmten Grenzen weitergeben zu dürfen. Diese Arbeit
zeigt auf, inwieweit dieses Bedürfnis durch das insiderrechtliche Weitergabeverbot
eingeschränkt wird. Zugleich wird auch das Verhältnis des WpHG zu
gesellschaftsrechtlichen, insbesondere aktienrechtlichen, und arbeitsrechtlichen,
insbesondere betriebsverfassungsrechtlichen, Normen beleuchtet. So werden
die für Inhalt und Reichweite des Weitergabeverbots schlechthin konstitutiven
Begriffe des *Insiders* und der *Insidertatsache* untersucht und erörtert, wie eine
befugte von einer unbefugten Weitergabe von Insidertatsachen abgegrenzt
werden kann. Daneben wird aufgezeigt, dass trotz der kapitalmarktrechtlichen
Pflicht zur Ad-hoc-Publizität nach § 15 WpHG in erheblichem Maße Konflikt-
potenzial zwischen dem insider-rechtlichen Weitergabeverbot und den
komplexen Informationsverflechtungen einer Aktiengesellschaft bestehen.
Anhand konkreter, der unternehmerischen Praxis entnommener Beispielsfälle
– Unternehmensübernahmen, Veräußerungen von Betrieben oder Betriebsteilen,
sowie unternehmerische Informationspolitik – werden die im Rahmen der
Auslegung zu berücksichtigenden widerstreitenden Interessen untersucht.
Schließlich wird eine Anleitung gegeben, wie das Spannungsverhältnis in concreto
aufgelöst werden kann.

Frankfurt am Main · Berlin · Bern · Bruxelles · New York · Oxford · Wien
Auslieferung: Verlag Peter Lang AG
Moosstr. 1, CH-2542 Pieterlen
Telefax 00 41 (0) 32 / 376 17 27

*inklusive der in Deutschland gültigen Mehrwertsteuer
Preisänderungen vorbehalten
Homepage http://www.peterlang.de

Peter Lang · Internationaler Verlag der Wissenschaften